Corrupção

Corrupção

DIÁLOGOS INTERDISCIPLINARES

2020

Coordenadores:
Fábio Ramazzini Bechara
Fernanda Regina Vilares
Inês Virginia Prado Soares
Marcos Zilli
Paulo Henrique dos Santos Lucon

Organizadores:
Olavo Pezzoti
Amanda Scalisse

ALMEDINA

CORRUPÇÃO
DIÁLOGOS INTERDISCIPLINARES

COORDENADORES: Fábio Ramazzini Bechara, Fernanda Regina Vilares, Inês Virginia Prado Soares, Marcos Zilli e Paulo Henrique dos Santos Lucon
ORGANIZADORES: Olavo Pezzoti e Amanda Scalisse

DIRETOR ALMEDINA BRASIL: Rodrigo Mentz
EDITORA JURÍDICA: Manuella Santos de Castro
EDITOR DE DESENVOLVIMENTO: Aurélio Cesar Nogueira
ASSISTENTES EDITORIAIS: Isabela Leite e Marília Bellio

REVISÃO: Eduardo Augusto Alves José Ferioli Pereira
DIAGRAMAÇÃO: Almedina
DESIGN DE CAPA: FBA

ISBN: 9786556270975
Outubro, 2020

Dados Internacionais de Catalogação na Publicação (CIP)
(Câmara Brasileira do Livro, SP, Brasil)

Corrupção : diálogos interdisciplinares /
organização Amanda Scalisse, Olavo Pezzotti. --
1. ed. -- São Paulo : Almedina, 2020.
Vários coordenadores.

Bibliografia
ISBN 978-65-5627-097-5

1. Corrupção 2. Corrupção - Combate 3. Direito processual penal 4. Direito processual penal - Brasil 5. Estado de Direito I. Scalisse, Amanda. II. Pezzotti, Olavo.

20-42140 CDU-343.1(81)

Índices para catálogo sistemático:

1. Brasil : Direito processual penal 343.1(81)

Maria Alice Ferreira - Bibliotecária - CRB-8/7964

Este livro segue as regras do novo Acordo Ortográfico da Língua Portuguesa (1990).

EDITORA: Almedina Brasil
Rua José Maria Lisboa, 860, Conj.131 e 132, Jardim Paulista | 01423-001 São Paulo | Brasil
editora@almedina.com.br
www.almedina.com.br

SOBRE OS COORDENADORES

Fábio Ramazzini Bechara
Promotor de Justiça em São Paulo. Doutor em Direito Processual Penal pela USP e Mestre em Direito Processual Penal pela PUC/SP. Global Fellow no Brazil Institute – Woodrow Wilson International Center for Scholars.Professor dos Programas de Graduação e Pós-Graduação de Mestrado e Doutorado da Faculdade de Direito da Universidade Presbiteriana Mackenzie.

Fernanda Regina Vilares
Mestre e Doutora em Processo Penal pela USP. Assessora Especial do Advogado Geral da União (Procuradora da Fazenda Nacional). Professora da FGVLaw e IDP.

Inês Virginia Prado Soares
Desembargadora no Tribunal Regional Federal da 3ª Região. Mestre e Doutora em Direito pela PUC-SP. Realizou pesquisa de pós-doutorado no Núcleo de Estudos de Violência da Universidade de São Paulo (NEV-USP). Autora e organizadoras de diversos livros na área jurídica, dentre os quais, destaca o livro "Direito ao(do) Patrimônio Cultural Brasileiro" (Ed. Fórum, 2009).

Marcos Zilli
Professor Dr. de Direito Processual Penal nos cursos de graduação e de pós-graduação da Faculdade de Direito da Universidade de São Paulo.

Paulo Henrique dos Santos Lucon
Presidente do Instituto Brasileiro de Direito Processual. Professor dos Cursos de Graduação e Pós-Graduação da Faculdade de Direito do Largo de São Francisco.

SOBRE OS ORGANIZADORES

Olavo Evangelista Pezzotti
Doutorando e Mestre em Direito Processual Penal pela Faculdade de Direito da Universidade de Sao Paulo. Especialista em Direito Penal pela Escola Superior do Ministerio Publico (SP). Promotor de Justica do Ministerio Publico do Estado de Sao Paulo.

Amanda Scalisse Silva
Mestre em Direito Politico e Economico pela Universidade Presbiteriana Mackenzie. Pesquisadora do Grupo de Pesquisa em "Direito Penal Economico e Justica Penal Internacional" da UPM.

SOBRE OS AUTORES

André Luiz de Almeida Mendonça
Doutor em Estado de Direito e Governança Global pela Universidade de Salamanca (Espanha)
Professor do programa de doutorado "Estado de Direito e Governança Global" da Universidade de Salamanca (Espanha). Professor da Faculdade Presbiteriana Mackenzie de Brasília. Ministro da Justiça e Segurança Pública. Ex-diretor do Departamento de Patrimônio e Probidade da Procuradoria-Geral da União. Ex-Corregedor-Geral da Advocacia da União. Ex-Assessor Especial do Ministro da Transparência e Controladoria-Geral da União. Atual Ministro de Estado da Justiça e Segurança Pública do Brasil, e Ex-Advogado geral da União.

Artur Cardoso Carvalho Santana
Bacharel em Direito pela Universidade de Brasília. Mestrando em Direito do Estado (Área de Direito Administrativo) pela Universidade de São Paulo.

Bangula Quemba
Mestre em Ciências Jurídicas Criminais. Investigador do CID – UCAN.

Benja Satula
Doutorando em Ciências Jurídicas Criminais. Director Geral do Centro de Investigação do Direito da Universidade Católica de Angola – CID – UCAN.

Daniel Marcelino
Cientista de Dados sênior do JOTA.

Fernando Mello
Sócio e diretor do JOTA Labs e doutorando em Ciência Política na UCLA.

Isabela Testa Martins
Advogada. Graduada em Direito pela Universidade Presbiteriana Mackenzie, São Paulo/SP.

Luiz Flávio Gomes (*in memorian*)
Doutor em Direito Penal pela Universidade Complutense de Madrid. Mestre em Direito Penal pela Universidade de São Paulo. Deputado Federal pelo Estado de São Paulo.

Luiza Cristina Fonseca Frischeisen
Subprocuradora Geral da República. Membro do Conselho Superior do Ministério Público Federal. Coordenadora da Câmara Criminal do Ministério Público Federal. Doutora em Direito pela Faculdade de Direito da Universidade de São Paulo. Mestre em Direito do Estado pela Pontifícia Universidade Católica de São Paulo. Bacharel em Direito pela UERJ.

José Marcelo Martins Proença
Prof. Dr. da Faculdade de Direito da USP.

Marco Aurélio Florêncio Filho
Pós-Doutor em Direito pela Faculdad de Derecho da Universidad de Salamanca. Doutor em Direito pela Pontifícia Universidade Católica de São Paulo. Mestre em Direito pela Universidade Federal de Pernambuco. Professor Permanente do Programa de Pós-Graduação (Mestrado e Doutorado) em Direito Político e Econômico da Faculdade de Direito da Universidade Presbiteriana Mackenzie. Líder do Grupo de Pesquisa "Direito Penal Econômico e Justiça Penal Internacional" da UPM.

Maria Tereza Uille Gomes
Doutora em Sociologia e Mestre em Educação pela Universidade Federal do Paraná. Professora titular da Universidade Positivo e Pesquisadora do Centro de Pesquisa Jurídica e Social da Universidade Positivo – CPJUS. Ex-Procuradora-Geral de Justiça do Estado do Paraná. Ex-Secretária de Estado da Justiça, Cidadania e Direitos Humanos do Estado do Paraná (2011-2015). Atual Conselheira do Conselho Nacional de Justiça (CNJ).

Mário Spinelli
Ouvidor-Geral da Petrobras. Professor da Escola de Administração de Empresas de São Paulo da Fundação Getúlio Vargas. Doutor em Administração Pública e Governo pela FGV – SP e Mestre em Administração Pública pela FJP – MG. Foi Controlador-Geral do Estado de Minas Gerais (2015), Controlador-Geral do Município de São Paulo (2013-2014), Conselheiro do Coaf (2010-2013) e Secretário de Prevenção da Corrupção e Informações Estratégicas da Controladoria-Geral da União (2010-2013).

Monica Herman Caggiano
Diretora da Faculdade de direito USP/Ribeirão Preto. Professora Associada do Departamento de Direito do Estado, da Universidade de São Paulo. Mestre, Doutora e Livre-Docente em Direito Constitucional pela Faculdade de Direito/USP. Presidente da Comissão de Pós-Graduação da Faculdade de Direito-USP (2008-2016). Professora Titular de Direito Constitucional e Coordenadora do Curso de Especialização em Direito Empresarial da Universidade Presbiteriana Mackenzie. Membro da Comissão Nacional de Estudos Constitucionais do Conselho Federal da Ordem dos Advogados do Brasil (Portaria n. 232/2019). Assessora Especial do Governador do Estado de São Paulo (2006) Procuradora Geral do Município de São Paulo (1995-1996). Secretária dos Negócios Jurídicos do Município de São Paulo (1966). Procuradora do Município de São Paulo (1972-1996).

Valdir Moysés Simão
Advogado. Doutorando em Estado de Direito e Governança Global pela Universidade de Salamanca. Ex-Ministro do Planejamento, Orçamento e Gestão. Ex-Ministro Chefe da Controladoria Geral da União.

Dedicamos a obra à memória do Professor Doutor Luis Flávio Gomes,
jurista dedicado à luta contra a corrupção no Brasil.

APRESENTAÇÃO

A presente obra coletiva "*Corrupção: diálogos interdisciplinares*", nos traz reflexões acerca de um tema de grande desafio na gestão política das sociedades, desde os primórdios da formação do Estado: a corrupção. Ato de coragem de seus coordenadores Paulo Lucon, Inês Soares, Marcos Zilli, Fernanda Vilares e Fabio Bechara e organizadores Amanda Scalisse Silva e Olavo Evangelista Pezotti, incentivou a compilação de profundas reflexões sobre alternativas para enfretamento desse mal.

De peculiar abordagem, os textos que integram a presente obra, nos garantem substratos para prosseguir, com maior corpo, em nossos debates, sobretudo diante da diversidade de olhares, inspirações e experiências.

Autores com diferentes vivências profissionais e acadêmicas, professores, pesquisadores e líderes de cargos públicos destinados a gerir e conter atos de corrupção, analisam – com peculiar brilhantismo – questões relacionadas a institucionalização da corrupção, os meios e estruturas para combatê-la, tanto do ponto de vista estrutural, quanto do ponto de vista individual e cultural, sem, descuidar dos instrumentos de inovação tecnológica e seu papel na implementação de soluções criativas.

Marcos Zilli nos coloca a refletir, desde o início, sobre a contraposição entre persuasão e corrupção e, após considerar o histórico da Operação Lava Jato, questiona: *"Afinal, o que nos levou a este estado de coisas?"*, ponderando sobre o reflexo da representação partidária na forma de gestão dos governos.

A repercussão nas esferas privadas dos atos de corrupção, é tratada em diferentes capítulos desse livro. Valdir Moysés Simão, inclui o elemento ético, o fortalecimento institucional dos órgãos públicos e o papel desempenhado pelo Lei Anticorrupção como elementos de fortalecimento das medidas de combate, com repercussão, inclusive, nos setores privados, observado pelo *boom* dos programas de integridade em empresas de diferentes portes e segmentos econômicos; ao mesmo tempo que José Marcelo Martins Proença, demonstra o custo econômico da corrupção para as empresas, ao comparar cenários reais com possíveis cenários ideais e, assim, demonstrar caminhos para preservação da atividade produtiva do agente econômico dentro de um ambiente mais ético.

Mário Spinelli alerta, a partir da análise dos sistemas de integridade governamentais e da atuação focada em superar as três dimensões da corrupção: a individual, a cultural e a institucional, que inúmeras são as frentes a serem combatidas.

A correlação entre corrupção e o sistema financeiro é outro ponto que a experiência demonstra nefrálgico ao combate a corrupção, como retrata o artigo de Fábio Ramazzini Bechara e Isabela Testa Martins ao abordar a política brasileira de combate ao crime de lavagem de dinheiro em compatibilização com o sigilo bancário e, ainda, com os compromissos internacionais relacionados aos Sistema Financeiro Nacional.

As consequências penais dos atos de desvio foram tratados por Olavo Evangelista Pezzotti e Luiza Cristina Fonseca Frischeisen, por meio da análise de condutas pontuais e suas respectivas consequências; e os cuidados e alertas na configuração do tipo penal de corrupção passiva no direito brasileiro, por Marco Aurélio Florêncio Filho e Amanda Scalisse Silva, ao alertarem para a necessidade de demonstração de qual seria a retribuição do funcionário público pelo benefício ilegalmente recebido.

Os reflexos da corrupção no âmbito administrativo também foram abordados nos artigos de Paulo Henrique dos Santos Lucon, no qual se estuda a improbidade administrativa no microssistema anticorrupção e a viabilização dos acordos de leniência; e de André Luiz de Almeida Mendonça, ao tratar da transparência, justiça e efetividade como princípios norteadores das ações e opções do Estado.

Já, a repercussão que a institucionalizada corrupção e o Lobby possuem na Democracia foi objeto de reflexão no artigo de Monica Hermann Caggiano que esclarece, todavia, a capacidade de rejuvenescimento e, até mesmo, fortalecimento da democracia, diante da possibilidade de mudança da força política detentora do poder.

A correlação entre lobby e corrupção foi, então, objeto de reflexão no artigo de Fernando Mello, que traz ao leitor estudo das diferentes estratégias de coalização, nos distintos contextos sociais.

Ponto elevado deste livro é, também, a comparação entre diversos dados de sistemas de investigação, operações de combate à corrupção e ao crime organizado e, inclusive, um estudo comparado sobre o combate a corrupção e crimes conexos, em Angola, no artigo de Benja Satula, Diretor Geral do Centro de Investigação do Direito da Universidade Católica de Angola.

Os artigos do livro equilibram, assim, a análise conceitual, acadêmica e empírica da corrupção nos diversos setores em que repercute: público, privado, administrativo, penal, de gestão e de inovação. A última, abordada no artigo de Maria Tereza Uille Gomes o qual aborda a desestruturação da corrupção sistêmica, a partir da ótica da inovação, da inteligência artificial e classificação dos delitos. Com análise dos números das grandes operações já realizadas, propõe soluções para padronização e centralização dos dados de logística financeira para prevenir ou reprimir crises.

O fechamento da visão interdisciplinar e múltipla dos instrumentos jurídicos de combate a corrupção foi tratada com peculiar ineditismo no artigo de Luiz Flávio Gomes e Artur Cardoso Carvalho Santana, sendo oportuno registrar a homenagem póstuma de admiração e respeito ao primeiro autor.

Esta obra não apenas nos traz reflexões desafiadoras, mas nos inspira na realização e concretização de sistemas de governo, de gestão pública e de gestão de empresas privadas com base em uma nova cultura individual e institucional, pautada em primeiro lugar, pela ética.

Aos coordenadores, organizadores e autores do livro o registro de admiração pela competência, profundidade, visão globalizada e contextualizada, reunida de forma harmoniosa e agradável ao leitor. Uma leitura provocativa e inspiradora.

São Paulo, maio de 2020.

Felipe Chiarello de Souza Pinto
Pró-Reitor de Pesquisa e Pós-Graduação e Professor Titular da Faculdade de Direito e do Programa de Mestrado e Doutorado em Direito Político e Econômico da Universidade Presbiteriana Mackenzie

SUMÁRIO

1. Ainda sobre as Saúvas

Marcos Zilli

É muito mais fácil corromper do que persuadir
(Sócrates)

1. Corrupção: permanências e rupturas

Sob os auspícios do governo francês, Auguste de Saint-Hilaire viajou pelo Brasil durante o curto período em que a família real portuguesa aqui esteve em rota de fuga do exército de Napoleão. Como legado, deixou uma obra preciosa formada por diversos livros cujas páginas navegam sobre os costumes e as paisagens da *terra brasilis*. Para além da majestosa obra, Saint-Hilaire também é lembrado por famosa, senão pitoresca, frase em que externou a sua preocupação para com o potencial devastador provocado pela praga das saúvas: "ou o Brasil acaba com a saúva, ou a saúva acaba com o Brasil". Duzentos anos e muitas crises após, o país ainda se mantém em pé assim como as saúvas. Afinal, Hilaire era cientista e não profeta.

Das ciências, as saúvas migraram para a literatura. Policarpo Quaresma, nacionalista e ufanista, as enfrenta ao lado das ervas daninhas em seu sítio, ironicamente batizado de "Sossego". Sem o apego às sutilezas de Lima Barreto, Mario de Andrade elevou as saúvas, em Macunaíma, ao padrão métrico do subdesenvolvimento: "pouca saúde e muita saúva, os males do Brasil são". E assim a má fama das saúvas percorreu séculos. E na esteira do que já assume contornos de sina, as saúvas passaram, mais recentemente, a serem lembradas nas discussões sobre os agentes corruptores do Estado brasileiro.

Fiquemos com dois exemplos.

Em editorial publicado na Folha de São Paulo sob o sugestivo título "O DNA da corrupção"[1], Carlos Heitor Cony relembra o drama vivido por Paulo Francis que passou a ser perseguido após denúncias por ele feitas de corrupção atribuídas à diretoria da Petrobrás. Para Cony, a sucessão de escândalos levou as saúvas para o banco dos reservas enquanto a corrupção assumiu a titularidade dos males do país. Já em artigo publicado no Globo, sob o título "Doenças da carne, doenças da alma",[2] Fernando Gabeira proclama a inviabilidade econômica e moral do país caso a corrupção não venha a ser enfrentada. Mas o aparente pessimismo do jornalista é por ele temperado ao assegurar que os corruptores não se sagrarão vitoriosos. Em misto de esperança e de profecia, Gabeira vale-se de Hilaire. Afinal, se as saúvas não conseguiram acabar com o país, por que os corruptores seriam bem-sucedidos?

A corrupção não é exclusividade brasileira, o que parece óbvio. Todas as sociedades, corporações e governos registram casos. A diferença reside no grau de incidência e em sua permanência. No caso brasileiro, a corrupção parece integrar o nosso enredo histórico, atuando, muitas vezes, como protagonista. O enredo é, sem dúvida, triste. Entre heróis e vilões, resta a certeza de que muitas são as vítimas de uma corrupção sistêmica, organizada, institucionalizada e culturalmente e enraizada.

Registros não faltam de práticas corruptas desde o período colonial. A historiadora Adriana Romeiro, por exemplo, em interessante trabalho publicado sob o título **Corrupção e poder. Uma história, séculos XVI a XVIII**,[3] descortina eventos e acontecimentos que marcam a exploração do Brasil colônia. O distanciamento da administração portuguesa e o domínio das autoridades locais criou um ambiente favorável para os desvios de riquezas e de tributos. Não é de se estranhar certa normalização da prática. Aliás, seria demasiado exigir-se freios éticos ou escrúpulos morais em um modelo econômico fundado na desonra da escravidão. A subjugação da vida e da liberdade alheias tornava tudo assimilável.

É fato que nem mesmo a proximidade da Coroa, com a transferência da família real ao Brasil em 1808, rompeu com a tradição espúria no trato da

[1] Disponível em: <https://m.folha.uol.com.br/colunas/carlosheitorcony/2014/11/1551851-o--dna-da-corrupcao.shtml>. Acesso em 10.12.2019.

[2] Publicado em 26 de março de 2017. Disponível em: <https://oglobo.globo.com/cultura/doencas-da-carne-doencas-da-alma-21113778>. Acesso em 12.12.2019.

[3] ROMEIRO, Adriana. *Corrupção e poder. Uma história, séculos XVI a XVIII*. Belo Horizonte: Autêntica Editora, 2017.

coisa pública. Emblemático foi o caso de Elias Antonio Lopes, um dos maiores traficantes de escravos no início do século XIX.[4] Elias cedeu à D. João VI um palácio que havia construído no Rio de Janeiro.[5] Era o melhor edifício da cidade à época. O edifício tornou-se a residência oficial do monarca, a famosa Quinta da Boa Vista, transformada, posteriormente, no Museu Nacional, tristemente destruído em 2018 por um incêndio devastador. A dádiva de Elias, rendeu-lhe benefícios. Foi elevado à condição de amigo do rei com acesso privilegiado à Corte. O acesso implicava, obviamente, a proximidade com o núcleo político e decisório do governo. Ao fechar a porta de sua própria Quinta, Elias abriu outras tantas para si.

D. João VI, é certo, não viveu apenas de benesses. Também concedeu dádivas. Aliás, a política de concessão de presentes marcou a sua presença no Brasil. Em pouco mais de uma década, o príncipe regente foi pródigo na distribuição de títulos de nobreza, ordens honoríficas e cargos. Dadas as circunstâncias peculiares de transferência da Corte, a prática buscava trazer sustentação ao poder central.[6] Era uma importante moeda de troca para a Versailles tropical. O cenário se mantém ao longo do segundo reinado e, especialmente, nos últimos anos do Império. Segundo Murilo de Carvalho, a prodigalidade de D. Pedro II foi a maneira encontrada para restituir "em símbolo de status o que retirava em interesse material" representado pelas leis restritivas à escravidão.[7]

O uso de práticas corruptas pelo sistema político manteve-se com o advento da república. Na chamada república velha, que perdurou até 1930, o sistema político-eleitoral foi alimentado por uma oligarquia agrária. A estrutura econômica estava fundada em grandes propriedades. Concentração de poder econômico e exercício político andavam de braços dados. Os votos eram controlados pelos grandes proprietários de terras em regime

[4] ANTUNES, Luís Frederico Dias. "A influência Africana e Indiana no Brasil, na virada do século XVIII: Escravos e têxteis." In: FRAGOSO, João; SAMPAIO, Jucá; CAMPOS, Adriana. *Nas Rotas do Império: Eixos mercantis, tráfico e relações sociais no mundo português*. Vitória: Edufes, Lisboa: IICT, 2006, p. 153.

[5] SCHWARCZ, Lilia Moritz. *A longa viagem da biblioteca dos reis. Do terremoto de Lisboa à independência do Brasil*. 2. Ed. São Paulo: Companhia das Letras, 2002, p. 244.

[6] SILVA, Camila Borges da. *Títulos e mercês na corte joanina*. Disponível em: <http://historialuso.an.gov.br/index.php?option=com_content&view=article&id=5209&Itemid=348>. Acesso em 20 de dezembro de 2019.

[7] CARVALHO, José Murilo de. *A construção da ordem: a elite política imperial. Teatro de sombras: a política imperial*. Rio de Janeiro: Civilização Brasileira, 2003, p. 258.

de dependência social e econômica.[8] Assim é que os eleitos representavam os interesses dos grandes proprietários, perpetuando a política de concentração de renda. É o que se denominou de coronelismo. Para Raymundo Faoro, o vínculo que outorga poderes públicos aos "coronéis" "virá essencialmente, do aliciamento e do preparo das eleições".[9] Não se tratava, é certo, de fenômeno novo. Mas, foi seguramente durante a república velha que a aliança entre o poder econômico agrário e o poder político se acentuou.

Com o Estado Novo que se instaura a partir de 1937, inicia-se a chamada era Vargas. Getúlio Vargas, político de viés populista e autoritário, exerceu uma ditadura até 1946. Retornou pelo voto popular em 1950. O período foi marcado por crises políticas. À época, ganhou notoriedade o escândalo que envolveu o periódico "Última Hora", um dos poucos veículos de imprensa favorável ao presidente. A liberação de recursos públicos ao jornal e os critérios para tanto foram o estopim para a instauração de uma Comissão Parlamentar de Inquérito a pedido de deputados da UDN. A investigação serviu de palco para o embate político que teve por foco escancarar a corrupção do então governo.[10] Mais do que compreender as causas das práticas corruptas, o interesse voltou-se para a capitalização da opinião pública em uma acirrada disputa por dividendos eleitorais.

Durante o regime militar que se instaura a partir de 1964, o controle dos mecanismos de imprensa e da própria sociedade civil dificultou, senão inviabilizou, a transparência dos negócios e a fiscalização sobre os recursos e os incentivos a setores privados.[11] Os grandes projetos de infraestrutura – uma marca daquele período – e a proximidade com o círculo fechado de poder trouxeram benefícios a um pequeno grupo de empresários que viram os negócios crescerem de maneira exponencial.[12]

[8] Ver, a propósito: LEAL, Victor Nunes. *Coronelismo, enxada e voto. O município e o regime representativo no Brasil.* 7. ed., São Paulo: Companhia das Letras, 2012.

[9] FAORO, Raymundo. *Os donos do poder. Formação do patronato político brasileiro.* 5 ed. São Paulo: Globo, 2012, p. 700.

[10] Sobre o episódio, ver: CARVALHO, Aloysio Castelo de. *O caso Última Hora e o cerco da imprensa ao governo Vargas.* Nitpress, 2012.

[11] SCHWARCZ, Lilia Moritz. *Sobre o autoritarismo brasileiro.* 2ª reimp. São Paulo: Companhia das Letras, 2019, p. 110.

[12] Para um estudo mais detido sobre a questão, ver: CAMPOS, Pedro Henrique Pedreira. *Estranhas catedrais: as empreiteiras brasileiras e a ditadura civil-militar. 1964-1988.* Rio de Janeiro: EDUFF, 2014.

Com o fim do regime militar e a instalação da chamada Nova República em 1985 o país se viu às voltas com uma grave crise política que cercou o mandato do primeiro presidente eleito de forma direta após 25 anos. Fernando Collor de Mello foi acusado pelo próprio irmão de liderar um esquema de corrupção que teria arrecadado 15 milhões de reais. Os valores, repassados por empresas, financiaram a campanha eleitoral sob a promessa de benefícios em contratações públicas durante o governo. A crise, como se sabe, levou ao impeachment do Presidente Collor, posteriormente absolvido pela Justiça.[13]

Os exemplos expostos foram arbitrariamente pinçados e, portanto, não se submetem a qualquer rigor histórico-científico no processo de escolha. De qualquer modo, servem de ilustração para a permanência do problema. Não se pretende com a afirmação proclamar qualquer tipo de continuidade predeterminada entre passado, presente e futuro. A história não é programável. É fato, contudo, que a corrupção sistêmica fez – e ainda faz – parte das relações de poder no Brasil. Seus efeitos são perversos. A corrupção abre feridas sociais e rompe com os elos de confiabilidade no sistema político. A cicatrização é difícil.

Mas nem só de continuidades se faz a história da corrupção no Brasil. Há, também, momentos de rupturas, de enfrentamentos e de punições.

Um exemplo bastante significativo dos tempos contemporâneos é dado pelo que se convencionou denominar de **Mensalão**. O escândalo veio à tona em maio de 2005 quando uma revista de circulação nacional publicou uma reportagem que escancarou um esquema de corrupção que envolveu um diretor da empresa de Correios. A reportagem continha cenas de uma gravação clandestina que mostravam o diretor recebendo dinheiro oriundo de suborno. O diretor da empresa dos Correios havia sido indicado por um deputado federal de partido político que integrava a base aliada do primeiro governo do então Presidente Lula. Acuado pelas denúncias, o deputado escancarou um esquema de pagamento de valores mensais a deputados federais e que era liderado pelo então Ministro da Casa Civil, José Dirceu. O pagamento dos valores visava assegurar a aprovação de projetos de interesse do governo federal no Congresso Nacional.[14]

[13] Para uma compreensão sobre o turbulento período ver: VILLA, Marco Antonio. *Collor Presidente. Trinta meses de turbulência, reformas, intrigas e corrupção.* Rio de Janeiro: Record, 2016.

[14] Nesse sentido: "Os segredos do mensalão, dez anos depois. A história secreta de como o ex-presidente Lula escapou do escândalo de suborno que levou à prisão congressistas, empresários e toda a cúpula do PT". Disponível em: <https://veja.abril.com.br/brasil/os--segredos-do-mensalao-dez-anos-depois/>. Acesso em 20.12.2019.

Em 2007, o Supremo Tribunal Federal deu início ao processo da ação penal 470, popularmente conhecido como o **Processo do 'Mensalão'**. 40 pessoas foram inicialmente acusadas por crimes de formação de quadrilha, peculato, lavagem de dinheiro, corrupção ativa, gestão fraudulenta e evasão de divisas. O processo catalisou a atenção da opinião pública. As sessões de julgamento foram transmitidas ao vivo e contavam com grande audiência em todo o país. Em pouco tempo, os nomes dos Ministros do Supremo Tribunal Federal tornaram-se conhecidos de toda a população brasileira que, por sua vez, tinha dificuldades em apontar a escalação da seleção brasileira de futebol.

Se por um lado, o intenso envolvimento da opinião pública refletiu o exaurimento da sociedade frente à impunidade dos chamados crimes de colarinho branco, por outro pavimentou o processo de radicalização e de polarização política que marcou os anos subsequentes. A coisa julgada gerada pelo processo do **Mensalão** não sedimentou as narrativas que sobre aquele evento emergem. Até mesmo porque, história e justiça registram papéis distintos. De qualquer modo, é fato que os escândalos criminais que tem em seu epicentro atores políticos possuem uma dinâmica muito própria de revitalização das narrativas.[15]

2. O *Caso Lava Jato*: a luta por narrativas

A política de escândalos vinculados ao Estado não começou – e nem terminaria – com o episódio do **Mensalão**. Em 2014, ao término do primeiro mandato da então Presidente Dilma Rousseff, o país foi mais uma vez sacudido com outro escândalo de dimensões político-criminais: a **Operação Lava Jato**.

O uso de uma rede de postos de combustíveis para a lavagem de recursos ilícitos inspirou o nome da operação que foi deflagrada em março de 2014.[16]

[15] Apenas para citar dois exemplos sobre as visões antagônicas acerca do processo do Mensalão, ver: VILLA, Marco Antonio. Mensalão. *O julgamento do maior caso de corrupção da história política brasileira*. Rio de Janeiro: Leya, 2012 e LEITE, Paulo Moreira. *A outra história do Mensalão. As contradições de um julgamento político*. São Paulo: Geração, 2013.

[16] A data refere-se ao início da fase ostensiva da operação. As investigações foram iniciadas em 2009 com a investigação de crimes de lavagem de dinheiro de recursos do então deputado José Janene, em Londrina no Paraná com o envolvimento dos doleiros Alberto Youssef e Carlos

A **Operação Lava Jato**, que já se antevia como emblemática, assumiu proporções gigantescas, representando, atualmente, a maior investigação de corrupção e de lavagem de ativos no Brasil[17] com desdobramentos em vários estados,[18] graus de jurisdição[19] e outros países.[20]

Habib Chater. Mediante interceptações telefônicas judicialmente autorizadas, apurou-se que o doleiro Alberto Youssef doara uma Land Rover ao ex-diretor de abastecimento da Petrobras, Paulo Roberto Costa. A partir dos dados apurados nas interceptações é que teve início a fase ostensiva da operação com o cumprimento de mandados de busca e apreensão e de prisão temporária. Ver: "Investigação na Petrobras começou com um estranho presente de luxo", <https://brasil.elpais.com/brasil/2014/12/01/politica/1417472349_354451.html>. Acesso em 12.10.2019.

[17] O núcleo original da **Operação Lava Jato** é dado pela 13ª Vara Federal de Curitiba no estado do Paraná. Os fatos ali investigados envolvem contratos celebrados com a Petrobrás. As primeiras medidas cautelares foram ali determinadas, o que fixou a prevenção daquele juízo para o processamento dos casos conexos.

[18] Em outubro de 2015, o Supremo Tribunal Federal determinou a remessa para o Rio de Janeiro de denúncia apresentada pela Força-tarefa da Lava Jato em Curitiba, que apontou irregularidades em contratos para a construção da Usina Nuclear Angra 3. Paralelamente ao curso desta ação penal na 7ª Vara Federal do Rio de Janeiro, o Ministério Público Federal no Rio deu início ao aprofundamento das investigações, pois constatou-se que o esquema era mais amplo que o núcleo denunciado inicialmente. Diante da complexidade das investigações, em junho de 2016, foi criada uma força-tarefa para investigar supostos crimes de corrupção, desvio de verbas e fraudes em licitações e contratos na Eletronuclear, subsidiária da Eletrobrás. Ver: <http://www.mpf.mp.br/grandes-casos/lava-jato/entenda-o-caso/rio-de-janeiro>. Acesso em 12.10.2019. No Distrito Federal, os primeiros casos aportaram em 2016, por decisão do STF que desmembrou casos que não tinham conexão clara com os fatos relacionados com a Petrobrás. Ver: <http://www.mpf.mp.br/df/atuacao/desdobramentos-da-lava-jato>. Acesso em 12.10.2019.

[19] Quando da segunda fase da Operação, ainda no âmbito da 13ª Vara Federal de Curitiba, Paulo Roberto Costa, ex-Diretor de Abastecimento da Petrobrás, foi preso. Cinquenta e nove dias após, atendendo a reclamação formulada pela defesa de Paulo Roberto Costa (Reclamação 17.623), o então Ministro Teori Zavascki do STF, ordenou, em caráter liminar, a soltura de Paulo Roberto Costa após reconhecer a possibilidade de afirmação da competência do próprio STF diante das notícias de envolvimento de parlamentares que gozavam de foro privilegiado. No julgamento da reclamação, contudo, determinou-se a cisão do processo, fixando-se a competência do Supremo Tribunal, tão somente, para investigação dos parlamentares e outras autoridades com prerrogativa de foro. Ver: <http://www.mpf.mp.br/grandes-casos/lava-jato/entenda-o-caso/curitiba>. Acesso em 12.10.2019.

[20] A internacionalização da Lava Jato ganhou força em 2016 quando a Odebrecht firmou acordo com o Departamento de Justiça dos E.U.A. Na ocasião, a empresa admitiu o pagamento de US$ 788 milhões em propina a autoridades de diferentes países, valendo-se, para tanto, de instituições bancárias americanas. Em 2017, foram indicados 11 países, a saber: Angola, Argentina, Colômbia, Equador, Guatemala, México, Moçambique, Panamá, Perú, República Dominicana e Venezuela. Nesse sentido: *Charleaux*, *Nexo*, (17.11.2017). Disponível em: <https://

Os números, de fato, impressionam. Tomando-se apenas o núcleo central e originário da **Operação** dado pela Justiça Federal de Curitiba,[21] foram realizadas, ao longo dos últimos cinco anos, 65 operações policiais. Mas não é só. Foram expedidos 1271 mandados de busca e apreensão, 165 mandados de prisão preventiva e outros 162 de prisão temporária. Foram celebrados 48 acordos de colaboração premiada. 104 acusações criminais foram apresentadas por crimes de corrupção, contra o sistema financeiro nacional, tráfico internacional de drogas, formação de organização criminosa e lavagem de ativos, entre outros. Até o presente momento, há 159 condenados e 3.8 bilhões de reais foram restituídos aos cofres públicos.[22]

As primeiras investigações indicaram que o doleiro Alberto Youssef mantinha negócios escusos com Paulo Roberto Costa, ex-diretor da área de abastecimento da Petrobras. Preso cautelarmente, Costa firmou, meses após, acordo de colaboração premiada. Os seus relatos e informações abriram um imenso flanco de investigação de diversos desvios de recursos da empresa petrolífera ocorridos na última década. Os procedimentos investigatórios, as acusações e os julgamentos proferidos identificam um quadro complexo e estruturado de desvio de recursos públicos em diversos contratos celebrados entre a Petrobras e empresas prestadoras de serviço, especialmente, as grandes empreiteiras.

Conforme apurado,[23] as empreiteiras atuavam em esquema de cartel nas licitações públicas com a Petrobras. Além de receberem informações privilegiadas acerca de novos projetos, articulavam-se em reuniões secretas nas quais se decidiam os valores e os vencedores de licitações.[24] Os con-

www.nexojornal.com.br/expresso/2017/02/15/Qual-o-alcance-da-Lava-Jato-na-América-Latina-Europa-e-África>. Acesso em 12.10.2019.

[21] Informações atualizadas até 12.10.2019. Ver: <http://www.mpf.mp.br/grandes-casos/lava-jato/resultados>.

[22] US$ 885 milhões de dólares em valores aproximados para o dia 13.10.2019.

[23] Tomando-se por base as narrativas expostas nas acusações criminais e nas sentenças proferidas.

[24] De acordo com o apurado nas investigações e nos processos criminais instaurados, a conexão política revelou-se evidente em relação às seguintes diretorias: de Abastecimento, ocupada por Paulo Roberto Costa entre 2004 e 2012, de indicação do PP (Partido Progressista), com posterior apoio do PMDB (Partido do Movimento Democrático Brasileiro); de Serviços, ocupada por Renato Duque entre 2003 e 2012, de indicação do PT (Partido dos Trabalhadores); e Internacional, ocupada por Nestor Cerveró entre 2003 e 2008, de indicação do PMDB

tratos superfaturados permitiam o pagamento de propina em montante variável de 1% a 5%. O suborno era distribuído por meio de doleiros em diferentes operações de lavagem. Parte da propina era entregue a altos funcionários da Petrobras cujos postos eram ocupados por indicação partidária. Estavam não só cientes do cartel das empreiteiras como também emprestavam colaboração. Outra parte da propina retornava aos próprios partidos políticos de sustentação da base governista no Congresso em forma de doações – contabilizadas ou não – às campanhas eleitorais. Assim, a indicação política dos altos funcionários da Petrobrás assegurava a permanência do esquema criminoso. De um lado, enriquecia uma oligarquia empresarial. De outro, assegurava a conjugação das forças políticas que sustentavam o governo. Por fim, com os caixas repletos de recursos, em evidente abuso do poder econômico, os partidos políticos agraciados contratavam campanhas publicitárias eleitorais milionárias na tentativa de se perpetuarem no poder.[25] Em síntese, o esquema corruptivo permitiu a "compra de apoios políticos e o acesso ao dinheiro público dos partidos da base aliada e correligionários, em prejuízo de toda a população brasileira, que é a vítima difusa" daquela criminalidade.[26]

É fato que as sucessivas operações deflagradas e, sobretudo, a avalanche de colaborações premiadas, revelaram outros crimes que afetaram outras empresas públicas tais como a Usina Nuclear de Angra 3 e a Eletrobrás. Tais apurações levaram à instauração de procedimentos em outras juízos. Estes procedimentos não integram a chamada **Operação Lava Jato**. São desdobramentos. Os casos envolvem a Justiça Federal do Rio de Janeiro, do Distrito Federal e de São Paulo, sem contar, obviamente, o Supremo Tribunal Federal e o Superior Tribunal de Justiça, em razão do foro por prerrogativa de função das autoridades que ali estão sendo investigadas.

(Partido do Movimento Democrático Brasileiro). Nesse sentido: <http://www.mpf.mp.br/grandes-casos/lava-jato/entenda-o-caso>. Acesso em 12.10.2019.

25 CHEMIN, Rodrigo. *Mãos limpas e lava jato. A corrupção se olha no espelho.* Porto Alegre: CDG, 2017; MORO, Sergio. Sobre a operação Lava Jato, em PINOTTI, Maria Cristina (org.), *Corrupção: lava jato e mãos limpas.* São Paulo: Portfolio-Penguin, 2019,184-216; NETTO, Vladimir. Lava jato. *O juiz Sergio Moro e os bastidores da operação que abalou o Brasil.* Rio de Janeiro: Primeira Pessoa., 2016; PADUAN, Roberta. Petrobras. *Uma história de orgulho e vergonha.* Rio de Janeiro: Objetiva, 2016.

26 PINOTTI, Maria Cristina. Corrupção, instituições e estagnação econômica: Brasil e Itália. Em PINOTTI, Maria Cristina (org.), *Corrupção: lava jato e mãos limpas.* São Paulo: Portfolio-Penguin, 2019, p. 30.

De qualquer modo, a sucessão de casos indica um acentuado e generalizado grau de deterioração da gestão em diversos níveis da administração pública. A corrupção sistêmica, escancarada pela **Operação Lava Jato**, não é monopólio de um grupo ou espectro político. Tampouco tem colorido ideológico. A corrupção é plural, incolor e apartidária.

Os custos da corrupção sistêmica, nos moldes escancarados pela **Operação Lava Jato**, são altíssimos. Há os custos diretos que se relacionam com os valores da propina e que são adicionados aos valores dos próprios contratos superfaturados. Quem suporta tais custos é a empresa contratante. No caso da Petrobras, cujo controle é da União, é a própria sociedade a vítima dos desvios. Em 2015, o Tribunal de Contas da União apurou um prejuízo de R$ 29 bilhões de reais decorrentes das contratações superfaturadas.[27] Tais custos não levam em conta os custos indiretos e que envolvem a afetação da atividade comercial da empresa.

Mas, afinal, qual o legado da **Lava-Jato**?

Diagnósticos são difíceis e, especialmente, quando os acontecimentos ainda borbulham. É imprescindível um distanciamento temporal para que análises mais libertas da emoção possam ser feitas. A questão parece ser alvo mais uma vez da história e, portanto, dos discursos e das narrativas que prevalecerão. Eis um aspecto muito presente em torno da **Operação Lava Jato** e que também se manifestou na sua prima italiana a **Operação *Mani Pulite***: a disputa pela consagração do discurso histórico.

Tanto a **Operação *Mani Pulite*** como a **Operação Lava Jato** padecem do mesmo mal: o duelo de narrativas. O fenômeno é compreensível. Afinal, as duas operações escancararam a putrefação do sistema político. Atores políticos foram e são jogados no epicentro de escândalos o que, naturalmente, compromete o apoio popular. São, portanto, uma sentença de morte para aqueles diretamente atingidos pelos fatos que se investigam, que se apuram e que se julgam. Desconstruir a legitimidade de operações que tais é a tábua de salvação política. Em interessante estudo sobre as relações entre a punição da corrupção e o ambiente político na Itália, Salvatore Sberna e Alberto Vannucci chamam a atenção para uma espécie de contra movimento capitaneado pelos grupos políticos atingidos. O objetivo é o de desacreditar a legitimidade das persecuções de modo a minimizar, senão

[27] Ver: <https://www1.folha.uol.com.br/poder/2015/12/1714158-tcu-aponta-superfaturamento-de-r-29-bi-de-cartel-na-petrobras.shtml>. Acesso em 20.12.2019.

estancar, a crise de confiabilidade dos eleitores e, dessa forma, assegurar a sobrevida do grupo e de seu projeto de poder.[28]

Por outro lado, operações com tal magnitude são exploradas pelos grupos até então afastados do poder e que manipulam a opinião pública na tentativa de catalisarem os sentimentos de estorvo e de indignação. O discurso e a narrativa operam-se em uma versão maniqueísta protagonizada por vilões e heróis. Proliferam-se receitas imediatistas embrulhadas em formatos populistas. O descrédito da classe política, muito embora compreensível, é autofágico. Mina a democracia e flerta com o autoritarismo.

De qualquer modo, retornando ao duelo de narrativas, um discurso cada vez mais recorrente é o de que a **Operação** foi responsável pela paralisia econômica do país. Trata-se de evidente distorção dos fatos. Se as investigações impactaram o sistema econômico, isso se deve à extensão e profundidade do sistema de corrupção que envolveu grandes empresas nacionais que, a partir de então, tiveram sob suspeita a idoneidade de suas práticas. Ressalte-se que uma das maiores empreiteiras mantinha em sua estrutura um departamento próprio voltado ao pagamento de propinas para abastecer campanhas eleitorais, mediante doações revestidas de "legalidade" ou mesmo para o abastecimento do caixa dois. Tal prática denota a corrosão do modelo político que se estabeleceu no país por anos a fio. Um modelo de conchavo entre uma elite econômica e uma oligarquia política, ambas desejosas da manutenção do *status quo*. A permanência no poder do grupo político assegurava a manutenção do capitalismo de compadrio que, por sua vez, financiava a perpetuação do grupo político no poder. E *pur si muove* a Terra.

Outro discurso amplamente divulgado é o de que as investigações e os processos da **Operação Lava Jato** teriam sido seletivos. Afirma-se que o objetivo foi direcionado para atingir o grupo político que detinha o poder. A sucessão dos acontecimentos desconstruiu a validade do argumento. Ora, as investigações tiveram por foco os atos de corrupção em contratos celebrados com a Petrobras. Apurou-se que o esquema envolveu executivos da empresa e políticos da coalizão partidária que davam sustentação ao governo federal. Natural, portanto, que o alvo das ações atingisse aqueles que se beneficiaram do esquema. O esquema visava assegurar a

[28] SBERNA, Salvatore; VANNUCCI, Alberto (2013): It's the politics, stupid! The politicization of anti-corruption in Italy. *Crime Law and Social Change*. v. 60, dec., 565-593.

manutenção do grupo político que exercia o poder e não a oposição. De mais a mais, os desdobramentos da **Operação Lava Jato** – e que deram azo a outros tantos inquéritos e processos em outros juízos – vem atingindo personalidades de quase todos os partidos políticos, sem distinção.

Mais recentemente, o núcleo rígido da **Operação** foi abalado por matérias divulgadas pelo jornalista Greenwald, do *The Intercept Brasil*. Como se sabe, o jornalista publicou supostas mensagens que teriam sido trocadas entre membros do Ministério Público Federal – que tiveram destacada participação nas investigações e nos processos criminais – e entre estes e o então juiz Sergio Moro.

Há duas questões a enfrentar.

Primeiro. O material, cuja autenticidade ainda não foi comprovada, é produto de ação ilícita representada pela violação da privacidade cometida por *hackers*. Trata-se, dessa forma, de prova ilícita e, como tal, proibida e inadmissível à luz dos preceitos constitucionais.[29] A inadmissibilidade da prova ilícita, contudo, não é absoluta. Com efeito, admite-se a prova ilícita quando o seu conteúdo evidenciar a inocência do acusado ou quando lhe puder trazer situação jurídica mais favorável.[30]

[29] O conceito de provas ilícitas não é unívoco entre os diversos sistemas jurídicos. Em terras brasileiras, consagrou-se a definição construída por Nuvolone e que aqui foi abraçada por Ada Pellegrini Grinover. Em decorrência, tornou-se recorrente a distinção entre provas ilícitas e ilegítimas, ambas espécies do gênero provas ilegais e, portanto, proibidas. De acordo com tal sistematização, enquanto as provas ilícitas estariam associadas à violação de direitos fundamentais relacionados à personalidade, durante os procedimentos de obtenção, as provas ilegítimas seriam aquelas produzidas com a inobservância de normas processuais. Nesse sentido, ver: NUVOLONE, Pietro. Le prove vietate nel processo penale nei paesi di diritto latino. *Rivista di Diritto Processuale*. Padova, v. XXI, p. 442/475, 1966 e GRINOVER, Ada Pellegrini. *Liberdades públicas e processo penal: as interceptações telefônicas*. 2 ed., São Paulo: Revista dos Tribunais, 1982. A posição de Ada Pellegrini foi acompanhada por boa parte da doutrina. Nesse sentido: ARANHA, Adalberto José de Camargo. A prova proibida no âmbito penal. *Revista de Jurisprudência do Tribunal de Justiça do Estado de São Paulo*. São Paulo, ano 16, v. 75, mar./abr., 1982, p. 19/24; AVOLIO, Luis Francisco Torquato. *Provas ilícitas. Interceptações telefônicas, ambientes e gravações clandestinas*. 3. ed., São Paulo: Revista dos Tribunais, 2003; FERNANDES, Antonio Scarance. *Processo penal constitucional*. 6. ed., São Paulo: Revista dos Tribunais, 2010, p. 81-83; MELLO, Rodrigo Pereira de. *Provas ilícitas e sua interpretação constitucional*. Porto Alegre: Sergio Antonio Fabris, 2000 e RABONEZE, Ricardo. *Provas obtidas por meios ilícitos*. 3. ed. Porto Alegre: Síntese, 2000.

[30] A questão resolve-se pelo teste da ponderação e pela aplicação do princípio da proporcionalidade. A desconsideração da prova nessa hipótese implicaria consagração abusiva da punição ou até mesmo na condenação de um inocente. Não se trata, por óbvio, de solução aceitável.

Segundo. O material até o momento divulgado pelo *The Intercept*, a se demonstrar a sua autenticidade, indica uma indesejável relação de proximidade entre os procuradores e a autoridade judiciária. Não há, ao menos por ora, sinais de que provas teriam sido forjadas. Mas há indicativos de troca de opiniões e de orientações entre os procuradores e o juiz sobre a forma como algumas investigações poderiam ser conduzidas. Nesse caso, há quebra da imparcialidade que é, como sabemos, atributo essencial da Justiça. Fala-se aqui não de uma imparcialidade ideal consubstanciada pelo absoluto distanciamento do julgador. Esta percepção é ilusória. A imparcialidade é de cunho e de conotação processual, manifestada pela equidistância entre o julgador e as partes e entre o julgador e as finalidades do processo.[31] Há, dessa forma, uma percepção objetiva da imparcialidade, representada pela expectativa que as partes da relação processual guardam na atuação do julgador.[32]

Assim, tomando-se tais premissas, o material até o momento divulgado guarda o potencial de romper com a aura de imparcialidade do julgador e, dessa forma, comprometer o resultado do julgamento. No entanto, para que isto ocorra, será indispensável a submissão do material a exame pericial. Sem o exame, o material não poderá conduzir à revisão dos processos julgados. Prestar-se-á apenas como mais um ingrediente no receituário da batalha das narrativas históricas.

E mesmo que o material venha a ser disponibilizado não serão todos os processos que serão atingidos pela nulidade em face da quebra da

A garantia fundamental não pode ser interpretada de modo a prejudicar os valores maiores da liberdade que ela própria busca tutelar. Nesse sentido: Nesse sentido: GRINOVER, Ada Pellegrini; FERNANDES, Antonio Scarance; GOMES FILHO, Antonio Magalhães. *As nulidades no processo penal.* 8. ed., São Paulo: Revista dos Tribunais, 2004, p. 160-161 e ZILLI, Marcos. As provas ilícitas no processo penal brasileiro e no direito penal internacional: duas cabeças, duas sentenças. In. SANTIAGO, Nestor Eduardo Araruna (Coord.). *Proibições probatórias no processo penal. Análise do direito brasileiro, do direito estrangeiro e do direito internacional.* Brasília: Gazeta Jurídica, 2013, p. 105.

[31] A intervenção de um terceiro agente, a quem se outorga o poder de solucionar a causa, supõe um desinteresse subjetivo frente às partes e ao mérito da discórdia. Nesse sentido: AROCA, Juan Montero. *Sobre la imparcialidad del juez y la incompatibilidad de funciones procesales.* Valencia: Tirant lo Blanch, 1999, p. 186.

[32] Nesse sentido: BADARÓ, Gustavo. Direito ao julgamento por juiz imparcial: como assegurar a imparcialidade objetiva no juiz nos sistemas em que não há a função do juiz de garantias. In. BONATO, Gilson (Org.) *Processo penal, Constituição e crítica: estudos em homenagem ao Prof. Dr. Jacinto Nelson de Miranda Coutinho.* Rio de Janeiro: Lumen Juris, 2011, p. 343-363.

imparcialidade. Haverá que se estabelecer uma relação de causalidade entre a mensagem e o processo em que se pretende ver nulificado. Difícil configurar uma imparcialidade por atacado. A questão, note-se, será enfrentada por critérios jurídico-processuais, a despeito dos discursos sedutores e emotivos que são próprios do habitat político.

3. Brasil: *Quo vadis*?

A resposta à pergunta deve ser precedida por outra indagação: Afinal, o que nos levou a este estado de coisas? Somente um diagnóstico sobre as causas poderá pavimentar um caminho mais cristalino sobre as possíveis soluções.

É certo que discussões estruturais são amplas e complexas, não sendo possível esgotar todas as suas facetas. Talvez um possível início de reflexão passe pelo exame da disfuncionalidade de algumas instituições e como tais disfuncionalidades ditaram as relações de poder no país nas últimas décadas.

Sem dúvida, um dos grandes problemas repousa no modelo de representação partidária e o seu impacto na forma de gestão dos governos. Informações mais atuais dão conta da existência de 33 partidos, o que corresponde ao número de registros na Justiça Eleitoral.[33] Notícia publicada pelo próprio Tribunal Superior Eleitoral em janeiro de 2019 indicava a existência de 75 processos de formação de novos partidos políticos.[34] Criar um partido político, e ter o benefício dos recursos do fundo partidário, tornou-se um negócio lucrativo. Produzir maiorias no Congresso Nacional para a aprovação de medidas necessárias à implementação de políticas públicas virou um balcão de negócios. O sistema presidencial de coalizão, tornou-se um sistema de cooptação.

O cenário alterou-se em 2017 com a promulgação de nova Emenda Constitucional que reintroduziu a cláusula de barreira e que será implementada até 2030. De qualquer modo, em um período de dez anos, a fragmentação do sistema político-partidário produziu efeitos nefastos a uma já combalida classe política. A pulverização de partidos descambou em negociatas onde

[33] Conforme dados do Tribunal Superior Eleitoral. Nesse sentido, ver: <http://www.tse.jus.br/partidos/partidos-politicos/registrados-no-tse>. Acesso em 20.12.2019.

[34] Nesse sentido: <http://www.tse.jus.br/imprensa/noticias-tse/2019/Janeiro/brasil-tem-75-partidos-politicos-em-processo-de-formacao>. Acesso em 20.12.2019.

os compromissos éticos e principiológicos foram jogados às traças. A atividade parlamentar, em sua maioria, transformou-se em uma máquina de favores. O Legislativo tornou-se um adendo do Poder Executivo.

Os dois maiores escândalos de corrupção da história recente brasileira guardam na distorção do sistema político e do processo eleitoral a sua gênese.[35] Este é, de fato, um problema que precisa ser equacionado urgentemente. Não é, por óbvio, a solução mágica. Tampouco a recorrente retórica de enrijecimento punitivo produzirá algum efeito. Diversas experiências na legislação penal foram tomadas no mesmo sentido nas últimas décadas sem que efeitos substanciais na redução dos índices de criminalidade fossem percebidos. Elevar a corrupção ao patamar dos crimes hediondos é solução simplista e populista para um problema que se apresenta complexo e multifacetado. O olhar há de ser mais amplo e, sobretudo, transversal. Ações preventivas tais como as políticas de transparência e o *compliance* se mostram eficazes.

No terreno da persecução penal, a experiência revela o quão sensíveis são as ações repressivas centradas em grupos políticos que estão muito longe de representarem o foco diário da Justiça Criminal. A reação por eles protagonizada deflagra uma perigosa batalha de desconstrução de reputações. A Justiça deve permanecer imune a este embate o que passa, necessariamente, pelo resguardo de sua absoluta imparcialidade e equidistância. A espetacularização do processo, promovida por setores da imprensa, não pode contar com o afago dos agentes públicos de persecução. Este é um terreno movediço cujos efeitos se projetam para além daqueles que são os responsáveis diretos pelos desvios. São efeitos que comprometem a legitimidade das ações e a confiabilidade da Justiça.

Enfim, são mais do que compreensíveis os sentimentos de estorvo e de indignação frente aos esquemas de corrupção estrutural e organizada que

[35] O sistema político-eleitoral brasileiro, por muito tempo, assegurou a conexão do sucesso das campanhas eleitorais com os recursos gastos pelos candidatos e pelos partidos políticos. As investigações revelaram que recursos ilegais abasteceram o caixa oficial das campanhas como também para o chamado "caixa 2". Nesse sentido: MOHALLEM, Michael Freitas. A corrupção eleitoral revelada pela Lava Jato e os direitos políticos no Brasil. In. ROJAS, Claudio Nash; FUCHS, Marie-Christine (eds.). *Corrupción, Estado de derecho y derechos humanos*. 2019, p. 111-137 e SPECK, Bruno W. O financiamento político e a corrupção no Brasil. In. BIASSON, Rita de Cássia (org.). *Temas de corrupção política no Brasil*. São Paulo: Balão Editorial, 2012, p. 49-97.

mantém viva parcela de uma elite criminosa. Por muito tempo esta mesma elite permaneceu imune à seletividade crônica da Justiça Criminal. Romper com os muros que impedem a efetividade da igualdade de todos perante a lei é processo doloroso, porém necessário. Este é um importante legado da **Operação Lava Jato** que não pode ser menosprezado. O enfrentamento da corrupção, contudo, não pode assumir contornos de cruzada. Até mesmo porque, Justiça e processo não podem incidir no maniqueísmo dos heróis e vilões. A discussão qualificada e multidisciplinar é o caminho natural para o aperfeiçoamento das instituições. Eis o papel a ser preenchido pela academia: refletir, ponderar e pesquisar. É bem provável que jamais eliminemos a corrupção. Afinal, mesmo os países que ostentam altos índices de desenvolvimento humano registram casos igualmente emblemáticos. Mas que nos seja permitido elevar as práticas públicas para além da sintonia do patrimonialismo. Ganharão todos e em especial aqueles mais carentes de programas sociais que, por sua vez, demandam recursos públicos. Sem dúvida, seremos bem mais felizes quando os nossos problemas forem apenas as saúvas.

Referências

ANTUNES, Luís Frederico Dias. "A influência Africana e Indiana no Brasil, na virada do século XVIII: Escravos e têxteis." In: FRAGOSO, João; SAMPAIO, Jucá; CAMPOS, Adriana. *Nas Rotas do Império*: Eixos mercantis, tráfico e relações sociais no mundo português. Vitória: Edufes, Lisboa: IICT, 2006, p. 125-150.

ARANHA, Adalberto José de Camargo. A prova proibida no âmbito penal. *Revista de Jurisprudência do Tribunal de Justiça do Estado de São Paulo*. São Paulo, ano 16, v. 75, mar./abr., p. 19-24, 1982.

AROCA, Juan Montero. *Sobre la imparcialidad del juez y la incompatibilidad de funciones procesales*. Valencia: Tirant lo Blanch, 1999.

AVOLIO, Luis Francisco Torquato. *Provas ilícitas. Interceptações telefônicas, ambientes e gravações clandestinas*. 3. ed., São Paulo: Revista dos Tribunais, 2003.

BADARÓ, Gustavo. Direito ao julgamento por juiz imparcial: como assegurar a imparcialidade objetiva no juiz nos sistemas em que não há a função do juiz de garantias. In. BONATO, Gilson (Org.) *Processo penal, Constituição e crítica: estudos em homenagem ao Prof. Dr. Jacinto Nelson de Miranda Coutinho*. Rio de Janeiro: Lumen Juris, p. 343-363, 2011.

FERNANDES, Antonio Scarance. Processo penal constitucional. 6. ed., São Paulo: Revista dos Tribunais, 2010, p. 81-83;

CAMPOS, Pedro Henrique Pedreira. *Estranhas catedrais*: as empreiteiras brasileiras e a ditadura civil-militar. 1964-1988. Rio de Janeiro: EDUFF, 2014.

CARVALHO, Aloysio Castelo de. *O caso Última Hora e o cerco da imprensa ao governo Vargas*. Nitpress, 2012.

CARVALHO, José Murilo de. *A construção da ordem*: a elite política imperial. Teatro de sombras: a política imperial. Rio de Janeiro: Civilização Brasileira, 2003.

CHEMIN, Rodrigo. *Mãos limpas e lava jato*. A corrupção se olha no espelho. Porto Alegre: CDG, 2017.

EL PAIS. *Investigação na Petrobras começou com um estranho presente de luxo*. Disponível em: <https://brasil.elpais.com/brasil/2014/12/01/politica/1417472349_354451.html>. Acesso em 12.10.2019.

FAORO, Raymundo. *Os donos do poder*. Formação do patronato político brasileiro. 5 ed. São Paulo: Globo, 2012.

FOLHA DE SÃO PAULO. *O DNA da corrupção*. Disponível em: <https://m.folha.uol.com.br/colunas/carlosheitorcony/2014/11/1551851-o-dna-da-corrupcao.shtml>. Acesso em 10.12.2019.

FOLHA DE SÃO PAULO. *TCU aponta superfaturamento de R$ 29 bi de carel na Petrobrás*. Disponível em: <https://www1.folha.uol.com.br/poder/2015/12/1714158-tcu-aponta--superfaturamento-de-r-29-bi-de-cartel-na-petrobras.shtml>. Acesso em 20.12.2019.

GRINOVER, Ada Pellegrini. *Liberdades públicas e processo penal: as interceptações telefônicas*. 2 ed., São Paulo: Revista dos Tribunais, 1982.

GRINOVER, Ada Pellegrini; FERNANDES, Antonio Scarance; GOMES FILHO, Antonio Magalhães. *As nulidades no processo penal*. 8. ed., São Paulo: Revista dos Tribunais, 2004.

LEAL, Victor Nunes. *Coronelismo, enxada e voto*. O município e o regime representativo no Brasil. 7. ed., São Paulo: Companhia das Letras, 2012.

LEITE, Paulo Moreira. *A outra história do Mensalão*. As contradições de um julgamento político. São Paulo: Geração, 2013.

MELLO, Rodrigo Pereira de. *Provas ilícitas e sua interpretação constitucional*. Porto Alegre: Sergio Antonio Fabris, 2000.

MINISTÉRIO PÚBLICO FEDERAL. *Caso Lava Jato*: Curitiba. Disponível em: <http://www.mpf.mp.br/grandes-casos/lava-jato/entenda-o-caso/curitiba>. Acesso em 12.10.2019.

MINISTÉRIO PÚBLICO FEDERAL. *Caso Lava Jato*: Entenda o caso. Disponível em: <http://www.mpf.mp.br/grandes-casos/lava-jato/entenda-o-caso>. Acesso em 12.10.2019.

MINISTÉRIO PÚBLICO FEDERAL. *Caso Lava Jato*: Resultados. Disponível em: <http://www.mpf.mp.br/grandes-casos/lava-jato/resultados>. Acesso em 12.10.2019.

MINISTÉRIO PÚBLICO FEDERAL. *Caso Lava Jato*: Rio de Janeiro. Disponível em: <http://www.mpf.mp.br/grandes-casos/lava-jato/entenda-o-caso/rio-de-janeiro>. Acesso em 12.10.2019.

MINISTÉRIO PÚBLICO FEDERAL. *Desdobramento da Lava Jato no Distrito Federal*. Disponível em: <http://www.mpf.mp.br/df/atuacao/desdobramentos-da-lava-jato>. Acesso em 12.10.2019.

MOHALLEM, Michael Freitas. A corrupção eleitoral revelada pela Lava Jato e os direitos políticos no Brasil. In. ROJAS, Claudio Nash; FUCHS, Marie-Christine (eds.). *Corrupción, Estado de derecho y derechos humanos*, p.111-137, 2019.

MORO, Sergio. "Sobre a operação Lava Jato". Em PINOTTI, Maria Cristina (org.), *Corrupção*: lava jato e mãos limpas. São Paulo: Portfolio-Penguin, pp. 184-216, 2019.

NETTO, Vladimir. *Lava jato*. O juiz Sergio Moro e os bastidores da operação que abalou o Brasil. Rio de Janeiro: Primeira Pessoa, 2016.

NEXO JORNAL. *Qual o alcance da Lava Jato na América Latina, Europa e África*. Disponível em: <https://www.nexojornal.com.br/expresso/2017/02/15/Qual-o-alcance-da-Lava-Jato-na-América-Latina-Europa-e-África>. Acesso em 12.10.2019.

NUVOLONE, Pietro. Le prove vietate nel processo penale nei paesi di diritto latino. *Rivista di Diritto Processuale*. Padova, v. XXI, p. 442/475, 1966.

O GLOBO. *Doenças da carne, doenças da alma*. Disponível em: <https://oglobo.globo.com/cultura/doencas-da-carne-doencas-da-alma-21113778>. Acesso em 12.12.2019.

PADUAN, Roberta. *Petrobras*. Uma história de orgulho e vergonha. Rio de Janeiro: Objetiva, 2016.

PINOTTI, Maria Cristina. "Corrupção, instituições e estagnação econômica: Brasil e Itália". Em PINOTTI, Maria Cristina (org.), *Corrupção*: lava jato e mãos limpas. São Paulo: Portfolio-Penguin, 2019.

RABONEZE, Ricardo. *Provas obtidas por meios ilícitos*. 3. ed. Porto Alegre: Síntese, 2000.

ROMEIRO, Adriana. *Corrupção e poder*. Uma história, séculos XVI a XVIII. Belo Horizonte: Autêntica Editora, 2017.

SBERNA, Salvatore; VANNUCCI, Alberto. "It´s the politics, stupid! The politicization of anti-corruption in Italy". *Crime Law and Social Change*. v. 60, dec., 565-593, 2013.

SCHWARCZ, Lilia Moritz. *Sobre o autoritarismo brasileiro*. 2ª reimp. São Paulo: Companhia das Letras, 2019.

SCHWARCZ, Lilia Moritz. *A longa viagem da biblioteca dos reis*. Do terremoto de Lisboa à independência do Brasil. 2. Ed. São Paulo: Companhia das Letras, 2002.

SPECK, Bruno W. O financiamento político e a corrupção no Brasil. In. BIASSON, Rita de Cássia (org.). *Temas de corrupção política no Brasil*. São Paulo: Balão Editorial, p. 49-97, 2012.

SILVA, Camila Borges da. *Títulos e mercês na corte joanina*. Disponível em: <http://historialuso.an.gov.br/index.php?option=com_content&view=article&id=5209&Itemid=348>. Acesso em 20 de dezembro de 2019.

VEJA. *Os segredos do mensalão, dez anos depois*. A história secreta de como o ex-presidente Lula escapou do escândalo de suborno que levou à prisão congressistas, empresários e toda a cúpula do PT. Disponível em: <https://veja.abril.com.br/brasil/os-segredos-do-mensalao-dez-anos-depois/>. Acesso em 20.12.2019.

VILLA, Marco Antonio. *Collor Presidente*. Trinta meses de turbulência, reformas, intrigas e corrupção. Rio de Janeiro: Record, 2016.

VILLA, Marco Antonio. *Mensalão*. O julgamento do maior caso de corrupção da história política brasileira. Rio de Janeiro: Leya, 2012.

ZILLI, Marcos. As provas ilícitas no processo penal brasileiro e no direito penal internacional: duas cabeças, duas sentenças. In. SANTIAGO, Nestor Eduardo Araruna (Coord.). *Proibições probatórias no processo penal. Análise do direito brasileiro, do direito estrangeiro e do direito internacional*. Brasília: Gazeta Jurídica, 2013.

2. *Compliance* e Setor Privado

Valdir Moysés Simão

1. Uma recente guinada à ética

A corrupção, há anos, é fator de grande inquietação e instabilidade social no Brasil, chegando a ser considerada, em 2015, como o maior problema do país[1].

A preocupação generalizada com a corrupção é plenamente justificável. Dentre os diversos efeitos nocivos causados pela prática, destaca-se o desvio de recursos que poderiam ser utilizados em prol do desenvolvimento econômico do país, especialmente para oferecer à população serviços públicos essenciais, como saúde, educação e segurança, notadamente de baixíssima qualidade ou insuficientes nos dias de hoje. No ambiente de negócios, a corrupção distorce a concorrência e afasta investidores. Além disso, deflagra uma atmosfera de descrença e desconfiança em relação às instituições públicas e ao corpo político, prejudicando a governabilidade.

Com a percepção da magnitude do problema e da necessidade da criação de mecanismos mais incisivos e eficazes para lidar com ele, houve, nos últimos anos, o fortalecimento institucional dos órgãos públicos responsáveis pela investigação dos casos de corrupção, além de novidades legislativas, como é exemplo a Lei nº 12.846/2013 (Lei Anticorrupção).

A aludida Lei fomentou importante avanço na luta contra a corrupção. Ela prevê, por exemplo, a responsabilização objetiva, no âmbito civil e

[1] O GLOBO. *Datafolha*: Corrupção é o maior problema do país. Disponível em: <https://oglobo.globo.com/brasil/datafolha-corrupcao-o-maior-problema-do-pais-18172244>. Acesso em 25.11.2019.

administrativo, de empresas que praticam atos lesivos contra a administração pública nacional ou estrangeira.

A adoção desse instituto traz a possibilidade da empresa que cometer atos lesivos contra a administração pública ser responsabilizada sem necessidade de comprovação de culpa ou dolo das pessoas que agiram por seu intermédio, sendo suficiente a existência de nexo de causalidade entre o ato ilícito e a empresa supostamente beneficiada.

A promulgação da Lei Anticorrupção registra a consolidação do papel do Brasil em uma caminhada internacional para o combate à corrupção, marcada, sobretudo, pela Convenção sobre o Combate da Corrupção de Funcionários Públicos Estrangeiros em Transações Comerciais Internacionais, concluída em Paris em 17 de dezembro de 1997, no âmbito da Organização para a Cooperação e Desenvolvimento Econômico (OCDE); pela Convenção Interamericana contra a Corrupção, firmada em 29 de março de 1996 pela Organização dos Estados Americanos (OEA); e pela Convenção das Nações Unidas contra a Corrupção, assinada em 9 de dezembro de 2003[2] na cidade de Mérida, no México. O Brasil é signatário de todas as Convenções mencionadas[3].

Tais esforços vêm gerando sensíveis reverberações nas esferas pública e privada, notadamente com o colossal alcance conseguido por megaoperações como a Lava-Jato. Reflexo dessa mudança é o "*boom*", nos últimos anos, da instituição de programas de integridade[4] (ou programas de *compliance*) no setor privado, por empresas de todos os portes e de todos os segmentos econômicos.

A Lei Anticorrupção, inclusive, é clara ao dispor sobre a importância desses programas de integridade, incentivando a sua adoção e prevendo até mesmo a possibilidade de diminuição de sanção[5] na hipótese de eventual

[2] Em virtude da assinatura da Convenção da ONU, também chamada Convenção de Mérida, comemora-se em 9 de dezembro o Dia Internacional de Combate à Corrupção.

[3] Os Decretos n°s 3.678/2000 (OCDE), 4.410/2002 (OEA) e 5.687/2006 (ONU), incorporaram o conteúdo das Convenções no ordenamento jurídico brasileiro.

[4] O Decreto nº 8.420/2015 definiu no seu art. 41 o que é programa de integridade: "Programa de integridade consiste, no âmbito de uma pessoa jurídica, no conjunto de mecanismos e procedimentos internos de integridade, auditoria e incentivo à denúncia de irregularidades e na aplicação efetiva de códigos de ética e de conduta, políticas e diretrizes com objetivo de detectar e sanar desvios, fraudes, irregularidades e atos ilícitos praticados contra a administração pública, nacional ou estrangeira."

[5] Como prevê o artigo 7°, inciso VII, da Lei 12.846/2013: Serão levados em consideração na aplicação das sanções: [...] a existência de mecanismos e procedimentos internos de integridade,

condenação, caso a empresa os tenha adotado – e os utilize corretamente. Isso porque não basta que o programa de integridade exista: é preciso que ele atenda a alguns parâmetros previstos para que seja efetivo.

No âmbito federal, o Decreto nº 8.420/2015, que regulamenta a Lei Anticorrupção, estabeleceu requisitos para os programas de integridade, como veremos mais adiante, e a Controladoria-Geral da União (CGU) definiu a forma de avaliação dos programas para fins de cálculo da sanção pecuniária em processo administrativo de responsabilização ou para celebração de acordo de leniência[6].

Assim, podemos enxergar, nos últimos anos, o começo de uma transformação significativa nas relações entre o Estado e as empresas e entre as próprias empresas, nas transações privadas. Como analisaremos adiante, a adoção de parâmetros éticos que permeiem essas relações é cada vez mais essencial não somente sob um ponto de vista de conformidade com os dispositivos legais, mas também como condição para que as empresas se mantenham no mercado.

2. O Direito da Conformidade e a mudança de paradigma nas relações empresariais

Uma pesquisa da consultoria PwC[7], realizada há 19 anos com as 2.500 maiores empresas do mundo, mostrou que, em 2018, pela primeira vez, o número de *CEOs* demitidos por motivos éticos superou o daqueles afastados por erros de gestão e de estratégia de negócio.

De acordo com a mesma pesquisa, as demissões dos presidentes de grandes empresas por erros de conduta são fruto de respostas mais intransigentes em relação a atitudes que até então eram toleradas. Tal movimento surge, dentre outros motivos, pela pressão de grupos sociais e da mudança generalizada na maneira de atuação dos corpos diretivos das empresas.

auditoria e incentivo à denúncia de irregularidades e a aplicação efetiva de códigos de ética e de conduta no âmbito da pessoa jurídica".

[6] A Portaria CGU nº 909/2015 estabelece que os programas de integridade empresariais serão avaliados a partir da análise de relatórios de perfil e conformidade.

[7] Disponível em: <https://www.strategy-business.com/article/Succeeding-the-long-serving-legend-in-the-corner-office?gko=90171> Acesso em 26.11.2019.

Executivos que antes eram cobrados somente pelo sucesso financeiro e crescimento da empresa são, hoje, avaliados também pela preservação da imagem da companhia e responsabilizados por atos antiéticos com muito mais frequência.

Por meio do exemplo trazido pela mencionada pesquisa, vemos que, muito além dos mecanismos legais que "forçam" as empresas a investirem em *compliance*, é fato que, atualmente, esse investimento não se restringe ao único objetivo de evitar possíveis penalidades impostas pelo Estado. Para se manter no mercado, mostra-se cada vez mais imperativo a adoção de posturas éticas nas relações comerciais.

Os programas de integridade geram uma reação em cadeia em todo o mercado, principalmente porque não se limitam apenas ao funcionamento da própria empresa. Abrangem também, quando é o caso, os agentes com quem ela mantém relações comerciais. Um forte e consolidado sistema de integridade é visto como essencial no mercado e pode ser fator decisivo para a obtenção de investimentos, créditos e parcerias estratégicas.

A partir dessa nova realidade, foram criadas, inclusive, certificações de *compliance*, com o fim de que uma organização imparcial e ilibada ateste a conformidade de determinada empresa diante das demandas legais e de mercado por ética e transparência.

Exemplo disso é o programa Pró-Ética, criado pela CGU, que

> [...] consiste em fomentar a adoção voluntária de medidas de integridade pelas empresas, por meio do reconhecimento público daquelas que, independentemente do porte e do ramo de atuação, mostram-se comprometidas em implementar medidas voltadas para a prevenção, detecção e remediação de atos de corrupção e fraude[8].

Outro caso emblemático da importância no mercado dos programas de integridade é a tendência à exigência de tais sistemas para contratações públicas.

Recentemente, algumas legislações estaduais passaram a exigir das empresas que celebram quaisquer contratos com a respectiva administração pública direta ou indireta a adoção de programa de integridade. É o

[8] CONTROLADORIA-GERAL DA UNIÃO. *Empresa Pró-Ética*. Disponível em: <https://www.cgu.gov.br/assuntos/etica-e-integridade/empresa-pro-etica>. Acesso em 26.11.2019.

caso do Rio de Janeiro e do Distrito Federal, por exemplo. Projetos de lei semelhantes estão tramitando em vários estados e municípios, e mesmo no Congresso Nacional[9].

A tendência do poder público de exigir das contratadas a consolidação de programas de integridade é fato relevantíssimo para a economia. Segundo dados da OCDE, as compras governamentais correspondem a cerca de 13% do Produto Interno Bruto (PIB) brasileiro, o que representa algo próximo de R$ 850 bilhões somente no ano de 2017, considerando os dados fornecidos pelo IBGE[10].

A mensagem é clara: hoje, a necessidade do estabelecimento de relações éticas, ligando-se à reputação da companhia, é tão crucial para a sua sobrevivência quanto a sua capacidade de geração de lucros. Na verdade, o faturamento é cada vez mais dependente da reputação empresarial.

O impacto da legislação anticorrupção no ambiente de negócios e no direito empresarial é inegável e absolutamente importante. Os programas de integridade funcionam, dentro da empresa, no interesse do Estado. Protegem não só a empresa, mas também a administração pública. Amplificam a capacidade dos órgãos sancionadores de detectar e punir ilícitos. Mudam o regramento das relações empresariais com terceiros, do setor público ou particulares. Demandam novas características pessoais para a contratação de empregados e executivos. Por tudo isso, parece correto dizer que vemos emergir uma nova disciplina jurídica: o Direito da Conformidade.

3. Estruturando um programa de integridade

Apesar do impacto extremamente positivo decorrente da crescente adoção dos programas de integridade, é necessário destacar que eles devem ser desenhados de forma personalizada e sob medida. Devem ser construídos por meio de um estudo minucioso da empresa à qual se destinam. Os sistemas "de prateleira", genéricos, não são efetivos e podem colocar em

[9] É o caso, por exemplo, do Projeto de Lei nº 7.149/2017, que tramita na Câmara dos Deputados.

[10] REDE NACIONAL DE COMPRAS PÚBLICAS. *A importância das compras públicas*. Disponível em: <https://www.compraspublicasbrasil.gov.br/portal/publicacoes/a-importancia-das-compras-publicas.html>. Acesso em 26.11.2019.

xeque os mecanismos de controle, pois desconsideram as peculiaridades da companhia.

Empresas que não realizam um estudo profundo do seu próprio funcionamento e que não aplicam tal conhecimento em seu programa de integridade correm o risco de criar políticas e procedimentos vagos e inócuos, que não alcançam aderência e pouco contribuem para a prevenção de atos ilegais, fazendo-os existir por mera formalidade.

Por outro lado, o programa de integridade pode atrapalhar todo o funcionamento da empresa caso sejam adotados mecanismos de controle excessivos, como veremos mais detalhadamente adiante. Rotinas muito rígidas e burocráticas podem engessar o processo decisório e contribuir para que os empregados negligenciem o programa, quando percebem que as práticas de integridade são difíceis e inimigas da eficiência. Em alguns casos, as regras rígidas podem ser usadas como justificativas para a insuficiência de desempenho ou falta de compromisso profissional.

Nenhum sistema de controle é absoluto. Rotinas e procedimentos complexos podem contribuir para a ocultação de práticas fraudulentas. Já a simplicidade nas rotinas e procedimentos contribui para a transparência e compreensão das decisões. Burocracia e corrupção andam de mãos dadas.

Deve-se lembrar, também, que a efetividade do programa de integridade é necessária para garantir que a companhia usufrua dos benefícios trazidos pela Lei Anticorrupção, que, como já mencionado, prevê a possibilidade da atenuação de uma eventual penalidade para as empresas que os adotem.

O Decreto nº 8.420/2015 traz, em seu artigo 42, um extenso rol de parâmetros que devem ser seguidos a fim de avaliar o sistema de integridade[11]. O referido artigo é de extrema importância não apenas para os

[11] Art. 42. Para fins do disposto no § 4º do art. 5º, o programa de integridade será avaliado, quanto a sua existência e aplicação, de acordo com os seguintes parâmetros:
I – comprometimento da alta direção da pessoa jurídica, incluídos os conselhos, evidenciado pelo apoio visível e inequívoco ao programa;
II – padrões de conduta, código de ética, políticas e procedimentos de integridade, aplicáveis a todos os empregados e administradores, independentemente de cargo ou função exercidos;
III – padrões de conduta, código de ética e políticas de integridade estendidas, quando necessário, a terceiros, tais como, fornecedores, prestadores de serviço, agentes intermediários e associados;
IV – treinamentos periódicos sobre o programa de integridade;
V – análise periódica de riscos para realizar adaptações necessárias ao programa de integridade;

órgãos de controle que o avaliam para fins sancionatórios, mas, sobretudo, para a própria empresa, que pode encontrar nele as principais diretrizes a serem seguidas para que o programa esteja completo e possa alcançar os objetivos esperados.

Em suma, os programas de *compliance* devem atender, de maneira imediata, três objetivos: prevenir, detectar e remediar práticas de corrupção e atentatórias, de modo geral, à conduta ética empresarial.

Em guia publicado em 2015[12], a CGU estabeleceu diretrizes para as empresas privadas na tarefa de implementação dos programas de integridade. O referido guia traz cinco pilares essenciais para a efetivação dos objetivos citados acima, os quais serão abordados a seguir.

VI – registros contábeis que reflitam de forma completa e precisa as transações da pessoa jurídica;
VII – controles internos que assegurem a pronta elaboração e confiabilidade de relatórios e demonstrações financeiros da pessoa jurídica;
VIII – procedimentos específicos para prevenir fraudes e ilícitos no âmbito de processos licitatórios, na execução de contratos administrativos ou em qualquer interação com o setor público, ainda que intermediada por terceiros, tal como pagamento de tributos, sujeição a fiscalizações, ou obtenção de autorizações, licenças, permissões e certidões;
IX – independência, estrutura e autoridade da instância interna responsável pela aplicação do programa de integridade e fiscalização de seu cumprimento;
X – canais de denúncia de irregularidades, abertos e amplamente divulgados a funcionários e terceiros, e de mecanismos destinados à proteção de denunciantes de boa-fé;
XI – medidas disciplinares em caso de violação do programa de integridade;
XII – procedimentos que assegurem a pronta interrupção de irregularidades ou infrações detectadas e a tempestiva remediação dos danos gerados;
XIII – diligências apropriadas para contratação e, conforme o caso, supervisão, de terceiros, tais como, fornecedores, prestadores de serviço, agentes intermediários e associados;
XIV – verificação, durante os processos de fusões, aquisições e reestruturações societárias, do cometimento de irregularidades ou ilícitos ou da existência de vulnerabilidades nas pessoas jurídicas envolvidas;
XV – monitoramento contínuo do programa de integridade visando seu aperfeiçoamento na prevenção, detecção e combate à ocorrência dos atos lesivos previstos no art. 5º da Lei nº 12.846, de 2013 ; e
XVI – transparência da pessoa jurídica quanto a doações para candidatos e partidos políticos.

[12] CONTROLADORIA-GERAL DA UNIÃO. *Programa de Integridade*: diretrizes para empresas privadas. Disponível em: <https://www.cgu.gov.br/Publicacoes/etica-e-integridade/arquivos/programa-de-integridade-diretrizes-para-empresas-privadas.pdf.>. Acesso em 27.11.2019.

3.1. Comprometimento e apoio da alta direção

Para a construção de um programa de *compliance*, o ponto inicial é a decisão da alta administração da empresa, a fim de que novas práticas sejam criadas e efetivadas. É preciso que os líderes abracem e sejam os principais patrocinadores do programa, decidindo pela efetiva transformação da cultura organizacional, ainda que para sua concretização se mostrem necessárias medidas que poderão impactar o dia-a-dia da empresa.

O suporte e propagação das novas práticas pela alta administração da empresa é essencial para o sucesso dos programas de integridade. A direção deve demonstrar, de forma clara e reiterada, que apoia e se submete ao programa, de modo a incentivar o restante dos colaboradores através dos exemplos.

O compromisso da alta administração é conhecido pelas expressões "*tone from the top*" e "*top level commitment*", que, como traz MAEDA[13], são a "necessidade de uma mensagem clara e inequívoca constantemente transmitida pelos mais altos níveis da organização, não somente através de discurso, mas principalmente pelo exemplo".

Como também pontuado pelo guia elaborado pela CGU[14],

> os membros da alta direção devem ser exemplo de boa conduta, aderindo prontamente ao Programa de Integridade. Devem, ademais, declarar pública e ostensivamente a importância dos valores e das políticas que compõem o Programa, seja por intermédio de manifestações explícitas, internas ou públicas, ou de declarações escritas. Por um lado, o compromisso com a ética e integridade deve ser demonstrado ao público interno, como funcionários e dirigentes de diversos níveis, que devem ter a percepção da seriedade do Programa e da obrigatoriedade de se seguirem as regras. Por outro, tal compromisso deve estar claro também para terceiros, clientes e sociedade em geral.

[13] MAEDA, Bruno Carneiro. Programas de Compliance Anticorrupção: importância e elementos essenciais. In: DEL DEBBIO, Alessandra; MAEDA, Bruno Carneiro; AYRES, Carlos Henrique da Silva (coord.), *Temas de anticorrupção e compliance*. Rio de Janeiro: Elsevier, 2013, p. 182.

[14] CONTROLADORIA-GERAL DA UNIÃO. *Programa de Integridade*: diretrizes para empresas privadas. Disponível em: <https://www.cgu.gov.br/Publicacoes/etica-e-integridade/arquivos/programa-de-integridade-diretrizes-para-empresas-privadas.pdf.>, p. 8. Acesso em 27.11.2019.

3.2. Criação de instância responsável pelo programa de integridade

Para efetivar o programa de integridade, é de crucial importância a criação de uma instância interna que fique responsável pelo desenvolvimento, aplicação e monitoramento do programa.

Para que a instância funcione a contento, faz-se necessário o aporte de recursos pela alta gerência, bem como que lhe seja conferida autonomia não apenas para a efetivação do programa e dos treinamentos, mas também para a apuração, de forma livre e independente, dos indícios de irregularidades.

A instância responsável pelo programa de integridade pode estar estruturada como diretoria, gerência, comitê ou outra forma, a depender da organização e do porte da companhia. Qualquer que seja a estrutura a ser utilizada, deverá ter independência, contar com os recursos necessários, ter acesso a todas as dependências e departamentos da empresa e poder requisitar documentos e informações, bem como interagir com as demais instâncias de governança e gestão.

3.3. Análise de perfil e riscos

Em linhas gerais, deve-se promover a identificação de situações de risco, por meio do mapeamento de circunstâncias que possam contribuir para a prática de atos lesivos contra a administração pública, nacional ou estrangeira.

Os riscos são mapeados considerando, entre outros fatores, a atividade econômica desenvolvida, o porte da empresa, os mercados e países em que atua, o processo decisório adotado, as práticas atuais de controle e registros contábeis, o perfil de empregados, a utilização de terceirizados e intermediários e o nível de interação com a administração pública. Com base nesse levantamento, deve-se desenvolver políticas com o objetivo de endereçar as situações de risco e mitigar as chances de ocorrência de atos lesivos.

O adequado gerenciamento de riscos de integridade é o que permite que o programa seja desenhado e implantado sob medida, garantindo-se, por um lado, que os investimentos sejam proporcionais às necessidades da empresa e, por outro, que as políticas e procedimentos sejam suficientes e efetivos.

É necessário se atentar, também, que a análise de riscos deve ser feita periodicamente, pois a operação da empresa não permanecerá inerte no decorrer do tempo. Normas, rotinas e pessoas mudam e é preciso, então, que o programa se adapte às mudanças no cenário de riscos, a fim de promover adequações e reformulações nas políticas e controles estabelecidos pela companhia.

3.4. Regras, políticas e procedimentos para mitigar os riscos

O acurado estabelecimento de políticas e procedimentos é essencial para dar efetividade ao programa de integridade. O conhecimento do funcionamento detalhado da empresa e de onde residem os riscos de integridade, como vimos, é imperativo para a criação de regras que não serão apenas textos sem utilidade prática.

O primeiro passo é elaborar um Código de Ética (também conhecido como Código de Conduta), que deve explicitar, de forma concisa e com linguagem clara e compreensível, o compromisso da empresa com a ética, as condutas vedadas, as principais políticas de integridade, o incentivo à utilização do canal de denúncias, a proteção ao denunciante e as medidas disciplinares no caso de violação. O Código é obrigatório e vincula a todos na organização, sem exceção. Dirigentes e empregados devem formalizar sua adesão ao seu conteúdo.

Devem ainda ser elaboradas políticas e procedimentos para disciplinar, no mínimo: (i) o relacionamento com o poder público e a interação com agentes públicos; (ii) a oferta de brindes, presentes, entretenimento e hospitalidade; (iii) a precisão e acurácia dos controles e registros contábeis; (iv) patrocínios e doações; (v) fusões, aquisições e reestruturações societárias; e (vi) a contratação de terceiros. Todos os procedimentos devem contar com indicadores de controle que possam ser auditados para verificar-se a efetividade do programa.

Destaca-se, nesse ponto, a importância de uma política bem delineada para contratação de terceiros, pois, como trouxe a Lei Anticorrupção, seus atos podem acarretar na responsabilização também da contratante. Assim, para o processo de contratação de terceiros, é importante que sejam levadas a cabo diligências de integridade, verificando se o possível contratado possui histórico de atos lesivos contra a administração pública. No caso de a contratada ser pessoa jurídica, é possível, ainda, averiguar a existência de programas de integridade implementados em sua estrutura e se estão de acordo com os padrões éticos exigidos pela contratante.

Além dessas medidas prévias, ressalta-se a importância de um monitoramento regular durante toda a execução do contrato, de modo a garantir que aquilo que foi estabelecido entre as partes está sendo cumprido, bem como adotar medidas corretivas e reparadoras caso seja verificada alguma ação fora do padrão ético esperado.

Outra ação de igual importância na estruturação de um programa de *compliance* é a implementação de canais de denúncia. Por mais que a instância responsável pela criação e efetivação do programa de integridade seja grande e eficiente, ela nunca será onisciente e onipresente. É crucial, nesse sentido, que a empresa conte com canais de comunicação que permitam seus funcionários, assim como terceiros, relatar práticas antiéticas, para que se proceda com a respectiva apuração. Não se pode esquecer que é imprescindível para o bom funcionamento de qualquer canal de denúncia a salvaguarda do anonimato e a proibição à retaliação do denunciante de boa-fé.

Comunicação e treinamento também são parte obrigatória do programa de integridade. Informações sobre as políticas, procedimentos e regras devem estar acessíveis a todos na empresa. Os empregados devem saber como tirar suas dúvidas sobre o programa e obter orientação frente a eventuais dilemas éticos, muito comuns no dia-a-dia das organizações. A empresa deve contar com um plano de capacitação periódico que alcance todos os dirigentes e empregados.

Por fim, o programa de integridade deve contar, ainda, com medidas disciplinares e ações de remediação.

A previsão de medidas disciplinares é importante para garantir a efetividade do programa, promovendo maior adesão dos envolvidos às regras criadas. É necessário que a empresa possua, de forma documentada, previsão sobre o rol de medidas disciplinares e os respectivos casos de incidência, bem como dos responsáveis pela apuração dos ilícitos, proposição e aplicação da sanção. As sanções devem ser proporcionais às condutas ilícitas.

Caso seja detectado indício da prática de qualquer ato lesivo contra a administração pública (que pode ter sido obtido por meio de denúncias recebidas, monitoramento do programa, auditorias, entre outros meios), deve a empresa agir imediatamente, a fim de interromper a continuidade das irregularidades, aplicar as sanções previstas no programa de integridade e usar o episódio para retroalimentar os processos de controle e torná-los mais eficientes, visando à remediação da falha que permitiu que o ato lesivo ocorresse.

A apuração do ilícito deve ser conduzida com base em protocolo específico de investigação, que fará parte dos documentos do programa de integridade. Uma boa prática, no caso de apurações de maior complexidade, é a contratação de uma investigação independente, a ser conduzida por escritório de advocacia com o apoio de empresa de tecnologia forense. Nesse caso, a investigação contará com governança e protocolos próprios que contribuem para garantir isenção nos procedimentos e fidedignidade dos resultados, cujos achados são sintetizados num relatório factual.

De igual modo, a empresa deve comunicar o episódio às autoridades competentes e cooperar com o fornecimento de quaisquer informações relevantes para a investigação do caso. O relatório da investigação independente é elemento essencial na colaboração empresarial. Como já explicado, tal conduta, além de reforçar a postura ética da companhia, também pode trazer a diminuição de uma eventual sanção aplicada. A empresa pode, por exemplo, firmar acordo de leniência com a autoridade pública competente[15].

3.5. Estratégias de monitoramento contínuo

Por fim, como último pilar essencial do programa de integridade, destaca-se a necessidade da elaboração de um plano de monitoramento, de modo que os mecanismos de integridade estejam em constante supervisão e aprimoramento, permitindo não só a efetivação das regras de conduta e políticas, mas também a resposta rápida a qualquer risco ou ato lesivo que porventura seja descoberto.

Um programa efetivo de *compliance* deve permanecer vivo na empresa e ser construído e melhorado todos os dias por todos os envolvidos na organização. É uma estrutura orgânica e não mecânica. Seus cinco pilares são interdependentes e devem funcionar harmonicamente.

É necessário ter em mente que nenhum programa de *compliance* nasce maduro. É preciso tempo para o seu desenvolvimento e amadurecimento. A maturidade será conquistada na medida em que o programa for posto em prática e as resistências à sua implantação forem sendo superadas.

[15] Sobre acordos de leniência, sugere-se a leitura de MOYSÉS SIMÃO, Valdir; PONTES VIANNA, Marcelo. *O Acordo de Leniência na Lei Anticorrupção*: histórico, desafios e perspectivas. São Paulo: Trevisan, 2017.

Pouco a pouco, o programa de integridade deverá ser percebido como mecanismo de sustentação ética e cumprimento de normas. Deverá ser interpretado como essencial para a proteção não só da organização, mas também das pessoas que a compõem, sejam elas dirigentes, empregados, funcionários ou colaboradores terceirizados.

É esperado que, com o tempo, o programa seja sedimentado e absorvido pelas estruturas de governança, gestão de riscos e controle da empresa, diminuindo o impacto inicial de sua implantação. O que ficará permanentemente, contudo, como elemento central do que chamamos de Direito da Conformidade, é o processo de apuração de denúncias de ilícitos, que certamente virão, e as medidas dele decorrentes, como a investigação, as ações de remediação e a colaboração com o poder público. Essa colaboração, essencial para a concreção da atuação sancionadora do Estado, precisa contar com incentivos que estimulem as empresas a levar as informações que detenham às autoridades competentes, via acordo de leniência.

4. Quanto mais controle, melhor?

Tal como o médico faz a prescrição exata da quantidade de medicamento a ser tomado, sob o risco de que seus efeitos colaterais superem os resultados esperados no tratamento, os programas de integridade devem ser implementados na justa medida do controle eficaz, sem a criação de uma atmosfera de medo dentro da organização ou do comprometimento do atingimento de seus objetivos fins.

Os sistemas de *compliance* são, substancialmente, mecanismos de controle. E o controle feito em excesso tem efeito tóxico na gestão. Num ambiente em que imperam o medo e a desconfiança, as decisões são truncadas, burocráticas e podem, até mesmo, tender a ir contra os fins esperados pelo programa de integridade.

O *compliance* não deve ser percebido como o **panóptico** de Bentham[16], induzindo um estado consciente e permanente de autoridade

[16] A ideia do Panóptico, concebida pelo filósofo e jurista inglês Jeremy Bentham, remete a um sistema de vigilância que permite a um único vigilante observar todos os vigiados, sem que estes possam saber se estão ou não sendo observados.

visível e inverificável, que assegura o funcionamento automático do poder[17].

Nos programas de *compliance*, a ideia do **panóptico** se encontra em paralelo aos modelos de controle complexos e obscuros articulados pelas instâncias responsáveis. Nesses tipos de programa, de maneira inconsciente, acaba-se por instaurar um regime de medo e desconfiança na organização. Não se conquista uma atmosfera ética na qual os colaboradores compreendem e internalizam as regras de conduta como algo necessário e natural para a lisura do funcionamento do negócio e para a sua própria proteção. Cria-se, no lugar disso, um disseminado medo por denuncismo e retaliação. A partir do medo, a implantação do programa não só não será efetiva como contribuirá para um clima de insatisfação com o trabalho.

Muito embora algumas decisões no âmbito da organização possam ser tomadas a partir de parâmetros óbvios como permitido/não permitido, é certo que em muitas situações o processo de escolha se apresenta como muito mais complexo que isso. Dilemas éticos são mais comuns do que se imagina. Nesses casos, fica evidente que a simples criação de regras que pretendam antecipar todos os cenários possíveis para as decisões não será suficiente, pois quase sempre é impossível prever todas as situações que podem acontecer dentro da empresa, além de a tentativa para tal gerar um conjunto de regras tão grande que dificilmente será seguido.

De forma similar, mesmo com todo o cuidado necessário nos processos de seleção e formação profissional, não é possível garantir que todas as pessoas em determinada organização tenham a virtude de agirem, sempre, de forma ética. É preciso, portanto, estimular a conduta a ser guiada por um conjunto de princípios, valores e regras, os quais devem ser disseminados e internalizados na cultura organizacional.

Tal ideia não significa que as medidas de proteção contra a corrupção devam ser somente de estímulos para o comportamento ético voluntário das pessoas. O ideal é que os mecanismos de controle e de promoção da integridade componham um sistema único, integrado e equilibrado, abarcados pelo ideal do agir com ética.

Em suma, por meio de qualquer programa de integridade, o que se deve buscar é, junto do controle formal, a construção de uma organização ética. Esta difere de um regime disciplinar no qual atuam pessoas vigiadas

[17] FOUCAULT, Michel. *Vigiar e Punir*: Nascimento da prisão. Petrópolis: Vozes, 1999, p. 224.

e condicionadas a seguir regras sem entendê-las ou compreender as suas razões de existir.

No âmago da cultura organizacional, deve-se criar valores e princípios que sejam o solo fértil de onde os sistemas de integridade ganharão corpo e contribuirão para o agir ético. Como visto, é impossível, seja pela criação massiva de regras e de sistemas de vigilância, seja pela seleção de pessoas e treinamentos, afastar todos os riscos da empresa.

Conclusões

A implantação de programas de *compliance* não é mais um simples diferencial de uma empresa, tal como era considerado anos atrás. Como reforçadamente destacado neste breve artigo, os sistemas de integridade são, hoje, essenciais para que as empresas dos mais diferentes portes e segmentos se mantenham no mercado. Tal realidade, puxada pelo clamor vindo da sociedade para o estabelecimento de relações mais éticas, só tende a ser ampliada. O impacto dos programas de *compliance* no âmbito das relações empresariais faz emergir uma nova disciplina jurídica: o Direito da Conformidade.

Para concluir o que de essencial se quis trazer aqui, serão destacados três dos mais importantes aspectos sobre qualquer sistema de *compliance* no setor privado, que devem ser levados em consideração para o seu sucesso.

Em primeiro lugar, é preciso entender que o *compliance* não é um fim em si mesmo. É, ao contrário, um meio para atingir uma finalidade, e essa finalidade é aquela estabelecida na criação da empresa; é a sua razão de existir. Os programas de integridade, assim, mostram-se como ferramentas que norteiam a conduta dos administradores e empregados para que os resultados planejados sejam alcançados sem que, para isso, sejam descumpridos os preceitos legais, normas de conduta e princípios éticos da organização.

O segundo ponto importante – e já anteriormente abordado – é o fato de que nenhum programa de integridade nasce sem aparas e contando com adesão completa e irrestrita.

É preciso que haja tempo para que o programa se consolide no ambiente organizacional e seja percebido como ferramenta de importância pelos colaboradores. Afinal, são eles que vão colocar em prática, no dia-a-dia, todas as regras e diretrizes estabelecidas. É necessário sempre manter em mente o perfil dos destinatários do programa e pensar em estratégias de implantação que facilitem e incentivem a sua aderência.

Nesse sentido, vale relembrar que, quanto mais rígidas e burocráticas forem as ações implantadas no sistema de *compliance*, maiores também serão as chances de que os seus destinatários não o adotem de forma completa.

Lembremos que os programas de integridade devem se afastar do conceito de **panóptico** de Jeremy Bentham, que visa a despertar nas pessoas que estão nele confinadas a sensação de observação permanente, de medo e de insegurança diante do controle excessivo.

Todo programa de integridade deve amadurecer ao ponto de se transformar no que é chamado de "*compliance* cultural", em que a integridade e a ética já fazem parte do repertório de valores da organização, dele não se afastando frente aos dilemas e desafios que a organização enfrentará no desenvolver de suas atividades cotidianas.

Em terceiro lugar, é importante ressaltar que por mais que um sistema de integridade mostre-se maduro e abrangente, atingindo a todos e construindo uma verdadeira atmosfera ética dentro da organização, ele nunca será garantia de que não ocorrerão atos lesivos que atentam contra a ética e que colocam em xeque a relação da empresa com a administração pública, seus colaboradores e *stakeholders*.

No entanto, a partir de um programa efetivo, ainda que atos ilícitos venham a ser praticados, eles poderão ser rapidamente identificados, de modo a permitir que medidas corretivas e de remediação sejam tomadas.

Sobre o assunto, destaca-se a relevância de que, em casos de detecção de ilicitudes, sejam promovidas investigações independentes, que podem vir a ser essenciais para a colaboração com autoridades públicas e para o correto estabelecimento de remediações, medidas disciplinares e correção de possíveis falhas no programa, que permitiram que o ilícito fosse executado.

Por fim, registra-se que o sistema de *compliance* é um caminho para a efetivação de relações mais íntegras e transparentes na organização e na sociedade. A adoção de práticas de integridade garante não apenas a lisura das empresas privadas, mas também faz com que o Estado, suas instituições e suas relações sejam protegidas, o que gera, por decorrência, benefícios gigantescos para toda a coletividade.

Referências

BRASIL. *Decreto nº 8.420*, de 18 de março de 2015. Diário Oficial da União: Poder Executivo, Brasília, DF, 19.03.2015.

BRASIL. *Lei nº 12.846*, de 1 de agosto de 2013. Diário Oficial da União: Poder Executivo, Brasília, DF, 02.11.2013.

CÂMARA LEGISLATIVA. *PL 7149/2017*. Disponível em: <https://www.camara.leg.br/proposicoesWeb/fichadetramitacao?idProposicao=2125887>. Acesso em 26.11.2019.

CARVALHO, André Castro; BERTOCCELLI, Rodrigo de Pinho; ALVIM, Tiago Cripa; VENTURINI, Otavio. *Manual de Compliance*. Rio de Janeiro: Forense, 2019.

CONTROLADORIA-GERAL DA UNIÃO. *Empresa Pró-Ética*. Disponível em: <https://www.cgu.gov.br/assuntos/etica-e-integridade/empresa-pro-etica>. Acesso em 26.11.2019.

CONTROLADORIA-GERAL DA UNIÃO. *Portaria nº 909*, de 7 de abril de 2015. Disponível em <https://www.cgu.gov.br/sobre/legislacao/arquivos/portarias/portaria_cgu_909_2015.pdf> . Acesso em 27.11.2019.

CONTROLADORIA-GERAL DA UNIÃO. *Programa de Integridade*: diretrizes para empresas privadas. Disponível em: <https://www.cgu.gov.br/Publicacoes/etica-e-integridade/arquivos/programa-de-integridade-diretrizes-para-empresas-privadas.pdf.>. Acesso em 27.11.2019.

FOUCAULT, Michel. *Vigiar e Punir*: Nascimento da prisão. Petrópolis: Vozes, 1999.

MAEDA, Bruno Carneiro. Programas de Compliance Anticorrupção: importância e elementos essenciais. In: DEL DEBBIO, Alessandra; MAEDA, Bruno Carneiro; AYRES, Carlos Henrique da Silva (coord.), *Temas de anticorrupção e compliance*. Rio de Janeiro: Elsevier, 2013.

MOYSÉS SIMÃO, Valdir; PONTES VIANNA, Marcelo. *O Acordo de Leniência na Lei Anticorrupção*: histórico, desafios e perspectivas. São Paulo: Trevisan, 2017.

O GLOBO. *Datafolha*: Corrupção é o maior problema do país. Disponível em: <https://oglobo.globo.com/brasil/datafolha-corrupcao-o-maior-problema-do-pais-18172244>. Acesso em 25.11.2019.

REDE NACIONAL DE COMPRAS PÚBLICAS. *A importância das compras públicas*. Disponível em: <https://www.compraspublicasbrasil.gov.br/portal/publicacoes/a-importancia-das-compras-publicas.html>. Acesso em 26.11.2019.

STRATEGY + BUSINESS. *Succeeding the long-serving legend in the corner office*. Disponível em: <https://www.strategy-business.com/article/Succeeding-the-long-serving-legend-in-the-corner-office?gko=90171>. Acesso em 26.11.2019.

ZENKNER, Marcelo. *Integridade governamental e empresarial*: um espectro da repressão e da prevenção à corrupção no Brasil e em Portugal. Belo Horizonte: Fórum, 2019.

3. Custo Econômico da Corrupção para as Empresas

José Marcelo Martins Proença

Introdução

O presente trabalho derivou da exposição por mim efetuada no seminário **"Corrupção: desafios e diálogos interdisciplinares no cenário Brasileiro"**, realizado nos dias 10 e 11 de junho de 2019 no salão nobre da Faculdade de Direito da Universidade de São Paulo, no Largo de São Francisco, e tem por objetivo analisar a corrupção pela ótica do seu custo econômico para as empresas, verificando seus principais impactos na sociedade, abordando, como não poderia ser diferente, dados os significativos e incontestáveis traumas e tragédias dela decorrentes, algumas formas de combate que se mostram prescritas em regulações diversas.

Inicialmente, enfrentaremos a questão do surgimento da corrupção no Brasil e no mundo, de modo que se possa delinear o caminho percorrido por tal fenômeno até atingir os moldes que conhecemos nos dias atuais. Analisaremos as principais bases estruturais, as políticas, bem como os principais ambientes em que a corrupção tem se perpetuado.

Em seguida analisaremos os principais efeitos da corrupção, seja em âmbito público ou privado, de modo a verificar, objetivamente, o seu custo financeiro, já que algumas instituições nacionais e internacionais buscaram mensurá-lo. Discorreremos também sobre eventual subjetividade do tema e as implicações diretas, indiretas e difusas decorrentes do fenômeno corrupção.

Na terceira parte apresentaremos alguns cenários (imaginados) com serviços públicos atendendo com perfeição à população. Do mesmo modo, mostraremos alguns dados de como as empresas teriam menos gastos, uma vez ausente (ou ao menos substancialmente reduzida) a prática da corrupção, dado o fato das consequências nefastas indicadas.

Seguiremos para abordar algumas formas de combate à corrupção e teceremos breves sugestões de como explorá-las melhor, tornando efetivo o combate às lesivas práticas com fins de preservar a atividade produtiva do agente econômico e propiciar um ambiente econômico mais ético.

Ao final deste trabalho delinearemos sobre as conclusões extraídas no decorrer dos estudos realizados sobre a temática do custo econômico da corrupção, seus impactos e formas de combate.

1. Corrupção como fato

A corrupção, tema atualmente sempre presente em inúmeros fóruns de debate dados os escândalos que nos são apresentados dia após dia, pode ser entendida como um fato que, na verdade, sempre existiu, mas que foi agravada em determinados momentos históricos, seja pela burocracia existente, pela desigualdade social ou pelas barreiras concorrenciais presentes. Evidencia-se como um fenômeno característico da natureza humana e que navega por diferentes ideologias, regimes políticos e países, independentemente do seu grau de desenvolvimento[1].

No Brasil, conforme exposto por ABREU[2], a corrupção pode ser vista desde a época colonial, período em que já vigorava o hábito de tratar a coisa pública como se não fosse algo de propriedade da coletividade, mas sim como privilégio para alguns. A sobreposição dos interesses e ganhos privados sobre o público era corrente, como no caso da indicação que a corte fazia para determinados cargos públicos (incluindo membros da própria família) e que se mostra como um precípuo início do que hoje é conhecido como nepotismo, apesar de naquela época não existir legislação que regulamentasse o tema. Essa relação entre colônia e coroa, marcada por instituições que careciam de cultura crítica acerca de privilégio sob bens públicos, remonta as estruturas que vivenciamos atualmente.

1 MINAS, Jornal do Estado de. *Corrupção está enraizada no Brasil desde o período Colonial*, revela historiadora. Disponível em: <https://www.em.com.br/app/noticia/politica/2017/08/13/interna_politica,891482/corrupcao-esta-enraizada-no-brasil-desde-o-periodo-colonial--revela-hi.shtml>. Acesso em: ago. 2019.

2 ABREU, Claudio de. *Lei Anticorrupção aplicada ao direito tributário*. Curitiba: Juruá, 2017.

Na Idade Média, como destaca RIBEIRO[3], durante o **familismo** feudal, evidenciou-se um governo marcado por um reino composto por parentes e amigos do monarca, onde e quando a venda de cargos públicos e a não punição do príncipe por seus atos infringentes à ética, à moralidade ou à lei, era algo corriqueiro. Adicionalmente, a sucessão do trono que se dava por meio da hereditariedade, contribuía para beneficiar um pequeno grupo, em detrimento dos demais. Estas características remontam um modelo político no qual a corrupção era algo difundido e presente, ainda que não se demonstrasse como ilegal, mas que pode ser percebida como contrária aos modelos éticos ideais.

Na Alemanha, mesmo considerando a corrupção como ato ilegal, é interessante a, podemos dizer, **recente**, notícia de jornal[4], datada de 1995, ressaltando que:

São Paulo, domingo, 8 de janeiro de 1995 FOLHA DE S.PAULO **mundo**

Texto Anterior | Próximo Texto | Índice

Suborno é deduzido de imposto na Alemanha

The Independent
De Londres

STEVE CRAWSHAW

O suborno é uma coisa inteiramente ilegal. Na Alemanha, quem pratica suborno pode ser condenado a até cinco anos de prisão. Mas, se você está pensando em subornar empresários ou funcionários governamentais alemães, tem pelo menos o consolo de saber que, ao mesmo tempo que paga suborno, está poupando dinheiro.
Isso porque na Alemanha o suborno é dedutível dos impostos.
Depois de um escândalo que veio à tona recentemente, envolvendo corrupção na polícia, vários pedidos foram feitos para uma modificação das leis. Mas o governo não pretende mudar nada.
Na quarta-feira passada, Hans-Georg Hauser, porta-voz da União Democrata-Cristã (o partido governista) para assuntos de política financeira, admitiu que os subornos podem provocar na população "uma impressão de imoralidade". Mas ele observou que "a legislação tributária nunca teve nada a ver com moralidade".

3 RIBEIRO, Antonio Magalhães. *Do autoritarismo à democracia* – continuidades e mudanças da corrupção política no Brasil após a redemocratização. Lisboa: Chiado Editora, 2017.

4 PAULO, Folha de S. Suborno é deduzido de imposto na Alemanha. Disponível em: <https://www1.folha.uol.com.br/fsp/1995/1/08/mundo/4.html>. Acesso em: ago. 2019.

Essa estranha e repugnante permissibilidade vigorou até 1999, de modo que os encargos despendidos com suborno de agentes públicos eram dedutíveis dos impostos, sob o entendimento e a justificativa (talvez aprovada pela racionalidade econômica e objetiva dos números e cálculos matemáticos) de que o custo que o agente privado tinha com a corrupção era visto como despesa adicional da relação de negócio e por isso merecia algum retorno. Contudo, tal prática se mostrava, até mesmo, como uma espécie de incentivo à prática delitiva de corrupção, uma vez que o suborno era colocado em patamar de investimento para o agente privado, quem por sua vez teria um retorno quase que garantido do custo com suborno. Ressalte-se, dessa forma, que, mesmo nos dias atuais, a presença do tema corrupção não está restrita a países subdesenvolvidos, mas também àqueles vistos como potências econômicas mundiais.

O tema da corrupção, como defende RIBEIRO[5], tampouco está restrito a países cujos governos afastam-se de práticas democráticas, e por muitas vezes perpetuam o poder político por meio da força exercida pelo poder policial e/ou militar, sem observância à lei, como é o caso de governos autoritários. Não obstante, em regimes totalitários, o que se observa não é a violação de normas cometida por um agente público com o intuito de obter benefícios e ganhos, direitos ou indiretos, para si ou a terceiro a ele vinculado, mas sim a promulgação de leis que, na verdade, sustentam ações corruptas do governo, de modo que o ilícito acaba que por apresentar-se de forma distinta. Os regimes ditatoriais tendem a suprimir a participação do povo e governam sob o amparo da inexistência de mecanismos de controle que sejam capazes de assegurar a legalidade dos atos públicos, de modo que se perfaz um ambiente propício a supremacia do interesse de grupos privados e, em razão disso, a propagação de atos de corrupção. Já em regimes democráticos, apesar de subsistir a participação popular e há mais transparência acerca dos atos do governo, também é possível observar violação aos preceitos de integridade e a propagação de corrupção.

A incidência da corrupção em diversos momentos, países e regimes políticos, nos mostra que este fenômeno não escolhe suas vítimas de forma isolada e individualizada, mas acomete o mundo, de modo que por onde passa deixa o rastro do privilégio para alguns grupos, enquanto a maior

[5] RIBEIRO, Antonio Magalhães. *Do autoritarismo à democracia* – continuidades e mudanças da corrupção política no Brasil após a redemocratização. Lisboa: Chiado Editora, 2017.

parte do seu povo se encontra duramente afetada e prejudicada por diversas questões e efeitos.

2. Efeitos da corrupção

O impacto da corrupção é, com efeito, difícil de ser mensurado com precisão, uma vez que sua incidência não deixa rastros totalmente quantificáveis e, tendo por base que a corrupção possui natureza intrínseca, seus danos vão muito além do mero desvio de dinheiro público ou do montante exato pago em propina.

As consequências da corrupção são sentidas em âmbito público, quando falamos, a título exemplificativo, do sucateamento dos serviços públicos, como no setor privado, quando se aponta para o falseamento da concorrência lícita, leal, afetando os agentes econômicos que não têm a segurança de sua evolução pelos seus próprios méritos.

Tendo em vista as diferentes consequências previstas ao ente público e ao privado, é imperioso ressaltar a diferenciação entre corrupção pública e corrupção privada[6]. Das relações entre particulares, em que ocorram atos indevidos tais quais suborno e troca de favores, se evidencia a corrupção privada. Já nas relações em que houver um agente público e um ente privado ou entre agentes públicos, em que o resultado seja o abuso da função pública para se obter ganhos privados, se observa a corrupção pública.

Em que pese o uso do termo "corrupção privada", conforme antecipou a nota de rodapé, ela, a corrupção privada, não é um tema regulamentado no Brasil e tampouco tipificado como crime. Apesar de o tema já ter sido suscitado em alguns diversos projetos de lei, como no caso do projeto do novo Código Penal[7] (Projeto de Lei nº 236/2012), que tipifica corrupção privada, cuja denominação restou como corrupção entre particulares e está em andamento; e no caso do Projeto de Lei nº 5.895 de 2016 que trata da corrupção privada no âmbito da Lei de Propriedade Intelectual

[6] Desde logo, ressalte-se que, por enquanto, como é cediço, a corrupção privada não tem tratamento penal no Brasil, não obstante projetos de lei recentes discutirem a questão. Contudo, não se discute a sua ilicitude civil e administrativa, em diversas situações.

[7] FEDERAL, Senado. *Projeto de Lei do Senado n° 236*, de 2012 – (Novo Código Penal). Disponível em: <https://www25.senado.leg.br/web/atividade/materias/-/materia/106404>. Acesso em: ago. 2019.

(Lei nº 9.279/96) que já se encontra arquivado, o tema ainda carece de normatização.

Entretanto, a origem do termo corrupção privada tem suas raízes em normativos advindos de outras Nações, como é o caso do *FCPA*[8] (*Foreign Corrupt Pratices Act*) e do *UKBA*[9] (*United Kingdom Bribery Act*), que tratam do tema valendo-se da expressão: *commercial bribery*, para tratar da corrupção entre particulares. Adicionalmente, a Organização para a Cooperação e Desenvolvimento Econômico (OCDE), trata da corrupção privada, valendo-se da terminologia: *private-to-private corruption*[10].

Em geral, a corrupção entre particulares carece de regulamentação, seja pelas leis anticorrupção existentes, seja pelo arcabouço legislativo suporte. A Lei Anticorrupção do Reino Unido[11] (*UKBA*) é um dos poucos exemplos em que se criminaliza também o pagar, oferecer ou receber um pagamento corrupto tanto para entidades públicas quanto para entidades privadas.

Não obstante, em relação à corrupção pública, o Brasil trata o tema como conduta devidamente tipificada como crime, conforme previsto no artigo 316 do Código Penal, quando nos referimos a corrupção passiva, ou seja, aquela cometida por funcionário público ao solicitar ou receber alguma vantagem indevida em razão de sua função. Já a corrupção ativa, prevista no artigo 333 do Código Penal, tipifica as ações de oferecer ou prometer alguma vantagem indevida para funcionário público com o intuito de influenciar impropriamente suas ações.

Ressalte-se que a diferenciação entre as posições ativa e passiva, a corrupção pública pode, ainda, ser definida como aquela que ocorre contra a administração pública e cometida por um agente particular ou público no exercício de sua função ou em razão dela. E de maneira geral ocorre por meio de ações que envolvam oferecer, prometer ou dar algo de valor a um agente público, partido político e demais entidades equiparadas com

[8] FCPA, Blog. *SEC comments bring commercial bribery clearly into FCPA scope*. Disponível em: <http://www.fcpablog.com/blog/2014/1/6/sec-comments-bring-commercial-bribery--clearly-into-fcpa-scop.html>. Acesso em: ago. 2019.

[9] INTERNATIONAL, Transparency UK. *The Bribery Act*. Disponível em: <https://www.transparency.org.uk/our-work/business-integrity/bribery-act/>. Acesso em: ago. 2019.

[10] OECD. *Private-to-private corruption*. Disponível em: <https://www.oecd.org/cleangovbiz/Integrity-Forum-16-Soot-Johannsen-Pedersen-Vadi-Reino.pdf>. Acesso em: ago. 2019.

[11] Disponível em: <https://www.legislation.gov.uk/ukpga/2010/23/contents>. Acesso em: ago. 2019.

o intuito de auferir uma vantagem indevida para si ou para um terceiro, ou simplesmente pelo fato de um agente público solicitar ou receber algo de valor para que realize ou deixe de realizar sua função pública regularmente.

O ato indevido se configura ainda que tenha ocorrido de forma indireta, ou seja, por meio de um terceiro ou intermediário que esteja atuando em nome da contratante e todos aqueles envolvidos, seja na categoria de autor ou coautor. Importante salientar que a mera tentativa de corromper, mesmo que não logre êxito, já configura o crime, pois não é necessário que o agente público, de fato, aceite algo de valor ou que a vantagem que se busca seja alcançada.

No âmago de buscar providenciar fontes sobre o estudo da corrupção pública e seus efeitos, há algumas entidades que envidam esforços em produzir indicadores sobre o impacto, o custo e percepção da corrupção. Dentre elas, a Organização para a Cooperação e Desenvolvimento Econômico (OCDE) estima que por ano $2,6 trilhões de dólares do Produto Interno Bruto (PIB) global são perdidos em decorrência da corrupção[12].

Por sua vez, o Banco Mundial acrescenta que, de forma global, $1 trilhão de dólares por ano são pagos em propinas por pessoas físicas e jurídicas para se obter ou reter negócios com entidades públicas[13]. E, de acordo com o Fórum Econômico Mundial, o custo de realizar negócios em países com altos índices de corrupção é 10% maior do que em relação a países mais íntegros[14].

No Brasil, segundo estudo da Federação das Indústrias do Estado de São Paulo (Fiesp), o custo da corrupção no país pode chegar a até 2,3% do PIB nacional anual e isso prejudica o aumento da renda *per capita* do país, o crescimento, a competitividade, afasta o investimento externo e ainda contribui para a criação de um ambiente de negócios instável[15].

[12] BRASIL, Nações Unidas. *Corrupção custa mais de US$ 2,6 trilhões por ano, alerta PNUD*. Disponível em: <https://nacoesunidas.org/corrupcao-custa-mais-de-us-26-trilhoes-por-ano--alerta-pnud/>. Acesso em: jun. 2019.

[13] BANK, The World. *Combating Corruption*. Disponível em: <http://www.worldbank.org/en/topic/governance/brief/anti-corruption>. Acesso em: jun. 2019.

[14] Disponível em: <https://www.oecd.org/cleangovbiz/49693613.pdf>. Acesso em: jun. 2019.

[15] FIESP. *Custo da corrupção no Brasil chega a R$ 69 bi por ano*. Disponível em: <https://www.fiesp.com.br/noticias/custo-da-corrupcao-no-brasil-chega-a-r-69-bi-por-ano/>. Acesso em: ago. 2019.

Adicione-se que a questão da corrupção e a violação dos preceitos éticos estão tão presentes no cotidiano dos cidadãos, que o pagamento por serviços públicos de forma irregular se mostra como algo banal e comum, conforme destacou a ONG *Transparency International* (TI) em um estudo realizado em 2017, pelo qual se mostra que uma em cada quatro pessoas admitem ter pago propina em serviços públicos e cerca de 36% dos participantes enxergam a polícia e os políticos eleitos como as entidades mais corruptas[16].

Outro estudo da TI, bastante relevante sobre o tema, recai sobre o Índice de Percepção da Corrupção (IPC)[17]. Trata-se de uma avaliação anual que envolve mais de 180 países e territórios, em que a nota varia de 0 a 100, em que que 0 significa que o país é considerado altamente corrupto e 100 significa que o país é considerado muito íntegro. Nesse estudo destacam-se países com instituições democráticas fortes, como Dinamarca, Nova Zelândia, Finlândia e Singapura, com baixos índices de corrupção, e países com notas muito baixas, como a Somália, Síria, Sudão do Sul e Iêmen, países marcados por conflitos ou instituições democráticas frágeis, além de apresentarem relevante subdesenvolvimento.

Não obstante esses efeitos diretos sobre o montante perdido, derivado do que se paga pela prática da corrupção, é importante notar ainda que, ao se passar por um processo de investigação por corrupção, além dos danos à imagem que são de custosa reparação, ainda há, em caso de condenação, a possibilidade de submissão, de acordo à Lei da Empresa Limpa (12.846/13), as penas de impedimento de contratar com o poder público, de receber benefícios, de pagamento de multas severas e até mesmo a dissolução compulsória da pessoa jurídica. Cabe destacar, que em relação à aplicação de multas, a Lei de Práticas Corruptas no Exterior (*FCPA*), em vigor nos Estados Unidos há mais de 40 anos, é um bom exemplo de regramento jurídico que comina multas altíssimas por transgressões sobre o tema anticorrupção. Somente no ano de 2018, 16 empresas pagaram aproximadamente ao todo U$2.89 bilhões de dólares em decorrência de violação de FCPA[18].

[16] INTERNATIONAL, Transparency. *People and Corruption*: Citizens' Voices from around the world – Global Corruption Barometer, 2017. Disponível em: <https://www.transparency.org/news/feature/global_corruption_barometer_citizens_voices_from_around_the_world>. Acesso em jul. 2019.

[17] Disponível em: <https://ipc2018.transparenciainternacional.org.br/>. Acesso em ago. 2019.

[18] FCPA, Blog. *2018 FCPA Enforcement Index*. Disponível em: <www.fcpablog.com/blog/2019/1/2/2018-fcpa-enforcement-index.html>. Acesso em jun. 2019.

Em face desse cenário, ou seja, verificado que a corrupção, a prática de atos de corrupção constitui **fato da vida**, somada à existência de legislações anticorrupção prescritivas de severas penalidades, submerge aos agentes econômicos, como será melhor tratado na parte final deste trabalho, o incentivo de implantar ou aprimorar o que se chama de programa de *compliance* ou de integridade, o que vem previsto dentro da mesma referida legislação. O propósito dessa previsão nos textos normativos é induzir o agente econômico a estruturar mecanismos internos capazes de remodelar não somente a cultura empresarial – que deve ser apoiada pela alta administração –, mas também a governança corporativa e as práticas empresariais, minimizando o risco da prática de atos de corrupção, de outros ilícitos ou mesmo de condutas antiéticas.

Contudo, esse remédio que visa evitar a (re)incidência em atos ilícitos, a estruturação de um programa eficaz de *compliance* traz consigo um certo ônus às empresas, pois importa em custos de implementação e manutenção, tendo em vista os diversos **insumos** indispensáveis e custosos para que o programa de integridade seja robusto e efetivo. Ações como a edição de um código de ética, a contratação de especialistas, o investimento massivo em treinamentos sobre questões gerais e temas específicos, a avaliação de terceiros, a adoção de mecanismos de controle e auditoria, a implantação de um canal de denúncias independente, e muito mais que se faça necessário para desestimular a prática de corrupção e trazer maior segurança aos negócios importam em considerável investimento financeiro.

Os efeitos do fato corrupção não são, em absoluto, desprezíveis, conforme demonstraram os estudos acima citados, mas, além disso, repise-se, a criação de estruturas e programas pelos agentes privados para desestimular a sua prática, por sua vez, criam novos custos e investimentos a esses mesmos agentes privados.

3. Um mundo sem corrupção

A corrupção, dadas as informações quantitativas acima mencionadas, a olho nu, ocasiona diversas e relevantes consequências. Possuir um alto nível de corrupção em um país implica em dificuldades no ingresso de empresas no mercado formal e, então influindo no mercado informal, acarreta menos arrecadação de tributos pelo Estado e uma concorrência desleal. Valer-se de propina como condição para a prestação de um serviço público é onerar um contrato no exato momento do seu nascimento, custo esse que adiante será repassado (ao ente público e à sociedade) e recairá sobre a alocação de recursos destinados à saúde, transporte, infraestrutura, educação, bem como na qualidade e extensão em que são propiciados.

Um ambiente em que contratações e promoções são efetivadas em decorrência de troca de favores e nepotismo desestimula o profissionalismo, o investimento em qualificação profissional e pessoal, desestimula investimentos em pesquisa e desenvolvimento, dado que as qualidades e o mérito profissional são postos de lado. Contratados e escolhidos são os amigos do rei e/ou aqueles que pagam por isso, sendo escolhidos independentemente das suas qualidades, características, profissionalismo, preço etc., abrindo espaço para a manutenção de um quadro com mão de obra desqualificada, despreparada e destaque empresarial para empresas menos competitivas, menos qualificadas, levando à bancarrota aquelas outras, notadamente as melhores que teríamos em nossos mercados.

Não obstante esses efeitos, devem ser sopesados ainda o custo adicional imposto aos agentes econômicos em ambientes ceifados por corrupção. Há o risco de fraude que a empresa fica exposta, pois em um ambiente hostil e de cultura ética deficiente, a pressão por resultados, a pressão de compromissos externos, em conjunto com a ausência de controles, pode incentivar um funcionário insatisfeito a tomar proveito de uma situação. Em outras palavras, um ambiente em que perseveram condutas antiéticas pode acarretar custos adicionais às empresas, levar a um modelo de operação ineficiente e reduzir as garantias contratuais que teriam por objetivos resguardar a empresa de eventual responsabilização civil.

Segundo um estudo[19] realizado pela ACFE (*Association of Certified Fraud Examiners*), estima-se que as empresas perdem cerca de 5% do faturamento anual em decorrência de fraudes. O estudo indica ainda que as fraudes duram em média 16 meses antes de serem descobertas e cerca de 22% das empresas perdem $1 milhão de dólares ou mais em sendo vítimas de fraudes.

[19] ACFE. *2018 Report to the Nations.* Copyright 2018 by the Association of Certified Fraud Examiners, Inc. Disponível em: <https://s3-us-west-2.amazonaws.com/acfepublic/2018-report-to-the-nations.pdf>. Acesso em: jun. 2019.

De acordo com o *the Greens/EFA group,* em uma análise feita sobre as o custo da corrupção na Europa, foi evidenciado que para acabar com a fome em âmbito global seria necessário o investimento anual de €229 bilhões de euros, providenciar acesso a água potável e saneamento básico teria um custo anual de €129 bilhões e para possibilitar o acesso à luz elétrica seria necessário o montante de €45 bilhões[20]. A soma de todos esses custos ainda seria menor do que o que é desviado por corrupção em âmbito global anualmente.

Com o montante de 38 bilhões desviados em corrupção e identificado pela operação lava-jato, 200 mil casas populares poderiam ser construídas, 120 mil ambulâncias poderiam ser colocadas à disposição da população, 196 mil viaturas policiais poderiam ser compradas e 3,6 bilhões de merendas escolares poderiam ser servidas e tudo isso de forma complementar e não isoladamente[21].

Em que pese a incidência da corrupção, há de se destacar informação importante acerca da temática, também apurada pela TI, ressaltando que mais de 50% das pessoas entrevistadas, em nível global, acreditam que a população poderia fazer a diferença no combate à corrupção. No Brasil esse número cresce para 83%. Isso nos mostra, sobretudo, que apesar da população reconhecer sua parcela de culpa, também está claro para todos quem são os responsáveis por aplicar os esforços necessários para o combate desse mal[22].

Com o cenário mostrado por estes estudos, nos deparamos com um mundo em que todos gostaríamos de pertencer, seja pela água potável disponível a todos, pela extinção da fome ou, ainda, quaisquer outros antes levantados. Assim, se falta alguma energia para lutarmos contra a corrupção, esperemos que esses estudos, tragam essa energia eventualmente faltante para a busca inflexível de eliminação da corrupção.

[20] GROUP, The Greens/EFA. *The costs of corruption across the EU.* Belgium, 2018. Disponível em: <https://www.greens-efa.eu/files/doc/docs/e46449daadbfebc325a0b408bbf5ab1d.pdf>. Acesso em: jun. 2019.

[21] ONLINE, Gazeta. *Saiba qual o preço da corrupção no Brasil.* Disponível em: <https://www.gazetaonline.com.br/noticias/economia/2017/05/saiba-qual-e-o-preco-da-corrupcao-no--brasil-1014059906.html>. Acesso em: jul. 2019.

[22] INTERNATIONAL, Transparency. *People and Corruption*: Citizens' Voices from around the world – Global Corruption Barometer, 2017. Disponível em: <https://www.transparency.org/news/feature/global_corruption_barometer_citizens_voices_from_around_the_world>. Acesso em: ago. 2019.

E, em contribuição, repisaremos sobre alguns instrumentos e formas que, dentre outras tantas, demonstram-se hábeis ao combate à corrupção.

4. Formas de combate à corrupção

4.1. A autorregulação regulada

Na busca de uma nova ética empresarial e a modificação do sistema enraizado pela corrupção, se faz necessária a exploração da autorregulação regulada (ou corregulação), que pode ser evidenciada por meio de incentivos à adoção de programas de *compliance* capazes de representar e suportar o comprometimento de agentes econômicos de atuação íntegra no desenvolvimento de suas atividade e, assim, tenham estruturas capazes de: (i) minimizar o risco de práticas de corrupção; (ii) a sua apuração e controle e, o que é mais importante, (iii) gerar a confiança de que a extirpação da corrupção é pro competitivo, é um ativo empresarial que auxilia em eternizar e valorizar o negócio, a empresa.

Compliance[23], conforme suscitado por RIBEIRO e DINIZ, tem um alcance muito amplo e não se restringe ao mero cumprimento de regras formais, mas sim representa um conjunto de medidas internas adotadas, tanto em termos éticos quanto legais e que servirão de base para a construção do comportamento da empresa perante o mercado que atua, bem como a atitude de seus colaboradores. Dentre os objetivos de *compliance* podemos citar: tratar adequadamente os conflitos de interesses, evitar ganhos pessoais indevidos em decorrência de uso indevido de informação privilegiada, combater a lavagem de dinheiro, dentre inúmeros outros, mas, sobretudo, é necessário enfatizar, disseminar uma cultura de conformidade ética.

Nessa perspectiva, PUYOL[24] explica que o próprio sentido do termo *Compliance* não se restringe ao cumprimento às leis aplicáveis, mas se estende aos preceitos éticos que por sua vez refletem a cultura da empresa.

[23] RIBEIRO, Marcia Carla Pereira; DINIZ Patrícia Dittrich Ferreira. *Compliance e a Lei Anticorrupção nas Empresas*. Disponível em: <https://www12.senado.leg.br/ril/edicoes/52/205/ril_v52_n205_p87.pdf>. Acesso em: ago. 2019.

[24] PUYOL, Javier. *Guía para la implantación del Compliance en la empresa*. Barcelona: Wolters Kluwer, 2017.

Para que os colaboradores se comportem de maneira ética, é necessário que a própria empresa construa essa cultura de integridade com base em seus pilares e na modulação de um *compliance* próprio para sua realidade.

No mais, conforme exposto por FRAZÃO[25] o *compliance* é composto por estruturas de autorregulação em que o agente econômico adéqua o requisito legal em face da realidade e estrutura do seu modelo de negócio, de modo que seja capaz de prevenir atos ilícitos da maneira mais adequada e com diretrizes desenvolvidas especificamente para a necessidade da empresa. Busca-se criar mecanismos de respeito às leis, de forma mais espontânea, por meio da mudança de comportamento que atinge todos os colaboradores e pode ainda projetar efeitos externos, no que tange à influência da cadeia de terceiros. Essa influência é capaz de alcançar resultados superiores às previsões legais, pois estas não são capazes de isoladamente causar impactos na moralidade dos indivíduos e tampouco garantir comprometimento indubitável com as leis vigentes.

A autorregulação regulada se mostra, dessa forma, como um forte aliado do poder público por incentivar uma mudança de comportamento, vindo de dentro das empresas e disseminando preceitos de integridade desde a alta administração, passando pelos **líderes e** chegando aos empregados. O papel da autorregulação, assim, reside no compromisso de internalizar padrões de comportamentos ou usos e costumes aceitos e já praticados pelo mercado, de forma que seja responsável não somente pela criação de normas, mas também pelo fortalecimento (efetivo cumprimento) das normas determinadas pelo Estado e pelo mercado.

Nesse sentido, com a edição de Lei da Empresa Limpa (Lei 12.846/13), o Brasil caminhou para fomentar a autorregulação de agentes econômicos, tendo em vista que a referida lei prevê que a implantação ou existência de programas de *compliance* possa ser uma forma de atenuação das sanções que podem ser impostas. A construção de um programa de *compliance*, para o atendimento da referida lei, dependerá de fatores como a cultura da empresa, atividade econômica exercida, local de operação e tantos outros fatores incidentes que fazem com que cada agente econômico elabore um *compliance sui generis*.

[25] FRAZÃO, Ana; CUEVA, Ricardo Villas Bôas. *Compliance*: perspectivas e desafios dos programas de conformidade. Belo Horizonte: Fórum, 2018.

Nesse prisma, BECKER[26] destaca que o modelo de regulação exclusiva do Estado, como era vislumbrado nos séculos XIX e XX, não conseguiu acompanhar o desenvolvimento tecnológico vivenciado pelos agentes econômicos no século XXI, fato que incitou os particulares a buscarem cada vez mais soluções em âmbito particular. Isso incorreu em um precípuo abandono gradual ao modelo de regulação exclusiva do Estado e cedeu espaço à autogestão das empresas. Isso não quer dizer que o Estado perdeu seu poder de controle, mas sim que as sociedades empresariais privadas passaram a adotar suas próprias regras e estruturas de funcionamento, uma vez que recebeu estímulos (para assim agir) do Estado, que continua sendo o encarregado da função de supervisão e controle por meio de suas entidades públicas.

Observa-se, portanto, que a autorregulação se mostra como uma forma combativa à corrupção, que age na mudança estrutural que permite antever ilícitos por meio de controles e na valorização da mudança da cultura organizacional. É uma forma de criar bons mecanismos de governança corporativa, com base nas demandas empresariais de cada agente econômico e das complexidades do negócio.

4.2. Cooperação com o poder público

A adoção de programas de *Compliance*, muito em decorrência de canais de denúncia e de controles internos, torna possível o conhecimento da prática de atos ilícitos de forma tempestiva, possibilitando que as empresas atuem para minimizar os impactos decorrentes da situação enfrentada. Dentre as formas de remediação, podemos citar a participação em acordo de leniência, que permite às entidades privadas lograr benefícios diante da cooperação com entidades públicas a quem, em razão do relato efetuado, das provas e informações colhidas, será possível, com mais efetividade, celeridade e eficiência, fazer cessar as práticas ilícitas e seus efeitos perante a sociedade.

O encorajamento do uso do acordo de leniência, dessa forma, se mostra como fator imprescindível para que se alcance o comprometimento dos agentes econômicos no combate à corrupção. Tal ferramenta está prevista

[26] BECKER, Camila Mauss. *Compliance, autorregulação regulada e o sistema de responsabilidade penal da pessoa jurídica no direito penal brasileiro*. Porto Alegre, 2018. Dissertação de mestrado. Pontifícia Universidade Católica do Rio Grande do Sul.

na Lei da Empresa Limpa (Lei nº 12.846/2013, art. 16), como método de cooperação entre os agentes privados e públicos com o propósito de possibilitar ao Estado o efetivo conhecimento de ilícitos e acesso às evidências/provas da sua efetividade e autoria.

Nessa modalidade de cooperação, para que dela se possam colher os melhores benefícios (efetividade, rapidez e rigidez na aplicação da pena para os coparticipes) se deve buscar sobretudo incitar o pioneirismo numa declaração de envolvimento em atos ilícitos, de forma que em contrapartida o agente privado possa obter benefícios proporcionais às informações e provas compartilhadas com o poder público.

Antes mesmo da lei da Empresa Limpa, o acordo de leniência já estava presente no ordenamento jurídico brasileiro no que tange às questões Antitruste – Lei 12.529/11. A Lei da Empresa Limpa, seguindo, em geral, o escólio internacional, restringe o acordo ao primeiro agente econômico que firmá-lo, a quem poderão ser concedidos benefícios tais como a redução da multa em até 2/3, bem como a isenção de graves sanções como no caso da suspensão ou interdição parcial de suas atividades, dissolução compulsória da pessoa jurídica ou a possibilidade de receber benefícios ou empréstimos de órgãos de entidades públicas ou instituições financeiras controladas pelo poder público (Lei nº 12.846/2013, art. 16, §2º).

Repise-se, bem se utilizando, incentivando e disseminando a sua relevância, pode se tratar de um instrumento voltado à viabilização das investigações de determinados tipos de ilícitos, com foco no combate à corrupção, pois busca encontrar fontes de materialidade por meio de documentos e evidências fornecidos por pessoa jurídica. Pode ser aplicado às investigações já em andamento ou prospectivas investigações, podendo o acordo se mostrar como uma fonte de obtenção de informações úteis, completas e concretas que possibilitem às autoridades competentes a eficaz aplicação da legislação.

Cabe ainda ressaltar que, como previsto no Decreto 8.420/2015, que regulamenta a Lei da Empresa Limpa, há o requisito formal, por meio de cláusula obrigatória, que verse sobre a adoção, aplicação ou aperfeiçoamento do programa de integridade (art. 37, inciso IV) na celebração do acordo de leniência. Assim, a própria cooperação com o poder público já estimula a autorregulação dos agentes econômicos e pode representar papel importante na modificação da cultural empresarial.

Outrossim, caso a empresa leniente descumpra o acordo firmado, optou o legislador por prever o impedimento da pessoa jurídica de celebrar novo acordo pelo prazo de três anos contados a partir da data de ciência do descumprimento por parte da administração pública, conforme regra prescrita no artigo 16, §8º, da Lei da Empresa Limpa.

Em sendo a leniência um importante aliado ao combate à corrupção, seria ainda mais benéfico se existissem outros tipos de instrumentos colaborativos que dessem suporte e fossem até mesmo complementares à leniência. Na Lei Antitruste (Lei 12.529/11), por exemplo, além da previsão da leniência (art. 86), há a possibilidade de celebração de Termo de Compromisso de Cessação (TCC), além da celebração do que se chama de Leniência *plus*, o primeiro disposto no artigo 85 e a segunda no parágrafo 7º do artigo 86 e que se apresentam como outras formas de obtenção de evidências, mediante a propositura de uma solução imediata.

Em contraponto, é importante, contudo, mencionar que, conforme asseverado por SILVEIRA e SAAD-DINIZ[27], o acordo de leniência, em nosso país, em razão da fraca e apenas embrionária regulação, não tem se mostrado como um instrumento plenamente capaz de desestimular a prática de atos de corrupção, dado que não se fomenta ou incentiva o uso dos acordos de leniência, na medida em que, além de outros tantos motivos já repetidos por muitos, por exemplo, não instituiu nenhuma previsão de atenuação ou isenção dos efeitos penais às pessoas físicas, não trouxe garantias necessárias ao leniente de segurança e previsibilidade na negociação e efetivação do acordo. Ao contrário, a realização de acordos de leniência, na eventualidade de se lograr êxito na sua realização, maximizam-se problemas. Mesmo celebrando em eventual acordo com a Controladoria Geral da União (CGU), por exemplo, ainda subsistem outros órgãos, tais quais o Ministério Público Federal, o Tribunal de Contas da União e Advocacia Geral da União que, no entendimento de ROSÁRIO[28], poderão facilitar e até mesmo incentivar a propositura de ações judiciais em face do leniente, mesmo após a celebração do acordo.

Posto isso, é de se concluir que o Brasil tem muito ainda o que avançar na temática da celebração de acordos de leniência para que esse pilar seja

[27] SAAD-DINIZ, Eduardo; SILVEIRA, Renato de Mello Jorge. *Compliance, Direito Penal e Lei Anticorrupção*. São Paulo: Saraiva, 2015.

[28] ROSÁRIO, Wagner de Campos. *Entrevista concedida ao Conjur*. Disponível em: <https://www.conjur.com.br/2017-dez-09/lei-anticorrupcao-ainda-nao-decolou-ministro-transparencia>. Acesso em ago. 2019.

colocado em evidência e possa alcançar todos os benefícios dele derivados em prol ao combate da corrupção.

4.3. Reestruturação de empresas

Outro ponto que pode ser um grande contribuinte para o combate da corrupção reside na adoção da medida de reestruturação compulsória da administração e/ou controle de empresas. A reestruturação pode se dar de diversas maneiras, desde a introdução de gestão administrativa e profissional, fiscalização, monitoramento contínuo ou até mesmo pela introdução de comitês de governança. O objetivo aqui é, em razão da prática ilícita anterior, que medida a mais, *interna corporis*, faz-se necessária ou razoável para minimizar ou impossibilitar a reincidência?

Segundo CARVALHOSA[29], um comitê de governança tem a função de supervisionar o exercício regular e eficaz da auditoria interna, de aplicar o Código de Ética presente, de investigar condutas de seus dirigentes e demais e colaboradores, bem como toda relação da pessoa jurídica com o Poder Público. Tal comitê deve ter sua independência, autonomia e o mais adequado é que seja formado em um órgão colegiado e capaz de tomar as medidas que se façam necessárias para que haja a cessação imediata de eventuais ilícitos cometidos, seja pelos funcionários ou dirigentes da pessoa jurídica.

A fiscalização por meio de auditorias externas também pode contribuir, como meio de se obter, periodicamente, a análise criteriosa de um terceiro externo e imparcial sobre as ações realizadas pela empresa em prol da adequação de controles internos e mitigação de riscos que outrora incorreram em atos ilícitos.

Adicionalmente, também pode ser eficaz a adoção de um monitor independente de *compliance*, que representa um profissional externo e dedicado a acompanhar o desenvolvimento do programa de integridade e o cumprimento das obrigações assumidas por empresas que firmam acordos de leniência ou instrumentos similares.

Ocorre que no Brasil, não há regulamentação do monitoramento independente, e tampouco os normativos que tratam do acordo de leniência

[29] CARVALHOSA, Modesto. *Considerações sobre a Lei das pessoas jurídicas*: Lei 12.846 de 2013. São Paulo: Revista dos Tribunais, 2015.

fazem referências expressas sobre o tema[30]. Já nos casos de monitoramento obrigatório nos Estado Unidos, em decorrência de violação do FCPA, entre 2004 e 2010 mais de 40% das empresas que firmaram acordos com as entidades públicas aceitaram a condição de passar pelo monitoramento de um profissional independente[31].

As medidas estruturais, quando e se adotadas, contudo, não podem se distanciar da sua finalidade. Podendo elas ter efeitos adversos sérios, relacionados com a interpretação do direito de propriedade, do agravamento dos conflitos de agência dentre tantos outros, as medidas estruturais a serem adotadas devem ter por objetivo, acima de tudo, a preservação da empresa e de suas atividades produtivas, assegurando a continuidade do negócio com profissionalismo e competência, da prestação de serviços públicos ou privados, mas evitando a continuidade da conduta ilícita ou a sua retomada. E, nesse aspecto, mais uma vez o Brasil ainda tem muito o que percorrer para implantar mecanismos que não se limitem as tradicionais multas pecuniárias, mas que cumulem esforços com ideias voltadas à inserção da integridade no eixo principal de um agente econômico, ou seja, em sua estrutura.

Conclusões

Em síntese, a corrupção, em qualquer das suas formas, acarreta prejuízos relevantes à sociedade. Ela se mostra como uma interface entre o público e o privado, de forma que o que está em jogo é a ética posta na prática e a sobrevivência de ambas as entidades. De uma forma ou de outra, a transgressão de valores culmina com, dentre outros, redução de investimentos estrangeiros, óbice ao crescimento econômico, ao desenvolvimento social e ao atendimento às demandas sociais e interesses difusos.

Não obstante aos problemas evidenciados pela corrupção e sua disseminação no Brasil e no mundo, há de se ressaltar que as legislações que buscam regular o tema têm sido capazes de, em primeiro plano, fomentar

[30] JOTA. *Monitores independentes e investigações governamentais no Brasil e nos EUA*. Disponível em: <https://www.jota.info/opiniao-e-analise/artigos/monitores-independentes-e-investigacoes-governamentais-no-brasil-e-nos-eua-24102018>. Acesso em: ago. 2019.

[31] DUNN, Gibson. *FCPA Compliance Monitorships*. Disponível em: <https://www.gibsondunn.com/fcpa-compliance-monitorships/>. Acesso em: ago. 2019.

a discussão que surgiu em meio aos recentes escândalos, bem como de suscitar a necessidade de ações preventivas como meio principal de combate.

Além disso, o alcance de mudanças significativas no combate, e com vistas a não perder nenhuma das oportunidades que aparecem para o tratamento desse mal sórdido, sempre presente, poderosíssimo e enraizado na civilização, que sempre habitou a convivência social, como antes mostrado, é imprescindível que busque alternativas outras, além das multas pecuniárias, para a preservação dos instrumentos (empresas), mas removendo ou diminuindo a possibilidade de reincidência na prática ruinosa.

Entende-se que o trabalho em cooperação se mostra como um caminho a ser trilhado entre o público e o privado para que se moldem novas estruturas negociais e um ambiente competitivo livre de corrupção, independentemente de sua essência, regime político ou grau de desenvolvimento.

Por fim, não nos resta dúvidas de que a corrupção é nefasta e causa prejuízos imensuráveis, não somente às empresas, mas também para toda a nação. Do mesmo modo, temos a certeza, com base nos estudos empíricos constantes neste trabalho, de que os países menos corruptos são os países mais evoluídos e desenvolvidos. Assim se faz necessário unir todo tipo de esforço possível para reduzir ou eliminar a corrupção.

E mais uma vez, fazemos o convite para que se conheça o cenário traçado nos estudos sobre **um mundo sem corrupção. Há alguém que não queira viver nesse mundo?**

Referências

ABREU, Claudio de. *Lei Anticorrupção aplicada ao direito tributário*. Curitiba: Juruá, 2017.

ACFE. *2018 Report to the Nations. Copyright 2018 by the Association of Certified Fraud Examiners, Inc.* Disponível em: <https://s3-us-west-2.amazonaws.com/acfepublic/2018-report-to--the-nations.pdf>. Acesso em: jun. 2019.

ARTESE, Gustavo (coord.). *Marco Civil*. São Paulo: Quartier Latin, 2015.

BANK, The World. *Combating Corruption*. Disponível em: <http://www.worldbank.org/en/topic/governance/brief/anti-corruption>. Acesso em: jun. 2019.

BARSOTTI, Caio; NETTO, João Luiz Faria; JUNIOR, Tercio Sampaio Ferraz; BRITTO, Thiago. *Compliance e proposições éticas na autorregulação da publicidade*. São Paulo: Editora Referência, 2014.

BECKER, Camila Mauss. *Compliance, autorregulação regulada e o sistema de responsabilidade penal da pessoa jurídica no direito penal brasileiro*. Dissertação de Mestrado em Direito – PUC-RS. Porto Alegre, 2018.

BRASIL, Nações Unidas. *Corrupção custa mais de US$ 2,6 trilhões por ano, alerta PNUD.* Disponível em: <https://nacoesunidas.org/corrupcao-custa-mais-de-us-26-trilhoes-por-ano-alerta-pnud/>. Acesso em: jun. 2019.

CAMPOS, Patrícia Toledo. Comentários à Lei nº 12.846/2013 – Lei anticorrupção. *Revista Digital de Direito Administrativo (RDDA)*, Faculdade de Direito de Ribeirão Preto, Universidade de São Paulo. v.2, n.1, 2015.

CARLINSKY, Michael; RIBAS, Marcel. *Monitores independentes e investigações governamentais no Brasil e nos EUA.* JOTA, 2018. Disponível em: <https://www.jota.info/opiniao-e-analise/artigos/monitores-independentes-e-investigacoes-governamentais-no-brasil-e-nos-eua-24102018>. Acesso em: ago. 2019.

CARVALHO, Vinicius Marques de; RODRIGUES, Eduardo Frade (coords.). *Guia para Programas de Compliance: Orientações sobre a estruturação e benefícios da adoção dos programas de compliance concorrencial.* Conselho Administrativo de Defesa Econômica (CADE), 2016.

CARVALHOSA, Modesto. *Considerações sobre a Lei das pessoas jurídicas*: Lei 12.846 de 2013. São Paulo: Revista dos Tribunais, 2015.

DUNN, Gibson. *FCPA Compliance Monitorships.* Disponível em: <https://www.gibsondunn.com/fcpa-compliance-monitorships/>. Acesso em: ago. 2019.

ESTADOS UNIDOS. *The whistleblower protection programs.* Disponível em: <http://www.whistleblowers.gov>. Acesso em: ago. 2019.

ETHISPHERE. *Commercial Bribery.* Disponível em: <https://insights.ethisphere.com/commercial-bribery/>. Acesso em: ago. 2019.

INTERNATIONAL, Transparency. *People and Corruption*: Citizens' Voices from around the world – Global Corruption Barometer, 2017. Disponível em: <https://www.transparency.org/news/feature/global_corruption_barometer_citizens_voices_from_around_the_world>. Acesso em: jul. 2019.

INTERNATIONAL, Transparency UK. *The Bribery Act.* Disponível em: <https://www.transparency.org.uk/our-work/business-integrity/bribery-act/>. Acesso em: ago. 2019.

FCPA, Blog. *2018 FCPA Enforcement Index.* Disponível em: <www.fcpablog.com/blog/2019/1/2/2018-fcpa-enforcement-index.html>. Acesso em: jun. 2019.

FCPA, Blog. *SEC comments bring commercial bribery clearly into FCPA scope.* Disponível em: <http://www.fcpablog.com/blog/2014/1/6/sec-comments-bring-commercial-bribery-clearly-into-fcpa-scop.html>. Acesso em: ago. 2019.

FEDERAL, Senado. *Projeto de Lei do Senado n° 236, de 2012 – (Novo Código Penal).* Disponível em: <https://www25.senado.leg.br/web/atividade/materias/-/materia/106404>. Acesso em: ago. 2019.

FIESP. *Custo da corrupção no Brasil chega a R$ 69 bi por ano.* Disponível em: <https://www.fiesp.com.br/noticias/custo-da-corrupcao-no-brasil-chega-a-r-69-bi-por-ano/>. Acesso em: ago. 2019.

FRAZÃO, Ana; CUEVA, Ricardo Villas Bôas. *Compliance*: perspectivas e desafios dos programas de conformidade. Belo Horizonte: Fórum, 2018.

GROUP, The Greens/EFA. *The costs of corruption across the EU.* Belgium, 2018. Disponível em: <https://www.greens-efa.eu/files/doc/docs/e46449daadbfebc325a0b408bbf5ab1d.pdf>. Acesso em: jun. 2019.

JOTA. *Monitores independentes e investigações governamentais no Brasil e nos EUA*. Disponível em: <https://www.jota.info/opiniao-e-analise/artigos/monitores-independentes-e--investigacoes-governamentais-no-brasil-e-nos-eua-24102018>. Acesso em: ago. 2019.

MACEDO, Cássio Rocha de. *Whistleblowing e Direito Penal*: análise de uma política criminal de combate aos crimes econômicos fundada em agentes denunciantes. Dissertação de Mestrado em Direito – PUC-RS, Porto Alegre, 2018.

MELLO, Celso Antônio Bandeira de. *Curso de Direito Administrativo*. São Paulo: Malheiros Editores, 2005.

MINAS, Jornal do Estado de. *Corrupção está enraizada no Brasil desde o período Colonial, revela historiadora*. Disponível em: <https://www.em.com.br/app/noticia/politica/2017/08/13/interna_politica,891482/corrupcao-esta-enraizada-no-brasil-desde-o-periodo-colonial-revela-hi.shtml>. Acesso em: ago. 2019.

NUCCI, Guilherme de Souza. *Manual de Direito Penal*. Rio de Janeiro: Editora Forense, 2015.

PAULO, Folha de S. *Suborno é deduzido de imposto na Alemanha*. Disponível em: <https://www1.folha.uol.com.br/fsp/1995/1/08/mundo/4.html>. Acesso em: ago. 2019.

PEREIRA, Victor Alexandre El Khoury M. Acordo de leniência na Lei Anticorrupção (Lei nº 12.846/2013). *Revista Brasileira de Infraestrutura – RBINF*. Belo Horizonte, ano 5, n. 9, p. 79-113, jan./jun. 2016.

PUYOL, Javier. *Guía para la implantación del Compliance en la empresa*. Barcelona: Wolters Kluwer, 2017.

REINO UNIDO, Ministério da Justiça. *Bribery Act 2010*: guidance to help commercial organisations to prevent bribery (UKBA Guidance), UK Ministry of Justice, 2011.

RIBEIRO, Antonio Magalhães. *Do autoritarismo à democracia* – continuidades e mudanças da corrupção política no Brasil após a redemocratização. Lisboa: Chiado Editora, 2017.

RIBEIRO, Marcia Carla Pereira; DINIZ Patrícia Dittrich Ferreira. *Compliance e a Lei Anticorrupção nas Empresas*. Disponível em: <https://www12.senado.leg.br/ril/edicoes/52/205/ril_v52_n205_p87.pdf>. Acesso em: ago. 2019.

ROSÁRIO, Wagner de Campos. *Entrevista concedida ao Conjur*. Disponível em: <https://www.conjur.com.br/2017-dez-09/lei-anticorrupcao-ainda-nao-decolou-ministro--transparencia>. Acesso em: ago. 2019.

SAAD-DINIZ, Eduardo; SILVEIRA, Renato de Mello Jorge. *Compliance, Direito Penal e Lei Anticorrupção*. São Paulo: Saraiva, 2015.

SCCE, Society of Corporate Compliance and Ethics. *The Complete Compliance and Ethics Manual*. Minneapolis, 2017.

VENOSA, Silvio de Salvo. *Introdução ao estudo do direito*: primeiras linhas. São Paulo: Editora Atlas, 2014.

OECD. *CleanGovBiz Integrity in practice*. Disponível em: <https://www.oecd.org/cleangovbiz/49693613.pdf>. Acesso em: ago. 2019.

OECD. *Private-to-private corruption*. Disponível em: <https://www.oecd.org/cleangovbiz/Integrity-Forum-16-Soot-Johannsen-Pedersen-Vadi-Reino.pdf>. Acesso em: ago. 2019.

ONLINE, Gazeta. *Saiba qual o preço da corrupção no Brasil*. Disponível em: <https://www.gazetaonline.com.br/noticias/economia/2017/05/saiba-qual-e-o-preco-da-corrupcao--no-brasil-1014059906.html>. Acesso em: jul. 2019.

4. Mecanismos de Prevenção e Controle da Corrupção: a Estruturação de Sistemas de Integridade na Administração Pública

Mário Spinelli

Introdução

A discussão sobre a necessidade do desenvolvimento de sistemas de integridade em organizações governamentais vem ganhando cada vez mais relevância ao logo dos últimos anos, quase que como consequência direta de um processo que já vinha sendo observado no setor privado e que ganhou destaque após a aprovação da Lei n.º 12.846/2013.

Esse debate consiste basicamente na avaliação da importância do desenvolvimento de práticas de conformidade e controle pelos próprios órgãos e entidades do setor público, com o principal objetivo de fomentar a ética, promover a transparência e a probidade e, em última análise, prevenir e combater a corrupção, assim como outras espécies de fraudes.

Com efeito, os programas de integridade governamental passaram a receber cada vez mais atenção dos governos e da própria sociedade, como uma iniciativa importante para controlar os atos praticados por gestores públicos e também de reduzir os riscos de crise de reputações dessas organizações.

Nessa conjuntura, o modelo de sistema de integridade que vem sendo proposto para os órgãos governamentais guarda semelhanças com que já vem sendo utilizado pelo setor privado. São necessárias, contudo, adaptações e ajustes decorrentes da própria natureza jurídica e das peculiaridades de cada uma dessas áreas. Iniciativas relacionadas à prevenção, a identificação, punição e remediação de atos de corrupção estão no eixo desses sistemas, contemplando medidas consagradas pela experiência do mercado, fixadas nas normas que regem a matéria ou sugeridas e avaliadas pela literatura que se dispôs a estudar a questão.

Neste trabalho, buscar-se-á avaliar este processo de desenvolvimento de sistemas de integridade na Administração Pública, avaliando seu potencial para promover um ambiente pautado na ética e na probidade e para prevenir e combater a corrupção.

1. Sistemas de integridade governamentais

Um sistema de integridade corporativo pode ser entendido como o conjunto de estruturas, mecanismos e ações que têm o objetivo de fazer com que a atuação da organização, inclusive nas suas relações com seus públicos de interesse, fundamente-se na legalidade, moralidade, ética e transparência.

Com relação especificamente ao setor público, a Controladoria-Geral da União[1] define o programa de integridade como um "conjunto de medidas e ações institucionais voltadas para a prevenção, detecção punição e remediação de fraudes e atos de corrupção", consistindo em uma "estrutura de incentivos organizacionais – positivos e negativos – que visa orientar e guiar o comportamento dos agentes públicos de forma a alinhá-los ao interesse público".

Esses sistemas de integridade no setor público acabam por incorporar práticas que no universo privado usualmente são as utilizadas nos chamados programas de *compliance*. Talvez muito em razão disso, tem sido relativamente comum no Brasil a utilização dos termos integridade e *compliance* e com a mesma acepção, muito embora não sejam poucos os autores apresentem distinções conceituais entre ambos, como é o caso de Barcat[2]

[1] CGU (Controladoria-Geral da União. *Manual para Implementação de Programas de Integridade* – Orientações para o Setor Público. Brasília, 2017, p. 6-7. Disponível em <https://www.cgu.gov.br/Publicacoes/etica-e-integridade/arquivos/manual_profip.pdf >. Acesso em: 08 jul. 2019.

[2] BARCAT, George. Um programa de integridade não é um programa de conformidade. In. BRANDÃO, C.E.L.; FONTES FILHO, J.R.; MURITIBA, S. N. (orgs.). *Governança Corporativa e Integridade Empresarial* – Dilemas e Desafios. São Paulo: Saint Paul Editora, 2017.

e de Troklus, Warner e Schwartz[3], para os quais, enquanto o programa de integridade enfatiza os valores e o "fazer a coisa certa", o *compliance* estaria mais voltado para o "cumprimento de regras e normas". Alfaro[4], por sua vez, registra que o *compliance* orienta a organização no sentido de cumprir as normas jurídicas, por meio da imposição de valores, códigos, regras e procedimentos que tenham por objetivo prevenir, detectar e sancionar práticas ilícitas, enquanto Mendes[5] alerta sobre uma progressiva tomada de consciência sobre a importância do *compliance*, dada sua capacidade de "evitar litígios, sanções, restrições regulatórias e danos à reputação"[6]. Segundo o mesmo autor, sistemas e medidas colocados em prática com o intuído de promover a integridade podem ter impacto na avaliação da responsabilidade (coletiva e individual) e na determinação das sanções aplicáveis.

Fácil concluir, portanto, que, não obstante eventuais distinções conceituais sobre os termos utilizados (e, a cada vez mais comum, confusão entre eles) um sistema de integridade tem que dispor, entre outros aspectos, de ações, regras e ferramentas que permitam identificar ilícitos, que busquem fazer com que a organização cumpra as normas vigentes, sejam elas internas ou externas, e que paute sua atuação na ética e na probidade. A adoção desses mecanismos pela Administração Pública, seus limites e potencialidades, serão debatidos nas seções seguintes deste trabalho, sem antes, no entanto, que se faça uma breve reflexão sobre aspectos inerentes à corrupção e sua prevenção e controle pelo setor público.

[3] TROKLUS, D.; WARNER, G; SCHWARTZ, E. W. *Compliance 101 – How to build and maintain an effective compliance and ethics program.* Minneapolis: Society of Corporate Compliance & Ethics, 2008.

[4] ALFARO, Luis Miguel Reyna. Implementación de Los Compliance Programs y sus Efectos de Exclusión o Atenuación de Responsabilidad Penal de Los Sujetos Obligados. In: AMBOS, Kai, CORIA, Dino Carlos Caro, MALARINO, Ezequiel (orgs.), *Lavado de Activos y Compliance* – Perspectiva Internaciona y Derecho Comparado. Lima, Peru: Jurista Editores, 2015.

[5] MENDES, Paulo de Sousa: "Law Enforcement & Compliance", In: PALMA, Maria Fernanda Palma; DIAS, Augusto Silva; MENDES, Paulo de Sousa (Coords.). *Estudos sobre Law Enforcement, Compliance e Direito Penal.* Coimbra, Portugal: Almedina, 2018.

[6] MENDES, Paulo de Sousa: "Law Enforcement & Compliance", In: PALMA, Maria Fernanda Palma; DIAS, Augusto Silva; MENDES, Paulo de Sousa (Coords.). *Estudos sobre Law Enforcement, Compliance e Direito Penal.* Coimbra, Portugal: Almedina, 2018, p. 12.

2. O controle da corrupção

Uma vasta literatura sobre o estudo da corrupção, editada a partir do final da década de 1980, passou a abordá-la não somente como uma questão de ordem individual, fundada principalmente em aspectos morais ou culturais, mas também como um problema relacionado a interesses econômicos dos atores envolvidos[7].

Não se quis com isso desprezar ou minimizar o papel dos fatores individuais, de ordem moral ou cultural, os quais também exercem influência sobre a corrupção, mas entender que fatores de ordem institucional também precisam ser avaliados quando se busca ter um correto diagnóstico sobre o que ocasiona o fenômeno. É preciso ter em mente, portanto, que ações que possam reduzir a incidência da corrupção precisam necessária atuar nessas três dimensões – individual, cultural e institucional – de forma a desestimular sua prática.

Jain[8] aponta que um dos fatores determinantes da corrupção é a baixa possibilidade de detecção e de recebimento de sanções. Essa variável está, portanto, intimamente ligada aos mecanismos de controle e de penalização de eventuais responsáveis. Seguindo Tanzi[9], se mantidas as demais condições constantes, ao menos em tese, a corrupção poderia ser reduzida pelo aumento da possibilidade de punição. Citando as clássicas análises de Gary Becker sobre a prevenção de crimes, Tanzi aponta que um sistema de sanções, aliado à existência de controles institucionais são fatores que podem reduzir a incidência do fenômeno. Mishra[10], por sua vez, destaca a importância dos procedimentos de controle para limitar ou fomentar a corrupção. Para o autor, o sucesso de medidas anticorrupção depende, em grande parte, dos esforços para monitorar o comportamento dos agentes.

[7] SPINELLI, Mário V. C. *Street-level Corruption*: fatores determinantes da corrupção burocrática. Tese de Doutorado aprovada na Escola de Administração de Empresas de São Paulo da Fundação Getúlio Vargas. São Paulo, 2016.

[8] JAIN, Arvind. Corruption: a review. *Journal of Economic Surveys*, Oxford, v. 15, n. 1, 2001.

[9] TANZI, Vito. Corruption around the world: causes, consequences, scope and cures. In: *IMF Staff Papers*, Washington, D.C., v. 45, n. 4, 1998.

[10] MISHRA, Ajit. Corruption, hierarchies and bureaucratic structure. In Susan Rose-Ackerman (Ed.). *International Handbook on the Economics of Corruption*. Cheltenham, UK, Edward Elgar Publishing Limited, 2006.

Já para Treisman[11], a propensão à corrupção pelo agente público é determinada por meio de um balanço entre o custo e o benefício decorrente da ação. Assim, o agente avalia os custos, incluindo os aspectos psicológicos, sociais e financeiros, e os pondera diante dos benefícios oriundos da corrupção. Para o autor, cientistas políticos e economistas vêm sugerindo uma série de características dos sistemas econômicos, financeiros e políticos dos países que possam afetar essa relação entre custos e benefícios. Enfatiza, porém, que "o custo mais óbvio é o risco de ser pego e punido"[12].

Diante disso, uma das formas de se compreender as nuances do processo de controle e responsabilização de agentes públicos pode ser vista a partir do conceito de *accountability* e das ações colocadas em prática para a sua efetivação. São esses mecanismos que podem fazer com que não haja distorções nas atividades de agentes públicos. Segundo Abrucio e Loureiro[13], a *accountability* ou responsabilização dos governantes pode ser definida como o processo institucionalizado de controle político dos governantes que se estende no tempo (eleição e mandato) e no qual devem participar, de um modo ou de outro, os cidadãos organizados politicamente. Já para o CLAD[14], *accountability* representa a obrigação que o governo tem de prestar contas à sociedade, estando sua concretização condicionada à capacidade dos cidadãos de atuarem na definição das metas coletivas e da construção de mecanismos institucionais que garantam o controle público das ações dos governantes, não apenas através das eleições, mas também ao longo do mandato dos representantes.

Klitgaard[15], em clássica formulação, sugere que a corrupção pode ser expressa por uma equação em que ela seria igual ao monopólio do poder decisório, acrescido do poder discricionário, menos a *accountability* (C=M+D-A). Com base nessa concepção, maiores graus de

[11] TREISMAN, Daniel. The causes of corruption: across-national study. In: *Journal of Public Economics*, 76, 3, June, 2000.

[12] TREISMAN, Daniel. The causes of corruption: across-national study. In: *Journal of Public Economics*, 76, 3, June, 2000, p. 402.

[13] ABRUCIO, Fernando e LOUREIRO, Maria Rita. *Finanças públicas, democracia e instrumentos de accountability*. Relatório de pesquisa, 2004. FGV – EAESP/GVPESQUISA. Disponível em: http://bibliotecadigital.fgv.br/dspace/handle/ 10438/3104. Acesso em 03/08/2019.

[14] CLAD – Centro Latinoamericano De Administración Para El Desarrollo. *La responsabilización en la nueva gestión pública latinoamericana*. Buenos Aires: Eudeba, 2000.

[15] KLITGAARD, Robert. *A Corrupção sob Controle*. Rio de Janeiro, Jorge Zahar Editor, 1994.

controle permitiriam reduzir a corrupção sem que, necessariamente, houvesse redução da discricionariedade. Tanzi[16] destaca a importância dos controles, principalmente os existentes dentro das próprias instituições, para a prevenção da corrupção. Para o autor, procedimentos transparentes, boas estratégias de auditoria e regras claras sobre comportamento ético, entre outros aspectos, têm papel importante para reduzir a incidência do fenômeno.

Assim, é possível perceber que devido ao fato de a corrupção tratar-se de um fenômeno multicausal, conforme detalhado nesta secção, medidas de combate à corrupção devem abordar aspectos relacionados à questão comportamental – foco nos indivíduos e na cultura –, mas também as regras institucionais a que estão submetidos os agentes, incluindo-se por óbvio, os controles a que estão sujeitos. Essas medidas devem, por óbvio, enfocar aspectos que regulem não apenas as ações dos agentes pertencentes à estrutura do poder público, mas também do setor privado que com ele se relaciona (fornecedores, clientes, terceiros etc.). Trata-se, portanto, de buscar adotar medidas que impeçam ou dificultem a prática da corrupção, tanto por parte do corrupto (corrupção passiva), como também pelo corruptor (corrupção ativa)[17].

3. A importância de um sistema de integridade na prevenção e combate à corrupção

No caso específico de organizações públicas, a adoção de práticas de integridade e de controle que tenham por objetivo prevenir e combater a corrupção (e, a depender do caso, também outras espécies de fraudes), usualmente são inseridas nos chamados programas de integridade e tem recebido cada vez mais importância, com forma de controlar os atos praticados e de reduzir os riscos de responsabilização da própria empresa e também de seus dirigentes.

[16] TANZI, Vito. Corruption around the world: causes, consequences, scope and cures. In: *IMF Staff Papers*, Washington, D.C., v. 45, n. 4, 1998.

[17] O Código Penal Brasileiro, em seus artigos 317 e 333, estabelece que o crime de corrupção pode configurar-se sob a forma "passiva", quando é praticado por funcionário público, ou sob a forma "ativa", quando o autor oferece ou promete vantagem indevida a esse agente.

Mesmo que baseados, em grande medida, na experiência da iniciativa privada, no caso específico da elaboração de estratégias de integridade no ambiente estatal, há uma distinção importante que precisa ser destacada em relação ao modelo de *compliance* que vem sendo conduzido no setor privado. Ao contrário do que ocorre em empresas privadas, em que o *compliance*, quando se refere à relação dessas organizações com o poder público, tem o foco em impedir a prática da chamada corrupção ativa, no caso de um órgão ou entidade do governo a preocupação é mais ampla, pois engloba tanto a prática da corrupção passiva (recebimento de vantagem por seus empregados), assim como a corrupção ativa. Um programa de *compliance* de uma empresa estatal deve, por conseguinte, ser desenvolvido sobre essas bases, definindo ações que tenham a capacidade de abranger os dois aspectos aqui considerados.

E é com base nessas observações que, nas seções seguintes, serão expostas as medidas que podem ser utilizadas para a estruturação de um sistema de integridade governamental, buscando-se avaliar o alinhamento de tais medidas com a literatura que estudou a corrupção e suas causas.

4. Estruturação organizacional

A criação de um sistema de integridade em organizações públicas demanda uma readequação organizacional de modo que se possa ter meios adequados de protegê-las dos riscos inerentes à prática da corrupção.

Nesse sentido, é importante identificar, por exemplo, o papel de cada uma das unidades do sistema de integridade instituído, delimitando o que cabe ao controle interno, às unidades correcionais, às ouvidorias, às comissões de ética, e à área responsável pela atividade de *compliance*, de modo a não haver lacunas e tampouco superposições nas tarefas executadas. Também é fundamental mapear processos que tenham o intuito de prevenir, detectar e remediar atos de corrupção, designando, em cada caso, que unidade será a responsável por cada um deles.

Recomenda-se, em muitas situações, que os titulares de algumas dessas unidades sejam protegidos por regras de governança corporativa que lhes permitam atuar com independência (a exemplo, em certos casos, do instrumento do mandato) e que tenham condições de se comunicar diretamente com a alta administração dessas organizações, de modo a se garantir o apoio necessário ao cumprimento de suas atividades.

Esse aprimoramento da estrutura de controle alinha-se diretamente com a literatura já abordada neste trabalho, notadamente a que enfoca questões institucionais como determinantes da corrupção e que estabelece a importância do aumento da *accountability* como medida capaz de reduzir sua incidência, a exemplo das obras de Klitgaard, Tanzi, Treisman, Jain e Mishra.

5. Governança corporativa

Ponto relevante diz respeito ao aprimoramento do modelo de governança corporativa. Nesse sentido, o mapeamento das regras que regem a gestão – aliado a práticas de gerenciamento de riscos – pode ser importante para oferecer condições de se identificar o que deve ser feito para reduzir as possiblidades de corrupção. Se, por exemplo, o processo de tomada de decisões é muito concentrado e com possibilidade grandes níveis de poder e discricionariedade, podem se estabelecer regras que priorizem decisões colegiadas, que estabeleçam limites de competência, que obriguem fundamentações de caráter técnico e que aumentem o nível de responsabilização dos gestores.

Além disso, uma série de outras medidas também podem ser importantes, a exemplo da adoção de políticas que estabeleçam regras nas indicações para posições gerenciais, estabelecendo-se requisitos de ordem técnica e de integridade. Pode-se, por exemplo, estabelecer verificações similares a sindicâncias de vida pregressa que busquem avaliar o perfil e histórico funcional dos indicados, assim como examinar registros internos ou situações externas a ela, que possam indicar possíveis incompatibilidades para a ocupação da função. É sabido que muitos dos grandes esquemas de corrupção se utilizam de uma estrutura em que agentes políticos indicam pessoas de seu interesse para postos de comando nas organizações públicas, alguns deles técnicos de carreira, com o intuito de promover desvios e repassar parte da quantia desviada aos responsáveis pela indicação. Razoável pressupor, nessa conjuntura, a importância de medidas as verificações prévias de integridade, como forma de *accountabilty*, controlando as indicações para funções gerenciais de profissionais que não apresentem condições de ocupar o posto para os quais foram indicados.

6. Práticas de conformidade (*compliance*)

Um sistema de conformidade pode ser desenhado de modo a se constituir, por exemplo, na segunda linha de defesa da organização. A primeira linha seria de competência dos próprios gestores, por meio de seus controles internos primários, e a terceira linha caberia à auditoria interna, responsável pelo controle "independente". Com base nesse modelo, a "função conformidade" (*compliance*) seria também a responsável por desenvolver e monitorar os controles da primeira linha de defesa, assessorando as diversas áreas da empresa na prevenção de atos contrários às normas e procedimentos. Assim, uma série de práticas de promoção da integridade, muitas delas já de longa data amplamente executadas por organizações privadas e que podem ser incorporadas à rotina do setor público, poderiam ser feitas para cumprir tais objetivos, entre as quais se destacam as seguintes:

6.1. Códigos de ética e de conduta, os treinamentos e divulgação sobre integridade

Regras de conduta podem ser compreendidas como o conjunto de orientações de comportamento em situações da vida profissional. E, atualmente, seja no ambiente das empresas privadas, seja no ambiente público a criação de códigos de ética e guias de conduta tem sido uma prática recomendada justamente para permitir que se dê transparência aos princípios e condutas desejadas pela empresa. Usualmente, enquanto os códigos de ética tratam de aspectos mais gerais, dos princípios éticos, dos valores e da missão que é "abraçada" pela da organização, os códigos de conduta conferem um aspecto operacional à questão, disciplinando e tratando das posturas esperadas.

É preciso, no entanto, que os princípios e regras estabelecidos nesses documentos sejam amplamente disseminados no ambiente da organização. Para tanto é fundamental que se desenvolva uma ampla política de treinamento e comunicação, de modo que todos os atores envolvidos conheçam seu teor.

É razoável pressupor que a ampla disseminação e a valorização de princípios éticos e regras de conduta a todo conjunto da força de trabalho possa ter como resultado a criação de um ambiente de menor tolerância a desvios, inclusive os considerados de pequeno impacto. Como já visto, parte da literatura, que se concentra mais na análise da corrupção a enfoca com um olhar sob a conduta do indivíduo, baseada notadamente no ponto de vista da psicologia comportamental – como é o caso da seminal avaliação de Donald Cressey[18] e das recentes pesquisas de Dan Ariely[19] –, defende que a prática ilícita, entre outros fatores, está intimamente ligada a um processo de racionalização por parte do agente, que busca razões para justificar seu ato. E um dos argumentos frequentemente utilizados por esses agentes está em concluir que muitos outros fariam práticas similares se tivessem as mesmas oportunidades. Diante dessa avaliação, é fácil perceber que um ambiente de baixa tolerância a práticas indevidas, as possibilidades de racionalização ficariam, em muito, reduzidas. E esse processo de mudança cultural pode não se limitar à redução da pequena corrupção, mas se estender inclusive aos grandes desvios. Além disso, também parece óbvio que, em um ambiente que valoriza a ética e a integridade, as pessoas se sintam mais confortáveis para reportar atos de corrupção por elas identificados.

6.2. Diligências de Integridade em partes relacionadas

Ponto importante diz respeito a criação de rotinas que visem a identificar a integridade das partes com que a organização se relaciona. Nesse sentido, *due dilligences* de integridade podem ser feitos de modo a levantar, por exemplo, informações relacionadas à reputação, à idoneidade e à transparência dos fornecedores e prestadores de serviços. Essa medida, se feita de modo sistemático, pode estimular partes relacionas a também desenvolverem seus sistemas internos de integridade. Com efeito, além do óbvio potencial para produzir mudanças de ordem cultural, foi estabelecido um maior grau de *accountability* no que concerne ao processo de contratação, medida que, como já exaustivamente apontado, é descrita pela literatura como capaz de reduzir a corrupção.

[18] CRESSEY, Donald Ray. *Other people's money*: a study in the social psychology of embezzlement. Glencoe, IL, The free press, 1953.

[19] ARIELY, Dan; GINO, Francesca. "Dishonesty explained: what leads moral people to act immorally". In: A.G. Miller, *The Social Psychology of Good and Evil*, New York: The Guilford Press, 2016.

6.3. Canais de denúncia

Uma das medidas de maior impacto na criação de sistemas de integridade governamental é a criação de canal de denúncias independente, que permita, entre outros aspectos, proporcionar confidencialidade ao denunciante, sigilo e integridade das informações e rastreabilidade do processo e tratamento da totalidade das denúncias recebidas.

Segundo pesquisa divulgada pela *Association of Certified Fraud Examinors* – ACFE[20], denúncias são o principal meio para a detecção de fraudes nas organizações, respondendo por cerca de 40% dos casos. A mesma pesquisa também apontou que, nas organizações que possuem canais de denúncias, 46% das fraudes foram detectadas por meio desses reportes, ao passo que, naquelas que não possuem tal ferramenta, somente 30% de tais irregularidades foram identificadas dessa forma.

Os canais de denúncias são, portanto, essenciais para conferir efetividade e credibilidade a um sistema de integridade governamental. Seu adequado funcionamento permite às organizações terem conhecimento de atos em desconformidade com as normas, antecipando-se à atuação de órgãos externos e, se necessário, adotando as devidas providências para o saneamento da situação e a responsabilização dos envolvidos. A respeito da importância dos canais de denúncias, a CGU[21] destaca que sua criação é medida indispensável à garantia da manutenção da integridade pública.

E, para que um canal de denúncias seja realmente efetivo, é fundamental que a organização adote uma série de medidas em paralelo a sua implementação.

Em primeiro lugar, assim como nas demais iniciativas incluídas em um sistema de integridade, é preciso haver o comprometimento da alta administração da organização (*tone at the top*) em relação a seu correto funcionamento. Deve-se garantir que as denúncias recebidas serão adequadamente tratadas e apuradas, independentemente do nível hierárquico

[20] ACFE (Association of Certified Fraud Examinors). *Report to the Nations on Occupational Fraud and Abuse.* Disponível em: <https://www.acfe.com/report-to-the-nations/2018/>. Acesso em 10/07/2018.

[21] CGU (Controladoria-Geral da União. *Manual para Implementação de Programas de Integridade* – Orientações para o Setor Público. Brasília, 2017. Disponível em <https://www.cgu.gov.br/Publicacoes/etica-e-integridade/arquivos/manual_profip.pdf >. Acesso em: 08 jul. 2019.

do agente denunciado, e que, se for o caso, serão aplicadas as penalidades devidas aos envolvidos.

Do mesmo modo, a alta administração também deve adotar medidas que assegurem não haver retaliações aos que reportarem a ocorrência de irregularidades, assim como assegurar as condições de confidencialidade e anonimato aos usuários do canal.

Além disso, um dos pontos importantes para conferir credibilidade ao canal de denúncias é que os responsáveis pelo recebimento e apuração das manifestações recebidas, assim como aos que irão aplicar o sistema de consequências, sejam eles agentes externos ou internos à organização, tenham condições de atuar adequadamente. Daí a importância, por exemplo, do papel das ouvidorias, unidades que possuem a expertise para o tratamento de tais questões e que cujos titulares devem dispor da devida independência para o cumprimento de sua missão[22].

Outra questão fulcral é a adoção de uma ampla política de comunicação, que permita a todos os públicos de interesse conhecerem o canal de denúncias e saberem das regras para sua utilização.

Com relação ao teor das denúncias recebidas, é usual que os canais não se limitem a temas relacionados à fraude e corrupção, mas também sejam utilizados para reportar questões comportamentais, a exemplo de casos de violência física ou psicológica (tais como nas situações de assédio moral ou sexual, discriminação, ofensa ou agressão física ou psicológica), assim como outras práticas que possam violar as regras a que a organização está sujeita, a exemplo de normas de saúde e segurança no trabalho, questões ambientais, danos patrimoniais, entre tantos outros temas.

De modo geral, tem sido observada a prática de incluir no âmbito do canal de denúncias toda e qualquer manifestação que mencione situação supostamente violadora de normas internas ou externas, bem como os casos que em tese, possam contrariar o teor do código de ética e do guia de conduta da organização. Se utilizada essa opção, de não limitar o canal a questões de fraude e corrupção, prática recomendável seria adotar um processo de triagem e de estabelecimento de fluxos distintos para o tratamento de cada uma dessas denúncias, de acordo com a natureza do fato

[22] No caso das empresas estatais federais, por exemplo, a Resolução nº 21 da Comissão interministerial de Governança e de Administração de Participações Societárias da União (CGPAR) fixou, entre outros aspectos o instrumento do mandato para o cargo de ouvidor.

relatado, haja vista a necessária especialização dos agentes responsáveis por sua apuração.

Como bem lembra Treisman[23], o agente propenso à prática da corrupção faz uma avaliação de seus benefícios e custos, e o maior desses custos é a possibilidade de ser pego e punido. E as denúncias são, como já dito, uma das principais fontes para detecção de irregularidades, daí sua importância para a efetividade do sistema de integridade governamental.

6.4. Investigações internas, sistemas de responsabilização e de remediação

Um processo bem estruturado de investigação interna cria a oportunidade para a própria organização identificar desvios de conduta e adotar as devidas medidas corretivas e aplicar seu regime de consequências. Também permite que a organização coopere com órgãos de investigação e persecução externos e, desse modo, reduza as possiblidades de sofrer consequências de processos de responsabilização.

As investigações internas contribuem para a tomada de decisões da alta administração, permitem que a organização se antecipe e adote medidas no sentido de mitigar os efeitos dos desvios cometidos e reduzem a possibilidade de eventuais exposições externas e prejuízos à reputação da organização.

Uma organização pública que demonstra ter capacidade de investigar internamente e, se for o caso punir os responsáveis, por situações de fraude ou corrupção, com isenção e ética, oferece ao mercado e a seus públicos de interesse uma evidente demonstração de seu compromisso com a integridade.

A literatura aponta que um adequado sistema de identificação de ilícitos e de responsabilização tem potencial para reduzir a prática da corrupção[24]. Assim, quanto maiores as possibilidades de detecção do ato ilícito e de responsabilização de que lhe deu causa, é possível pressupor que menos atraente será a prática da corrupção.

[23] TREISMAN, Daniel. The causes of corruption: across-national study. In: *Journal of Public Economics*, 76, 3, June, 2000.

[24] TANZI, Vito. Corruption around the world: causes, consequences, scope and cures. In: *IMF Staff Papers*, Washington, D.C., v. 45, n. 4, 1998.

7. O monitoramento do sistema de integridade governamental

Ponto fundamental para a credibilidade do sistema de integridade é que sua efetividade seja permanentemente avaliada no âmbito do processo de monitoramento contínuo. Nesse sentido, auditorias e verificações de rotina devem ser efetuadas sobre as medidas nele instituídas, a fim de se possa avaliar seu funcionamento e os resultados porventura obtidos.

Nesse sentido, é importante examinar, por exemplo, se as denúncias recebidas pelo canal estão sendo adequadamente tratadas, se sua apuração está se dando em tempo razoável, se os arquivamentos de denúncias sem apuração efetuados seguem as rotinas formais estabelecidas, se foram estabelecidos controles que assegurem a integralidade dos registros, se está se preservando a confidencialidade e o anonimato, se não estão ocorrendo retaliações a denunciantes e testemunhas e, se as medidas disciplinares previstas no sistema de consequências, estão sendo rigorosamente adotadas, independentemente do nível hierárquico dos envolvidos.

Conclusões

A corrupção é um fenômeno global que atinge as democracias contemporâneas. A implementação de medidas de integridade ou aprimoramento daquelas já existentes, seja no setor púbico ou privado, demonstra-se cada vez mais necessária, de modo que se tenha condições de prevenir e detectar eventuais fraudes e desvios e, assim, proteger os ativos e a imagem das organizações.

Iniciativas que tenham o intuito de fazer com que as organizações públicas pautem sua atuação na ética, na transparência e na probidade, como é o caso da criação de sistema de integridade governamentais, devem buscar enfocar as três dimensões apontadas por boa parte da literatura como determinantes para a corrupção: individual (comportamental), cultural e institucional.

Questões comportamentais e culturais inserem-se no âmbito de uma série de ações que buscam estabelecer, entre outros aspectos, ampla disseminação de práticas éticas junto aos públicos de interesse que se relacionam com o poder público. A título de exemplo, mais do que documentos meramente formais (como comumente ocorre em várias organizações), políticas de treinamento e disseminação sobre o teor do código de ética e do guia de conduta, devem evidenciar na prática o esforço de se promover uma mudança cultural e comportamental daqueles que atuam em nome da organização ou que se relacionam diretamente com ela. Além disso, a disponibilização, por exemplo, de canais de denúncia pode contribuir para o fomento de uma cultura de integridade, dando-se meios de identificar-se e, se for caso, coibir práticas ilícitas.

Do mesmo modo, no que diz respeito à dimensão institucional, é importante que se tenha regras que façam com que o setor público paute sua conduta com base em preceitos éticos. Iniciativas que busquem tornar efetivo o sistema de controles internos, assim como melhorias na governança corporativa, podem aprimorar o processo decisório, restringindo eventuais espaços de discricionariedade dos gestores e criando mecanismos de monitoramento e responsabilização. Além disso, verificação prévia de requisitos de integridade, não somente nas nomeações dos ocupantes de funções gerenciais, mas também nos potenciais fornecedores, podem estabelecer uma nova forma de relacionamento entre os setores público e privado, deixando-se claro seu compromisso com a boa reputação, a idoneidade e a transparência.

A efetividade de todas essas medidas no ambiente estatal e sua real capacidade de prevenir a corrupção ativa somente poderá ser mensurada ao longo do tempo. Como exaustivamente mencionado neste trabalho, a corrupção é um fenômeno multifacetado e multicausal e, por isso, de difícil prevenção e controle. Cada vez mais, estratégias complexas são e serão utilizadas para dificultar a detecção da prática da corrupção, o que torna necessário que as organizações públicas tenham a permanente capacidade de adaptação de seus sistemas de controle a esse novo contexto.

Referências

ABRUCIO, Fernando e LOUREIRO, Maria Rita. *Finanças públicas, democracia e instrumentos de accountability*. Relatório de pesquisa, 2004. FGV – EAESP/GVPESQUISA. Disponível em: http://bibliotecadigital.fgv.br/dspace/handle/ 10438/3104. Acesso em 03/08/2019.

ACFE (Association of Certified Fraud Examinors). *Report to the Nations on Occupational Fraud and Abuse*. Disponível em: <https://www.acfe.com/report-to-the-nations/2018/>. Acesso em 10/07/2018.

ALFARO, Luis Miguel Reyna. Implementación de Los *Compliance* Programs y sus Efectos de Exclusión o Atenuación de Responsabilidad Penal de Los Sujetos Obligados. In:

AMBOS, Kai, CORIA, Dino Carlos Caro, MALARINO, Ezequiel (orgs.), *Lavado de Activos y Compliance* – Perspectiva Internaciona y Derecho Comparado. Lima, Peru: Jurista Editores, 2015.

ARIELY, Dan; GINO, Francesca. "Dishonesty explained: what leads moral people to act immorally". In: A.G. Miller, *The Social Psychology of Good and Evil*, New York: The Guilford Press, 2016.

BARCAT, George. Um programa de integridade não é um programa de conformidade. In. BRANDÃO, C.E.L.; FONTES FILHO, J.R.; MURITIBA, S. N. (orgs.). *Governança Corporativa e Integridade Empresarial* – Dilemas e Desafios. São Paulo: Saint Paul Editora, 2017.

CGU (Controladoria-Geral da União. *Manual para Implementação de Programas de Integridade* – Orientações para o Setor Público. Brasília, 2017. Disponível em <https://www.cgu.gov.br/Publicacoes/etica-e-integridade/arquivos/manual_profip.pdf>. Acesso em: 08 jul. 2019.

CLAD – Centro Latinoamericano De Administración Para El Desarrollo. *La responsabilización en la nueva gestión pública latinoamericana*. Buenos Aires: Eudeba, 2000.

CRESSEY, Donald Ray. *Other people's money*: a study in the social psychology of embezzlement. Glencoe, IL, The free press, 1953.

JAIN, Arvind. Corruption: a review. *Journal of Economic Surveys*, Oxford, v. 15, n. 1, 2001.

KLITGAARD, Robert. *A Corrupção sob Controle*. Rio de Janeiro, Jorge Zahar Editor, 1994.

MENDES, Paulo de Sousa: "Law Enforcement & Compliance", In: PALMA, Maria Fernanda Palma; DIAS, Augusto Silva; MENDES, Paulo de Sousa (Coords.). *Estudos sobre Law Enforcement, Compliance e Direito Penal*. Coimbra, Portugal: Almedina, 2018.

MISHRA, Ajit. Corruption, hierarchies and bureaucratic structure. In Susan Rose-Ackerman (Ed.). *International Handbook on the Economics of Corruption*. Cheltenham, UK, Edward Elgar Publishing Limited, 2006.

SPINELLI, Mário V. C. *Street-level Corruption*: fatores determinantes da corrupção burocrática. Tese de Doutorado aprovada na Escola de Administração de Empresas de São Paulo da Fundação Getúlio Vargas. São Paulo, 2016.

TANZI, Vito. Corruption around the world: causes, consequences, scope and cures. In: *IMF Staff Papers*, Washington, D.C., v. 45, n. 4, 1998.

TREISMAN, Daniel. The causes of corruption: across-national study. In: *Journal of Public Economics*, 76, 3, June, 2000.

TROKLUS, D.; WARNER, G; SCHWARTZ, E. W. *Compliance 101* – How to build and maintain an effective compliance and ethics program. Minneapolis: Society of Corporate Compliance & Ethics, 2008.

5. Política Brasileira Antilavagem de Dinheiro e o Sigilo Bancário: Análise da Conformidade do Sistema Financeiro Nacional com os Compromissos Internacionais

Fábio Ramazzini Bechara
Isabela Testa Martins

Introdução

O Brasil aderiu à agenda internacional de prevenção e repressão à lavagem de dinheiro em diferentes regimes internacionais, como o sistema das Nações Unidas, Organização dos Estados Americanos, Organização para o Desenvolvimento Comercial e Econômico (OCDE) e rede de Bancos Centrais (os acordos no âmbito da Basiléia).

A agenda internacional antiterror, criada a partir dos ataques de 11 de setembro de 2001 nos Estados Unidos, contribuiu decisivamente para impulsionar a pauta da lavagem de dinheiro em todo o mundo, dada a sua relação direta com o financiamento ao terrorismo[1], assim como a agenda anticorrupção, seja no contexto da OCDE, nos anos 90, seja no âmbito das Nações Unidas, nos anos 2000.

A internalização desses compromissos pelo Brasil instrumentalizou-se formalmente por meio de decreto presidencial e alterações legislativas, mas

[1] BIERSTECKER, Thomas J., ECKERT, Sue E., ROMANIUK, Peter. "International Initiatives to combat the financing of terrorism". In: BIERSTECKER, Thomas J., ECKERT, Sue E. *Countering the financing of terrorism*. New York: Routledge. 2008, p. 234.

também por meio de outras iniciativas no plano institucional, como, por exemplo, a criação do Conselho de Controle de Atividades Financeira – COAF[2] e da Estratégia Nacional de Combate à Corrupção e à Lavagem de Dinheiro – ENCCLA, ou ainda, a especialização e capacitação de agentes públicos, como reguladores, juízes, promotores e policiais.

Todas essas iniciativas no plano global têm por objetivo a construção de uma governança internacional e doméstica em torno da lavagem de dinheiro, que permita aperfeiçoar a capacidade de monitoramento de valores e bens de origem suspeita, bem como a adoção de medidas de correção e responsabilização quando for o caso, notadamente nos casos de corrupção. A inteligência financeira, por sua vez, foi reconhecida nesses compromissos como o mecanismo mais adequado a proporcionar a transparência, a vigilância e o controle desejados[3].

A complexidade e a interdisciplinaridade da lavagem de dinheiro provocaram repercussões relevantes não somente no sistema de justiça criminal, mas principalmente no sistema financeiro, não somente do ponto de vista regulatório, mas também institucional.

Nesse contexto, um dos pontos de atenção mais relevantes na implementação dessa agenda é o tratamento dispensado ao sigilo bancário. De um lado, o sigilo bancário é revelador da necessária confidencialidade que se estabelece entre correntistas e instituições financeiras, expressão do sigilo profissional, fundamental para a preservação de interesses pessoais e comerciais. De outro lado, também é verdade que o sigilo bancário opera muitas vezes como escudo de proteção para o acobertamento de situações ilícitas.

Essa discussão, no entanto, passa por duas questões, as quais se pretende responder no presente estudo:

[2] A recente Medida Provisória nº 893, editada em 19 de agosto de 2019, transformou COAF na Unidade de Inteligência Financeira (UIF), vinculada administrativamente ao Banco Central do Brasil (BACEN). A UIF tem autonomia técnica e operacional, sendo que caberá ao Presidente do BACEN a nomeação dos Conselheiros e do Presidente da UIF.BANCO CENTRAL DO BRASIL. *Medida Provisória transforma COAF na Unidade de Inteligência Financeira vinculada ao Banco Central*. Notícias. Brasília, DF: Banco Central do Brasil, [2019]. Disponível em: <https://www.bcb.gov.br/detalhenoticia/16830/nota>. Acesso em 03 set. 2019.

[3] SUXBERGER, Antonio Henrique Graciano e PASIANI, Rochele Pestana Ribeiro. "O papel da inteligência financeira na persecução dos crimes de lavagem de dinheiro e ilícitos relacionados". *Revista Brasileira de Políticas Públicas*. Volume 8. N. 1. Abril/2018, p. 297.

1ª) Verificar se o sistema financeiro nacional, na sua organização e na regulamentação do sigilo bancário, está ou não adequado aos compromissos internacionais firmados pelo Brasil para a prevenção e repressão à lavagem dinheiro;

2ª) Verificar se no monitoramento das operações suspeitas de lavagem de dinheiro, realizado pela Unidade de Inteligência Financeira brasileira, a UIF (antigo COAF) – Conselho de Controle de Atividades Financeiras, o sigilo bancário constitui ou não uma barreira que dificulta as ações de prevenção e repressão, notadamente na hipótese do compartilhamento do relatório de inteligência financeira com os órgãos de persecução criminal. Haveria nesse caso quebra ilegal do sigilo bancário?

O método de análise é o hipotético dedutivo, a partir da revisão da bibliografia sobre lavagem de dinheiro e sigilo bancário.

1. Considerações sobre a lavagem de dinheiro

1.1. Notas conceituais e evolução normativa

O tema "lavagem de dinheiro" está inserido em um contexto político e econômico revelado pela ocorrência de significativo desenvolvimento tecnológico e aproximação de fronteiras comerciais e culturais, as quais permitem a maior troca de informações e, por conseguinte, operações financeiras.

Neste interim, despontam a criação de leis que visam regular estas relações emergentes e conexas em sua essência com a economia global, em especial após diversos casos de companhias envolvidas em escândalos financeiros, como corrupção e lavagem de dinheiro. Faz-se necessária a proteção da ordem econômico-financeira por meio da edição de leis que procuram coibir condutas ilícitas[4], bem como estabelecer meios de prevenção à sua prática, como a Lei 9.613/98, ou "Lei de Lavagem de Dinheiro".

Conforme definido no *caput* do artigo 1º da Lei 9.613/98, a "lavagem de dinheiro" consiste na ocultação ou dissimulação da natureza, origem, localização, disposição, movimentação ou propriedade de bens, direitos ou valores provenientes, direta ou indiretamente, de infrações penais.

[4] SOUZA, Luciano Anderson de. "Criminal Compliance e as Novas Feições do Direito Penal Econômico". *Revista de Direito Bancário e do Mercado de Capitais*, v. 59, p.281, jan. 2013.

Ademais, constitui-se em crime econômico de alta complexidade, praticado por organizações criminosas que visam enfraquecer as instituições prejudicadas pelo delito, a fim de concluir de modo efetivo o processo lavagem e obter lucro de atividades ilícitas[5].

A lavagem de dinheiro é um processo dinâmico, caracterizado pela busca da desvinculação entre a infração penal e os seus frutos. Os agentes da lavagem de dinheiro procuram auferir aparência lícita ao produto concebido pela prática de crimes ou contravenções penais por meio da realização de diversas operações financeiras ou comerciais de alta complexidade. Deste modo, procura-se reinserir no sistema econômico-financeiro estes bens, direitos ou valores, de forma a evadir qualquer suspeita de sua proveniência ilícita.

O processo de lavagem de dinheiro é contornado por três fases distintas, que podem ocorrer de maneira simultânea. As três fases podem ser descritas da seguinte maneira:

> [...] primeiro, o distanciamento dos fundos de sua origem, evitando uma associação direta deles com o crime; segundo, o disfarce de suas várias movimentações para dificultar o rastreamento desses recursos; e terceiro, a disponibilização do dinheiro novamente para os criminosos depois de ter sido suficientemente movimentado no ciclo de lavagem e poder ser considerado "limpo".[6]

A prática dos atos de lavagem de dinheiro desenvolveu-se em níveis de extraordinária sofisticação. Conforme cada país adotava medidas de repressão ao crime em comento, organizações criminosas detalhadamente arquitetavam novas formas de escamotear bens, direitos ou valores ilícitos, inclusive em esfera internacional. A exemplo disto, a diversificação da rotina de lavagem de dinheiro nos Estados Unidos envolve empresas de eletrodomésticos, eletrônicos e restaurantes, sendo comum a prática de

[5] DIPP, Gilson Langaro. "Crimes Econômicos: Aspectos Práticos e Jurídicos". *Revista de Direito Bancário e do Mercado de Capitais*, v. 32/2006, p.7-14, abr. 2006.

[6] BRASIL. Ministério da Economia. *Prevenção à lavagem de dinheiro e combate ao financiamento do terrorismo*: Fases da Lavagem de Dinheiro. Brasília, DF: Ministério da Economia, [2019]. Disponível em: <http://www.fazenda.gov.br/assuntos/prevencao-lavagem-dinheiro>. Acesso em: 05 ago. 2019.

exportações, movimentações financeiras, utilização de cartões de crédito, casas de câmbio e crimes pela internet[7] na execução do crime em tela.

Contudo, a grande complexidade do processo de lavagem de dinheiro revelou que apenas as legislações particulares de cada país que visam comedir o crime não seriam hábeis, tampouco suficientes, para a efetivação de medidas de prevenção e repressão dos atos de lavagem, os quais, inclusive, podem ocorrer em diferentes países. A sofisticação do processo de lavagem de dinheiro impôs, em esfera internacional, a elaboração de movimentos conjuntos de combate à lavagem de dinheiro pelos diversos países do mundo[8].

As medidas de cooperação internacional são um dos alicerces de toda a estrutura de combate à prática de atos de lavagem de dinheiro, e consolidam a formulação de políticas criminais repressivas, a criação de organismos dedicados ao estudo e combate do crime e, da mesma forma, legislações atuais e sincronizadas.

Nesse sentido, a Lei de Lavagem de Dinheiro brasileira é resultado de diversas políticas internacionais que visam coibir a prática dos atos de ocultação ou dissimulação de fundos obtidos ilegalmente, sendo a célebre Convenção das Nações Unidas contra o Tráfico Ilícito de Entorpecentes e Substâncias Psicotrópicas, o "primeiro esforço global"[9] na padronização das medidas preventivas ao crime.

A Convenção de Viena de 1988 foi introduzida no ordenamento jurídico brasileiro em 11 de novembro de 1991 por meio do Decreto nº 154, de 26 de junho de 1991, sendo um dos principais marcos regulatórios sobre a

[7] FERRARI, Eduardo Reale. "As Agências Oficiais Norte-Americanas e o Combate à Criminalidade Internacional". *Doutrinas Essenciais de Direito Penal*, v. 1, p.719-736, out. 2010.

[8] BONFIM, Marcia Monassi Mougenot. BONFIM, Edilson Mougenot. *Lavagem de Dinheiro.* São Paulo: Malheiros, 2ª Ed., 2008, p. 17-18. "Diante da gravidade e do caráter transnacional da lavagem de dinheiro, somente uma legislação internacional sincronizada, somada a uma eficiente cooperação interestadual, poderiam ser eficazes nos âmbitos de prevenção e repressão dessa prática. Essa constatação ocasionou uma união internacional de esforços, resultando na celebração de Convenções e Tratados, bem como na elaboração de Diretivas, Resoluções e Recomendações, todas elas com o objetivo de informar e prestar auxílio a diferentes países em alguns casos e, em outros, de obrigá-los a aprovar normas internas com potencial para fazer frente a este tipo de conduta".

[9] SUXBERGER, Antonio Henrique Graciano e PASIANI, Rochele Pestana Ribeiro. "O papel da inteligência financeira na persecução dos crimes de lavagem de dinheiro e ilícitos relacionados". *Revista Brasileira de Políticas Públicas.* Volume 8. N. 1. Abril/2018, p. 294.

lavagem de dinheiro. Dentre outras disposições, a Convenção de Viena de 1988 fomenta a necessidade de tipificação do crime de lavagem de dinheiro nos países signatários, além de estatuir sobre a necessidade do estabelecimento de medidas de cooperação internacional.[10]

Já em 1989, os sete países mais industrializados (G-7) criaram o Grupo de Ação Financeira contra a Lavagem de Dinheiro e o Financiamento ao Terrorismo – GAFI/FAFT, ao qual o Brasil apenas se tornou membro em 2000[11]. Seu propósito é o desenvolvimento e a promoção de políticas nacionais e internacionais de combate à lavagem de dinheiro e financiamento ao terrorismo, além de realizar avaliações periódicas de seus países membros quanto à implementação de tais medidas[12].

[10] Em que pese o escopo da Convenção de Viena de 1988 tratar em primeiro plano sobre o combate ao tráfico ilícito de drogas, a normativa versa também sobre a necessidade de privar as organizações criminosas dedicadas ao narcotráfico do produto de suas atividades ilícitas, conforme assevera em sua Exposição de Motivos. Denominada legislação de primeira geração, a Convenção estabelecia em seu artigo 3º – "Delitos e Sanções", que cada país signatário do referido diploma deveria tipificar a conversão ou transferência de bens "com o objetivo de ocultar ou encobrir a origem ilícita dos bens" em sua legislação interna [ainda que, no âmbito da Convenção de Viena, tais bens fossem provenientes de entorpecentes e substâncias psicotrópicas] ou seja, versa sobre a própria conduta de lavagem de dinheiro. Ista salientar que, diante do desenvolvimento do estudo e de políticas voltadas à repressão do crime de lavagem de dinheiro, constatou-se que a lavagem era utilizada para o encobrimento de diversas infrações penais, e não apenas do tráfico de drogas. Em seguida, as Convenções de Estrasburgo (1990) e Palermo (2000) deixaram de considerar o narcotráfico como único crime antecedente à lavagem de dinheiro, e passaram a dispor sobre demais crimes passíveis de serem encobertos por atos de lavagem, sendo tais diplomas legais entendidos como legislações de segunda geração. Nesse sentido, o texto original da Lei 9.613/1998 previa um rol fechado de crimes antecedentes à lavagem de dinheiro, conforme inclusive disposto em sua Exposição de Motivos (nº 21). Apenas em 2012, com as alterações no texto legal trazidas pela Lei nº 12.683/12, a abrangência do crime de lavagem de dinheiro foi ampliada, de forma que o rol fechado de crimes antecedentes foi excluído da normativa, sobrevindo o entendimento de que todas as infrações penais do ordenamento jurídico são passíveis anteceder os atos de lavagem de dinheiro, sendo, por fim, denominada legislação de terceira geração.
BRASIL. *Decreto nº 154, de 26 de junho de 1991.* Promulga a Convenção Contra o Tráfico Ilícito de Entorpecentes e Substâncias Psicotrópicas. Brasília, DF: Presidência da República, [1991]. Disponível em: <http://www.planalto.gov.br/ccivil_03/decreto/1990-1994/d0154.htm>. Acesso em: 05 ago. 2019.

[11] BRANCO, Tales Castelo. "Sistema Financeiro e Combate à Lavagem de Dinheiro". *Revista de Direito Bancário e do Mercado de Capitais*, v. 53, p.311, jul. 2011.

[12] BRASIL. Ministério da Economia. *Grupo de Ação Financeira contra a Lavagem de Dinheiro e o Financiamento ao Terrorismo (GAFI/FAFT).* Brasília: Ministério da Economia. Disponível

Para tanto, no ano seguinte, o GAFI/FAFT expediu 40 Recomendações, que estabelecem padrões internacionais para o combate à lavagem de dinheiro, o financiamento ao terrorismo e a proliferação de armas de destruição em massa. As 40 Recomendações já foram atualizadas e revisadas em 1996, 2001, 2003 e 2012, de modo a acompanhar as necessidades e o desenvolvimento global[13].

Em que pese as 40 Recomendações não serem de implementação obrigatória pelos países que compõem o GAFI, na hipótese de ser verificado o seu descumprimento, é possível a aplicação de sanções nas esferas econômica e política aos países negligentes, visto que "o crime em discussão apresenta – em regra – caráter transnacional, o controle precário de movimentações suspeitas de bens em alguns países prejudica toda a política internacional para o seu combate"[14].

Influenciadas pelos princípios do Comitê de Basiléia[15] e do *Bank Secrecy Act* (BSA)[16], as Recomendações partem da premissa de que a cooperação direta entre terceiros envolvidos involuntariamente nas etapas da lavagem de dinheiro – neste ponto, realçamos as instituições financeiras – possui papel substancial para as investigações do crime, visto que a sua atuação

em: <http://www.fazenda.gov.br/assuntos/atuacao-internacional/prevencao-e-combate-a-lavagem-de-dinheiro-e-ao-financiamento-do-terrorismo/gafi>. Acesso em: 13 ago. 2019.

13 FINANCIAL ACTION TASK FORCE (FAFT). *Who we are.* Disponível em: <https://www.fatf-gafi.org/about/>. Acesso em 13 ago. 2019.

14 BADARÓ, Gustavo Henrique. BOTTINI, Pierpaolo Cruz. *Lavagem de Dinheiro*: aspectos penais e processuais penais. São Paulo: Revista dos Tribunais, 3ª Ed., 2016, p. 40.

15 O Comitê de Basiléia para Supervisão Bancária é um fórum internacional que visa promover melhores práticas bancárias e fortalecer a regulação e supervisão do sistema financeiro internacional. Para tanto, expede recomendações e princípios essenciais a serem adotados para os países e incentivou o estabelecimento de acordos internacionais, tais como Basileia I (1998), Basileia II (2004) e Basileia III (2010).
BRASIL. *Recomendações de Basileia.* Brasília, DF: Banco Central do Brasil, [2019]. Disponível em: <https://www.bcb.gov.br/estabilidadefinanceira/recomendacoesbasileia>. Acesso em: 27 ago. 2019.

16 O BSA, de 1970, trata-se de um compilado de diversas leis que visam fornecer orientações às instituições financeiras no combate à lavagem de dinheiro nos Estados Unidos. Inicialmente, as instituições financeiras deveriam manter os registros das operações financeiras realizadas, e reportar a ocorrência de grandes transações em moeda espécie. Atualmente, adiciona-se às obrigações das instituições financeiras de reportarem atividades suspeitas, de forma a prevenir a ocorrência de crimes.
AMERICAN BANKERS ASSOCIATION. *Bank Secrecy Act.* Disponível em: <https://www.aba.com/banking-topics/compliance/acts/bank-secrecy-act>. Acesso em 27 ago. 2019.

permite que seja identificada de maneira mais fácil e eficaz a ocorrência de atividades suspeitas que possam caracterizar o delito de lavagem de dinheiro[17].

Desde então, inúmeras Convenções, Diretivas e Recomendações firmaram a necessidade de uma cooperação jurídica internacional recíproca para o combate e prevenção à lavagem de dinheiro.

Com o desenvolvimento de políticas criminais e emergentes discussões sobre o tema, percebeu-se que os atos de lavagem de dinheiro possuíam proporções maiores do que apenas o encobrimento dos fundos do narcotráfico, conforme dispunha a Convenção de Viena de 1988. Para tanto, a Convenção de Estrasburgo de 1990 do Conselho da Europa ampliou o rol de crimes antecedentes à lavagem de dinheiro, e estabeleceu como medida de combate ao delito, a perda do produto do crime[18].

Cabe destacar, ainda, a Convenção de Palermo, de 15 de novembro de 2000, ratificada pelo Brasil apenas em 2004, que visa promover a cooperação internacional dos países contra as organizações criminosas, as quais encontraram ambiente favorável para seu desenvolvimento e o controle de novos mercados econômicos, em decorrência do aumento do intercâmbio de informações, capitais e tecnologia. Diante disto, tornou-se crescente a necessidade da formalização de novos acordos multilaterais, para que a cooperação entre países seja realizada de forma direta entre os órgãos envolvidos nas investigações criminais do delito em tela[19].

O referido diploma estabelece também medidas administrativas a serem adotadas pelos países signatários, bem como afirma a necessidade da adoção de regulamentos e controles internos às instituições financeiras com a finalidade de prevenção e averiguação de possíveis indícios de lavagem de dinheiro.

Evidencia-se a preocupação dos Estados, em âmbito internacional, em estabelecer uma regulamentação mais rígida a setores que possuem maior susceptibilidade a serem utilizados para a efetivação do crime de

[17] SUXBERGER, Antonio Henrique Graciano e PASIANI, Rochele Pestana Ribeiro. "O papel da inteligência financeira na persecução dos crimes de lavagem de dinheiro e ilícitos relacionados". *Revista Brasileira de Políticas Públicas.* Volume 8. N. 1. Abril/2018, p. 295.

[18] BONFIM, Marcia Monassi Mougenot. BONFIM, Edilson Mougenot. *Lavagem de Dinheiro.* São Paulo: Malheiros, 2ª Ed., 2008.

[19] DIPP, Gilson Langaro. "Crimes Econômicos: Aspectos Práticos e Jurídicos". *Revista de Direito Bancário e do Mercado de Capitais,* v. 32/2006, p.7-14, abr. 2006.

lavagem de dinheiro (comumente denominados setores sensíveis), os quais, inclusive, utilizam-se de meios eletrônicos como a internet, tendo em vista a agilidade de seu acesso, rapidez e menor contato entre as instituições envolvidas e o seu cliente[20], qual seja, o agente que pretende lavar dinheiro.

A aderência da polícia brasileira à política internacional de controle, prevenção e repressão à lavagem de dinheiro repercutiu em diversos seguimentos do setor público e do setor privado, porém, de forma mais direta no sistema financeiro nacional.

1.2. Governança do sistema brasileiro anti-lavagem de dinheiro: a criação da Unidade de Inteligência Financeira (UIF)

A lavagem de dinheiro deve ser observada por duas óticas: "a primeira, sob o prisma do direito penal, como fenômeno delitivo; e a segunda, por sua vez, de caráter regulatório, com o tratamento dispensado pelo Estado no controle do setor financeiro, para impedir a sua ocorrência"[21].

Para tanto, tornou-se imprescindível a existência de uma instituição que coordenasse o sistema de prevenção à lavagem de dinheiro nacional, de forma a: (i) centralizar as comunicações de operações suspeitas pelas instituições financeiras e demais informações sobre atos de lavagem de dinheiro, conforme as Recomendações nº 20 e 23[22]; (ii) realizar a análise

[20] ALBUQUERQUE, Roberto Chacon. "Lavagem de Dinheiro nas Operações Financeiras Veiculadas pela Internet". *Revista de Direito Bancário e do Mercado de Capitais*, v. 23, p. 397, jan. 2004.

[21] ANSELMO, Márcio "Adriano. O Banco Central e a Nova Regulamentação da Prevenção à Lavagem de Dinheiro no âmbito do Sistema Financeiro: Anatomia da Circular 3.461/2009". *Revista de Direito Bancário e do Mercado de Capitais*, v. 50/2010, p.126-156, out. 2010.

[22] Estabelecem as Recomendações 20 e 23 do GAFI, respectivamente: "Se uma instituição financeira suspeitar ou tiver motivos razoáveis para suspeitar que os fundos sejam produtos de atividade criminosa ou estejam relacionados ao financiamento do terrorismo, ela deveria estar obrigada, por lei, a comunicar prontamente suas suspeitas à unidade de inteligência financeira (UIF)"; e "As obrigações definidas nas Recomendações 18 a 21 se aplicam a todas as atividades e profissões não-financeiras designadas, sujeitas às seguintes qualificações: (A) Advogados, tabeliães, outras profissões jurídicas independentes e contadores deveriam comunicar operações suspeitas quando, em nome de um cliente ou para um cliente, se envolverem em uma transação financeira relacionada às atividades descritas no parágrafo (d) da Recomendação 22. Os países são fortemente encorajados a estenderem a obrigação de comunicação às outras atividades profissionais de contadores, inclusive a de auditoria; (B) Os comerciantes de metais e pedras preciosos deveriam comunicar operações suspeitas quando se envolverem em transações em espécie com um cliente em valor igual ou superior ao limite determinado

das atividades comunicadas; para finalmente (iii) comunicar as autoridades competentes do Poder Público sobre a análise realizada e suas conclusões, de forma que este possa proceder à apuração de eventuais atos de lavagem de dinheiro.

Nesta esteira, a Recomendação nº 29[23] do GAFI estabeleceu que os países deveriam criar uma Unidade de Inteligência Financeira (UIF) para o gerenciamento desta dinâmica[24].

Em âmbito internacional, foram criadas diversas UIFs em atendimento à supracitada Recomendação. Em consequência, de modo a aprimorar o combate e a prevenção de lavagem de dinheiro, foi instituída uma unidade internacional que reúne como membros diversas UIFs – o denominado Grupo Egmont[25].

O Grupo Egmont é uma plataforma composta por 164 Unidades de Inteligência Financeira (*Financial Intelligence Units* – FIUs), com o objetivo de assegurar a troca de expertise e inteligência financeira para o combate à lavagem de dinheiro e ao financiamento ao terrorismo entre os países membros, e promover a cooperação nacional e internacional.

aplicável; e (C) Prestadores de serviços a empresas e trusts deveriam comunicar operações suspeitas quando, em nome de cliente ou para um cliente, se envolverem transações relacionadas às atividades listadas no parágrafo (e) da Recomendação 22."
BRASIL. Ministério da Economia. Grupo de Ação Financeira contra a Lavagem de Dinheiro e o Financiamento ao Terrorismo (GAFI/FAFT). *As Recomendações do GAFI*. Brasília: Ministério da Economia. Disponível em: <http://fazenda.gov.br/orgaos/coaf/arquivos/as-recomendacoes--gafi>. Acesso em: 30 dez. 2019.

[23] A atual Recomendação nº 29 do GAFI, de fevereiro de 2012, refere-se à antiga Recomendação nº 26, em sua versão publicada em 2006.

[24] Determina a atual Recomendação nº 29 do GAFI que "Os países deveriam estabelecer uma unidade de inteligência financeira (UIF) que sirva como um centro nacional de recebimento e análise de: (a) comunicações de operações suspeitas; e (b) outras informações relevantes sobre lavagem de dinheiro, crimes antecedentes e financiamento do terrorismo, e de disseminação dos resultados de tal análise. A UIF deveria ser capaz de obter informações adicionais das entidades comunicantes e ter acesso rápido a informações financeiras, administrativas e de investigação que necessite para desempenhar suas funções adequadamente."
BRASIL. Ministério da Economia. Grupo de Ação Financeira contra a Lavagem de Dinheiro e o Financiamento ao Terrorismo (GAFI/FAFT). *As Recomendações do GAFI*. Brasília: Ministério da Economia. Disponível em: <http://fazenda.gov.br/orgaos/coaf/arquivos/as-recomendacoes--gafi>. Acesso em: 30 dez. 2019.

[25] O Brasil, por meio do COAF, é membro do Grupo Egmont.
EGMOUNT GROUP. *Informações do Grupo*. Disponível em: <https://egmontgroup.org/en/content/about>. Acesso em 01 ago. 2019.

Já no Brasil, a Lei de Lavagem de Dinheiro, ao instituir a UIF (COAF) visa atender aos compromissos internacionais assumidos pelo Brasil, como representante do GAFI e membro do Grupo Egmont, por meio de um sistema de normas a serem observadas para a prevenção e o combate ao delito em comento.

Como integrante do Grupo Egmont, a UIF brasileira procura sistematizar o controle, a prevenção e a repressão à lavagem de dinheiro através da comunicação de operações suspeitas pelas instituições financeiras, bem como o seu compartilhamento com os órgãos públicos as autoridades do Poder Público competentes para a sua investigação. Para tanto, tem como missão "disciplinar, aplicar penas administrativas, receber, examinar, identificar e investigar as ocorrências suspeitas de atividades ilícitas previstas na Lei de Lavagem"[26].

Na forma do artigo 14, §§ 2º e 3º da Lei de Lavagem de Dinheiro, a UIF (COAF) no cumprimento de suas atividades expedirá instruções às entidades obrigadas, caso estas não sejam controladas por órgãos fiscalizatórios ou regulatórios, bem como organizará mecanismos de cooperação e requererá informações cadastrais sobre as pessoas envolvidas à Administração Pública.

Em sua atuação, a UIF (COAF) recebe das instituições financeiras as comunicações de operações suspeitas, e através de um sistema – SisCOAF, que a filtra segundo uma matriz de risco, e posteriormente a distribuí a analistas especializados. As análises poderão ser

> operacionais, quando voltadas a alvos e investigações específicas, ou estratégicas, com o objetivo de identificar padrões e tendências de lavagem de dinheiro e financiamento do terrorismo auxiliando na determinação de ameaças e vulnerabilidades nacionais e internacionais[27].

A partir do resultado destas análises, é formalizado o Relatório de Inteligência Financeira (RIF), o qual, caso conclua pela existência de indícios de lavagem de dinheiro ou de outros crimes, será encaminhado para as autoridades competentes para a devida investigação, ou ainda, quando

[26] BARROS, Marco Antonio de. *Lavagem de Capitais*: crimes, investigação, Procedimento Penal e Medidas Preventivas. Curitiba: Juruá Editora, 2017, p. 187.

[27] SUXBERGER, Antonio Henrique Graciano e PASIANI, Rochele Pestana Ribeiro. "O papel da inteligência financeira na persecução dos crimes de lavagem de dinheiro e ilícitos relacionados". *Revista Brasileira de Políticas Públicas*. Volume 8. N. 1. Abril/2018, p. 303.

detectar movimentação financeira atípica, que careça de complementação por parte de outros órgãos.

Cabe destacar que, em suas atividades, a UIF (COAF) tem acesso autorizado por lei a informações privadas e sigilosas das pessoas investigadas por estarem envolvidas em operações suspeitas. Tais informações estão sujeitas à proteção constitucional do sigilo, de modo que o conteúdo do RIF deve ser preservado pelas autoridades ao qual o relatório foi endereçado[28].

Insta ressaltar que a exclusiva utilização do RIF em procedimentos formais para justificar a quebra de sigilo bancário, por exemplo, não é suficiente para justificar o procedimento. Conforme entendimento do Superior Tribunal de Justiça, o RIF possui caráter subsidiário, e, portanto, deve ser acompanhado de outras diligências[29], como será melhor analisado e discutido adiante.

2. O sistema financeiro nacional e a lavagem de dinheiro

A Constituição Federal Brasileira de 1988, em seu Título VII – "Da Ordem Econômica e Financeira", estabelece os princípios gerais das atividades econômicas; da política urbana; da política agrícola, fundiária e da reforma agrária; e, finalmente, do sistema financeiro nacional.

Especificamente com relação ao Sistema Financeiro Nacional (SFN), seus princípios e finalidades foram delineados no artigo 192 da Constituição Federal de 1988 (CF/88), com redação dada pela Emenda Constitucional nº 40, de 29 de maio de 2003[30].

[28] BRASIL. Ministério da Economia. *Inteligência Financeira*. Brasília: Ministério da Economia. Disponível em: <http://fazenda.gov.br/assuntos/prevencao-lavagem-dinheiro/inteligencia-financeira>. Acesso em: 05 ago. 2019.

[29] SUXBERGER, Antonio Henrique Graciano e PASIANI, Rochele Pestana Ribeiro. "O papel da inteligência financeira na persecução dos crimes de lavagem de dinheiro e ilícitos relacionados". *Revista Brasileira de Políticas Públicas*. Volume 8. N. 1. Abril/2018, p. 310.

[30] Art. 192. "O sistema financeiro nacional, estruturado de forma a promover o desenvolvimento equilibrado do País e a servir aos interesses da coletividade, em todas as partes que o compõem, abrangendo as cooperativas de crédito, será regulado por leis complementares que disporão, inclusive, sobre a participação do capital estrangeiro nas instituições que o integram." BRASIL. [Constituição (1988)]. *Constituição da República Federativa do Brasil de 1988*. Brasília, DF: Presidência da República, [2019]. Disponível em: <http://www.planalto.gov.br/ccivil_03/constituicao/constituicao.htm>. Acesso em: 05 ago. 2019.

Dispõe o artigo 192 que as políticas públicas do Estado devem visar a efetivação do desenvolvimento do país por meio da sua atuação em setores estratégicos, como o sistema financeiro, cuja regulamentação será feita por meio de leis complementares.

Boa parte da legislação brasileira que trata do sistema financeiro nacional foi aprovada durante os primeiros anos do regime militar brasileiro: a Lei nº 4.380/1964 – Lei do Sistema Financeiro de Habitação; a Lei nº 4.595/1964 – Lei do Sistema Financeiro Nacional; e a Lei nº 4.728/1965 – Lei do Mercado de Capitais.

Também a denominada "Lei da Reforma Bancária", a Lei nº 4.595 de 31 de dezembro de 1964 atualmente ainda é um dos alicerces do sistema financeiro nacional, apesar de posteriormente ter sofrido diversas modificações em razão de leis supervenientes. Publicada ainda na vigência do antigo Código Comercial, a citada lei dispõe sobre a Política e as Instituições Monetárias, Bancárias e Creditícias, cria o Conselho Monetário Nacional (CMN) e dá outras providências.

Cabe destacar que o artigo 1º da Lei 4.595/64 define a composição do SFN, constituído pelo Conselho Monetário Nacional, pelo Banco Central do Brasil, pelo Banco do Brasil S. A., pelo Banco Nacional do Desenvolvimento Econômico e pelas demais instituições financeiras públicas e privadas.

O rol estabelecido no aludido artigo é autoexplicativo, e delineia os contornos do SFN, ao elencar como ***entidade normativa***, o Conselho Monetário Nacional; ***entidade supervisora***, o Banco Central do Brasil (BACEN); e, ainda, ***entidades operadoras***, tais como o Banco do Brasil S.A. e o Banco Nacional de Desenvolvimento Econômico e Social (BNDES).

Há, ainda, novas figuras no mercado financeiro e de capitais que não foram inicialmente previstas na Lei do Sistema Financeiro Nacional. A própria Lei do Mercado de Capitais, em seu artigo 29, §3º, prevê a constituição de bancos de investimentos e expressamente os sujeita ao regime jurídico ditado pela Lei 4.595/64, ainda que tais espécies de instituições financeiras não tenham sido originalmente previstas em referida lei.

Outra novidade igualmente aplicável à legislação do sistema financeiro, já no período democrático, foi a Lei Complementar nº. 105/2001 – Lei do Sigilo Bancário (LC 105/01). Conforme dispunha em seu artigo 38, atualmente revogado, a Lei do Sistema Financeiro Nacional tratava sobre o sigilo das instituições financeiras em suas operações ativas e passivas prestadas, além da prestação de esclarecimentos e informações sobre tais operações em juízo, ao Poder Legislativo e às Comissões Parlamentares de Inquérito, além de demais questões tributárias relacionadas ao Fisco.

Com a vigência da Lei do Sigilo Bancário, o sigilo das operações das instituições financeiras passou a ser melhor regulamentado, além de ampliado. A finalidade do diploma legal é a proteção do direito à intimidade e à vida privada, constitucionalmente previstos. Para tanto, a Lei do Sigilo Bancário ampliou o rol de instituições financeiras obrigadas à conservação do sigilo em suas operações, e, também, passou a disciplinar hipóteses em que não há quebra de sigilo, embora exista o compartilhamento de dados, como na comunicação de atividades suspeitas às autoridades públicas.

Verifica-se, assim, que o sistema financeiro nacional possui uma regulamentação legislativa esparsa, alterada ao longo de vários anos. Contudo, a robustez do SFN sustenta-se não somente em leis e medidas provisórias, mas principalmente no exercício da sua competência regulatória no âmbito administrativo, através de instruções, normativas, circulares e resoluções. Como exemplo, tanto o BACEN quanto a CVM são considerados supervisores do sistema financeiro nacional no mercado de moeda, câmbio, crédito e capitais[31] e, nesta posição, possuem importantíssimo papel de orientação e fiscalização das operações realizadas em seu âmbito de atuação.

Como entidade normativa do sistema financeiro nacional, o Conselho Monetário Nacional tem como objetivo formular a política da moeda e do crédito do país, por meio da criação de diretrizes macroeconômicas a serem seguidas pelas demais instituições supervisoras do sistema financeiro. O BACEN e a CVM atuam de forma complementar, como operadores das normativas do CMN.

Cabe ressaltar que o relacionamento entre o CMN e o BACEN é de profunda integração, para prover a melhor condução da política monetária e creditícia brasileira. Como bem assevera Salomão Neto:

> De um lado, há mecanismos que tendem a promover integração funcional e comunicação entre as duas entidades. Dentre estes: (i) a participação do presidente do BC como membro do CMN, inclusive com poder de voto nas

[31] BANCO CENTRAL DO BRASIL. *Composição e Segmentos do Sistema Financeiro Nacional*. Brasília, DF: Banco Central do Brasil, [2019]. Disponível em: <https://www.bcb.gov.br/pre/composicao/composicao.asp>. Acesso em: 05 ago. 2019.

> suas deliberações (art. 8º, III, e §1º da Lei nº 9.069/95), e (ii) a atribuição ao BC da função de secretaria-executiva do CMN, tornando públicas as decisões tomadas por este último através dos atos denominados "resoluções". De outro lado, há mecanismos que tendem a possibilitar um controle do CMN sobre o BC, de forma a coordenar a atuação deste último com a política econômica desenvolvida pelo primeiro. Dentre tais mecanismos, estão: (i) a atribuição conferida ao CMN para aprovar o regimento interno e as contas do BC e decidir sobre o seu orçamento e sobre seus sistemas de contabilidade (art. 4º, XXVII, da Lei nº 4.595/64), o que limita a independência financeira do BC, e (ii) o dever imposto ao BC de cumprir e fazer cumprir as normas expedidas pelo CMN (art. 9º da Lei 4.595/64).[32]

As mencionadas entidades regularão os procedimentos a serem seguidos quando verificada a ocorrência de operações atípicas ou suspeitas de lavagem de dinheiro. Assim, caberá

> ao BACEN, a regulamentação das operações no âmbito do sistema financeiro; à CVM, no âmbito do mercado de valores; à SUSEP, no âmbito dos seguros, restando ao COAF a atribuição de regular as atividades que não dispõem de um órgão regulador específico[33].

No que se refere à política de prevenção, controle e repressão à lavagem de dinheiro, o BACEN editou diversas instruções sobre os procedimentos a serem adotados pelas instituições financeiras em suas políticas de prevenção, como, por exemplo: a Circular n° 3.461/2009, as Carta-circulares nº 3.409/2009, nº 3.430/2010 e nº 3.542/2012; e a Resolução 4.595/2017, que dispõe sobre políticas de *compliance* nas instituições financeiras.

Se de um lado é possível reconhecer a aderência institucional e regulatória do Sistema Financeiro Nacional aos compromissos internacionais assumidos pelo Brasil para a prevenção, controle e repressão à lavagem de dinheiro, de outro lado é razoável igualmente afirmar que o sigilo bancário constitui um dos principais pontos de atenção que o SFN deve observar, no exercício das suas competências.

[32] SALOMÃO NETO, Eduardo. *Direito Bancário*. São Paulo: Atlas, 2ª Ed., 2014, p. 102.

[33] ANSELMO, Márcio Adriano. "O Banco Central e a Nova Regulamentação da Prevenção à Lavagem de Dinheiro no âmbito do Sistema Financeiro: Anatomia da Circular 3.461/2009". *Revista de Direito Bancário e do Mercado de Capitais*, v. 50/2010, p.126-156, out. 2010.

3. O sigilo bancário

3.1. Proteção constitucional do sigilo de dados bancários e os direitos fundamentais à intimidade e à privacidade: extensão e limites

A intimidade é entendida como o direito com maior grau de restrição, sendo o mais oculto e misterioso direito subjetivo dos indivíduos, e a apenas eles seu íntimo interessa. A intimidade transita pelas preferências pessoais e subjetivas, assim carregadas de individualidade e que não interessam ao público. Como bem expressa Ferraz Júnior, a intimidade seria o "estar só", tratando-se do "âmbito do exclusivo que alguém reserva para si, sem nenhuma repercussão social"[34].

O direito à intimidade, em suas gradações, permite que a individualidade seja explorada conforme limites estabelecidos por seu titular, que têm a liberdade e a autonomia de ponderar quais fatos de seu íntimo podem ser levados às relações entre particulares e ao público. O segredo é entendido como o maior grau de intimidade, pois exige o sigilo.

Dentre as gradações da intimidade cabe destacar também o direito à privacidade, constituído pelas relações entre particulares das quais a sua existência e o seu objeto não interessam a terceiros. A vida privada constitui-se pelas preferências individuais de cada pessoa, as quais envolvem a comunicação com outras pessoas, mas são questões das quais não se deve dar publicidade[35].

Em que pese pertencer à categoria de direito fundamental, impassível de supressão por ser uma cláusula pétrea[36], o poder constituinte

[34] FERRAZ JR., Tércio Sampaio. "Sigilo de Dados: O direito à Privacidade e os Limites à Função Fiscalizadora do Estado". São Paulo: Universidade de São Paulo, *Revista da Faculdade de Direito*, 1993, p. 442. Disponível em: <http://www.journals.usp.br/rfdusp/article/download/67231/69841>. Acesso em 02 nov. 2018.

[35] ÁVILA, Ana Paula Oliveira; WOLOSZYN, André Luis. "A tutela jurídica da privacidade e do sigilo na era digital: doutrina, legislação e jurisprudência". *Revista de Investigações Constitucionais*, Curitiba, vol. 4, n. 3. p. 167-200, set./dez. 2017. DOI: 10.5380/rinc.v4i3.51295.

[36] Conforme o artigo 60, §4º, IV da CF/88, os direitos e garantias individuais não podem ser excluídos do texto constitucional:
"Art. 60. A Constituição poderá ser emendada mediante proposta:
§ 4º Não será objeto de deliberação a proposta de emenda tendente a abolir:
IV – os direitos e garantias individuais."

originário e o legislador ordinário estão submetidos à sua proteção, ressalvadas as hipóteses em que forem permitidas a sua restrição[37], seja de forma explícita ou implícita. A privacidade e a intimidade não são consideradas direitos subjetivos absolutos, e para tanto, também estão submetidas ao equilíbrio entre os demais direitos constitucionalmente previstos. Há um fator limitativo no direito à privacidade quando confrontada com outros direitos regidos pelas relações entre particulares, ou mesmo quanto às prerrogativas do Estado, no atendimento do interesse público primário.

A modulação da intimidade e da privacidade decorre da CF/88, que estabelece expressamente limites a ambas, por exemplo, nas hipóteses de estado de defesa, em que há restrições ao direito de sigilo da correspondência e ao da comunicação telegráfica e telefônica (artigo 136, §1º, I, alíneas "b" e "c", CF/88, respectivamente); e estado de sítio, no qual são atingidas a inviolabilidade da correspondência, ao sigilo das comunicações, à prestação de informações e liberdade de imprensa, radiodifusão e televisão (artigo 139, III, CF/88).

No mesmo sentido, no plano internacional, preceitua a Convenção Europeia para a Proteção dos Direitos Humanos e das Liberdades Fundamentais de 1950 que qualquer pessoa tem direito ao respeito da sua vida privada e familiar, do seu domicílio e da sua correspondência, não podendo haver ingerência de autoridades públicas no exercício deste direito, salvo quando prevista em lei e seja necessária, dentre outras hipóteses, para a segurança pública e para a prevenção de infrações penais[38].

BRASIL. [Constituição (1988)]. *Constituição da República Federativa do Brasil de 1988*. Brasília, DF: Presidência da República, [2019]. Disponível em: <http://www.planalto.gov.br/ccivil_03/Constituicao/Constituicao.htm>. Acesso em: 28 ago. 2019.

[37] ÁVILA, Ana Paula Oliveira; WOLOSZYN, André Luis. "A tutela jurídica da privacidade e do sigilo na era digital: doutrina, legislação e jurisprudência". *Revista de Investigações Constitucionais*, Curitiba, vol. 4, n. 3. p. 178, set./dez. 2017. DOI: 10.5380/rinc.v4i3.51295.

[38] A Convenção Europeia para a Proteção dos Direitos Humanos e das Liberdades Fundamentais de 1950 estabelece em seu artigo 8º que: "1. Qualquer pessoa tem direito ao respeito da sua vida privada e familiar, do seu domicílio e da sua correspondência. 2. Não pode haver ingerência da autoridade pública no exercício deste direito senão quando esta ingerência estiver prevista na lei e constituir uma providência que, numa sociedade democrática, seja necessária para a segurança nacional, para a segurança pública, para o bem-estar econômico do país, a defesa da ordem e a prevenção das infracções penais, a proteção da saúde ou da moral, ou a proteção dos direitos e das liberdades de terceiros. "

Assim, em que pese integrar a categoria de direitos fundamentais, verifica-se que a intimidade e a privacidade não possuem dimensão absoluta, de forma que a sua proteção está sujeita aos imperativos de segurança do Estado e da sociedade. Portanto, os direitos à privacidade e à intimidade, no conflito com outros direitos constitucionalmente previstos, deparam-se com limites de outros direitos individuais, e limites de ordem social[39].

Nesse contexto, cabe indagar qual o enquadramento cabível ao sigilo de dados bancários.

O sigilo de dados bancários insere-se no âmbito de proteção do direito à privacidade, na medida em que versa sobre dados pessoais que contém informações sobre a vida privada de seus titulares, dos quais terceiros apenas podem ter acesso mediante o seu consentimento, inclusive o Poder Público. Nesse sentido, estão compreendidas as transações bancárias, por exemplo[40].

Ao assumirmos que a proteção ao sigilo bancário está abarcada nas hipóteses de proteção constitucional na forma do artigo 5º, X da CF/88, dada a sua correlação com o direito à privacidade, tem-se que o sigilo de dados bancários apenas pode ser revelado "o conhecimento a terceiros quando existir expressa autorização ou quando houver interesse público relevante que justifique"[41].

O Supremo Tribunal de Federal (STF) reconhece que os dados bancários dos indivíduos estão inseridos na hipótese de proteção constitucional da privacidade, muito embora possa existir relativização de tal direito em face do interesse público:

EUROPEAN COURT OF HUMAN RIGHTS. *Convenção Europeia para a Proteção dos Direitos Humanos e das Liberdades Fundamentais.* Disponível em: <https://www.echr.coe.int/Documents/Convention_POR.pdf>. Acesso em: 27 ago. 2019.

[39] Nesse sentido, as lições de Ávila e Woloszyn, citando Canotilho, são no sentido de que "determinados direitos fundamentais acabam colidindo com outros bens constitucionalmente protegidos, encontrando limites constituídos pelo direito de outras pessoas e limites da própria ordem social, estando a todo momento em conflito".
ÁVILA, Ana Paula Oliveira; WOLOSZYN, André Luis. "A tutela jurídica da privacidade e do sigilo na era digital: doutrina, legislação e jurisprudência". *Revista de Investigações Constitucionais,* Curitiba, vol. 4, n. 3. p. 167-200, set./dez. 2017. DOI: 10.5380/rinc.v4i3.51295.

[40] ÁVILA, Ana Paula Oliveira; WOLOSZYN, André Luis. "A tutela jurídica da privacidade e do sigilo na era digital: doutrina, legislação e jurisprudência". *Revista de Investigações Constitucionais,* Curitiba, vol. 4, n. 3. p. 177, set./dez. 2017. DOI: 10.5380/rinc.v4i3.51295.

[41] LORENCINI, Bruno César. "O Sigilo Bancário e Fiscal à Luz do Direito à Privacidade e Hipóteses de Relativização". *Doutrinas Essenciais de Direito Tributário,* v. 6, p.907-934, fev. 2011.

AGRAVO REGIMENTAL NO AGRAVO DE INSTRUMENTO. MATÉRIA INFRACONSTITUCIONAL. SIGILO BANCÁRIO. QUEBRA. PROCEDIMENTO LEGAL. OFENSA INDIRETA À CONSTITUIÇÃO DO BRASIL.

1. Controvérsia decidida à luz de normas infraconstitucionais. Ofensa indireta à Constituição do Brasil.

2. O sigilo bancário, espécie de direito à privacidade protegido pela Constituição de 1988, não é absoluto, pois deve ceder diante dos interesses público, social e da Justiça. Assim, deve ceder também na forma e com observância de procedimento legal e com respeito ao princípio da razoabilidade. Precedentes.

3. Agravo regimental a que se nega provimento. (Ag In 655.298-AgRg, 2.ª T., j. 04.09.2007, rel. Min. Eros Grau, DJ 28.09.2007).[42]

Entendimento contrário, entretanto, sustenta que a proteção ao sigilo de dados bancários se fundamenta no inciso XII do artigo 5º, CF/88, pelo qual a tutela dos dados recairia em sua comunicação, e não em seu conhecimento. Desta forma, a proteção constitucional não recairia sobre os dados em si, mas na liberdade de não fornecer informações – a qual, para Ferraz Júnior, seria a "liberdade de negação". Segundo o entendimento do autor, o sigilo protege apenas a comunicação dos dados do titular do direito à privacidade, mas não propriamente o seu objeto, isto é, os dados. Deste modo, apenas ao indivíduo é conferida a faculdade de revelar, ou não, informações pessoais[43].

Tal entendimento também já foi adotado anteriormente pelo STF, no julgamento do RE 418416, de relatoria do Ministro Sepúlveda Pertence[44]:

[42] BRASIL. Supremo Tribunal Federal (2. Turma). *Agravo de Instrumento 655.298/SP*. Controvérsia decidida à luz das normas infraconstitucionais. O sigilo bancário é espécie de direito à privacidade protegido pela Constituição Federal de 1988. Direito não absoluto que deve ceder diante do interesse público. Agravante: Ubirajara dos Santos Macieira. Agravado: União. Relator: Min. Eros Grau, 28 de setembro de 2007. Disponível em: <http://portal.stf.jus.br/processos/detalhe.asp?incidente=2507955>. Acesso em: 05 ago. 2019.

[43] FERRAZ JR., Tércio Sampaio. "Sigilo de Dados: O direito à Privacidade e os Limites à Função Fiscalizadora do Estado". São Paulo: Universidade de São Paulo, *Revista da Faculdade de Direito*, 1993, p. 447. Disponível em: <http://www.journals.usp.br/rfdusp/article/download/67231/69841>. Acesso em 02 nov. 2018.

[44] BRASIL. Supremo Tribunal Federal (Tribunal Pleno). *Recurso Extraordinário 418.416/SC*. Proteção constitucional ao sigilo das comunicações de dados. A proteção constitucional à privacidade recai sobre a comunicação de dados, e não os dados em si. Recorrente: Luciano Hang. Recorrido: Ministério Público Federal. Relator: Min. Sepúlveda Pertence, 10 de maio de 2006. Disponível em: <http://portal.stf.jus.br/processos/detalhe.asp?incidente=2205705>. Acesso em: 10 ago. 2019.

> IV – Proteção constitucional ao sigilo das comunicações de dados – art. 5º, XVII, da CF: ausência de violação, no caso. 1. Impertinência à hipótese da invocação da AP 307 (Pleno, 13.12.94, Galvão, DJU 13.10.95), em que a tese da inviolabilidade absoluta de dados de computador não pode ser tomada como consagrada pelo Colegiado, dada a interferência, naquele caso, de outra razão suficiente para a exclusão da prova questionada – o ter sido o microcomputador apreendido sem ordem judicial e a consequente ofensa da garantia da inviolabilidade do domicílio da empresa – este segundo fundamento bastante, sim, aceito por votação unânime, à luz do art. 5º, XI, da Lei Fundamental. 2. Na espécie, ao contrário, não se questiona que a apreensão dos computadores da empresa do recorrente se fez regularmente, na conformidade e em cumprimento de mandado judicial. 3. Não há violação do art. 5º. XII, da Constituição que, conforme se acentuou na sentença, não se aplica ao caso, pois não houve "quebra de sigilo das comunicações de dados (interceptação das comunicações), mas sim apreensão de base física na qual se encontravam os dados, mediante prévia e fundamentada decisão judicial". 4. *A proteção a que se refere o art. 5º, XII, da Constituição, é da comunicação 'de dados' e não dos 'dados em si mesmos', ainda quando armazenados em computador.* (RE 418416, Relator (a): Min. SEPÚLVEDA PERTENCE, Tribunal Pleno, julgado em 10/05/2006, DJ 19-12-2006 PP-00037 EMENT VOL-02261-06 PP-01233) (grifo nosso).

Além das divergências quanto ao enquadramento constitucional da proteção do sigilo de dados bancários, cabe destacar, ainda, discordâncias na doutrina e na jurisprudência acerca da necessidade de prévia autorização judicial para o afastamento do sigilo bancário, em razão do conflito entre o direito fundamental à privacidade e a tutela estatal, consubstanciada no acesso a dados privados em benefício de relevante interesse público, como, por exemplo, na hipótese de investigação de infrações penais.

Para tanto, como bem assevera Lorencini[45], faz-se necessário entender as hipóteses de incidência da denominada cláusula de reserva de jurisdição, a qual impõe o controle prévio pelo Poder Judiciário de determinados atos e atribuições da Administração Pública.

Assim, no que se refere à inviolabilidade do sigilo dos dados bancários, o entendimento de que é aplicável a cláusula de reserva de jurisdição

[45] LORENCINI, Bruno César. "O Sigilo Bancário e Fiscal à Luz do Direito à Privacidade e Hipóteses de Relativização". *Doutrinas Essenciais de Direito Tributário*, v. 6, p.907-934, fev. 2011.

implicaria a necessidade de prévia autorização do Poder Judiciário à Administração Pública.[46]

O citado autor, todavia, sustenta entendimento diverso, isto é, de que não há necessidade de controle prévio, notadamente quando se tratar de acesso pela Administração Pública, pois, nesse caso, o que haveria seria "um mero alargamento dos obrigados ao sigilo"[47]. Ou seja, quando realizado o compartilhamento de dados entre órgãos públicos e instituições financeiras, subsistiriam as obrigações de sigilo das informações perante terceiros. As informações protegidas pela inviolabilidade, portanto, permanecem reservadas, ao passo que a Administração Pública, ao receber tais dados, também estaria obrigada a zelar pela sua confidencialidade.

A redação constitucional sobre a proteção ao sigilo de dados – aqui também entendidos os dados bancários – consubstanciada no artigo 5º, X da CF/88 não dispõe expressamente que este direito sujeita-se à cláusula de reserva jurisdicional. Ora, o constituinte, caso tivesse a intenção de elencar os dados bancários como direitos que necessitam de autorização judicial prévia à sua flexibilização e compartilhamento, teria taxativamente o feito, tais como a inviolabilidade do domicílio (art. 5º, XI, CF/88) e a inviolabilidade das correspondências e comunicações telegráficas (art. 5º, XII, CF/88). Para tanto, observa a manutenção das regras de sigilo, sendo que "o acesso somente foi relativizado a favor de órgãos públicos, aos quais se estende o dever de sigilo, e sempre tendo em conta uma finalidade pública específica e a utilização restrita dos dados"[48].

O compartilhamento de dados financeiros sem a prévia autorização judicial para fins criminais, como no caso da lavagem de dinheiro, foi objeto de discussão no âmbito do Recurso Extraordinário (RE) 1055941, de repercussão geral reconhecida[49]. Nos autos, foi debatida a "possibilidade de compartilhamento

[46] LORENCINI, Bruno César. "O Sigilo Bancário e Fiscal à Luz do Direito à Privacidade e Hipóteses de Relativização". *Doutrinas Essenciais de Direito Tributário*, v. 6, p.907-934, fev. 2011.

[47] LORENCINI, Bruno César. "O Sigilo Bancário e Fiscal à Luz do Direito à Privacidade e Hipóteses de Relativização". *Doutrinas Essenciais de Direito Tributário*, v. 6, p.907-934, fev. 2011.

[48] LORENCINI, Bruno César. "O Sigilo Bancário e Fiscal à Luz do Direito à Privacidade e Hipóteses de Relativização". *Doutrinas Essenciais de Direito Tributário*, v. 6, p.907-934, fev. 2011.

[49] BRASIL. Supremo Tribunal Federal. Imprensa. *Presidente do STF determina suspensão nacional de processos sobre compartilhamento de dados fiscais sem autorização judicial*. Brasília, DF: Supremo Tribunal Federal, [2019]. Disponível em: <http://portal.stf.jus.br/noticias/verNoticiaDetalhe.asp?idConteudo=416656>. Acesso em: 24 jul. 2019.

com o Ministério Público, para fins penais, dos dados bancários e fiscais do contribuinte, obtidos pela Receita Federal no legítimo exercício de seu dever de fiscalizar, sem autorização prévia do Poder Judiciário"[50].

Até o término do julgamento do referido RE, todos os processos em andamento que tratavam do compartilhamento de dados sigilosos para fins penais sem autorização judicial foram suspensos, em virtude de medida liminar expedida em julho de 2019 pelo presidente do STF, ministro Dias Toffoli. Contudo, em dezembro do mesmo ano, decisão do plenário do STF definiu tese de repercussão geral sobre o compartilhamento de dados financeiros sem autorização judicial, e revogada a medida liminar anteriormente deferida pelo presidente do tribunal, também relator do caso.

A tese fixada legitima o compartilhamento de dados pela Unidade de Inteligência Financeira e pela Receita Federal com as autoridades competentes para a investigação de eventuais ilícitos praticados, a seguir:

> 1 – É constitucional o compartilhamento dos relatórios de inteligência financeira da UIF e da íntegra do procedimento fiscalizatório da Receita Federal do Brasil, que define o lançamento do tributo, com os órgãos de persecução penal, para fins criminais, sem a obrigatoriedade de prévia autorização judicial, devendo ser resguardado o sigilo das informações em procedimentos formalmente instaurados e sujeitos a posterior controle jurisdicional.
>
> 2 – O compartilhamento pela UIF e pela Receita Federal do Brasil, referente ao item anterior, deve ser feito unicamente por meio de comunicações formais, com garantia de sigilo, certificação do destinatário e estabelecimento de instrumentos efetivos de apuração e correção de eventuais desvios.[51]

Não obstante, cabe realçar que o compartilhamento de dados financeiros pela Unidade de Inteligência Financeira às autoridades competentes para investigação de eventuais ilícitos não caracteriza a quebra de sigilo financeiro.

[50] BRASIL. Supremo Tribunal Federal. *Repercussão Geral. Tema 990*. Brasília, DF: Supremo Tribunal Federal, [2020]. Disponível em: <http://www.stf.jus.br/portal/jurisprudenciaRepercussao/verAndamentoProcesso.asp?incidente=5213056&numeroProcesso=1055941&classeProcesso=RE&numeroTema=990>. Acesso em 05 jan. 2020.

[51] BRASIL. Supremo Tribunal Federal. *Plenário define tese sobre compartilhamento de dados financeiros sem autorização judicial*. Brasília, DF: Supremo Tribunal Federal, [2019]. Disponível em: <http://portal.stf.jus.br/noticias/verNoticiaDetalhe.asp?idConteudo=431690&ori=1>. Acesso em: 05 jan. 2020.

Isto pois, no compartilhamento de dados há apenas um repasse de informações entre as entidades provedora e receptora de informações, as quais permanecem com o dever de guardar o sigilo das informações envolvidas. Ademais, a hipótese estaria protegida pelo art. 1º, §3º, inciso IV da Lei Complementar 105/2001, a qual prevê não constituir violação ao dever de sigilo a comunicação da prática de ilícitos penais ou administrativos às autoridades competentes[52].

Outrossim, a quebra de sigilo financeiro ocorre apenas na hipótese de ordem judicial em que seja solicitada a revelação dos dados financeiros das pessoas investigadas para apuração de ilícitos no âmbito de inquéritos ou processos judiciais, e especialmente, para averiguar-se os crimes arrolados no art. 1º, §4º da LC 105/2001[53].

[52] "Art. 1º – As instituições financeiras conservarão sigilo em suas operações ativas e passivas e serviços prestados.
§ 3º Não constitui violação do dever de sigilo:
IV – a comunicação, às autoridades competentes, da prática de ilícitos penais ou administrativos, abrangendo o fornecimento de informações sobre operações que envolvam recursos provenientes de qualquer prática criminosa."
BRASIL. *Lei Complementar nº 105, de 10 de janeiro de 2001.* Dispõe sobre o sigilo das operações de instituições financeiras e dá outras providências. Brasília, DF: Presidente da República, [2001]. Disponível em: <http://www.planalto.gov.br/ccivil_03/LEIS/LCP/Lcp105.htm>. Acesso em: 06 jan. 2020.

[53] Art. 1º As instituições financeiras conservarão sigilo em suas operações ativas e passivas e serviços prestados.
§ 4º A quebra de sigilo poderá ser decretada, quando necessária para apuração de ocorrência de qualquer ilícito, em qualquer fase do inquérito ou do processo judicial, e especialmente nos seguintes crimes:
I – de terrorismo;
II – de tráfico ilícito de substâncias entorpecentes ou drogas afins;
III – de contrabando ou tráfico de armas, munições ou material destinado a sua produção;
IV – de extorsão mediante sequestro;
V – contra o sistema financeiro nacional;
VI – contra a Administração Pública;
VII – contra a ordem tributária e a previdência social;
VIII – lavagem de dinheiro ou ocultação de bens, direitos e valores;
IX – praticado por organização criminosa.
BRASIL. *Lei Complementar nº 105, de 10 de janeiro de 2001.* Dispõe sobre o sigilo das operações de instituições financeiras e dá outras providências. Brasília, DF: Presidente da República, [2001]. Disponível em: <http://www.planalto.gov.br/ccivil_03/LEIS/LCP/Lcp105.htm>. Acesso em: 07 jan. 2020.

Portanto, temos que a quebra de sigilo financeiro é diversa do compartilhamento. Embora ambas as premissas pressupõem que a proteção da intimidade e da privacidade não são direitos absolutos, e, portanto, estão sujeitos à atuação do Estado em benefício dos interesses da sociedade no combate à criminalidade, possuem divergências substanciais em sua essência. Ao passo que o compartilhamento de dados envolve apenas a comunicação às autoridades competentes para o início das investigações de determinada conduta, a quebra do sigilo de dados caracteriza-se por ser um passo à frente, transcorrido no âmbito de inquéritos e processos judiciais, nos quais há outros elementos robustos de prova de autoria e materialidade do cometimento de ilícitos pelas pessoas investigadas.

3.2. A proteção do sigilo de dados bancários segundo a Lei Complementar nº. 105/2001

O sigilo de dados das instituições financeiras consiste na "obrigação que têm os bancos de não revelar, salvo justa causa, as informações que venham a obter em virtude de sua atividade profissional"[54].

A Lei do Sigilo Bancário busca compatibilizar a proteção do dado bancário por meio do sigilo, mas também delimitar a sua extensão e os seus limites a partir da necessidade de proteção de outros interesses, em particular nos casos em que houver a conexão entre o dado bancário e a prática de uma infração penal.

Ao mesmo tempo que a Lei do Sigilo Bancário outorga meios ao exercício da função fiscalizadora do Estado em prol do interesse público, por meio do acesso aos dados bancários, também protege os cidadãos da invasão arbitrária da privacidade e intimidade. O comando legal é claro: estabelece o sigilo de dados como regra, e disciplina hipóteses passíveis de sua violação e afastamento.

Nesse sentido, Valadão e Arruda:

> Vale frisar que a LC 105/2001 se destina a preservar os direitos constitucionais (da intimidade, vida privada), mantendo o sigilo das operações bancárias ativas e passivas e os serviços prestados. Nessa perspectiva, a citada lei regula

[54] COVELLO *apud* BELLOQUE, Juliana Garcia. *Sigilo Bancário: análise crítica da LC 105/2001.* São Paulo: Revista dos Tribunais, 2003, p. 66.

a forma que o Estado, por intermédio de seus órgãos competentes, tem acesso aos dados bancários ao fiscalizar as transações feitas tanto por pessoas físicas como por pessoas jurídicas. Isso configura uma forma a evitar abusos, por parte dos agentes públicos.[55]

O sigilo, portanto, é um instrumento de proteção constitucional da privacidade, e, no âmbito do sistema financeiro nacional, abrange o sigilo sobre as operações financeiras, regulamentado por meio da Lei do Sigilo Bancário.

A redação da norma visa proteger o sigilo das operações financeiras realizadas pelos clientes das instituições financeiras obrigadas aos deveres de sigilo, bem como suas informações e dados pessoais. Contudo, da mesma forma como apontado acima, deve existir valoração aos limites do sigilo, em comparação a interesses públicos e outros direitos constitucionalmente previstos, visto que "o Poder Público não pode ser inibido de exercer suas funções, mormente a de fiscalização"[56].

A Lei do Sigilo Bancário, em seu artigo 1º, §§3º e 4º, descreve as medidas que não constituem quebra de sigilo[57], bem como as hipóteses em que a

[55] VALADÃO, Marcos Aurélio Pereira. ARRUDA, Henrique Porto de. "Direitos fundamentais, privacidade, intimidade, sigilo bancário e fiscal, e o consenso internacional". Ceará: *Revista do Programa de Pós-Graduação em Direito – UFC*, 2014, v. 24, n.2, ISSN 1807-3840. Disponível em: <http://www.periodicos.ufc.br/nomos/article/view/1226>. Acesso em 16 out. 2018.

[56] FERRAZ JR., Tércio Sampaio. "Sigilo de Dados: O direito à Privacidade e os Limites à Função Fiscalizadora do Estado". São Paulo: Universidade de São Paulo, *Revista da Faculdade de Direito*, 1993, p. 457. Disponível em: <http://www.journals.usp.br/rfdusp/article/download/67231/69841>. Acesso em 02 nov. 2018.

[57] "Art. 1º As instituições financeiras conservarão sigilo em suas operações ativas e passivas e serviços prestados.
§ 3º Não constitui violação do dever de sigilo:
I – a troca de informações entre instituições financeiras, para fins cadastrais, inclusive por intermédio de centrais de risco, observadas as normas baixadas pelo Conselho Monetário Nacional e pelo Banco Central do Brasil;
II – o fornecimento de informações constantes de cadastro de emitentes de cheques sem provisão de fundos e de devedores inadimplentes, a entidades de proteção ao crédito, observadas as normas baixadas pelo Conselho Monetário Nacional e pelo Banco Central do Brasil;
III – o fornecimento das informações de que trata o § 2o do art. 11 da Lei no 9.311, de 24 de outubro de 1996;
IV – a comunicação, às autoridades competentes, da prática de ilícitos penais ou administrativos, abrangendo o fornecimento de informações sobre operações que envolvam recursos provenientes de qualquer prática criminosa;

quebra de sigilo poderá ser decretada, desde que para a apuração de ilícitos no âmbito de inquéritos ou processos judiciais, respectivamente.

Cumpre evidenciar que não constitui violação ao dever de sigilo a mera troca de informações entre instituições financeiras para o cadastro dos clientes, além do fornecimento de informações às autoridades competentes sobre a prática de atividades ilícitas penais ou administrativas e, evidente, a revelação de informações mediante o expresso consentimento do titular do direito.

Interessante destacar, que a quebra do sigilo não pressupõe necessariamente a divulgação dos dados ao público. Pelo contrário, a quebra é direcionada a instruir uma investigação ou processo judicial, e somente se justifica no caso dos delitos arrolados no §4º do supracitado artigo. Há uma relação de proporcionalidade entre o grau de restrição da medida e a gravidade das infrações penais que admitem a quebra do sigilo bancário. Contudo, a comunicação destes dados sigilosos fica restrita às partes envolvidas.

Portanto, segundo a lei, a quebra do sigilo bancário apenas poderá ocorrer se verificados indícios de materialidade do crime e de autoria do investigado, cujas informações pessoais serão reveladas às autoridades públicas.

V – a revelação de informações sigilosas com o consentimento expresso dos interessados;
VI – a prestação de informações nos termos e condições estabelecidos nos artigos 2o, 3o, 4o, 5o, 6o, 7o e 9 desta Lei Complementar.
VII – o fornecimento de dados financeiros e de pagamentos, relativos a operações de crédito e obrigações de pagamento adimplidas ou em andamento de pessoas naturais ou jurídicas, a gestores de bancos de dados, para formação de histórico de crédito, nos termos de lei específica.
§ 4o A quebra de sigilo poderá ser decretada, quando necessária para apuração de ocorrência de qualquer ilícito, em qualquer fase do inquérito ou do processo judicial, e especialmente nos seguintes crimes:
I – de terrorismo;
II – de tráfico ilícito de substâncias entorpecentes ou drogas afins;
III – de contrabando ou tráfico de armas, munições ou material destinado a sua produção;
IV – de extorsão mediante seqüestro;
V – contra o sistema financeiro nacional;
VI – contra a Administração Pública;
VII – contra a ordem tributária e a previdência social;
VIII – lavagem de dinheiro ou ocultação de bens, direitos e valores;
IX – praticado por organização criminosa."
BRASIL. *Lei Complementar nº 105, de 10 de janeiro de 2001.* Dispõe sobre o sigilo das operações de instituições financeiras e dá outras providências. Brasília, DF: Presidente da República, [2001]. Disponível em: <http://www.planalto.gov.br/ccivil_03/LEIS/LCP/Lcp105.htm>. Acesso em: 02 dez. 2019.

Além disso, a autoridade competente apenas poderá receber informações relacionadas ao "lapso temporal estritamente necessário para a apuração dos fatos pertinentes à infração penal objeto da específica investigação que ensejou a quebra do sigilo"[58].

Na hipótese da prevenção, controle e repressão à lavagem de dinheiro, inserem-se no contexto da proteção do sigilo bancário, duas situações em que os dados bancários constituem objeto de comunicação: o dever das pessoas obrigadas pela Lei nº. 9.613/98 em informar a Unidade de Inteligência Financeira sobre determinadas operações; e a produção e o compartilhamento do RIF, que descreve movimentações financeiras atípicas, pela Unidade de Inteligência Financeira com os órgãos de persecução criminal.

3.3. O dever de comunicação e de diligência das pessoas obrigadas pela Lei nº. 9.613/98 e o sigilo bancário.

Os setores mais comumente utilizados para a prática de crimes de lavagem de dinheiro, denominados "setores sensíveis" em virtude de seu âmbito de atuação, notadamente as instituições financeiras, devem monitorar as atividades suspeitas realizadas por seus clientes, como transações, transferências, compra e venda de ativos que possam estar vinculadas às práticas de atos de lavagem de dinheiro. Essa vigilância é apenas uma das obrigações que integram os programas de *compliance* voltados à prevenção da lavagem de dinheiro, exigidos no âmbito do SFN.

As instituições pertencentes aos setores sensíveis são definidas como "entidades obrigadas"[59], e estão dispostas no Capítulo V da Lei de Lavagem de Dinheiro: "Das Pessoas Sujeitas ao Mecanismo de Controle". O artigo 9º do diploma legal sujeita as pessoas físicas ou jurídicas ali descritas, que

[58] BELLOQUE, Juliana Garcia. *Sigilo Bancário: análise crítica da LC 105/2001*. São Paulo: Revista dos Tribunais, 2003, p. 101.

[59] As entidades obrigadas são pessoas sujeitas aos mecanismos de controle impostos pela Lei 9.613/1998. Com as alterações promovidas em 2012 no diploma legal, houve a inclusão de pessoas físicas no rol de entidades obrigadas, além da ampliação do rol de pessoas sujeitas à obrigação de identificação dos clientes e manutenção de registros (artigo 10, Lei 9.613/1998) e de comunicação das operações financeiras (artigo 11, Lei 9.613/1998). Isto se deve aos contínuos esforços de coibir a movimentação dos agentes de lavagem de dinheiro, que procuram sair de campos historicamente utilizados para esta prática e direcionarem seus esforços a searas que ainda não possuem fiscalização incisiva. Deste modo, quando este fluxo ocorrer, outros setores alvos dos agentes já possuirão deveres administrativos e de fiscalização.

atuam nas áreas mais utilizadas como plano de fundo para a prática de lavagem de dinheiro, ao dever de comunicar e fornecer informações às autoridades competentes, para que possam proceder às investigações que se fizerem necessárias.

Importa ressaltar, o parágrafo único do supracitado artigo faz referência, ainda, a diversas outras atividades que podem servir de instrumento para a prática de atos de lavagem de dinheiro, de forma a também serem consideradas pessoas sujeitas aos mecanismos de controle.

Dentre estas atividades, destacamos algumas: (inciso I) as bolsas de valores, as bolsas de mercadorias ou futuros e os sistemas de negociação do mercado de balcão organizado; (inciso II) as seguradoras, as corretoras de seguros e as entidades de previdência complementar ou de capitalização; (inciso III) administradoras de cartões de credenciamento ou cartões de crédito, bem como as administradoras de consórcios para a aquisição de bens ou serviços; (inciso VIII) demais entidades cujo funcionamento dependa de autorização de órgão regulador dos mercados financeiro, de câmbio, de capitais e de seguros; (inciso X) as pessoas físicas ou jurídicas que exerçam atividades de promoção imobiliária ou compra e venda e imóveis; (inciso XI) as pessoas físicas ou jurídicas que comercializem joias, pedras e metais preciosos, objetos de arte e antiguidades; (inciso XII) as pessoas físicas ou jurídicas que comercializem bens de luxo ou de alto valor, intermedeiem a sua comercialização ou exerçam atividades que envolvam grande volume de recursos em espécie; (inciso XVI) as empresas de transporte e guarda de valores, dentre outras.

Observa-se que o legislador, ao estabelecer as pessoas obrigadas aos deveres de comunicação e medidas administrativas, explorou atividades inerentes ao próprio funcionamento do sistema financeiro nacional, tais como captar, intermediar e reaplicar recursos financeiros de terceiros; a formalização de operações de câmbio por meio da compra e venda de moeda estrangeira; a intermediação de títulos ou valores mobiliários em geral; a administração de fundos de investimento; a atividade imobiliária; dentre outros. Inclusive, a maioria das pessoas físicas e jurídicas inseridas no rol de entidades obrigadas apenas podem exercer suas atividades desde que possuam autorização do BACEN.

Nesse sentido, como órgão regulador, o BACEN exerce o controle de fiscalização de entidades e pessoas inseridas no contexto das pessoas sujeitas aos mecanismos de fiscalização. Segundo Marco Antonio de Barros:

> Estão inseridas nesse contexto as pessoas físicas e jurídicas que tenham, em caráter permanente ou eventual, como atividade principal ou acessória, cumulativamente ou não, a compra e venda de moeda estrangeira ou ouro como ativo financeiro ou instrumento cambial. O exercício de tais atividades só pode ser executado por entes que estejam autorizados a fazê-lo pelo BACEN [Res. 3.568/2008 e Circular 3.280/2005], os quais também devem cumprir as obrigações estipuladas nos arts. 10 e 11 da Lei de Lavagem [art. 9º, II][60].

Evidencia-se a preocupação legislativa em englobar o maior número possível de entidades como sujeitas aos deveres de comunicação às autoridades públicas sobre a ocorrência de atividades suspeitas. Assim, no inciso VIII do art. 9º, definiu-se igualmente como entes obrigados, as "demais entidades cujo funcionamento dependa de autorização de órgão regulador dos mercados financeiro, de câmbio, de capitais e de seguros"[61].

A sensibilidade e vulnerabilidade das operações realizadas no âmbito do setor financeiro o expõe a possíveis atos de lavagem de dinheiro, por meio da realização de diversas movimentações financeiras que objetivem o encobrimento da origem ilícita dos ativos administrados, inclusive aquelas realizadas pela internet, visto a facilidade de acesso a serviços bancários oferecidos em diversos países nos quais as leis de lavagem de dinheiro são mais brandas, e as de sigilo de dados menos flexíveis[62].

Assim, é notório que a cooperação entre o setor público e as instituições financeiras é de vital importância para a elaboração de políticas criminais que atuem, em primeiro momento, na prevenção da ocorrência de atividades ilícitas e, em segundo plano, em seu combate.

Para tanto, a Lei de Lavagem de Dinheiro impôs a adoção, pelas instituições financeiras, como entidades obrigadas, de diversas medidas que visam diminuir e evitar a ocorrência de ilegalidades, e promover o adequado cumprimento de regras administrativas (tanto internas às instituições, quanto

[60] BARROS, Marco Antonio de. *Lavagem de Capitais: crimes, investigação, Procedimento Penal e Medidas Preventivas*. Curitiba: Juruá Editora, 2017, p. 204.

[61] BRASIL. *Lei nº 9.613, de 03 de março de 1998*. Dispõe sobre os crimes de "lavagem" ou ocultação de bens, direitos e valores; a prevenção da utilização do sistema financeiro para os ilícitos previstos nesta Lei; cria o Conselho de Controle de Atividades Financeiras – COAF, e dá outras providências, [1998]. Disponível em: <http://www.planalto.gov.br/ccivil_03/Leis/L9613.htm>. Acesso em: 05 ago. 2019.

[62] ALBUQUERQUE, Roberto Chacon. "Lavagem de Dinheiro nas Operações Financeiras Veiculadas pela Internet". *Revista de Direito Bancário e do Mercado de Capitais*, v. 23, p. 397, jan. 2004.

provenientes de Entidades Reguladoras, como o BACEN e a CVM), bem como a sua adequação ao ordenamento jurídico brasileiro e aos diplomas internacionais sobre o assunto.

Dentre as medidas adotadas pelas instituições financeiras visando a prevenção à prática de atos de lavagem de dinheiro, destaca-se a comunicação de atividades suspeitas às autoridades públicas, a identificação dos clientes, a manutenção de cadastros atualizados, a adoção de programas de *compliance* e controles internos aptos a atenderem as regras administrativas e legais impostas para a prevenção de atos de lavagem de dinheiro. Deste modo, as instituições financeiras colaboram não somente com a prevenção, mas também com a repressão do crime de lavagem de dinheiro, exatamente por meio da comunicação compulsória de informações[63].

Compliance compreende o fomento de uma cultura de "postura preventiva ética e de boa governança corporativa a ser observada, a qual pode traduzir melhores resultados, segurança e credibilidade para empresas e entidades que a adotam"[64]. No âmbito da lavagem de dinheiro, as políticas de *compliance* procuram, em primeira escala, estabelecer procedimentos de prevenção à prática do crime; e em segunda escala, permitir a colheita de informações necessárias para que se proceda a comunicação de atos ilícitos às autoridades competentes.

Para tanto, o artigo 10 da Lei de Lavagem de Dinheiro – "Da Identificação e Manutenção de Registros" dispõe sobre medidas que garantem a identificação de clientes, de modo a introduzir na legislação brasileira a política internacional conheça-seu-cliente – *know your customer*[65] (KYC)

[63] ANSELMO, Márcio Adriano. "O Banco Central e a Nova Regulamentação da Prevenção à Lavagem de Dinheiro no âmbito do Sistema Financeiro: Anatomia da Circular 3.461/2009". *Revista de Direito Bancário e do Mercado de Capitais*, v. 50/2010, p.126-156, out. 2010: "Partindo da concepção de que o Estado não pode fiscalizar tudo, a lei impõe a particulares cuja atividade pode servir de meio para a lavagem de dinheiro obrigações no sentido de evitar e coibir a ocorrência do crime em exame, na chamada política de compliance, ou seja, a ação realizada de acordo com um pedido ou comando, que não é de fácil implementação, em especial porque a pessoa obrigada também tem lucro na operação. Para as instituições financeiras, é preciso deixar claro que o seu objetivo não pode ser apenas metas de captação, pois o envolvimento em operações ilícitas pode gerar prejuízos de imagem e, consequentemente, financeiros, para a instituição".

[64] SOUZA, Luciano Anderson de. "Criminal Compliance e as Novas Feições do Direito Penal Econômico". *Revista de Direito Bancário e do Mercado de Capitais*, v. 59, p.281, jan. 2013.

[65] ANSELMO, Márcio Adriano. "O Banco Central e a Nova Regulamentação da

e, em seu inciso III, sobre a adoção de políticas de *compliance* pelas instituições obrigadas.

A identificação de clientes, por meio da política KYC, tem por finalidade a

> obtenção de informações sobre as pessoas a quem os serviços ou os produtos são prestados, tanto no momento do estabelecimento do negócio como ao longo da relação financeira, com a finalidade de que criminosos não se utilizem de contas anônimas (popularmente denominadas "laranjas"), pelas quais não é possível identificar o cliente final, para a realização de atividades ilícitas, além de permitir o rastreamento dos reais beneficiários de operações financeiras[66].

Nota-se ainda, pela leitura do artigo 10-A da Lei de Lavagem de Dinheiro[67], que ao BACEN inclusive é conferida a atribuição de manter uma base de dados abrangendo todos os clientes das instituições financeiras, com a devida manutenção destes registros atualizada, nos moldes da Recomendação nº 11 do GAFI[68].

Prevenção à Lavagem de Dinheiro no âmbito do Sistema Financeiro: Anatomia da Circular 3.461/2009". *Revista de Direito Bancário e do Mercado de Capitais*, v. 50/2010, p.126-156, out. 2010.

[66] SUXBERGER, Antonio Henrique Graciano e PASIANI, Rochele Pestana Ribeiro. "O papel da inteligência financeira na persecução dos crimes de lavagem de dinheiro e ilícitos relacionados". *Revista Brasileira de Políticas Públicas*. Volume 8. N. 1. Abril/2018, p. 299.

[67] "Art. 10-A. O Banco Central manterá registro centralizado formando o cadastro geral de correntistas e clientes de instituições financeiras, bem como de seus procuradores." BRASIL. *Lei nº 9.613, de 03 de março de 1998*. Dispõe sobre os crimes de "lavagem" ou ocultação de bens, direitos e valores; a prevenção da utilização do sistema financeiro para os ilícitos previstos nesta Lei; cria o Conselho de Controle de Atividades Financeiras – COAF, e dá outras providências, [1998]. Disponível em: <http://www.planalto.gov.br/ccivil_03/Leis/L9613.htm>. Acesso em: 05 ago. 2019.

[68] A Recomendação nº 11 do GAFI (2012) trata da "Manutenção de Registros" das instituições financeiras, que deveriam conservar por cinco anos os registros das operações que forem realizadas em seu domínio, de modo que possam ser entregues às autoridades competentes nos casos de suspeitas de lavagem de dinheiro. Assim dispõe: As instituições financeiras deveriam ser obrigadas a manter, por pelo menos cinco anos, todos os registros necessários de transações, tanto domésticas quanto internacionais, para que possam atender rapidamente a pedidos de informação feitos pelas autoridades competentes. Tais registros devem ser suficientes para reconstruir transações individuais (inclusive os valores e tipos de moedas envolvidos, se houver) para fornecer, se necessário, provas para processos de persecução penal por atividades criminosas.

Destaca-se a recente Resolução 4.595, de 28 de agosto de 2017 do BACEN, que trata da política de conformidade – *compliance* – das instituições financeiras. O artigo 2º da Resolução, no mesmo diapasão do artigo 10 da Lei 9.613/1998, estabelece que as instituições financeiras deverão adotar políticas de *compliance* de acordo com sua natureza, porte, complexidade, estrutura, perfil de risco e seu modelo de negócio[69].

A resolução presta, ainda, orientações a serem adotadas pelas instituições financeiras em suas políticas de conformidade, como a divisão clara das atribuições das pessoas envolvidas nestas funções, bem como a sua independência de atuação assegurada; o adequado treinamento de pessoas investidas no exercício de atividades de *compliance*; a instituição de uma unidade responsável pela área de *compliance*, dentre outros.

Nesta esteira, conforme lições de Barros, citando outras normas instituídas pelo BACEN em suas diversas Circulares, são recomendações: (i) cadastramento geral de correntistas e clientes; (ii) implementação de comitê de *compliance*; (iii) especial cuidado com pessoas politicamente expostas (agentes públicos que tenham exercido ou ainda exerçam funções públicas relevantes, no Brasil ou em outros países); (iv) registro de operações realizadas com seus clientes; (v) registro de depósitos em cheque; (vi) registro de cartões pré-pagos; e (vii) registro de movimentação de valores em espécie[70].

BRASIL. Ministério da Economia. Grupo de Ação Financeira contra a Lavagem de Dinheiro e o Financiamento ao Terrorismo (GAFI/FAFT). *As Recomendações do GAFI*. Brasília: Ministério da Economia. Disponível em: <http://fazenda.gov.br/orgaos/coaf/arquivos/as-recomendacoes-gafi> Acesso em: 05 ago. 2019.

[69] "Art. 2º As instituições mencionadas no art. 1º devem implementar e manter política de conformidade compatível com a natureza, o porte, a complexidade, a estrutura, o perfil de risco e o modelo de negócio da instituição, de forma a assegurar o efetivo gerenciamento do seu risco de conformidade."
BANCO CENTRAL DO BRASIL. *Resolução nº 4.595, de 28 de agosto de 2017.* Dispõe sobre a política de conformidade (compliance) das instituições financeiras e demais instituições autorizadas a funcionar pelo Banco Central do Brasil. Brasília: Presidente do Banco Central do Brasil, 2017. Disponível em: <https://www.bcb.gov.br/pre/normativos/busca/downloadNormativo.asp?arquivo=/Lists/Normativos/Attachments/50427/Res_4595_v1_O.pdf>. Acesso em: 05 ago. 2019.

[70] BARROS, Marco Antonio de. *Lavagem de Capitais*: crimes, investigação, Procedimento Penal e Medidas Preventivas. Curitiba: Juruá Editora, 2017, p. 241-248.

Não obstante a expedição de diversas normas regulamentares da prática das instituições financeiras, as políticas de conformidade devem convergir para a proteção do direito à preservação do sigilo dos dados.

Portanto, em se tratando de uma comunicação compulsória de informações relacionadas a transações financeiras, imposta por lei a um órgão que integra o sistema financeiro nacional, não há incompatibilidade com a Lei do Sigilo Bancário: seja porque não se trata de dar publicidade a dados protegidos pela privacidade; seja porque a responsabilidade pelo resguardo do sigilo estende-se ao órgão público destinatário, nos termos do que dispõe a Lei Complementar 105/01; seja porque a obrigação de sigilo assumida pela instituição financeira perante o cliente não se sustenta na hipótese de movimentações suspeitas, que poderiam, inclusive, acarretar abuso de direito.

3.4. As comunicações da unidade de inteligência financeira aos órgãos de persecução criminal e o sigilo bancário

Para Reuter e Truman, existiriam quatro elementos chave na prevenção à lavagem de dinheiro: *customer due diligence (CDD), reporting, regulation and supervision, and sanctions*[71].

Nesse sentido, a unidade de inteligência financeira instrumentaliza um destes pilares da prevenção e repressão à lavagem de dinheiro, em particular por meio de uma "rede de relacionamentos" entre as entidades obrigadas aos deveres de fiscalização, e as unidades de inteligência financeira[72]. Como exemplo desta necessária interatividade, podemos citar os artigos 12 a 16 da Circular 3.461/2009 do BACEN, que tratam das comunicações que as instituições financeiras devem prestar à UIF (COAF) no âmbito de suas atividades.

Importa destacar que, conforme a Recomendação nº 20[73] do GAFI, a comunicação de operações suspeitas à UIF (COAF) deve ser fundada em

[71] ANSELMO, Márcio Adriano. "O Banco Central e a Nova Regulamentação da Prevenção à Lavagem de Dinheiro no âmbito do Sistema Financeiro: Anatomia da Circular 3.461/2009". *Revista de Direito Bancário e do Mercado de Capitais*, v. 50/2010, p.126-156, out. 2010.

[72] ANSELMO, Márcio Adriano. "O Banco Central e a Nova Regulamentação da Prevenção à Lavagem de Dinheiro no âmbito do Sistema Financeiro: Anatomia da Circular 3.461/2009". *Revista de Direito Bancário e do Mercado de Capitais*, v. 50/2010, p.126-156, out. 2010.

[73] A Recomendação nº 20 do GAFI assim dispõe: "Se uma instituição financeira suspeitar ou

"motivos razoáveis", ou seja, a instituição financeira, em sua análise das operações realizadas, deve ter conjecturas verossímeis sobre indícios do cometimento de crimes, visto que é sua responsabilidade realizar referida comunicação. Contudo, a comunicação de boa-fé não importa em responsabilidades civis ou administrativas[74], nos termos do artigo 11, §2º da Lei 9.613/1998.

Conforme exposto acima, a UIF (COAF), ao receber comunicações das instituições financeiras acerca de operações suspeitas de lavagem de dinheiro, analisará as informações e elaborará o RIF – Relatório de Inteligência Financeira, com suas conclusões sobre a detecção de uma movimentação financeira atípica, para então transmitir estes dados às autoridades competentes, nos termos do art. 15, Lei 9.613/98[75].

Nesse sentido, a atuação da Unidade de Inteligência Financeira brasileira é restrita à esfera administrativa, justamente por não integrar a estrutura do sistema de justiça. Sob este aspecto, aliás, a comunicação às autoridades do sistema de justiça é de suma importância para a continuidade das investigações sobre operações suspeitas que a UIF (COAF) porventura identifique, pois somente estas possuem competência e atribuição

tiver motivos razoáveis para suspeitar que os fundos sejam produtos de atividade criminosa ou estejam relacionados ao financiamento do terrorismo, ela deveria estar obrigada, por lei, a comunicar prontamente suas suspeitas à unidade de inteligência financeira (UIF)."
BRASIL. Ministério da Economia. Grupo de Ação Financeira contra a Lavagem de Dinheiro e o Financiamento ao Terrorismo (GAFI/FAFT). *As Recomendações do GAFI.* Brasília: Ministério da Economia. Disponível em: <http://fazenda.gov.br/orgaos/coaf/arquivos/as-recomendacoes-gafi>. Acesso em: 27 ago. 2019.

[74] Assim dispõe o artigo 11, III e §2º da Lei 9.613/1998:
"As pessoas referidas no art. 9º:
III – deverão comunicar ao órgão regulador ou fiscalizador da sua atividade ou, na sua falta, ao UIF (COAF), na periodicidade, forma e condições por eles estabelecidas, a não ocorrência de propostas, transações ou operações passíveis de serem comunicadas nos termos do inciso II.
§ 2º As comunicações de boa-fé, feitas na forma prevista neste artigo, não acarretarão responsabilidade civil ou administrativa."

[75] "Art. 15. O COAF comunicará às autoridades competentes para a instauração dos procedimentos cabíveis, quando concluir pela existência de crimes previstos nesta Lei, de fundados indícios de sua prática, ou de qualquer outro ilícito"
BRASIL. *Lei nº 9.613, de 03 de março de 1998.* Dispõe sobre os crimes de "lavagem" ou ocultação de bens, direitos e valores; a prevenção da utilização do sistema financeiro para os ilícitos previstos nesta Lei; cria o Conselho de Controle de Atividades Financeiras – COAF, e dá outras providências, [1998]. Disponível em: <http://www.planalto.gov.br/ccivil_03/Leis/L9613.htm>. Acesso em: 05 ago. 2019.

para a investigação criminal, requisição de medidas cautelares e, – em virtude da proteção ao sigilo bancário – a responsabilidade de requerer a quebra de sigilo bancário.

Em que pese a Lei de Lavagem de Dinheiro atribuir às pessoas obrigadas (integrantes dos setores sensíveis) o dever de atender requisições de informações pela UIF (COAF), cabe a elas, entretanto, ainda preservar o sigilo das informações (artigo 10, V, Lei 9.613/98)[76].

Portanto, apesar da intensa troca de informações que as instituições pertencentes aos setores sensíveis estão obrigadas, a proteção ao sigilo de dados bancários ainda deverá ser observada, nos termos da Lei do Sigilo Bancário.

Cabe ressaltar que, ainda que a UIF (COAF) solicite às entidades obrigadas o envio de informações, estas deverão ser enviadas mesmo que desacompanhadas de ordem judicial. Contudo, as informações protegidas por sigilo legal ou constitucional ainda exigem autorização do Judiciário.[77]

Destaca-se neste quadro que o BACEN, como regulador e organizador do SFN e membro do plenário da UIF (COAF), em sua atuação na prevenção e repressão de operações suspeitas, pode ter acesso a dados privados das pessoas envolvidas em tais operações, respeitando o dever de sigilo que lhe compete. Nesta lógica, a UIF (COAF) também poderá obter informações sem que seja caracterizada a violação de sigilo, pois respalda-se nas hipóteses previstas no artigo 2º, §6º da Lei de Sigilo Bancário[78].

[76] "Art. 10. As pessoas referidas no art. 9º:
(...).
V – deverão atender às requisições formuladas pelo COAF na periodicidade, forma e condições por ele estabelecidas, cabendo-lhe preservar, nos termos da lei, o sigilo das informações prestadas."
BRASIL. *Lei nº 9.613, de 03 de março de 1998.* Dispõe sobre os crimes de "lavagem" ou ocultação de bens, direitos e valores; a prevenção da utilização do sistema financeiro para os ilícitos previstos nesta Lei; cria o Conselho de Controle de Atividades Financeiras – COAF, e dá outras providências, [1998]. Disponível em: <http://www.planalto.gov.br/ccivil_03/Leis/L9613.htm>. Acesso em: 05 ago. 2019.

[77] BADARÓ, Gustavo Henrique. BOTTINI, Pierpaolo Cruz. *Lavagem de Dinheiro – aspectos penais e processuais penais.* São Paulo: Revista dos Tribunais, 3ª Ed., 2016, p. 48-49.

[78] "Art. 2º O dever de sigilo é extensivo ao Banco Central do Brasil, em relação às operações que realizar e às informações que obtiver no exercício de suas atribuições.
§ 6º O Banco Central do Brasil, a Comissão de Valores Mobiliários e os demais órgãos de fiscalização, nas áreas de suas atribuições, fornecerão ao Conselho de Controle de Atividades Financeiras – UIF (COAF), de que trata o art. 14 da Lei no 9.613, de 3 de março de 1998, as

No mesmo sentido, este posicionamento é corroborado por Barros, que reconhece que a UIF (COAF) poderá obter informações sigilosas sem a necessidade de autorização judicial. Cita ainda, que o sigilo das operações financeiras é ampliado ao passo que envolve indícios de lavagem de dinheiro:

> Logo, a flexibilização do sigilo nas investigações bancárias e financeiras é realmente ampla. Ela atinge seu ápice no ponto em que o BACEN, a CVM e os demais órgãos reguladores devem fornecer ao COAF as informações cadastrais e de movimento de valores relativos às operações que, nos termos de instruções emanadas das autoridades competentes, possam constituir-se em "sérios indícios" dos crimes previstos na Lei de Lavagem, ou que com eles relacionar-se [art. 2º, §6º, LC 105/2001][79].

Neste caso, ante a liberalidade da UIF (COAF) requerer à Administração Pública informações pessoais tuteladas pelo direito à vida privada, para que este órgão fiscalizatório proceda às análises que entender necessárias, nota-se a prevalência do interesse público em detrimento de dados pertencentes à esfera privada dos indivíduos investigados, mas sem que tal procedimento acarrete a violação do sigilo.[80]

informações cadastrais e de movimento de valores relativos às operações previstas no inciso I do art. 11 da referida Lei."
BRASIL. *Lei Complementar nº 105, de 10 de janeiro de 2001.* Dispõe sobre o sigilo das operações de instituições financeiras e dá outras providências. Brasília, DF: Presidente da República, [2001]. Disponível em: <http://www.planalto.gov.br/ccivil_03/LEIS/LCP/Lcp105.htm>, acesso em 05 ago. 2019.

[79] BARROS, Marco Antonio de. *Lavagem de Capitais*: crimes, investigação, Procedimento Penal e Medidas Preventivas. Curitiba: Juruá Editora, 2017, p. 234.

[80] BARROS, Marco Antonio de. *Lavagem de Capitais*: crimes, investigação, Procedimento Penal e Medidas Preventivas. Curitiba: Juruá Editora, 2017, p. 224-225: "Ao COAF a Lei atribuiu o poder requisitório de obtenção das informações e dados relacionados com o sistema antilavagem (identificação dos clientes, cadastro e registro das operações realizadas), a ser exercido junto aos sujeitos-obrigados, diretamente e sem intervenção do Judiciário. Espera o legislador, nesse campo das medidas antilavagem, que as diligências e investigações feitas em caráter sigiloso possam produzir o positivo resultado de desvendar a verdade sobre os fatos, além de propiciar a obtenção de elementos necessários para embasar outras providências coercitivas assecuratórias. (...). Referida norma atinge interesses pertencentes ao cliente, especialmente no tocante ao resguardo das garantias constitucionais que asseguram a intimidade e a inviolabilidade do sigilo dos seus dados pessoais [art. 5, X e XII, CF]". Prossegue o autor: "Satisfaz recordar, em curtas palavras, que o sigilo de natureza bancária, pela tradição costumeira,

Portanto, verifica-se que o sigilo de dados, compreendido como um dos direitos fundamentais do indivíduo, está situado em um contexto de crescente desenvolvimento de políticas de prevenção e repressão ao crime de lavagem de dinheiro e à implementação de regras de colaboração público-privada. De tal modo, apesar de existirem restrições ao compartilhamento de dados, estes não são opostos perante autoridades fiscalizadoras em seu âmbito de atuação na vigilância do sistema financeiro nacional[81].

Já na hipótese de compartilhamento do RIF pela UIF (COAF) com os órgãos do sistema de justiça, notadamente os de persecução criminal, sem prévia autorização judicial, entendemos que é compatível com a regulação disposta na Lei Complementar nº 105/2001, e pelos seguintes fundamentos:

1º. Os compromissos internacionais assumidos pelo Brasil nas Convenções das Nações Unidas contra o Financiamento ao Terrorismo (art. 12), Crime Organizado Transnacional (art. 12) e Corrupção (art. 40), prescrevem que o sigilo bancário não pode constituir um obstáculo na sua prevenção e repressão;

2º. A atividade de inteligência financeira desenvolve-se no contexto da prevenção e da repressão à lavagem de dinheiro, e nesse sentido, o compartilhamento com os órgãos de investigação criminal, seja o Ministério Público ou a polícia judiciária, legitima o uso da informação de forma compatível com as atribuições destes. O que não elimina a liberdade de convencimento desses órgãos quanto à pertinência e relevância do conteúdo;

3º. A Lei Complementar nº 105/2001, que trata do sigilo bancário no Brasil, prevê em seu art. 2º, §6º, que o Banco Central, a Comissão de Valores Mobiliários, e demais órgãos fiscalizadores do sistema financeiro, fornecerão informações sobre dados cadastrais e movimentação de valores ao COAF, para os fins da Lei nº 9.613/98, ou seja, para que o COAF cumpra a sua função de prevenção e repressão à lavagem de dinheiro, notadamente

sempre configurou razoável entrave para as investigações realizadas pela Polícia, visto existirem outros diplomas legais que impõem severas sanções àquele que rompe o sigilo. (...). Mas, o certo é que o tradicional rigor do sigilo bancário e financeiro, outrora considerado verdadeiro estorvo para a investigação de crimes transnacionais, perdeu terreno e cedeu espaço a uma nova política criminal (...). Mas a evidência incontestável dessa política criminal se encontra explicitada na sistemática estabelecida pela Lei Complementar 105/2001, mediante a qual o legislador cumpriu o comando previsto no art. 192 da CF/88".

[81] BARROS, Marco Antonio de. *Lavagem de Capitais*: crimes, investigação, Procedimento Penal e Medidas Preventivas. Curitiba: Juruá Editora, 2017, p. 126-128.

quando compartilhar o Relatório de Informação Financeira com os órgãos de investigação criminal.

A utilidade da inteligência financeira no processo penal, tanto na fase pré-processual como judicial, justifica-se pela necessidade de se saber quem são as pessoas, quais são as organizações, os respectivos processos, o caminho do dinheiro, as transações financeiras, os beneficiários, que podem ou não levar a uma investigação criminal[82].

E nesse sentido, parece-nos adequado o compartilhamento entre a Unidade de Inteligência Financeira e os órgãos do sistema de justiça criminal, sem a necessidade de prévia autorização judicial, de forma compatível com o regramento dispensado dado pela LC 105/01 ao sigilo bancário.

Conclusões

As duas perguntas propostas no estudo foram respondidas.

Primeiramente, verificou-se que o sistema financeiro nacional está adequado aos compromissos internacionais firmados pelo Brasil para a prevenção e repressão à lavagem dinheiro, não somente do ponto de vista regulatório em relação ao sigilo bancário, mas principalmente a sua governança.

Em segundo lugar, tem-se que o sigilo bancário não constitui uma barreira ao monitoramento das operações suspeitas de lavagem de dinheiro, realizado pela Unidade de Inteligência Financeira brasileira, o COAF – Conselho de Controle de Atividades Financeiras. Em particular, o compartilhamento do Relatório de Inteligência Financeira com os órgãos de persecução criminal possui fundamento legal e não constitui quebra ilegal do sigilo bancário.

Há aderência e harmonia entre o modelo normativo e organizacional brasileiro com as recomendações internacionais do GAFI/FAFT, em particular com os parâmetros para o desenvolvimento de políticas preventivas à lavagem de dinheiro.

Observa-se que tais medidas de cooperação impactam diretamente as instituições financeiras, em virtude da sensibilidade de seu campo de

[82] LYMAN, Michael D., POTTER, Gary W. *Organized Crime*. New Jersey. 4a. Edição. 2007, p. 426.

atuação. Pertencentes aos setores sensíveis, as instituições financeiras usualmente são utilizadas para o encobrimento da prática de lavagem de dinheiro, ao passo que os agentes da lavagem procuram reinserir os fundos provenientes de atividades ilícitas no sistema financeiro e, por meio de diversas transações financeiras, auferir aparência lícita a tais ativos.

Como medidas de prevenção à prática de lavagem de dinheiro, tem especial importância a comunicação de atividades suspeitas às autoridades públicas, factível por meio das políticas *know your customer* (identificação dos clientes e manutenção de cadastro atualizado), e a adoção de políticas de conformidade, consubstanciadas em programas de *compliance* e controles internos compatíveis com a sua natureza, porte e volume de operações realizadas pelas instituições financeiras.

A obrigação de confidencialidade que a Lei Complementar nº 105/2001 estabelece às instituições financeiras deve se equilibrar com a necessidade de tutela do interesse público, traduzida na preocupação com a prevenção, controle e repressão à lavagem de dinheiro. Deve existir certa valoração entre os limites do sigilo bancário e as políticas de combate e prevenção à lavagem de dinheiro, provendo o diálogo entre o interesse do Poder Público e outros direitos constitucionalmente assegurados.

A comunicação de atividades suspeitas às autoridades competentes para a sua averiguação não implica a quebra do sigilo bancário, visto que não importam, necessariamente, na divulgação dos dados sigilosos das pessoas e das transações envolvidas ao público. O acesso a tais dados permanece restrito apenas às partes envolvidas nas operações suspeitas – a Lei 9.613/1998, inclusive, estabelece que as instituições financeiras na comunicação de operações suspeitas à UIF (COAF) deverão se abster de dar ciência a qualquer pessoa, até mesmo àquela a qual se refira a informação. Além do mais, a própria Lei Complementar nº 105/2001 prescreve que o fornecimento de informações relativas a práticas ilícitas penais ou administrativas às autoridades públicas competentes não constituem violação ao dever de sigilo ao qual devem observar.

Nesse sentido, infere-se que a Administração Pública não possui livre discricionariedade no acesso de informações sigilosas prestadas pelas as instituições financeiras e pelos órgãos competentes, em razão de sua proteção constitucional. E, nos casos em que as autoridades competentes sejam acionadas para a verificação de ilícitos, nos termos acima, da mesma forma deverão observar o aspecto sigiloso das informações que receberem.

Portanto, conclui-se que o sigilo de dados bancários, como direito fundamental, não é violado diante das funções de fiscalização dos órgãos do Poder Público em sua atuação no combate ao crime de lavagem de dinheiro, estando em consonância com os diversos diplomas internacionais sobre o tema. A comunicação de tais dados não desrespeita a sua proteção constitucional, ao passo que constitui hipótese de não caracterização da quebra de sigilo, pois trata-se de indícios do cometimento de atos ilícitos.

Verifica-se que o aparente contraponto entre a manutenção do sigilo de dados, especialmente o bancário, não representa qualquer óbice ao prosseguimento de investigações às atividades de lavagem de dinheiro, ao passo que as legislações sobre o tema, de maneira sincronizada e pertencentes a um contexto de desenvolvimento de técnicas e políticas de prevenção ao delito, permitem o compartilhamento de informações relativas à vida privada dos indivíduos em prol do interesse público.

Por fim, conclui-se que o sigilo de dados, compreendido como um dos direitos fundamentais do indivíduo, está situado em um contexto de crescente desenvolvimento de políticas de repressão ao crime de lavagem de dinheiro e à implementação de regras de colaboração público-privada. De tal modo, apesar de existirem restrições ao compartilhamento de dados, estes não são oponíveis perante autoridades fiscalizadoras em seu âmbito de atuação na vigilância do sistema financeiro nacional.

Referências

ALBUQUERQUE, Roberto Chacon. "Lavagem de Dinheiro nas Operações Financeiras Veiculadas pela Internet". *Revista de Direito Bancário e do Mercado de Capitais*, v. 23, p. 397-414, jan. 2004.

AMERICAN BANKERS ASSOCIATION. *Bank Secrecy Act*. Disponível em: <https://www.aba.com/banking-topics/compliance/acts/bank-secrecy-act>. Acesso em 27 ago. 2019.

ANSELMO, Márcio Adriano. "O Banco Central e a Nova Regulamentação da Prevenção à Lavagem de Dinheiro no âmbito do Sistema Financeiro: Anatomia da Circular 3.461/2009". *Revista de Direito Bancário e do Mercado de Capitais*, v. 50/2010, p.126-156, out. 2010.

ÁVILA, Ana Paula Oliveira; WOLOSZYN, André Luis. "A tutela jurídica da privacidade e do sigilo na era digital: doutrina, legislação e jurisprudência". *Revista de Investigações Constitucionais*, Curitiba, vol. 4, n. 3, p. 167-200, set./dez. 2017. DOI: 10.5380/rinc.v4i3.51295.

BADARÓ, Gustavo Henrique. BOTTINI, Pierpaolo Cruz. *Lavagem de Dinheiro*: aspectos penais e processuais penais. São Paulo: Revista dos Tribunais, 3ª Ed., 2016.

BANCO CENTRAL DO BRASIL. *Composição e Segmentos do Sistema Financeiro Nacional*. Brasília, DF: Banco Central do Brasil, [2019]. Disponível em: <https://www.bcb.gov.br/pre/composicao/composicao.asp>. Acesso em: 05 ago. 2019.

______. *Medida Provisória transforma UIF (COAF) na Unidade de Inteligência Financeira vinculada ao Banco Central*. Notícias. Brasília, DF: Banco Central do Brasil, [2019]. Disponível em: <https://www.bcb.gov.br/detalhenoticia/16830/nota>. Acesso em 03 set. 2019.

______. *Resolução nº 4.595, de 28 de agosto de 2017*. Dispõe sobre a política de conformidade (compliance) das instituições financeiras e demais instituições autorizadas a funcionar pelo Banco Central do Brasil. Brasília: Presidente do Banco Central do Brasil, 2017. Disponível em: <https://www.bcb.gov.br/pre/normativos/busca/downloadNormativo.asp?arquivo=/Lists/Normativos/Attachments/50427/Res_4595_v1_O.pdf>. Acesso em: 05 ago. 2019.

______. *Recomendações de Basileia*. Brasília, DF: Banco Central do Brasil, [2019]. Disponível em: <https://www.bcb.gov.br/estabilidadefinanceira/recomendacoesbasileia>. Acesso em: 27 ago. 2019.

BARROS, Marco Antonio de. *Lavagem de Capitais*: crimes, investigação, Procedimento Penal e Medidas Preventivas. Curitiba: Juruá Editora, 2017.

BELLOQUE, Juliana Garcia. *Sigilo Bancário*: análise crítica da LC 105/2001. São Paulo: Revista dos Tribunais, 2003.

BIERSTECKER, Thomas J., ECKERT, Sue E., ROMANIUK, Peter. "International Initiatives to combat the financing of terrorism". In: BIERSTECKER, Thomas J., ECKERT, Sue E. *Countering the financing of terrorism*. New York: Routledge, p. 231-259, 2008.

BONFIM, Marcia Monassi Mougenot. BONFIM, Edilson Mougenot. *Lavagem de Dinheiro*. São Paulo: Malheiros, 2ª Ed., 2008.

BRANCO, Tales Castelo. "Sistema Financeiro e Combate à Lavagem de Dinheiro". *Revista de Direito Bancário e do Mercado de Capitais*, v. 53, p.311, jul. 2011.

BRASIL. [Constituição (1988)]. *Constituição da República Federativa do Brasil de 1988*. Brasília, DF: Presidência da República, [2019]. Disponível em: <http://www.planalto.gov.br/ccivil_03/Constituicao/Constituicao.htm>. Acesso em: 05 ago. 2019.

______. *Decreto nº 154, de 26 de junho de 1991*. Promulga a Convenção Contra o Tráfico Ilícito de Entorpecentes e Substâncias Psicotrópicas. Brasília, DF: Presidência da República, [1991]. Disponível em: <http://www.planalto.gov.br/ccivil_03/decreto/1990-1994/d0154.htm>. Acesso em: 05 ago. 2019.

______. *Decreto nº 5.015, de 12 de março de 2004*. Promulga a Convenção das Nações Unidas contra o Crime Organizado Transnacional. Brasília, DF: Presidência da República, [2004]. Disponível em: <http://www.planalto.gov.br/ccivil_03/_ato2004-2006/2004/decreto/d5015.htm>. Acesso em: 05 ago. 2019.

______. *Estratégia Nacional de Combate à Corrupção e à Lavagem de Dinheiro*: Quem somos. Brasília, DF: Estratégia Nacional de Combate à Corrupção e à Lavagem de Dinheiro, [2019]. Disponível em: <http://enccla.camara.leg.br/quem-somos>. Acesso em: 05 ago. 2019.

______. *Lei Complementar nº 105, de 10 de janeiro de 2001*. Dispõe sobre o sigilo das operações de instituições financeiras e dá outras providências. Brasília, DF: Presidente da República, [2001]. Disponível em: <http://www.planalto.gov.br/ccivil_03/LEIS/LCP/Lcp105.htm>. Acesso em: 05 ago. 2019.

______. *Lei nº 4.595, de 31 de dezembro de 1964*. Dispõe sobre a Política e as Instituições Monetárias, Bancárias e Creditícias, cria o Conselho Monetário Nacional e dá outras providências, [1964]. Disponível em: <http://www.planalto.gov.br/ccivil_03/leis/L4595.htm>. Acesso em: 05 ago. 2019.

______. *Lei nº 9.613, de 03 de março de 1998*. Dispõe sobre os crimes de "lavagem" ou ocultação de bens, direitos e valores; a prevenção da utilização do sistema financeiro para os ilícitos previstos nesta Lei; cria o Conselho de Controle de Atividades Financeiras – COAF, e dá outras providências, [1998]. Disponível em: <http://www.planalto.gov.br/ccivil_03/Leis/L9613.htm>. Acesso em: 05 ago. 2019.

______. *Medida Provisória nº 893, de 19 de agosto de 2019*. Transforma o Conselho de Controle de Atividades Financeiras na Unidade de Inteligência Financeira. Brasília, DF: Presidência da República, [2019]. Disponível em: <http://www.planalto.gov.br/ccivil_03/_Ato2019-2022/2019/Mpv/mpv893.htm#art15>. Acesso em: 03 set. 2019.

______. Ministério da Economia. *Atuação internacional em PLD/FT*. Brasília: Ministério da Economia. Disponível em: <http://www.fazenda.gov.br/assuntos/atuacao-internacional/prevencao-e-combate-a-lavagem-de-dinheiro-e-ao-financiamento-do-terrorismo>. Acesso em: 14 ago. 2019.

______. Ministério da Economia. *Conselho de Controle de Atividades Financeiras – COAF*: Plenário COAF. Brasília, DF: Ministério da Economia, [2019]. Disponível em: <http://fazenda.gov.br/acesso-a-informacao/institucional/estrutura-organizacional/conselho-de-controle-de-atividades-financeiras-coaf>. Acesso em: 05 ago. 2019.

______. Ministério da Economia. Grupo de Ação Financeira contra a Lavagem de Dinheiro e o Financiamento ao Terrorismo (GAFI/FAFT). *As Recomendações do GAFI*. Brasília: Ministério da Economia. Disponível em: <http://fazenda.gov.br/orgaos/coaf/arquivos/as-recomendacoes-gafi>. Acesso em: 05 ago. 2019.

______. Ministério da Economia. *Grupo de Ação Financeira contra a Lavagem de Dinheiro e o Financiamento ao Terrorismo (GAFI/FAFT)*. Brasília: Ministério da Economia. Disponível em: <http://www.fazenda.gov.br/assuntos/atuacao-internacional/prevencao-e-combate-a-lavagem-de-dinheiro-e-ao-financiamento-do-terrorismo/gafi>. Acesso em: 13 ago. 2019.

______. Ministério da Economia. *Inteligência Financeira*. Brasília: Ministério da Economia. Disponível em: <http://fazenda.gov.br/assuntos/prevencao-lavagem-dinheiro/inteligencia-financeira>. Acesso em: 05 ago. 2019.

______. Ministério da Economia. *Prevenção à lavagem de dinheiro e combate ao financiamento do terrorismo*: Fases da Lavagem de Dinheiro. Brasília, DF: Ministério da Economia, [2019]. Disponível em: <http://www.fazenda.gov.br/assuntos/prevencao-lavagem-dinheiro>. Acesso em: 05 ago. 2019.

______. Supremo Tribunal Federal (2. Turma). *Agravo de Instrumento 655.298/SP*. Controvérsia decidida à luz das normas infraconstitucionais. O sigilo bancário é espécie de direito à privacidade protegido pela Constituição Federal de 1988. Direito não absoluto que deve ceder diante do interesse público. Agravante: Ubirajara dos Santos Macieira. Agravado: União. Relator: Min. Eros Grau, 28 de setembro de 2007. Disponível em: <http://portal.stf.jus.br/processos/detalhe.asp?incidente=2507955>. Acesso em: 05 ago. 2019.

______. Supremo Tribunal Federal. *Plenário define tese sobre compartilhamento de dados financeiros sem autorização judicial.* Brasília, DF: Supremo Tribunal Federal, [2019]. Disponível em: <http://portal.stf.jus.br/noticias/verNoticiaDetalhe.asp?idConteudo=431690&ori=1>. Acesso em: 05 jan. 2020.

______. Supremo Tribunal Federal. Imprensa. *Presidente do STF determina suspensão nacional de processos sobre compartilhamento de dados fiscais sem autorização judicial.* Brasília, DF: Supremo Tribunal Federal, [2019]. Disponível em: <http://portal.stf.jus.br/noticias/verNoticiaDetalhe.asp?idConteudo=416656>. Acesso em: 24 jul. 2019.

______. Supremo Tribunal Federal (Tribunal Pleno). *Recurso Extraordinário 418.416/SC.* Proteção constitucional ao sigilo das comunicações de dados. A proteção constitucional à privacidade recai sobre a comunicação de dados, e não os dados em si. Recorrente: Luciano Hang. Recorrido: Ministério Público Federal. Relator: Min. Sepúlveda Pertence, 10 de maio de 2006. Disponível em: <http://portal.stf.jus.br/processos/detalhe.asp?incidente=2205705>. Acesso em: 10 ago. 2019.

______. Supremo Tribunal Federal. *Repercussão Geral. Tema 990.* Brasília, DF: Supremo Tribunal Federal, [2020]. Disponível em: <http://www.stf.jus.br/portal/jurisprudenciaRepercussao/verAndamentoProcesso.asp?incidente=5213056&numeroProcesso=1055941&classeProcesso=RE&numeroTema=990>. Acesso em 05 jan. 2020.

DIPP, Gilson Langaro. "Crimes Econômicos: Aspectos Práticos e Jurídicos". *Revista de Direito Bancário e do Mercado de Capitais,* v. 32/2006, p. 7-14, abr. 2006.

EGMOUNT GROUP. *Informações do Grupo.* Disponível em: <https://egmontgroup.org/en/content/about>. Acesso em: 01 ago. 2019.

EUROPEAN COURT OF HUMAN RIGHTS. *Convenção Europeia para a Proteção dos Direitos Humanos e das Liberdades Fundamentais.* Disponível em: <https://www.echr.coe.int/Documents/Convention_POR.pdf>. Acesso em: 27 ago. 2019.

FINANCIAL ACTION TASK FORCE (FAFT). *Who we are.* Disponível em: <https://www.fatf-gafi.org/about/>. Acesso em 13 ago. 2019.

FERRARI, Eduardo Reale. "As Agências Oficiais Norte-Americanas e o Combate à Criminalidade Internacional". *Doutrinas Essenciais de Direito Penal,* v. 1, p.719-736, out. 2010.

FERRAZ JR., Tércio Sampaio. "Sigilo de Dados: O direito à Privacidade e os Limites à Função Fiscalizadora do Estado". São Paulo: Universidade de São Paulo, *Revista da Faculdade de Direito,* 1993, p. 442, 439-440, 447 e 457. Disponível em: <http://www.journals.usp.br/rfdusp/article/download/67231/69841>. Acesso em 02 nov. 2018.

LYMAN, Michael D., POTTER, Gary W. *Organized Crime.* New Jersey, 4a. Edição, 2007.

LORENCINI, Bruno César. "O Sigilo Bancário e Fiscal à Luz do Direito à Privacidade e Hipóteses de Relativização". *Doutrinas Essenciais de Direito Tributário,* v. 6, p.907-934, fev. 2011.

SALOMÃO NETO, Eduardo. *Direito Bancário.* São Paulo: Atlas, 2ª Ed., 2014.

SOUZA, Luciano Anderson de. "Criminal Compliance e as Novas Feições do Direito Penal Econômico". *Revista de Direito Bancário e do Mercado de Capitais,* v. 59, p.281-301, jan. 2013.

SUXBERGER, Antonio Henrique Graciano e PASIANI, Rochele Pestana Ribeiro. "O papel da inteligência financeira na persecução dos crimes de lavagem de dinheiro e ilícitos relacionados". *Revista Brasileira de Políticas Públicas.* Volume 8. N. 1. p. 291-315, Abril/2018.

TOLEDO, Paulo Fernando Campos Salles. "Sigilo Bancário". *Revista de Direito Bancário e do Mercado de Capitais,* São Paulo, v. 52, p. 77-125 abr. jun./2011.

VALADÃO, Marcos Aurélio Pereira. ARRUDA, Henrique Porto de. "Direitos fundamentais, privacidade, intimidade, sigilo bancário e fiscal, e o consenso internacional". Ceará: *Revista do Programa de Pós-Graduação em Direito – UFC,* 2014, v. 24, n.2, ISSN 1807-3840. Disponível em: <http://www.periodicos.ufc.br/nomos/article/view/1226>. Acesso em 16 out. 2018.

6. Entre Fantasmas e "Rachadinhas": as Consequências Penais dos Atos de Desvio, Recebimento ou Apropriação de Valores de Remuneração de Cargos em Comissão

Olavo Evangelista Pezzotti
Luiza Cristina Fonseca Frischeisen

Introdução

É cediço que cargos em comissão são de livre nomeação e exoneração, a critério da autoridade nomeante. O problema é que, na prática, esse fator pode dar ensejo a favorecimentos pessoais e desvios de finalidade, razão pela qual não são raros os episódios em que cargos em comissão se apresentam como o elemento central de fraudes que implicam prejuízo ao erário e enriquecimento sem causa.

Dentre os mais comuns expedientes fraudulentos, destacam-se: a) a nomeação de "funcionários fantasmas" que, investidos formalmente em cargo em comissão, não exercem suas atribuições legais, repassando parte ou a integralidade da remuneração à autoridade nomeante; b) a cobrança, pela autoridade nomeante, de valor correspondente a parcela da remuneração do servidor comissionado, como condição à permanência no cargo; c) nomeação de indivíduo com o simples propósito de favorecer o servidor que, investido no cargo, não exerce suas funções, mas recebe integralmente a remuneração correspondente, sem repasse à autoridade nomeante[1];

[1] Tal hipótese não se confunde com a primeira, em que a investidura fraudulenta viabiliza o enriquecimento ilícito da própria autoridade nomeante. A distinção é tão relevante que, na

d) nomeação de empregado particular para cargo em comissão, para que sua remuneração por serviços privados seja custeada pelo erário.

O presente artigo tem como objetivo analisar essas e outras fraudes que circundam os cargos em comissão, indicando as suas consequências penais. Para tanto, estudam-se elementares dos tipos penais teoricamente aplicáveis, com foco exclusivo em aspectos que podem dar ensejo a controvérsias. Mais além, analisam-se os precedentes judiciais sobre o tema, adotando-se especial viés crítico em relação ao que se tem decidido em circunstâncias similares às descritas no item "c" do parágrafo antecedente.

Em certas passagens, realizam-se breves incursões por conceitos de direito administrativo que repercutem diretamente sobre o objeto de estudo. Trata-se de medida necessária. Recordam Eugenio Raul Zaffaroni e José Henrique Pierangeli, por exemplo, que a excludente de antijuridicidade prevista no art. 23, III, do Código Penal, sob o *nomen juris* de "exercício regular de direito", pode pressupor uma análise da ordem jurídica considerada em sua globalidade[2].

Como os cargos em comissão são de livre nomeação e exoneração, houve necessidade de se estabelecer, em determinados pontos, os limites da discricionariedade do administrador, desenhando-se barreiras que, acaso transpostas, tornam o exercício do direito abusivo ou ilícito, não "regular", distanciando a conduta do agente do alcance de causas justificantes. Daí a necessidade de trânsito, neste estudo, pelas searas do direito administrativo.

No plano conceitual, um esclarecimento preliminar se faz necessário. Ao longo do artigo, empresta-se uma significação ampla ao termo "autoridade nomeante", para abranger o agente público que tem o poder de indicar o servidor que será nomeado. Assim deve ser porque, em determinadas estruturas administrativas, é possível que a autoridade à qual ficará subordinado o servidor comissionado não detenha competência para formalizar o ato de nomeação. Em circunstâncias tais, é da praxe administrativa que o provimento só ocorra por indicação do agente público diretamente interessado, sem o que não se pratica qualquer ato de investidura[3]. Considerada

prática, as duas situações têm sido tratadas de maneira diametralmente opostas na jurisprudência, como se verá ao longo do artigo.

[2] ZAFFARONI, Eugenio Raul; PIERANGELI, José Henrique. *Direito Penal Brasileiro*. Parte Geral. 4ª Ed. São Paulo: Revista dos Tribunais, 2002, p. 576.

[3] Assim ocorre, por exemplo, em relação aos assistentes jurídicos do Tribunal de Justiça

essa espécie de estruturação administrativa, deve-se compreender que aquele que possui a prerrogativa de indicar o servidor ocupante de cargo em comissão detém a disponibilidade jurídica dos valores da respectiva remuneração, como se esclarecerá adiante[4].

Ao leitor que atua como operador do direito, recomenda-se a leitura integral do artigo. Embora possa ser tentador o acesso direto ao tópico relacionado a eventual caso concreto, adverte-se que as premissas teóricas estabelecidas em tópicos antecedentes não são reproduzidas nos subsequentes, evitando-se, na medida do possível, repetições desnecessárias. Desta feita, apenas a leitura integral compreenderá a totalidade dos raciocínios que os autores empregaram para as hipóteses abaixo retratadas, as quais possuem importantes pontos de interconexão.

Por fim, embora as discussões aqui trazidas estejam em voga, especialmente pela cobertura jornalística de casos envolvendo notórios agentes políticos brasileiros, não se encontra na doutrina trabalhos específicos que se ocupem do objeto de estudo. Contudo, esses debates sempre permearam a prática jurídica, o que justifica a preponderância de fontes de pesquisa de natureza jurisprudencial, diante de um menor volume de fontes doutrinárias.

do Estado de São Paulo que, embora nomeados por ato do Presidente da Corte, são indicados pelo magistrado diretamente interessado. Sem a indicação daquele que será o superior hierárquico do servidor, não há investidura. É o que dispõe, por exemplo, o art. 4º da Lei n. 7.451/91: "O Assistente Jurídico será nomeado em comissão pelo Presidente do Tribunal de Justiça, mediante indicação do Desembargador interessado".

[4] Em caso concreto, assim se posicionou o Supremo Tribunal Federal: "É de conhecimento geral que o procedimento administrativo comum que resulta na nomeação de pessoas para ocuparem funções comissionadas em gabinetes parlamentares passa primeiro pela indicação do deputado titular daquele gabinete. Portanto, ainda que o acusado não tenha exercido cargo na Mesa Diretora da Assembleia Legislativa, a qual tem a competência para nomear e exonerar servidores, depreende-se da leitura da denúncia que sua atuação foi de indicar tais servidores aos referidos cargos, contribuição esta que, a princípio, é inerente à posição de autoridade que ele ocupava como deputado estadual titular do gabinete (STF. Inq 2952, Relator(a): Min. GILMAR MENDES, Segunda Turma, julgado em 11/11/2014, ACÓRDÃO ELETRÔNICO DJe-244 DIVULG 11-12-2014 PUBLIC 12-12-2014)".

1. O alcance do termo "posse em razão do cargo" para fins de caracterização do crime de peculato

O art. 312 do Código Penal Brasileiro criminaliza a conduta do funcionário público que se apropriar de dinheiro, valor ou qualquer outro bem móvel, público ou particular, de que tem a posse em razão do cargo, ou que desviá-lo, em proveito próprio ou alheio. Do tipo penal, portanto, extraem-se duas modalidades de peculato, denominadas doutrinariamente peculato-desvio e peculato-apropriação.

Conceitualmente, no peculato-apropriação, o agente que, a princípio, detém uma posse precária do objeto material do crime – única e exclusivamente em razão do cargo, inverte o título da posse e passa a "dispor da coisa *uti dominus*, retendo-a como sua, alienando-a, especificando-a, consumindo-a, etc."[5].

Já no peculato-desvio, o funcionário público, "embora sem *animus rem sibi habendi*, emprega a coisa em fim diverso daquele para o qual lhe estava confiada (ex: empresta, com ou sem juro, o dinheiro recebido *ratione offici*, ao invés de recolhê-lo ao erário)"[6]. A essência do peculato-desvio é o emprego da coisa no interesse próprio ou de outrem. Se o desvio ocorre em favor do próprio ente público, mas em desacordo com determinações legais, o que se caracteriza é o crime de emprego irregular da verba (art. 315, CP)[7].

Diante da retomada dessas noções conceituais, não se pretende promover, neste tópico, uma leitura exauriente de todas as elementares do tipo penal. As considerações tecidas a seguir tocam especialmente o alcance do termo "posse em razão do cargo", que dá ensejo a controvérsias que têm impacto direto sobre o presente estudo.

Feito esse delineamento, tem-se inicialmente que a relação de posse com o objeto do delito, prevista no tipo penal, deve ser contemporânea à prática da conduta nuclear[8]. Assim, se o servidor público não detiver a

[5] HUNGRIA, Nelson. *Comentários ao Código Penal.* Vol. IX. 2ª ed. Rio de Janeiro: Forense, 1959, p. 335.

[6] Idem, p. 336.

[7] MIRABETE, Julio Fabbrini; FABBRINI, Renato Nascimento. *Manual de Direito Penal.* Vol. III. Parte Especial. 28ª Ed. São Paulo: Atlas, 2014, p. 281.

[8] Em sentido semelhante, defendendo a necessidade de preexistência da posse: "o peculato pressupõe no agente a preexistência da legítima posse precária ou em confiança, da *res mobilis* de que se apropria, ou desvia do fim a que era destinada. A posse antecedente da coisa e a

posse atual da coisa quando da prática do desvio ou da apropriação, não será possível falar-se em peculato, em qualquer das duas modalidades previstas no *caput* do art. 312. Por outro lado, se a posse for posterior e obtida em razão de subtração, restará caracterizado o crime de "peculato-furto" (art. 312, §1º).

Ainda, diante da ausência de relação de posse prévia entre o funcionário e a *res*, é possível configurar-se estelionato na modalidade prevista no art. 171, §3º, do Código Penal, se a administração, induzida em erro por artifício, ardil ou outro meio fraudulento, entrega voluntariamente a coisa ao agente que, então, obtém vantagem ilícita.

É questão central, portanto, para um preciso enquadramento típico das hipóteses retratadas neste artigo, esclarecer se a autoridade nomeante ou o agente público que ocupa um cargo em comissão detém a posse prévia dos valores pagos pela administração pública a título de remuneração. Em caso negativo, as modalidades fundamentais do peculato não podem se caracterizar, nem mesmo em tese.

Paralelamente, pode-se afirmar, de antemão, que, pela prática das condutas aqui estudadas, não poderá incidir a figura típica prevista no art. 312, §1º, do Código Penal (peculato-furto), pois jamais haverá **subtração** de salários, mesmo que se entenda pela inexistência de posse prévia. Em verdade, os valores da remuneração são incorporados ao patrimônio do titular do cargo sempre por pagamento realizado voluntariamente pela administração pública, ainda que eventualmente vitimada por expediente fraudulento[9].

Por isso, como dito, descartada a possibilidade de o servidor comissionado praticar peculato-furto sobre sua própria remuneração, deve-se questionar se este ou a autoridade nomeante possuem posse prévia dos valores, permitindo-se a caracterização de peculato-desvio ou peculato--apropriação. Para tanto, algumas premissas precisam ser desenhadas.

Primeiramente, a posse "em razão do cargo" não é apenas aquela que se enquadra na competência funcional específica do servidor público. Restará igualmente caracterizada a elementar nos casos em que, no exercício do

infidelidade do agente ao seu dever funcional são elementos tradicionalmente incluídos no conceito de peculato" (HUNGRIA, Nelson. *Comentários ao Código Penal.* Vol. IX. 2ª ed. Rio de Janeiro: Forense, 1959, p. 334).

9 Caso em que se poderia caracterizar o crime previsto no art. 171, §3º, do Código Penal.

cargo e em decorrência dele, estabeleça-se uma relação de fato entre o funcionário público e a *res*, inserindo-se esta na esfera de disponibilidade do agente[10].

Além disso, a posse decorrente de praxe estabelecida no serviço público ou mesmo de um mero funcionamento irregular da rotina administrativa não deixa de ser "posse em razão do cargo"[11]. É com base nessa lógica que se afirma que, além da própria autoridade nomeante, o agente público que promove a indicação do servidor a ser nomeado para cargo em comissão também detém poder de disponibilidade sobre os valores da respectiva remuneração.

Essas relações de fato ou que decorrem da praxe administrativa não se confundem com circunstâncias que caracterizam o peculato-furto, no qual a posse é viabilizada não por desdobramentos naturais do serviço público, mas pela conduta de subtração perpetrada pelo agente. Sumariamente, o *caput* do artigo 312 exige que se trate de posse *ratione officii*, mas não necessariamente resultante das estritas atribuições legais do cargo. O que deve haver é apenas uma relação de causa e efeito entre o exercício deste e a posse[12].

Outra questão a ser esclarecida é se a figura do peculato exige posse imediata do objeto material do delito, com poder de disponibilidade direta, física, por ação pessoal do funcionário público. Embora o Código Penal não especifique as modalidades de "posse" que podem caracterizar o crime e nada diga acerca da detenção, prepondera doutrinariamente que o termo

[10] Esse entendimento está consolidado, por exemplo, na jurisprudência da *Repubblica Italiana*: "*il possesso qualificato dalla ragione dell'ufficio o del servizio non è solo quello che rientra nella competenza funzionale specifica del pubblico ufficiale o dell'incaricato di pubblico servizio, ma anche quello che si basa su un rapporto che consenta al soggetto di inserirsi, di fatto, nel maneggio o nella disponibilità della cosa o del denaro altrui, rinvenendo nella pubblica funzione o nel servizio anche la sola occasione materiale per porre in essere il comportamento appropriativo. V'è, ancora, da rilevare che l'integrazione della fattispecie incriminatrice di peculato non è certo impedita dal fatto che il possesso o la disponibilità del denaro o dell'altrui cosa mobile siano stati eventualmente acquisiti in violazione delle disposizioni organizzative dell'ufficio a cui appartiene l'agente, fatta eccezione soltanto per i casi, non ravvisabili nell'evenienza qui considerata, di possesso meramente occasionale, ossia dipendente da evento fortuito*" (REPPUBLICA ITALIANA. Corte Suprema di Cassazione. Sesta Sezione. Sent. N. 9660 / 2015. Rel. Gaetano de Amicis. J: 12/02/2015).

[11] Não se pode considerar como posse em razão do cargo, contudo, aquela que resulta de violação direta à lei.

[12] NORONHA, Eduardo Magalhães. *Direito Penal*. Vol. 4. 21ª Ed. São Paulo: Saraiva, 1998, p 217.

deve ser compreendido em uma acepção ampla. Não se exigiria exatamente um poder material sobre a coisa, mas um poder genérico de dela dispor. Pode-se falar em uma "disponibilidade facultada legalmente ao agente pelo cargo que desempenha", ainda que "sem detenção material"[13].

Não se trata de discussão nova. A questão foi apreciada pelo Supremo Tribunal Federal, pela primeira vez[14], no *Habeas Corpus* 33.440, cujo paciente era Ademar de Barros, ex-Governador do Estado de São Paulo. Alegava a defesa que, embora o Governador do Estado administre os bens públicos, jamais os tem sob sua posse, considerado o sentido jurídico do termo[15].

Na ocasião, a Suprema Corte, na esteira do voto do relator, decidiu que o crime de peculato se caracteriza mesmo que o servidor público "não possa

[13] COSTA JR, Paulo José da. *Direito Penal*: curso completo. 8ª ed. São Paulo: Saraiva, 2000, p. 682. Trata-se de critério também preponderante no direito italiano: "*in tema di peculato, la nozione di possesso di danaro deve intendersi come comprensiva* ***non solo della detenzione materiale della cosa, ma anche della sua disponibilità giuridica****, nel senso che il soggetto agente deve essere in grado, mediante un atto dispositivo di sua competenza o connesso a prassi e consuetudini invalse nell'ufficio, di inserirsi nel maneggio o nella disponibilità del danaro e di conseguire quanto poi costituisca oggetto di appropriazione. Ne consegue che* ***l'inversione del titolo del possesso da parte del pubblico ufficiale*** *che si comporti "uti dominus" nei confronti di danaro del quale ha il possesso in ragione del suo ufficio e la sua conseguente appropriazione* ***possono realizzarsi anche nelle forme della disposizione giuridica****, del tutto autonoma e libera da vincoli, del danaro stesso, indisponibile in ragione di norme giuridiche o di atti amministrativi*" (REPPUBLICA ITALIANA. Corte Suprema di Cassazione. Sesta Sezione. Sent. N. 7492 / 2013. Rel. Gaetano de Amicis. J: 15/02/2013. Não há grifos no original).

[14] A pesquisa de jurisprudência com o termo "peculato" no sítio do Supremo Tribunal Federal retornou, em 25 de janeiro de 2020, resultados com 651 (seiscentos e cinquenta e um) acórdãos. O acórdão citado a seguir não consta dos resultados, haja vista a omissão do *nomen juris* do delito na respectiva ementa. De maneira complementar, identificado o caso de Ademar de Barros como o primeiro com grandes discussões sobre a tipicidade do peculato, foram pesquisados acórdãos correlatos, chegando-se ao HC 33440/SP.

[15] Veja-se a argumentação defensiva no sentido de que, em relação ao Governador: "a eminência de sua função, dentro do aparelho estatal, não lhe dá, jamais, a posse dos bens públicos. Ele administra, ele dirige, ele orienta, ele supervisiona. O art. 312, *caput*, do Código Penal Brasileiro, modalidade pela qual foi denunciado o paciente, exige a posse do bem, de que o funcionário se apropria ou vem a desviar. Onde há posse, no sentido jurídico-penal, por parte de um governador, de qualquer bem público? Aí está a inépcia da denúncia, a sua absoluta desconformidade com a lei [...]. A nós parece, segundo os conceitos dos melhores doutrinadores, que um Chefe de Executivo – pela natureza de suas funções, não pode cometer peculato, sobretudo isoladamente. Se ele não tem a posse dos bens, só os pode desviar com o concurso de terceiros. Sozinho, é-lhe impossível tal desvio (STF. Tribunal Pleno. *Habeas Corpus* 33.440. Rel. Min. Nelson Hungria. J: 26/01/1955; DJ: 23/06/1955. Transcrição constante do relatório).

exercê-la diretamente". Para fins penais, deve se reconhecer que a posse pode ser exercida de maneira indireta, por meio da própria estrutura administrativa. Sob esse viés, "o Governador tem a posse dos bens patrimoniais do Estado como um administrador tem a posse dos bens administrados"[16].

Esse entendimento do Supremo Tribunal Federal encontra-se, hoje, sedimentado. No inquérito n. 2.245/MG, a Corte apreciou caso em que o Presidente da Câmara dos Deputados supostamente autorizou a contratação de empresa de comunicação que, por sua vez, não prestou os serviços devidos. Na espécie, segundo a denúncia, constatou-se que, por meio de contratação pública direcionada e de seus respectivos pagamentos, o parlamentar custeou despesas relativas a serviços de assessoria pessoal. Consoante a imputação, o acusado teria "simulado a contratação pela Câmara, para não ter que arcar com a remuneração" devida ao seu assessor pessoal e a empresas de comunicação.

Dentre os argumentos defensivos apreciados pelo Supremo Tribunal Federal, merece destaque a alegação de que o Presidente da Câmara dos Deputados não detinha a posse dos recursos teoricamente empregados nos contratos e, consequentemente, desviados.

Seguindo a mesma linha de raciocínio aqui defendida, em decisão de recebimento de denúncia, pontuou o Supremo que "a posse em razão do cargo a que faz referência o tipo penal do art. 312 do Código Penal se satisfaz com o mero poder atribuído ao superior hierárquico de dispor indiretamente dos bens". Aplicada tal premissa ao caso concreto, ponderou-se que, pelo fato de o presidente da Câmara ser a autoridade responsável pela autorização das despesas e subcontratações ligadas ao contrato fraudado, seria correto afirmar que acusado "detinha a posse dos recursos repassados" às subcontratadas, aparentes credoras do réu[17].

[16] STF. Tribunal Pleno. *Habeas Corpus* 33.440. Rel. Min. Nelson Hungria. J: 26/01/1955; DJ: 23/06/1955.

[17] STF. Tribunal Pleno. Inq. 2.245/MG. Rel. Min. Joaquim Barbosa. J: 28/08/2007. DJe 09/11/2007. Importante ressaltar que, no deslinde da Ação Penal n. 470, o ex-parlamentar foi absolvido dessa imputação por insuficiência de provas. O que importa ao presente estudo, todavia, é a discussão teórica que antecede a decisão da causa, pela qual se reafirmou que o expediente narrado pelo Ministério Público Federal na denúncia, em tese, poderia caracterizar o crime de peculato, pelos motivos expostos acima e considerados na decisão de recebimento da denúncia. Vejam-se trechos de alguns dos votos da ação penal: "Como é sabido, a jurisprudência e a doutrina afirmam que a posse de que trata o art. 312 do Código Penal deve ser entendida em acepção abrangente, alcançando a disponibilidade jurídica sobre os recursos"

A aplicação dos critérios acima torna forçoso reconhecer que a autoridade nomeante detém a posse dos valores de remuneração de cargos em comissão. Afinal, é somente por meio do ato de provimento que se viabilizam os pagamentos, sempre em favor de pessoa determinada, indicada pela própria autoridade nomeante. Nota-se que o servidor público com competência para dar provimento cargo em comissão possui poder de disposição sobre os valores que correspondem à remuneração, ostentando a faculdade de nomear alguém – dispondo, assim, dos recursos – ou de se abster de fazê-lo, poupando-os.

Ademais, em um processo de eliminação hipotética, suprimido o cargo público ocupado pela autoridade nomeante, esta deixaria imediatamente de deter o poder de disposição sobre a remuneração do cargo em comissão. É clara a relação de posse "em razão do cargo".

Se é certo que a autoridade nomeante detém a posse dos valores de remuneração do cargo em comissão, por sobre eles possuir poder de disposição mediante ato de provimento, o mesmo não se pode dizer em relação ao servidor nomeado. Este não detém poder prévio de disponibilidade da remuneração. Apenas depois da incorporação dos valores ao seu patrimônio, por pagamento voluntário da administração, emerge o poder de disponibilidade do servidor comissionado.

Dessa forma, especificamente quanto ao servidor que ocupa cargo em comissão, tem-se que este não pode, sozinho, praticar peculato, em qualquer de suas modalidades, em relação a sua própria remuneração. É possível, entretanto, que haja ajuste entre o funcionário público comissionado

(STF. Tribunal Pleno. Ação Penal n.º 470/MG. Rel. Min. Joaquim Barbosa. J: 17/12/2012; DJe 22/04/2013. Voto do relator); "a posse mencionada no texto compreende também a posse indireta, aquela em que o agente, sem detenção material, tem a disponibilidade jurídica da coisa, podendo submetê-la a seu comando mediante ordens, requisições ou mandados" (voto da Ministra Carmen Lúcia); "documentos juntados aos autos dão conta de que o acusado JOÃO PAULO CUNHA, no exercício da Presidência da Câmara dos Deputados, autorizou, por diversas vezes, as solicitações de subcontratação, com relação ao contrato nº 2003/204.0, firmado entre a Câmara dos Deputados e a empresa SMP&B Comunicação Ltda. Esse fato, por si só, já é suficiente para infirmar a tese da defesa de que o réu não detinha a necessária posse, elementar do tipo penal em análise. Porquanto, 'a posse, a que se refere o texto legal, deve ser entendida em sentido amplo, compreendendo a simples detenção, bem como a posse indireta (disponibilidade jurídica sem detenção material, ou poder de disposição exercível mediante ordens, requisições ou mandados)'" (voto do Min. Gilmar Mendes).

e a autoridade nomeante[18] – a qual detém posse prévia – para que fraudulentamente haja desvio ou apropriação dos valores em prejuízo da administração pública.

Nesse cenário, sob a incidência da norma geral que acolhe a teoria monista em concurso de pessoas (art. 29 do Código Penal) e diante da comunicabilidade das circunstâncias elementares (art. 30 do Código Penal)[19], é possível que o ocupante do cargo em comissão responda pelo *peculato de sua própria remuneração*, o que será retratado em situações hipotéticas expostas nos tópicos adiante.

Neste ponto, estão estabelecidas, em boa parte, as premissas a serem aplicadas nos itens subsequentes, quais sejam: a) a "posse em razão do cargo", para fins de caracterização de peculato-desvio ou peculato-apropriação, deve ser anterior à conduta nuclear; b) o tipo fundamental do art. 312, CP, não exige que a relação de posse com o objeto material do crime decorra de competência legal específica do funcionário público, bastando que a posse seja legítima, ainda que decorrente de mera relação de fato; c) o simples poder de disponibilidade sobre a *res*, mesmo se inexistente relação material com o objeto, presta-se a caracterizar a elementar "posse", que deve ser interpretada de maneira ampla; d) a autoridade nomeante

[18] Em determinadas estruturas administrativas, é possível que a autoridade à qual ficará subordinado o servidor comissionado não detenha competência para formalizar o ato de nomeação. Em circunstâncias tais, é da praxe administrativa que a nomeação só ocorra por indicação da autoridade interessada, sem o que não se pratica qualquer ato de investidura. Considerada a estrutura administrativa, deve-se compreender que aquele que possui a prerrogativa de indicar servidor ocupante de cargo em comissão detém poder de disponibilidade jurídica sobre os valores da respectiva remuneração, como se esclarecerá adiante. Em caso concreto, assim se posicionou o Supremo Tribunal Federal: "É de conhecimento geral que o procedimento administrativo comum que resulta na nomeação de pessoas para ocuparem funções comissionadas em gabinetes parlamentares passa primeiro pela indicação do deputado titular daquele gabinete. Portanto, ainda que o acusado não tenha exercido cargo na Mesa Diretora da Assembleia Legislativa, a qual tem a competência para nomear e exonerar servidores, depreende-se da leitura da denúncia que sua atuação foi de indicar tais servidores aos referidos cargos, contribuição esta que, a princípio, é inerente à posição de autoridade que ele ocupava como deputado estadual titular do gabinete (STF. Inq 2952, Relator(a): Min. GILMAR MENDES, Segunda Turma, julgado em 11/11/2014, ACÓRDÃO ELETRÔNICO DJe-244 DIVULG 11-12-2014 PUBLIC 12-12-2014)".

[19] Conjugados, os dois dispositivos levam a concluir que todos aqueles que concorrem para um crime são por ele responsáveis, comunicando-se entre os coautores todas as circunstâncias elementares.

detém posse prévia dos valores de remuneração devidos pelo desempenho do cargo em comissão, bem como o agente público diretamente interessado no provimento do cargo e que tem a faculdade de indicar o servidor comissionado[20]; e) o servidor comissionado não detém posse prévia dos valores, mas, em caso de unidade de desígnios com autoridade nomeante, pode ser coautor de crime de peculato que tenha como objeto material a sua própria remuneração, pela aplicação dos critérios estabelecidos pelos artigos 29 e 30 do Código Penal brasileiro.

Ressalte-se que a relação de posse não torna prescindível a comprovação do elemento subjetivo do tipo, o que desaguaria em responsabilização objetiva. Não se pode punir o agente exclusivamente por deter a disponibilidade de bens públicos que foram objeto de apropriação ou desvio. Em se tratando de peculato-apropriação, haverá sempre necessidade de se comprovar o *animus rem sibi habendi*, consistente no desejo de converter a posse em domínio; no caso de peculato-desvio, é necessário o elemento subjetivo que se apresenta pela finalidade de obter proveito próprio ou alheio, ainda que sem o propósito de assenhoramento da *res*[21].

Diante dessas considerações que envolvem o crime de peculato, passa-se, agora, à análise das fraudes mais comuns praticadas por meio de nomeação de servidores para o exercício de cargos em comissão.

2. Nomeação para cargos em comissão com o propósito de remunerar empregados particulares

É característico dos cargos em comissão que estes sejam de livre nomeação e exoneração. O servidor comissionado é exonerável *ad nutum* e a autoridade responsável pelo ato exoneratório sequer precisa expor os motivos que a levaram a praticá-lo[22].

[20] Conferir a nota de rodapé número 3.

[21] MIRABETE, Júlio Fabbrini. FABBRINI, Renato Nascimento. *Manual de Direito Penal*: Parte Especial. Vol. III. 28ª Ed. São Paulo: Atlas, 1998, p. 282.

[22] "Para a dispensa de um servidor exonerável *ad nutum* não há necessidade de motivação de ato exoneratório, mas, se forem dados os motivos, ficará a autoridade que os deu sujeita à comprovação de sua real existência" (MEIRELLES, Hely Lopes. *Direito Administrativo Brasileiro*. 34ª ed. São Paulo: Malheiros, p. 157).

Dada a precariedade do vínculo e eventual receio de exoneração, não é raro que os servidores comissionados recebam da autoridade superior determinações que transbordam das atribuições legais. Por esses mesmos fatores, é igualmente comum que tais servidores se sujeitem à prestação de favores pessoais ou serviços de interesse particular do superior hierárquico.

Não se tem dúvida de que a utilização de servidor público para fins particulares caracteriza ato de improbidade administrativa. Pode-se falar em prejuízo ao erário, haja vista que, remunerado pelo Estado, o servidor deixa temporariamente de lhe proporcionar a contrapartida – a prestação do serviço – da qual se apropria outro agente público.

Ocorre que a aplicação do direito penal se subordina ao princípio da taxatividade e o art. 312 do Código Penal não abrange casos de mera utilização de serviço público. Também não se encontra no diploma legal referido qualquer outra norma que confira adequação típica a tais fatos. Assim, diante da ausência de previsão legal, não se caracteriza crime qualquer em caso de **desvio** ou **utilização de serviço** público em favor de particular[23]. Conduta dessa natureza só encontrará correspondente penal se o agente público responsável pelo desvio do serviço for Prefeito, pois o art. 1º, II, do Decreto-Lei n.º 201/67, criminaliza a conduta do Chefe do Executivo que se utilizar, "indevidamente, em proveito próprio ou alheio, de bens, rendas ou serviços públicos". No mais, tratar-se-á de fato atípico.

Essas conclusões somente devem prevalecer nos casos em que o agente investido em cargo em comissão exercer, de maneira regular e predominante, as atribuições que lhe são típicas. Imagine-se um assessor parlamentar que, usualmente, desempenha as funções de seu cargo, mas recebe de seu superior hierárquico determinação para redigir artigo científico para um curso de pós-graduação, no interesse particular da autoridade

[23] "Não se equipara à coisa móvel, por outro lado, a prestação de serviço de um serviço de um funcionário a outro; fruir o funcionário do serviço do outro não constitui esse crime. Não é *coisa* a prestação de serviço" (BITENCOURT, Cezar Roberto. *Tratado de Direito Penal.* 6ª ed. São Paulo: Saraiva, 2012). No mesmo sentido, mas ressaltando a caracterização de ato de improbidade: "a apropriação do funcionário há de recair, assim, sobre esses objetos. O fruir o funcionário do *serviço* de outro não constitui o delito. Portanto, se o chefe de uma repartição emprega funcionário em serviço seu, desviando-o de suas ocupações funcionais, não pratica peculato, incorrendo em outro delito, ou, de qualquer maneira, praticado falta contra a probidade administrativa (NORONHA, Eduardo Magalhães. *Direito Penal.* Vol. 4. 21ª ed. São Paulo: Saraiva, 1998, p. 218).

nomeante e em prejuízo do serviço público. Não há, primariamente, **desvio do valor** correspondente à remuneração, mas simples desvio de finalidade do serviço[24].

Os fatos se revestirão de roupagem diversa se a nomeação para cargo em comissão for expediente empregado para remunerar empregado particular. Nessa hipótese, o indivíduo indicado para o cargo em comissão não exerce suas funções. Trata-se do que se convencionou chamar de "funcionário fantasma". No plano fático, há um vínculo entre a autoridade nomeante e o servidor comissionado que repercute exclusiva ou predominantemente na esfera privada daquela. O comissionado, que deveria atuar em prol da administração, dedica-se a atividades que são estranhas ao cargo que ocupa. Referido cenário caracteriza crime de peculato.

Isso porque, embora a prestação de serviço não se enquadre na elementar "coisa", contida no preceito primário do art. 312, há de se discernir os casos em que há desvio da própria **remuneração** para custear serviço que foi ou é prestado na esfera privada.

Em situações tais, há uma obrigação particular de pagamento, a qual é satisfeita mediante desvio dos "valores" que deveriam ser empregados na legítima remuneração de cargos em comissão. O ponto distintivo é exatamente esse: a existência de uma relação de emprego ou de prestação de serviços na esfera privada, para a qual são direcionados fraudulentamente os recursos do cargo em comissão. Há desvio de **valor**, não mera utilização particular do serviço público.

Por via de consequência, pode-se falar em peculato-desvio, cujo objeto material é a própria remuneração devida pelo exercício do cargo em comissão. A autoridade nomeante lança mão de um meio fraudulento para desviar os recursos que deveriam ser direcionados ao pagamento de servidor público, utilizando-os na remuneração de empregado particular[25].

[24] De forma semelhante, Júlio Fabbrini Mirabete e Renato Nascimento Fabbrini pontuam não existir crime de peculato em caso de mero desvio de mão-de-obra: "também não se caracteriza o crime no desvio de mão de obra pública, porque não se configuram nem o peculato-desvio, nem o peculato-apropriação" (MIRABETE, Julio Fabbrini; FABBRINI, Renato Nascimento. *Manual de Direito Penal.* Vol. III. Parte Especial. 28ª Ed. São Paulo: Atlas, 2014, p. 282).

[25] Recorde-se que o peculato-desvio ocorre justamente pelo fato de se "dar à coisa destinação diversa daquela em razão da qual foi entregue ou confiada ao agente" (COSTA JR, Paulo José da. *Direito Penal*: curso completo. 8ª ed. São Paulo: Saraiva, 2000, p. 682).

Ilustrativamente, assim seria se o motorista pessoal de familiares de um congressista fosse investido em cargo em comissão de secretário parlamentar, sem exercer as respectivas funções, para ser remunerado com o dinheiro público. O ato de nomeação e os demais atos de gestão administrativa são artifícios para que o valor de remuneração, sobre o qual o agente político tem evidente poder de disponibilidade, seja desviado em benefício próprio ou alheio.

Esse cenário deve implicar dupla imputação – em desfavor do nomeante e do nomeado – de crime de peculato. Embora não tenha o servidor comissionado posse prévia do valor de remuneração objeto de desvio, vê-se que o agente público nomeante a detém. A posse é elementar do crime de peculato, comunicando-se entre coautores e partícipes, por força do art. 30 do Código Penal. Além disso, o destinatário da remuneração deve necessariamente concorrer para o crime, subscrevendo o termo de posse e se propondo a receber os recursos provenientes do Estado, o que caracteriza concurso de pessoas[26].

Manifestando adesão a esse entendimento, o Supremo Tribunal Federal concluiu pela configuração, *in tese*, do crime de peculato-desvio, por meio de nomeação para exercício de cargo em comissão, nas seguintes circunstâncias: a) indivíduo contratado por Deputado Federal como piloto particular de avião e que foi investido em cargo de assessor parlamentar, percebendo a remuneração sem efetivamente exercer suas atribuições (STF. Inq 2913 AgR, Relator(a): Min. Dias Toffoli, Relator(a) p/ Acórdão: Min. Luiz Fux, Tribunal Pleno, J: 01/03/2012, DJe: 20-06-2012)[27]; b) empregada de sociedade empresária de titularidade de Deputado Federal, que foi nomeada secretária parlamentar, mantendo-se informalmente o vínculo empregatício original, sem exercício efetivo do cargo público (STF. Inq 1926, Relator(a): Min. Ellen Gracie, Tribunal Pleno, J: 09/10/2008, DJe: 20-11-2008[28]).

[26] O conhecimento das elementares do tipo penal por parte daquele que percebe a remuneração tende se revelar pela própria subscrição do termo de posse e pelo recebimento dos pagamentos correlatos, fatores que se somam à ciência do imputado de jamais ter atuado em favor do ente público.

[27] Diante de arquivamento de inquérito, *ex officio*, por meio de decisão monocrática, sob o fundamento de que se investigavam fatos atípicos, o Ministério Público interpôs agravo regimental, submetendo a questão ao plenário, oportunidade em que se entendeu pela tipicidade, *in tese*, dos fatos em apuração.

[28] Decisão de recebimento de denúncia. Quando do julgamento da ação penal, a Corte entendeu, por maioria, diante do quadro probatório coligido nos autos, que a servidora nomeada efetivamente exerceu as funções do cargo de secretária parlamentar, embora também tenha

Nesses termos, deve-se diferenciar a utilização do serviço público para fins particulares do desvio de remuneração de cargo em comissão para custear empregados ou serviços particulares. O primeiro caso é de fato atípico, embora caracterize ato de improbidade administrativa; o segundo, de peculato.

Por fim, se acolhida a premissa de que a autoridade nomeante não detém a disponibilidade da remuneração do cargo em comissão, a conduta restaria enquadrada no art. 171, §3º, do Código Penal. Não haveria peculato-furto, porque inexistente subtração, mas estelionato praticado contra a "entidade de direito público", induzida em erro pelos meios fraudulentos empregados pelos envolvidos – simulação de provimento do cargo público[29], falsos atestados de frequência, etc[30]. Subtrair significa

desempenhado certas atividades no interesse particular do acusado, administrando empresa da qual ele era sócio. Concluiu-se não ter havido "utilização da Administração Pública para pagar o salário de um empregado particular, mas sim o uso de mão de obra pública em desvio para atender interesses particulares" (AP 504, Relator(a): Min. CÁRMEN LÚCIA, Relator(a) p/ Acórdão: Min. DIAS TOFFOLI, Segunda Turma, julgado em 09/08/2016, ACÓRDÃO ELETRÔNICO DJe-168 DIVULG 31-07-2017 PUBLIC 01-08-2017).

[29] A doutrina administrativista pondera que o efetivo exercício do cargo é decorrência natural da posse, ocorrendo em momentos sucessivos. Somente por meio do início do exercício o servidor adquire direito à contraprestação pecuniária devida pelo Poder Público. Mais importante, o provimento do cargo somente se completa com a entrada em exercício do nomeado. Se este não o faz na data prevista, a nomeação e, consequentemente, a posse, tornam-se ineficazes, o que, juntamente com a vacância do cargo, deve ser declarado pela autoridade competente" (MEIRELLES, Hely Lopes. *Direito Administrativo Brasileiro.* 34ª ed. São Paulo: Malheiros, p. 444). Assim sendo, se o indivíduo não entrou em exercício depois da posse do cargo em comissão, o provimento se torna incompleto e ineficaz, de sorte que qualquer remuneração destinada ao servidor é produto da simulação de provimento empregada pelas partes e, portanto, de expediente fraudulento que induz em erro a administração pública, em seu prejuízo.

[30] Por isso, equivocado o seguinte entendimento do Supremo Tribunal Federal, em caso no qual Deputado Federal nomeou para cargo em comissão pessoa com a qual tinha dívida pessoal, com o único propósito de quitar o débito, sem qualquer desempenho de funções públicas. Apenas registre-se que a denúncia foi recebida por *peculato-desvio*, mas ressaltou o relator equivocadamente que, ainda que posse anterior não houvesse, nos termos da argumentação defensiva, restaria o crime previsto no art. 312, §1º, CP: "Quanto ao segundo aspecto, de não ter demonstrado que o acusado teve a posse dos recursos utilizados para pagamento dos servidores, tampouco assiste razão à defesa. A denúncia narra a apropriação privada do recurso público. A falha na descrição da posse prévia do recurso poderia desclassificar o crime do art. 312, caput, na modalidade desviar (peculato-desvio), para o art. 312, §1º, do Código Penal (peculato-furto). Note-se que o § 1º do art. 312 do Código Penal parte do tipo base, tendo por peculiaridade incriminar justamente a subtração de recurso do qual o funcionário

"retirar, tirar às escondidas"[31], o que não se verifica se a entrega se dá por ato voluntário do possuidor, mesmo que este tenha atuado sob falsa percepção da realidade causada por artifício ou ardil do sujeito ativo do crime[32].

3. Exigência, pela autoridade nomeante, de valor correspondente a parcela da remuneração do servidor comissionado, como condição à permanência no cargo

Na situação ora retratada, não há ajuste prévio entre o servidor público comissionado e autoridade nomeante, para que o valor da remuneração seja entre eles repartido. A investidura ocorre de maneira legítima, sem má-fé do indivíduo empossado. Uma vez estabelecido o vínculo e iniciado o exercício, a autoridade nomeante exige do servidor uma parcela de sua remuneração, sob pena de exoneração do cargo. O fato de se tratar de cargo exonerável *ad nutum* repercutirá sobre a tipicidade?

Certo é que a ameaça de se exercer regularmente um direito não possui relevância penal. Se o ordenamento jurídico permite determinada conduta, seria enorme contrassenso entender como crime o simples fato de dizer que se pretende praticá-la. Todavia, o que ocorre nesta hipótese é que, embora a autoridade nomeante detenha o poder de livremente exonerar o servidor, sem necessidade de motivar o ato, tal fato não lhe permite atuar com amparo em pretensões ilícitas.

A dispensa de motivação não significa, em absoluto, que o motivo seja um dado irrelevante na prática de qualquer ato administrativo. Tanto assim é que, se o superior hierárquico entende por bem expressar os motivos que o levaram a praticar o ato exoneratório, estes devem ser verdadeiros

público não tem a posse" (STF. Inq. 2952, Relator(a): Min. Gilmar Mendes, Segunda Turma, J: 11/11/2014, DJe: 11-12-2014).

31 BITENCOURT, Cezar Roberto. *Código Penal Comentado*. São Paulo: Saraiva, 2002, p. 646.

32 Essa discussão comporta que se faça, por analogia, uso do raciocínio que distingue o furto mediante fraude do estelionato. É possível que meios fraudulentos sejam empregados para a facilitar a subtração, reduzindo-se a vigilância sobre a coisa, o que caracteriza furto mediante fraude. A conduta nuclear ainda será a subtração. Já no estelionato, a fraude tem por propósito fazer a vítima incidir em erro e entregar o objeto visado ao autor (BITENCOURT, Cezar Roberto. *Código Penal Comentado*. São Paulo: Saraiva, 2002, p. 651).

e legítimos, sob pena de nulidade, consectário da adoção da "teoria dos motivos determinantes"[33].

Isso porque motivo e motivação são institutos ontologicamente distintos. O motivo se constitui pelas razões de fato e de direito que determinam ou permitem a prática de um ato. Pode ser imposto pela lei ou deixado a critério do administrador, como se verifica em relação à nomeação ou exoneração para cargos em comissão. Neste último caso, em que há discricionariedade na prática do ato, há de se preservar o entendimento de que a relativa liberdade do administrador não pode servir de suporte à prática de atos ilícitos ou que possuam finalidade dissociada do interesse público. Se eventualmente pode haver discricionariedade em torno do motivo, nunca se admitirá o mesmo em torno da finalidade do ato, cujo cerne sempre será o fim público. Por sua vez, a motivação é a mera exposição dos fatos ou fundamentos jurídicos do ato, ou seja, a revelação dos motivos[34].

Nesse recorte, discricionariedade não se confunde com arbitrariedade; dispensa de motivação não se confunde com a admissão de motivo ilícito. Por isso, não se trata de exercício regular de direito nomear ou exonerar servidor comissionado com fundamento em pretensões ilícitas, ainda que não sejam elas formalmente reveladas.

Desse modo, embora a nomeação para cargo em comissão seja um ato discricionário, se forem adotados critérios raciais discriminatórios para a escolha do servidor, por exemplo, obstando-se, com isso, o acesso de candidato específico ao cargo público, haverá o crime previsto no art. 3º da Lei n.º 7.716/1989[35].

[33] "Ainda relacionada com o motivo, há a teoria dos motivos determinantes, em consonância com a qual a validade do ato se vincula aos motivos indicados como seu fundamento, de tal modo que, se inexistentes ou falsos, implicam sua nulidade. Por outras palavras, quando a Administração motiva o ato, mesmo que a lei não exija a motivação, ele só será válido se os motivos forem verdadeiros. Tomando-se como exemplo a exoneração *ad nutum* [...], se a Administração praticar esse ato alegando que fez por falta de verba e depois nomear outro funcionário para a mesma vaga, o ato será nulo por vício quanto ao motivo (PIETRO, Maria Sylvia Zanella di. *Direito Administrativo.* 14ª ed. São Paulo: Atlas, 2002, p. 203).

[34] Distinguindo motivo de motivação: MEIRELLES, Hely Lopes. *Direito Administrativo Brasileiro.* 34ª ed. São Paulo: Malheiros, p. 156.

[35] Art. 3º Impedir ou obstar o acesso de alguém, devidamente habilitado, a qualquer cargo da Administração Direta ou Indireta, bem como das concessionárias de serviços públicos.

Igualmente, na hipótese retratada neste tópico, a ameaça de exoneração projeta pretensões ilícitas do agente público, especificamente o enriquecimento sem causa. Não se trata, portanto, de mera ameaça de exercício regular de direito, mas de conduta voltada à concretização de pretensão ilegal e que, portanto, não se encontra primariamente abrangida por qualquer causa de exclusão de tipicidade ou de antijuridicidade.

Superada essa questão, os fatos parecem se amoldar perfeitamente ao art. 316 do Código Penal[36]. O que se vê é uma exigência direta de vantagem indevida[37], feita pelo superior hierárquico em razão de competências e poderes relacionados a sua função pública. Há inegável nexo funcional entre a conduta e o cargo desempenhado pelo agente, que lhe dá poderes para nomear e exonerar.

Por outro lado, caso o servidor comissionado se sujeite à exigência, sua conduta será atípica. Isso porque, conquanto eventual pagamento tenha como propósito que o recebedor deixe de praticar ato de ofício (ato de exoneração), o oferecimento[38] não terá sido espontâneo, mas fruto de sujeição ao constrangimento praticado pelo concussionário[39].

[36] Art. 316 – Exigir, para si ou para outrem, direta ou indiretamente, ainda que fora da função ou antes de assumi-la, mas em razão dela, vantagem indevida.

[37] Haja vista que a remuneração do cargo em comissão destina-se, é claro, ao indivíduo que o exerce, nunca à autoridade nomeante.

[38] Certo é que o preceito primário do art. 333 não expressa o verbo *pagar* como núcleo do tipo. Ocorre que o verbo "oferecer", em seu sentido lexical, abrange o ato de "dar de presente" (HOUAISS, Antonio; VILLAS, Mauro de Salles. *Grande Dicionário Houaiss da Língua Portuguesa*. Rio de Janeiro: Objetiva, 2001, p. 2.052), o que foi adequadamente compreendido pela doutrina nacional. Em sentido semelhante, fazendo referência ao *Dicionário Aurélio da Língua Portuguesa*, que empresta ao vocábulo o sentido de *dar como oferta*: JESUS, Damásio Evangelista. *Código Penal Anotado*. 22ª Ed. Saraiva: São Paulo: 2014, p. 1.168. Desta sorte, a conduta de *pagar* é abrangida pela elementar *oferecer*, termo de caráter polissêmico.

[39] Sabe-se que pouco importa, para a caracterização da corrupção ativa, se o *pagamento* é consectário de sugestão ou solicitação de funcionário público. O ato será juridicamente irrelevante, contudo, se expressar mera sujeição do particular à concussão de funcionário público (AgRg no REsp 1397405/MG, Rel. Ministro FELIX FISCHER, QUINTA TURMA, julgado em 27/09/2016, DJe 07/10/2016).

4. Nomeação de servidor comissionado, com repasse parcial ou integral dos valores correspondentes à remuneração do cargo para a autoridade nomeante

Nas hipóteses deste tópico, analisam-se os casos de repasse parcial ou integral dos valores correspondentes à remuneração do cargo em comissão para a autoridade nomeante. Nesta abordagem, alcançam-se os eventos em que o servidor efetivamente exerce as atividades do cargo, bem como aqueles em que é mero "funcionário fantasma"[40].

Na primeira situação, havendo efetivo exercício, o ponto distintivo em relação ao exposto no item antecedente é que a autoridade nomeante atua com unidade de desígnios com o servidor comissionado. O repasse não decorre de uma submissão à exigência da autoridade, mas de ajuste prévio entre os envolvidos. Trata-se da prática que ficou conhecida como "rachadinha".

Há de se perquirir, primeiramente, se a prática da "rachadinha" caracteriza peculato-desvio ou peculato-apropriação. A distinção é relevante, por repercutir sobre o momento consumativo do delito. Caso se trate de peculato-apropriação, haverá consumação apenas com a inversão da posse, em favor da autoridade nomeante, dos recursos públicos que são objeto do crime.

Por outro lado, o peculato-desvio se consuma com o simples emprego do recurso em fim distinto do previsto. Assim, no caso de utilização do valor de remuneração para custear empregado particular, hipótese já tratada no item 2 deste artigo, por exemplo, a consumação ocorre com a mera efetivação do pagamento pela administração pública.

Pois bem. Em um primeiro quadro, em caso de "funcionário fantasma", que não exerce as atribuições do cargo para o qual foi nomeado, haverá peculato-desvio. Isso porque o emprego dos recursos se dá com absoluta dissociação da finalidade legal. A remuneração deve ser empregada em contrapartida à prestação do serviço público. Se o indivíduo jamais entrou em exercício e a remuneração lhe é destinada com qualquer outra finalidade – mesmo que se trate de mero favorecimento pessoal – há desvio, em

[40] Denomina-se funcionário fantasma o servidor público que percebe remuneração, sem que exerça as atividades do cargo público investido.

proveito alheio. Ainda nessa seara, o repasse à autoridade nomeante seria mero *post factum* impunível.

Diversamente, se ocorre prestação regular do serviço público, não se pode falar em peculato-desvio, pois a remuneração, ao menos em um primeiro momento, é empregada justamente para a consecução do fim legal – remunerar aquele que desempenha as atribuições do cargo[41].

Nesse último caso, descartado o peculato-desvio, pode-se falar em peculato-apropriação? Considere-se que, antes que os valores sejam repassados à autoridade nomeante, esta deixa de deter a posse, mesmo se considerada em sua acepção ampla. Assim é, porque, incorporados os valores de remuneração ao patrimônio do titular do cargo, somente o servidor comissionado passa a ostentar poder de disponibilidade sobre eles. Se, imediatamente antes da concretização da apropriação, a autoridade nomeante deixa de ter a "posse em razão do cargo", tal fato não impediria a configuração do crime de peculato, dada a ausência de elementar?

Em verdade, há, no contexto, o que se denomina doutrinariamente "domínio funcional do fato", qualificado pela atuação coordenada, com divisão de tarefas entre coautores[42]. É de se notar que, em tais episódios, o crime só se pode consumar mediante a contribuição de ambos os envolvidos, pois, tomada a decisão conjunta de praticar o fato delitivo, este pode restar frustrado por iniciativa de qualquer dos concorrentes.

Nesse sentido, o servidor público que detém a faculdade de nomear pode deixar de fazê-lo ou lançar mão, a qualquer momento, do ato exoneratório.

[41] Certas peculiaridades do caso concreto podem afastar esse entendimento. No caso aqui retratado, a finalidade dos agentes era a de permitir que a autoridade nomeante invertesse a posse dos valores em seu favor. Se o fim visado fosse o de aplicar parcela da remuneração em finalidade diversa, estando isso ajustado entre as partes, poder-se-ia falar em peculato-desvio, como pontuado em caso concreto submetido à apreciação do Superior Tribunal de Justiça: "1. A conduta praticada pela recorrente amolda-se ao crime de peculato-desvio, tipificado na última parte do art. 312 do Código Penal. 2. Situação concreta em que parte dos vencimentos de funcionários investidos em cargos comissionados no gabinete da vereadora, alguns que nem sequer trabalhavam de fato, eram para ela repassados e posteriormente utilizados no pagamento de outras pessoas que também prestavam serviços em sua assessoria, porém sem estarem investidas em cargos públicos. [...] (STJ. Sexta Turma. REsp nº. 1244377/PR. Rel. MINISTRO SEBASTIÃO REIS JOSÉ. Dju. 03.04.2014)"

[42] GRECO, Luís; LEITE, Alaor. O que é e o que não é a teoria do domínio do fato. Sobre a distinção entre autor e partícipe no direito penal. IN: GRECO, Luís (et. al.) *Autoria como domínio do fato*: estudos introdutórios sobre o concurso de pessoas no direito penal brasileiro. São Paulo: Marcial Pons, 2014, p. 30.

O comissionado, por sua vez, tão logo perceba a remuneração, passa a dispor da posse material dos valores dos quais deseja se apropriar a autoridade nomeante. O crime apenas se aperfeiçoará pelo repasse da remuneração ao interessado. Logo, ambos os envolvidos contribuem para a realização do crime com atos relevantes e, por isso, diz-se que os dois detêm, igualmente, o domínio funcional do fato[43].

Sob a perspectiva daquele que tem o poder de livremente nomear e exonerar, o ato de provimento inicia o plano delitivo que lhe permitirá se apropriar total ou parcialmente do valor que se encontra sob seu poder de disponibilidade[44]. O servidor nomeado concorre para o crime, aceitando servir de intermediário para que a apropriação se concretize.

Por essa razão, diante do "plano concreto do fato"[45], não tem repercussão sobre a tipicidade a circunstância de a autoridade nomeante deixar de ter, temporariamente, a posse dos valores, depois de efetuado o pagamento da remuneração ao servidor comissionado. Trata-se de natural desdobramento do plano delitivo, de forma que a apropriação se aperfeiçoará com o repasse.

Em síntese, a autoridade nomeante se apropria de valores de remuneração de cargo em comissão, que antes se encontravam sob sua esfera de disponibilidade, materializando-se a inversão da posse por intermédio do servidor comissionado[46].

[43] "Se duas ou mais pessoas, partindo de uma decisão conjunta de praticar o fato, contribuem para a sua realização com um ato relevante de um delito, elas terão o domínio funcional do fato (*funktionale Tatherrschaft*), que fará de cada qual coautor do fato como um todo, ocorrendo aqui, como consequência, o que se chama de imputação recíproca" (GRECO, Luís; LEITE, Alaor. O que é e o que não é a teoria do domínio do fato. Sobre a distinção entre autor e partícipe no direito penal. IN: GRECO, Luís (et. al.) *Autoria como domínio do fato*: estudos introdutórios sobre o concurso de pessoas no direito penal brasileiro. São Paulo: Marcial Pons, 2014, p. 30).

[44] Que caracteriza a "posse em razão do cargo", como especificado nos itens 1 e 2 do artigo.

[45] Eugenio Raul Zaffaroni e José Henrique Pierangeli pontuam que a existência de domínio funcional do fato pressupõe análise do "plano concreto", de sorte que a dinâmica delitiva deve ser avaliada em "consonância com cada fato concreto e tendo em conta o seu planejamento". Exemplificam, adotando um conceito restritivo de autor, distinguindo esta figura da do partícipe: "não se pode dizer a *priori* se o chamado campana é coautor ou partícipe, a não ser diante da modalidade operativa do delito: se o campana facilita a consumação de maneira a torna-la mais rápida, será partícipe, mas, se na sua falta, o fato não pudesse ter sido cometido, será um coautor" (ZAFFARONI, Eugenio Raul; PIERANGELI, José Henrique. *Direito Penal Brasileiro*. Parte Geral. 4ª Ed. São Paulo: Revista dos Tribunais, 2002, p. 673).

[46] Em caso semelhante, entendendo-se pelo peculato-apropriação: "O agente político teve, em razão do cargo que ocupava, a posse mediata da coisa, que num primeiro momento era

Essencial que se busque compreender, nos casos concretos, a intenção subjacente ao plano delitivo – se há dolo de viabilizar a apropriação ou se o que se pretende é o emprego dos recursos em fim diverso do legal, em proveito próprio ou alheio.

5. Nomeação de servidor comissionado "fantasma", que se apropria da remuneração, sem repasse à autoridade nomeante

Consolidou-se, na jurisprudência do Superior Tribunal de Justiça, que o "servidor público que se apropria dos salários que lhe foram pagos e não presta os serviços não comete peculato[47]".

A aplicação desse entendimento, sem adequada análise das circunstâncias do caso concreto, tem gerado interpretações distorcidas. No caso do *Habeas Corpus* n. 507.516, o Ministério Público do Estado do Rio de Janeiro imputou a Prefeito Municipal e a ocupante de cargo em comissão o crime previsto no art. 1º, I, do DL n. 201/97, na forma do artigo 29 do Código Penal[48].

De acordo com o Ministério Público, a servidora foi nomeada para o cargo, com lotação no próprio gabinete do Prefeito. Todavia, percebeu valores de remuneração sem jamais entrar em exercício. Assim, o Prefeito teria desviado os valores correspondentes à remuneração do cargo em comissão, sobre os quais tinha poder de disponibilidade, em proveito

lícita para pagamento de serviços "prestados" ao município, que sequer foram realizados, mas que, posteriormente, passou à fruição do agente nomeante como se dele fosse. Configurada, portanto, a conduta delituosa estampada no art. 312, caput – primeira parte –, do Código Penal (peculato-apropriação)" (REsp 1.723.969/PR, Rel. Ministro JOEL ILAN PACIORNIK, QUINTA TURMA, julgado em 16/05/2019, DJe 27/05/2019).

[47] APn 475/MT, Rel. Ministra ELIANA CALMON, CORTE ESPECIAL, julgado em 16/5/2007, DJ 6/8/2007, p. 444. O entendimento continua a ser reproduzido, como se vê dos mais recentes julgados da Corte (AgRg nos EDcl no AREsp 573.323/PR, Rel. Ministro NEFI CORDEIRO, SEXTA TURMA, julgado em 05/09/2019, DJe 12/09/2019).

[48] "Art. 1º São crimes de responsabilidade dos Prefeitos Municipal, sujeitos ao julgamento do Poder Judiciário, independentemente do pronunciamento da Câmara dos Vereadores: I – apropriar-se de bens ou rendas públicas, ou desviá-los em proveito próprio ou alheio". Trata-se de crime que possui relação de especialidade com o delito previsto no art. 312, do Código Penal, considerando a qualidade de Prefeito Municipal do sujeito ativo. As condutas são, contudo, equivalentes.

alheio. A servidora, por sua vez, teria concorrido para o crime, aceitando a nomeação e recebendo as vantagens indevidas. Nesses moldes, *in tese*, estaria caracterizado o crime imputado.

O Superior Tribunal de Justiça trancou a ação penal, acolhendo o entendimento de que o servidor não pode praticar crime por meio da apropriação de sua própria remuneração, mesmo que não exerça as atribuições do cargo. Para a Corte, haveria, no caso apreciado, mera infração administrativa ou ato de improbidade.

Se considerada de forma isolada, essa premissa não é equivocada, pois o servidor público, de fato, não detém posse prévia dos valores a serem percebidos a título de remuneração. Ocorre que, em torno da matéria, nota-se uma reprodução massiva[49] desse entendimento jurisprudencial, sem uma precisa leitura dos casos concretos. Não se tem feito distinção entre situações que não podem, em absoluto, ser confundidas.

Primeiramente, saliente-se que a nomeação para cargos em comissão é, na realidade brasileira e sob uma perspectiva histórico-cultural, forma de favorecer financeiramente aliados políticos e familiares, ainda que a autoridade responsável por dar provimento ao cargo não exija efetivo exercício das funções[50].

Nesse contexto, nem sempre se ajusta o repasse de parcela da remuneração à autoridade hierarquicamente superior, hipótese já trabalhada no item antecedente. A nomeação do "funcionário fantasma" pode ocorrer diante de uma conjuntura de favores políticos ou simplesmente para beneficiar o destinatário da remuneração.

Nessas circunstâncias, há dolo de desvio por parte da autoridade superior. Esta não nomeia para favorecer o servidor com o próprio provimento do **cargo** público, mas pura e simplesmente para agraciá-lo com o **valor** da

[49] Vide, ainda: HC 466.378/SE, Rel. Ministro SEBASTIÃO REIS JÚNIOR, SEXTA TURMA, julgado em 22/10/2019, DJe 04/11/2019; AgRg no AREsp 1226713/RN, Rel. Ministro ANTONIO SALDANHA PALHEIRO, SEXTA TURMA, julgado em 13/11/2018, DJe 30/11/2018; entre outros.

[50] Ao analisar o contexto econômico e social das lideranças políticas nacionais, Vitor Nunes Leal pontua, entre outros fatores, sua construção sobre bases paternalistas, constituídas por "favores pessoais de toda a ordem, desde arranjar emprego público até os mínimos obséquios" (LEAL, Victor Nunes. *Coronelismo, Enxada e Voto*: o Município e o regime representativo no Brasil. 7ª Ed. São Paulo, Companhia das Letras, 2012, p. 59 e 60).

remuneração. Há, desta feita, claro peculato-desvio do **valor** que deveria ser despendido como contrapartida ao exercício de cargo em comissão.

Consideradas as premissas teóricas estabelecidas ao longo do artigo, mais importante do que a conduta do servidor que percebe a remuneração sem exercer o cargo é a compreensão do aspecto subjetivo da conduta da autoridade nomeante. Se esta agir com dolo de desviar o valor da remuneração do cargo em comissão em favor do terceiro, haverá crime. E, em casos tais, o simples fato de inexistir repasse à autoridade nomeante não se presta, por si só, a descaracterizar o delito de peculato.

Como leciona Winfried Hassemer, o direito processual penal trabalha com a reconstrução de fatos passados. Por essa razão, não é possível conhecer de maneira direta o aspecto subjetivo da conduta do agente no exato momento da ação ou omissão. O *animus* do autor é elemento invisível, que só pode ser apreciado de forma indireta, com cautelosa análise das circunstâncias do caso concreto, mediante raciocínio lógico-dedutivo[51].

Assim, a existência de repasse de valores à autoridade nomeante seria apenas uma das circunstâncias capazes de evidenciar o seu dolo de desvio ou de apropriação. Por outro lado, a ausência desse fator não exime o operador do direito do dever de proceder a uma valoração global dos fatos submetidos a sua apreciação.

Diversas outras circunstâncias podem indicar que o ato de nomeação foi mero expediente empregado pela autoridade para desviar recursos públicos em favor de terceiro, como, a título de exemplo: a) o fato de o servidor nomeado jamais ter entrado em exercício; b) abandono do cargo pelo servidor, por longo período, sem que ocorra exoneração ou qualquer reação da autoridade superior; c) certificações falsas de presença emitidas pela autoridade nomeante, caso em que o liame subjetivo entre os agentes e o domínio funcional do fato[52], com divisão de tarefas, são ainda mais evidentes.

[51] O que o autor denomina de "tese da invisibilidade do lado interior do ato": "a tese da invisibilidade do lado interior do ato chama a atenção para a dificuldade específica do procedimento judicial e sobretudo do processo penal. Em todo processo penal se parte do conhecimento e da vontade do homem: se o homem agiu dolosamente ou culposamente [...]. Não se pode observar o interior de um homem do mesmo modo que a arma do ato ou o *slogan* estampado na parede da casa. Sobre as condições interiores, só se pode deduzir" (HASSEMER, Winfried. *Introdução aos Fundamentos do Direito Penal.* 2ª Ed. Porto Alegre: Sérgio Antonio Fabris, 2005, p. 103).

[52] V. item 4, acima.

É inconcebível, por exemplo, que o superior hierárquico direto, responsável pelo provimento do cargo[53], não note que o servidor nomeado jamais entrou em exercício. A ausência de providências quanto a esse aspecto é forte indicativo de que há conluio entre os envolvidos para viabilizar o desvio de valores.

Por isso, faz-se necessário distinguir a situação do servidor público que, investido no cargo, pratica falta administrativa, deixando de exercer suas funções, sem prejuízo da percepção de sua remuneração, daquela em que não há real investidura, mas mero desvio de recurso público, por ajuste entre a autoridade superior e o ocupante do cargo em comissão.

A propósito, o provimento do cargo em comissão não se completa com a simples assinatura do termo de posse. É necessário que haja início do exercício. Se isso não ocorrer, restará ineficaz a nomeação, bem como a posse. Haverá o dever de a autoridade administrativa competente declarar a vacância do cargo público[54]. Isto posto, não se confunde a nomeação de má-fé, com o fim precípuo de desviar recursos públicos, com o caso do servidor que simplesmente deixa de exercer as atribuições de seu cargo. Apenas no último caso haverá mera infração administrativa e, quiçá, ato de improbidade[55].

Desse modo, considerando que, na hipótese deste tópico, a autoridade nomeante detém a posse prévia dos valores de remuneração vinculados ao cargo em comissão, haverá peculato-desvio nos casos em que; a) a nomeação ocorrer com a finalidade de favorecer o nomeado não com o provimento do cargo, mas com os próprios valores de remuneração, sem

[53] Seja mediante indicação à autoridade administrativa com poder de nomeação ou pela emissão direta do ato de provimento do cargo.

[54] MEIRELLES, Hely Lopes. *Direito Administrativo Brasileiro.* 34ª ed. São Paulo: Malheiros, p. 444.

[55] Pode, ademais, caracterizar-se o crime de abandono de função, previsto no art. 323 do Código Penal. Também se pode imaginar uma peculiar situação na qual o próprio servidor público seja responsável pelo controle de sua frequência ou pelo lançamento de eventuais horas extras. Nesse cenário, ele teria disponibilidade jurídica sobre os valores de hora extra, podendo deles lançar mão. A declaração falsa de horas extras cumpridas, assim, com a apropriação indevida de valores, poderia configurar peculato-apropriação. Se as declarações falsas fossem apresentadas ao superior hierárquico que detém o poder de controle – o que, na prática, é a regra – eventual obtenção de vantagem indevida pode caracterizar o crime previsto no art. 171, §3º, do Código Penal. Dessas hipóteses, contudo, não se ocupa este artigo, dada a limitação de espaço.

qualquer contrapartida à administração; b) houver ajuste de vontades entre a autoridade nomeante e o comissionado nesse sentido.

Assim se deve entender, pois o valor de remuneração é empregado de maneira absolutamente dissociada do exercício de cargo público, configurando-se a essência do peculato-desvio. Além disso, a autoridade nomeante e o servidor concorrem para o crime, aquela dando causa ao provimento do cargo e este tomando dele posse, de modo que possa receber a remuneração indevida; ambos detêm domínio funcional do fato. Como consequência do concurso de pessoas, a elementar "posse em razão do cargo", que existe em relação à autoridade nomeante, comunica-se entre os coautores. Por fim, o desvio ocorre em proveito alheio, ou seja, em favor do servidor comissionado.

Diante de tais considerações, deve haver criteriosa análise das circunstâncias do caso concreto ao se aplicar a premissa de que o servidor público não pode praticar peculato sobre sua própria remuneração, haja vista que eventual conluio entre o comissionado e a autoridade nomeante pode repercutir sensivelmente sobre o tratamento penal a ser dispensado no caso concreto.

Consequentemente, apenas se mostra razoável a interrupção da persecução penal por meios de impugnação de cognição sumária se, nem mesmo em tese, houver a presença dos elementos acima referidos, apresentando-se essa providência como uma medida excepcional[56].

[56] Sob essa ótica, afastou-se o entendimento ora em discussão em caso concreto no qual, em tese, teria ocorrido peculato-desvio por ajuste entre a autoridade nomeante e o servidor comissionado, mesmo sem qualquer repasse de valores àquela. Admitiu-se que, pela unidade de desígnios, não seria correto afirmar que o servidor não pode praticar peculato sobre sua própria remuneração: "[...] 2. No caso em exame, da simples leitura da exordial acusatória, percebe-se o preenchimento dos requisitos exigidos pelo art. 41 do CPP, porquanto descreve a conduta atribuída ao recorrente, que, nos termos da inicial, na condição de mandatário do Município de Mondaí/SC, nomeou o corréu para ocupar cargo em comissão por ele nunca exercido, narradas todas as circunstâncias a respeito da acusação a permitir a efetiva ampla defesa dos acusados pelo crime de peculato. 3. A orientação desta Corte Superior de Justiça, segundo a qual "servidor público que se apropria dos salários que lhe foram pagos e não presta os serviços, não comete peculato" (Apn 475/MT, Rel. Ministra ELIANA CALMON, CORTE ESPECIAL, julgado em 16/5/2007, DJ 6/8/2007, p. 444), não é aplicável ao caso em análise. 4. Hipótese em que a denúncia narra, em tese, desvio de valores pecuniários consistentes na remuneração de funcionário "fantasma", nomeado para cargo em comissão pelo recorrente, há, a princípio, justa causa a configurar a conduta delituosa estampada no art. 312 [...] 5. Recurso em habeas corpus não provido". (RHC 115.058/SC, Rel. Ministro RIBEIRO DANTAS, QUINTA TURMA, julgado em 10/09/2019, DJe 16/09/2019).

Conclusões

Diante das hipóteses retratadas ao longo do artigo, foi possível chegar a uma série de conclusões relacionadas à prática de crimes por meio do provimento de cargos em comissão. Os aspectos centrais podem ser sintetizados por meio de tópicos, expostos a seguir.

1 – O servidor comissionado não detém posse prévia dos valores que receberá a título de remuneração. Por essa razão, não pode, sozinho, praticar os crimes de peculato-desvio e de peculato-apropriação em relação ao seu próprio salário, afastando-se a incidência do art. 312, *caput*, do Código Penal;

2 – Mesmo considerando a ausência de posse, o servidor comissionado não pode, igualmente, praticar peculato-furto (art. 312, §1º, do Código Penal) em relação a sua própria remuneração, pois os valores são incorporados ao patrimônio do titular por pagamento realizado voluntariamente pela administração pública, ainda que vitimada por expediente fraudulento. Neste caso, é possível que se configure o crime previsto no art. 171, §3º, do Código Penal;

3 – Contudo, o Código Penal adota um conceito amplo de "posse" para fins de caracterização do crime de peculato, bastando que o agente público possua poder de disponibilidade sobre o objeto material do crime, ainda que de maneira indireta – por meio da estrutura administrativa ou de terceiros – dispensando-se posse direta ou relação material com a *res*;

4 – Assim, ao contrário do servidor nomeado, a autoridade nomeante detém a posse prévia dos valores de remuneração dos cargos em comissão, pois apenas o ato de provimento a ser por ela praticado dará ensejo a realização de pagamentos. Entende-se que o agente com competência para dar provimento ao cargo em comissão possui poder de disposição sobre os valores que correspondem à remuneração, ostentando a faculdade de nomear alguém ou de deixar de fazê-lo, poupando os recursos públicos;

5 – É possível, nesse cenário, que, havendo unidade de desígnios entre o servidor comissionado e a autoridade nomeante, aquele seja responsabilizado pelo crime de peculato em relação a sua própria remuneração, considerando a comunicabilidade da circunstância elementar "posse em razão do cargo" entre os coautores, de acordo com os artigos 29 e 30 do Código Penal;

6 – A mera utilização de serviço público para fins particulares, apesar de configurar ato de improbidade administrativa, é fato penalmente

irrelevante, exceto se o beneficiário for Prefeito Municipal, caso em que a conduta se enquadrará no tipo penal insculpido no art. 1º, II, do DL n 201/67;

7 – Não se confunde, todavia, a mera utilização do serviço público com o desvio do valor correspondente à remuneração de cargo em comissão para remunerar empregados particulares. Se o agente público nomear empregado particular para cargo em comissão, com o fim de remunerá-lo com o dinheiro público, haverá crime de peculato-desvio. Nesse caso, deve haver dupla imputação – contra o nomeante e o nomeado, em concurso de pessoas;

8 – Se, diante de servidor regularmente investido em cargo em comissão, a autoridade com poder de editar o ato exoneratório exigir parcela da remuneração como condição à permanência do interessado no cargo, haverá crime de concussão. Caso o servidor promova o pagamento dos valores, sua conduta será atípica, considerando se tratar de mera sujeição ao constrangimento praticado pelo concussionário;

9 – Os casos em que há nomeação de servidor comissionado, com repasse parcial ou integral dos valores correspondentes à remuneração para a autoridade nomeante – prática conhecida como rachadinha – com liame subjetivo entre os envolvidos, podem ocorrer tanto em caso de nomeação de funcionários fantasmas quanto em circunstâncias nas quais haja efetivo exercício do cargo em comissão;

10 – Em se tratando de funcionário fantasma, haverá peculato-desvio, pois o emprego dos recursos ocorre com absoluta dissociação da finalidade legal, não em contrapartida à prestação de serviço público;

11 – Diversamente, se há regular prestação de serviço público, não se poderá falar em peculato-desvio, pois a remuneração, pelo menos em um primeiro momento, é empregada justamente para a consecução do fim legal – remunerar o servidor que desempenha as atribuições do cargo. Nesse caso, o repasse, previamente ajustado entre autoridade nomeante e o servidor comissionado, caracterizará peculato-apropriação, dada a existência de domínio funcional do fato pelos coautores;

12 – Se a autoridade nomeante dá provimento ao cargo público, sem pretensão de se apropriar de parcela da remuneração, mas com o intuito de beneficiar o nomeado – não com o cargo público, mas única e exclusivamente com os valores da remuneração – haverá dolo de desvio, em proveito alheio. Nesse contexto, o "funcionário fantasma", que se apropria

dos valores de remuneração sem jamais ter entrado no exercício do cargo público, conluiado com a autoridade nomeante, pratica peculato-desvio. Tal situação não se confunde com a do servidor que, investido no cargo, deixa de prestar os serviços e continua a perceber a remuneração, o que possui repercussão exclusiva nas esferas cível e administrativa.

Referências

BITENCOURT, Cezar Roberto. *Código Penal Comentado*. São Paulo: Saraiva, 2002.

BITENCOURT, Cezar Roberto. *Tratado de Direito Penal*. 6ª ed. São Paulo: Saraiva, 2012.

COSTA JR, Paulo José da. *Direito Penal*: curso completo. 8ª ed. São Paulo: Saraiva, 2000.

GRECO, Luís; LEITE, Alaor. O que é e o que não é a teoria do domínio do fato. Sobre a distinção entre autor e partícipe no direito penal. IN: GRECO, Luís (et. al.) *Autoria como domínio do fato*: estudos introdutórios sobre o concurso de pessoas no direito penal brasileiro. São Paulo: Marcial Pons, 2014.

HASSEMER, Winfried. *Introdução aos Fundamentos do Direito Penal*. 2ª Ed. Porto Alegre: Sérgio Antonio Fabris, 2005.

HOUAISS, Antonio; VILLAS, Mauro de Salles. *Grande Dicionário Houaiss da Língua Portuguesa*. Rio de Janeiro: Objetiva, 2001.

HUNGRIA, Nelson. *Comentários ao Código Penal*. Vol. IX. 2ª ed. Rio de Janeiro: Forense, 1959.

JESUS, Damásio Evangelista. *Código Penal Anotado*. 22ª Ed. Saraiva: São Paulo: 2014.

LEAL, Victor Nunes. *Coronelismo, Enxada e Voto*: o Município e o regime representativo no Brasil. 7ª Ed. São Paulo, Companhia das Letras, 2012.

MEIRELLES, Hely Lopes. *Direito Administrativo Brasileiro*. 34ª ed. São Paulo: Malheiros.

MIRABETE, Julio Fabbrini; FABBRINI, Renato Nascimento. *Manual de Direito Penal*. Vol. III. Parte Especial. 28ª Ed. São Paulo: Atlas, 2014.

NORONHA, Eduardo Magalhães. *Direito Penal*. Vol. 4. 21ª Ed. São Paulo: Saraiva, 1998.

PIETRO, Maria Sylvia Zanella di. *Direito Administrativo*. 14ª ed. São Paulo: Atlas, 2002.

REPPUBLICA ITALIANA. Corte Suprema di Cassazione. Sesta Sezione. Sent. N. 7492 / 2013. Rel. Gaetano de Amicis. J: 15/02/2013.

REPPUBLICA ITALIANA. Corte Suprema di Cassazione. Sesta Sezione. Sent. N. 9660 / 2015. Rel. Gaetano de Amicis. J: 12/02/2015.

ZAFFARONI, Eugenio Raul; PIERANGELI, José Henrique. *Direito Penal Brasileiro*. Parte Geral. 4ª Ed. São Paulo: Revista dos Tribunais, 2002.

7. A (Des)necessidade do Ato de Ofício para Configuração da Corrupção Passiva no Direito Penal Brasileiro

Marco Aurélio Florêncio Filho
Amanda Scalisse Silva

Introdução

O objetivo do presente artigo é analisar a necessidade da realização de ato de ofício pelo agente público como contrapartida ao recebimento, ou promessa de recebimento, de vantagem indevida, para fins de subsunção, ou não, da conduta ao crime de corrupção passiva.

O problema de pesquisa que norteou a definição do objeto a ser investigado foi a intensificação da discussão jurisprudencial e doutrinária a respeito do tema impulsionada por decisões proferidas no julgamento de três casos de corrupção de grande repercussão no Brasil: o Caso Collor, o Mensalão e a Operação Lava-Jato, que, a despeito de apresentarem entendimentos divergentes, trouxeram a questão do ato de ofício ao cerne do debate sobre os elementos necessários para configuração do crime de corrupção passiva.

Isso porque, apesar de a redação do artigo 317 do Código Penal não prever expressamente a necessidade da ocorrência ou promessa de ato oficial para a configuração do crime, mas sim que a vantagem ilícita seja solicitada ou recebida em razão da função pública; parte da doutrina e jurisprudência entende ser necessária uma análise além dos termos do tipo penal, baseada no estudo conjunto com o dispositivo legal que define a modalidade ativa do delito de corrupção, bem como do conceito e da definição de corrupção, para uma melhor compreensão deste fenômeno jurídico.

Destarte, pretende-se analisar tais discussões nos cenários jurídicos nacional e internacional, para verificar quais os elementos necessários para a configuração do tipo penal da corrupção passiva e nortear, no que toca à necessidade da ocorrência e/ou promessa de ato de ofício, a aplicação de nossa legislação criminal.

Para tanto, utilizou-se o método tópico-hermenêutico[1], que utiliza a lei e a compreensão do caso como forma de se interpretar o direito penal. Nesse sentido, o princípio da legalidade seria apenas o limite máximo de punição e não o limite mínimo de liberdade.

A principal técnica utilizada para a realização do presente trabalho foi a pesquisa bibliográfica[2]. Todavia, também foram utilizadas a investigação legislativa e análise jurisprudencial.

Desse modo, inicialmente, firmaram-se as premissas necessárias à compreensão do conceito de corrupção e de sua criminalização no ordenamento jurídico brasileiro, bem como quais as consequências do modelo de tipificação escolhido por nosso legislador em sua aplicação prática.

Em seguida, passou-se a analisar a questão do ato de ofício no crime de corrupção passiva a partir da previsão legal do Código Penal brasileiro e sua aplicação e interpretação pela jurisprudência, utilizando-se

[1] "(...) a filosofia pós-positivista busca um equilíbrio entre o silogismo e a tópica, reconhecendo que o Direito admite uma superposição entre duas esferas: a esfera da compreensão da norma, de um lado, e a esfera da compreensão do fato, de outro, levadas a cabo pelo ser historicamente presente, pelo procedimento argumentativo. Esse método é chamado de tópico-hermenêutico. Usa-se, portanto, no método penal, a lei e a compreensão do caso. A lei é o limite negativo, isto é, não se admite a incriminação do que está fora dela, já que a mesma tem por função dar a garantia do homem em face do poder de punir, conforme se apregoava desde o iluminismo. O limite negativo do método penal o harmoniza com o Princípio Constitucional da Legalidade. O caso dá o limite positivo, podendo ser utilizado como um meio para justificar uma decisão que aumente o âmbito de liberdade, isto é, que seja pró-libertatis. Como a finalidade da legalidade foi garantir a liberdade do homem em face do poder de punir, conforme discorrido acima, a tópica é teleologicamente conforme a legalidade, não havendo nenhuma incompatibilidade entre elas. Com efeito, são possíveis decisões não baseadas no silogismo, pela importância que deve ser dispensada ao homem. Isso, em verdade, representa o cumprimento do Princípio Constitucional da Dignidade da Pessoa Humana, porque só se valoriza o homem a partir da compreensão do caso, que traduz a sua história real, que é única e irrepetível." (BRANDÃO, Cláudio. *Curso de direito penal*: parte geral. Rio de Janeiro: Forense, 2008, p. 17-18).

[2] ADEODATO, João Maurício. Bases para uma metodologia da pesquisa em direito. *Anuário dos cursos de pós-graduação em direito*, Recife – PE, nº. 8, 1997, p. 201-224.

como referência os casos de corrupção de grande repercussão no Brasil nos últimos anos.

Por fim, em análise de direito comparado, estudou-se a corrente doutrinária e de política criminal que diferencia a corrupção do mero recebimento de dádivas pelos agentes do Estado, para, tomando como exemplo países que a adotaram, verificar quais as divergências com a legislação criminal brasileira e quais suas consequências nas elementares necessárias para configuração do crime previsto no artigo 317 do Código Penal.

1. A criminalização da corrupção do agente público no direito penal brasileiro

Ainda há dificuldade, no cenário internacional, na definição de um conceito uníssono de corrupção. Trata-se de uma concepção polissêmica e multifacetada, que envolve uma gama de possíveis comportamentos que variam entre culturas e contextos políticos e jurídicos[3]. Contudo, de uma maneira geral, pode-se afirmar que um ato corrupto corresponde ao uso indevido de poderes públicos para a obtenção de ganhos políticos ou privados[4].

Lindsey D. Carson explica que, independentemente da forma que se apresente, a corrupção, em regra, dependerá de algumas condições: a existência de poder discricionário por parte da autoridade pública e a expectativa de brechas e estruturas de incentivo que facilitem, permitam ou não inibam a exploração pelo agente de sua posição para ganho pessoal[5]. Portanto, para a caracterização da corrupção é necessário que o agente que atua em nome do Estado tenha o propósito de utilizar a atividade

[3] Fernando Filgueiras explica que o conceito de corrupção, tomando como base sua essência de elevação dos interesses privados ao interesse público, precisa de uma atribuição de sentido que só é possível por uma compreensão mais alargada dos elementos formais dos valores e normas que organizam a política. Ou seja, o conceito de corrupção só é possível se tomarmos, de forma pressuposta, a discussão de valores e normas de uma sociedade, alterando-se, portanto, nas diferentes modulações do mundo social e político (FILGUEIRAS, Fernando. *Corrupção, democracia e legitimidade*. Belo Horizonte: UFMG, 2008, p. 21).

[4] ROSE-ACKERMAN, Susan. The Challenge of Poor Governance and Corruption. *Revista Direito GV*, vol. 1, 2005, p. 207-266.

[5] CARSON, Lindsey. Deterring Corruption: Beyond Rational Choice Theory. *SSRN Electronic Journal*. 2014.

que exerce para seu favorecimento pessoal, isto é, existe a mercancia da função pública[6].

Luiz Regis Prado defende que a corrupção delitiva representa uma agressão ao próprio funcionamento do Estado Democrático de Direito, pois atinge o bom e regular funcionamento da Administração Pública, que deve sempre atuar com objetividade e imparcialidade a serviço dos interesses gerais. Ao se deixar corromper, o funcionário executa ato próprio de seu cargo em troca de retribuição, abandonando os interesses do Estado para colocar-se numa posição parcial em relação ao particular que lhe deu ou prometeu a vantagem[7].

Na disciplina jurídico-penal, existem dois sistemas de tipificação da corrupção: o da unidade complexa, que enfeixa a conduta do funcionário público[8] e do agente privado em uma única descrição típica (crime

[6] BITENCOURT, Cezar Roberto. *Tratado de direito penal*: parte especial 5: crimes contra a administração pública e crimes praticados por prefeitos. São Paulo: Saraiva Educação, 2018, p. 114.

[7] PRADO, Luiz Regis; CARVALHO, Érica Mendes de; CARVALHO, Gisele Mendes de. *Curso de direito penal brasileiro*. São Paulo: Revista dos Tribunais, 2014, p. 1347.

[8] Via de regra, os tipos penais são compostos de elementos subjetivos e objetivos. Há de se ressaltar, entretanto, que pode haver tipos penais que possuam os chamados elementos normativos do tipo. Os elementos normativos são todos os elementos cuja concorrência pressupõe uma valoração, diferentemente dos elementos descritivos, que são aqueles que reproduzem determinados dados ou processos corporais ou anímicos e que são verificados de modo cognoscitivo (cognitivo) pelo juiz (ROXIN, Claus. *Derecho penal*: parte general. Madrid: Civitas, 2006, p. 306). Não há dúvidas, atualmente, que o tipo penal pode ser composto por elementos objetivos, subjetivos e normativos. Os elementos objetivos devem ter papel de destaque no tipo penal, ou seja, o legislador ao elaborar um tipo penal deve dar prevalência ao uso de elementos objetivos, visto que são esses elementos que dão maior segurança aos cidadãos, pois é de fácil entendimento, sem requisitar maiores esforços para a sua compreensão. No entanto, sabe-se que existem ainda os elementos subjetivos e os elementos normativos. É importante mencionar que principalmente com relação aos elementos normativos, deve-se ter muita cautela em sua observação, visto que necessitam de um juízo de valor para a sua compreensão. Segundo Cláudio Brandão, "os elementos normativos do tipo fazem prova de que o tipo não é isento de juízo de valor, como queria Beling, e conduzem ao entendimento que a tipicidade, por ser portadora de uma valoração inicial, conduz à antijuridicidade, sendo o meio através do qual ela pode ser conhecida, sua *ratio cognoscendi*", podendo dar margem 'a realização de arbítrios." (BRANDÃO, Cláudio. *Teoria jurídica do crime*. Rio de Janeiro: Forense, 2002, p. 66). Para Muñoz Conde, "Se debe ser parco en la utilización de *elementos normativos* ("acreedor", "insolvencia", "amenidad", etc.), que implican siempre una valorización y, por eso, un cierto grado de subjetivismo, y emplear, sobre todo, *elementos lingüísticos descriptivos* que cualquiera pueda apreciar o conocer en su significado sin mayor esfuerzo ("matar", daños",

bilateral ou concurso necessário); ou incriminação autônoma das condutas nas modalidades passiva e ativa, que dizem respeito, respectivamente, ao *intraneus* (corrompido) e ao *extraneus* (corruptor), de modo que a consumação de qualquer delas não fica, irrestritamente, na dependência de consumação da outra[9].

O Código Penal brasileiro, que adota a regra da teoria monista para o concurso de agentes[10], pune a corrupção por meio de dois tipos penais, ou seja, tem-se aqui uma exceção à teoria monista, adotando-se, para a hipótese das corrupções ativa e passiva, a teoria dualista de concurso de agentes[11]: o artigo 317, que define a corrupção passiva, e o artigo 333, que prevê a corrupção ativa.

"lesiones", etc.). (...) Deben evitarse, además, los *conceptos indeterminados* ("moral", "buenas costumbres") por el peligro que representan para la seguridad jurídica de los ciudadanos, al dejar sin precisar claramente la conducta prohibida." (CONDE, Francisco Muñoz, ARÁN, Mercedes Garcia. *Derecho Penal*: parte general. Valencia: Tirant to Blanch, 2004, p. 256-257). Nesse sentido, tem-se que o termo funcionário público, previsto no código penal brasileiro é um elemento normativo do tipo, visto que só pode ser comprendido a partir da valoração descrita no artigo 327 do mesmo Diploma Legal. Assim, só se pode comprender o termo funcionário público previsto *caput* do artigo 333 do Código Penal ("Art. 333 - Oferecer ou prometer vantagem indevida a funcionário público, para determiná-lo a praticar, omitir ou retardar ato de oficio."), se observarmos o disposto no artigo 327 do Código Penal ("Art. 327 - Considera-se funcionário público, para os efeitos penais, quem, embora transitoriamente ou sem remuneração, exerce cargo, emprego ou função pública.)

[9] HUNGRIA, Nelson. *Comentários ao Código Penal*. vol. IX. Rio de Janeiro: Forense, 1959, p. 367. A opção pela dupla tipificação facilita a punibilidade, pois os tipos em questão independem da anuência do particular ou do funcionário público para se consumarem, bastando a solicitação ou recebimento ou o oferecimento ou promessa da vantagem ilícita. É possível que apenas o funcionário público corrupto pratique o crime na modalidade passiva, por exemplo, quando este solicita a vantagem indevida, tomando a iniciativa da conduta, enquanto o particular passa a ser vítima. Por outro lado, é possível somente a prática da corrupção ativa, quando o particular oferece ou promete a vantagem indevida e o funcionário público não a aceita (SMANIO, Gianpaolo Poggio. Análise da decisão da AP 470/MG pelo STF referente aos crimes contra a administração pública – corrupção passiva e ativa – elementos do tipo penal. *Revista dos Tribunais*. Vol. 933/2013 (jul/2013), p. 195-206).

[10] A teoria monista, também conhecida como unitária, adotada pelo nosso Código Penal, aduz que todos aqueles que concorrem para o crime, incidem nas penas a este cominadas, na medida de sua culpabilidade. Para a teoria monista existe um crime único, atribuído a todos aqueles que para ele concorreram, autores ou partícipes. Embora o crime seja praticado por diversas pessoas, permanece único e indivisível. (GRECO, Rogério. *Curso de Direito Penal*: parte geral. Rio de Janeiro: Impetus, 2012, p. 476).

[11] A teoria dualista da ação distingue o crime praticado pelos autores daquele cometido

O tipo penal da corrupção passiva (artigo 317) descreve a conduta punível do funcionário público, consistente na "solicitação ou recebimento, para si ou para outrem, direta ou indiretamente, em razão da função pública, de vantagem indevida, ou aceitar promessa de tal vantagem"[12]. Já a corrupção ativa, inscrita no art. 333, compreende a ação do particular que "oferecer ou prometer vantagem indevida a funcionário público, para determiná-lo a praticar, omitir ou retardar ato de ofício"[13].

O objetivo do presente artigo, assim, é verificar a necessidade de configuração, ou não, do elemento normativo do tipo "ato de ofício" para a configuração do artigo 317 do Código Penal, o que se faz a partir deste momento, sob a perspectiva do método tópico-hermenêutica.

2. A (des)necessidade do ato de ofício para configuração do crime de corrupção passiva no direito brasileiro

Pela redação dos artigos 317 e 333, ambos do Código Penal, percebe-se que o tipo penal da corrupção passiva é menos amplo do que o tipo penal da corrupção ativa, pois na corrupção passiva se exige apenas que o servidor solicite ou receba vantagem indevida em razão do cargo, ainda que fora da função ou antes de assumi-la, enquanto na corrupção ativa o sujeito ativo busca fazer com que o funcionário público pratique ou omita ato de ofício. Destarte, verifica-se que não é pressuposto legal expresso da corrupção passiva, como era em nossos códigos penais anteriores[14], que a vantagem se combine com um ato de ofício do funcionário público.

pelos partícipes. Para essa teoria, se a participação pode ser principal e acessória, primária e secundária, deverá haver um crime único para os cúmplices. Assim, a consciência e vontade de concorrer num delito próprio confere unidade ao crime praticado pelos autores; e a de participar no delito de outrem atribui essa unidade ao praticado pelos cúmplices. (GRECO, Rogério. *Curso de Direito Penal*: parte geral. Rio de Janeiro: Impetus, 2012, p. 475).

[12] BRASIL. Decreto-Lei nº 2.848, de 07 de dezembro de 1940. *Código Penal*. Brasília, DF, DOU 31.12.1940.

[13] BRASIL. Decreto-Lei nº 2.848, de 07 de dezembro de 1940. *Código Penal*. Brasília, DF, DOU 31.12.1940.

[14] O Código Criminal do Império, em seu art. 130, define a corrupção como "Receber dinheiro, ou outro algum donativo; ou aceitar promessa directa, e indirectamente para praticar, ou deixar de praticar algum acto de officio contra, ou segundo a lei" (BRASIL. Lei 16 de dezembro de 1830. Manda executar o *Código Criminal*. Publicada na Secretaria de Estado dos Negocios

Bem por isso, parte da doutrina entende que o tipo da corrupção passiva poderia realizar-se mesmo na ausência de comprovação da ocorrência ou de qualquer expectativa de que o funcionário vá praticar ou omitir ato de ofício, bastando que a vantagem seja solicitada ou recebida em razão da função pública. Esse é o entendimento, por exemplo, de Guilherme de Souza Nucci, que defende que há "proposital omissão do ato de ofício" no artigo 317 do Código Penal, pois a

> corrupção passiva (...) pode ter por finalidade apenas deixar o funcionário público receptivo a futuros pedidos", de forma que "não é preciso que o corruptor entregue a vantagem ao funcionário para a prática ou omissão de ato de ofício", bastando "qualquer percepção de benefício inadequado[15].

Contudo, como já mencionado, esse entendimento não é unânime e tem pautado as discussões doutrinárias e jurisprudenciais nos últimos anos.

Júlio Fabrini Mirabete defende que "a falta de menção expressa ao 'ato de ofício' no caput do artigo 317, do Código Penal, que a ele só se refere nos parágrafos 1º e 2º, não exclui a imprescindibilidade da relação entre a conduta do agente e o ato funcional"[16], de forma que, apesar de "desnecessário (...) que o ato funcional venha a ser praticado, omitido ou retardado"[17], "o pagamento feito ou prometido deve ser a contraprestação de ato de atribuição do sujeito ativo"[18].

Em entendimento semelhante, Eduardo Magalhães Noronha leciona que o comércio da função pública, caracterizador do delito de corrupção

da Justiça em 08.03.1831). Em semelhante sentido, o Código Penal de 1890 definia, em seu art. 214, a corrupção como "Receber para si, ou para outrem, directamente ou por interposta pessoa, em dinheiro ou outra utilidade, retribuição que não seja devida; acceitar, directa, ou indirectamente, promessa, dadiva ou recompensa para praticar ou deixar de praticar um acto do officio, ou cargo, embora de conformidade com a lei" (BRASIL. Decreto nº 847, de 11 de outubro de 1890. Promulga o *Código Penal*. Publicado na Sala das sessões do Governo Provisório, em 11.10.1890)

[15] NUCCI, Guilherme de Souza. *Curso de direito penal*: parte especial. vol. 3. Rio de Janeiro: Forense, 2018, p. 512.

[16] MIRABETE, Júlio Fabbrini. *Manual de direito penal*: parte especial. vol. III, São Paulo: Atlas, 1989, p. 302.

[17] MIRABETE, Julio Fabrini; FABRINI, Renato N. *Manual de direito penal*: parte especial. vol. 3. São Paulo: Atlas, 2009, p. 288.

[18] MIRABETE, Julio Fabrini; FABRINI, Renato N. *Manual de direito penal*: parte especial. vol. 3. São Paulo: Atlas, 2009, p. 287.

passiva, reclama, dentre os diversos elementos que tipificam essa modalidade delituosa, um requisito de ordem objetiva consistente em "haver relação entre o ato executado ou a executar e a coisa ou utilidade" oferecida, entregue ou meramente prometida ao servidor público, "pelo menos, [em] uma proporção mínima entre eles"[19].

Paulo José da Costa Jr. salienta que "o agente mercadeja com a função que dispõe", sendo, assim, "Indispensável (...) que a vantagem venha a ser solicitada, recebida ou aceita em troca de um ato funcional". Assim, de acordo com o referido autor

> é indispensável que o agente tenha consciência de que recebe a vantagem solicitada ou ofertada, ou a promessa, em razão de ato funcional praticado (corrupção subsequente), ou que haverá de praticar (corrupção antecedente)[20].

Cezar Roberto Bitencourt, apesar de entender que "é necessário que qualquer das condutas solicitar, receber ou aceitar, implícita ou explícita, seja motivada pela função pública que o agente exerce ou exercerá", bastando, assim, para sua configuração, somente a "causalidade entre ela [a função pública] e o fato imputado"[21], defende que é preciso realizar

> referência ao conteúdo ofensivo do fato concreto, sob pena de se proceder a uma inversão tipológica, desviando a atenção de uma lesão representada pela 'compra de um ato', ato de ofício, para uma simples 'dádiva liberal' do cidadão, sem qualquer contrapartida, que (...) constitui conduta atípica no ordenamento jurídico brasileiro[22].

[19] NORONHA, Edgard Magalhães. *Direito penal*: parte especial. vol. 4. São Paulo: Saraiva, 1998, p. 254.

[20] O autor complementa que "A expressão ato funcional não é empregada em sentido técnico de ato administrativo. Ato funcional significa qualquer conduta posta em prática pelo funcionário público no exercício de suas funções, compreendendo todas as providências, os atos devidos, propostas, requerimentos, pareceres e demais operações, de natureza material ou omissiva. Também atos de governo e os atos de direito privado acham-se compreendidos na noção ampla de ato de ofício" (COSTA JÚNIOR, Paulo José da. *Direito penal*: curso completo. São Paulo: Saraiva, 2000, p. 697).

[21] BITENCOURT, Cezar Roberto. *Tratado de direito penal*: parte especial 5: crimes contra a administração pública e crimes praticados por prefeitos. 12. ed. São Paulo: Saraiva Educação, 2018, p. 113.

[22] A esse respeito, Cezar Roberto Bitencourt faz relevante análise sobre a criminalização da corrupção e da aceitação de dádivas pela Argentina, esclarecendo que os bens jurídicos

Nesse sentido, Heleno Cláudio Fragoso assenta que o crime de corrupção passiva "está na perspectiva de um ato de ofício, que à acusação cabe apontar na denúncia e demonstrar no curso do processo", sendo fundamental que o agente tenha a consciência de que recebe a vantagem por tal motivo[23].

No Supremo Tribunal Federal, o primeiro caso de repercussão que travou debate sobre o tema foi o julgamento da Ação Penal nº 307/DF (Caso Collor), que versava sobre a acusação de que o ex-Presidente da República Fernando Affonso Collor de Mello "recebeu, em razão do exercício do referido cargo, vantagens indevidas, consistentes em depósitos efetuados em conta bancária, mantida em nome de sua secretária Ana Acioli, e em pagamentos diretos de contas de sua responsabilidade". Tais vantagens teriam sido

> proporcionadas, na maioria dos casos, pelo acusado PAULO CESAR FARIAS, agindo pessoalmente ou em nome de pessoas fictícias, ou, ainda, por meio da Empresa de Participações e Construções Ltda. – EPC, por ele controlada, tiveram o caráter de contrapartida à cooperação, omissiva ou comissiva, que o então Presidente da República lhe dava para que pudesse obter, ou tentasse obter, por sua vez, de órgãos públicos federais e de empresários, favores indevidos[24].

A Suprema Corte, por maioria, acolheu o voto do Ministro Relator Ilmar Galvão para absolver os réus Fernando Affonso Collor de Mello e Paulo César Cavalcante Farias da prática do artigo 317 do Código Penal, a partir

protegidos nos crimes em questão são distintos. Enquanto na corrupção protege-se o funcionamento e a moralidade da Administração Pública, na aceitação de dádivas o bem jurídico tutelado é a sua imagem, confiabilidade. Assim, no direito brasileiro, ante a ausência da previsão legal do delito de aceitação de dádivas e a ausência de ofensa ao bem jurídico da corrupção passiva, a conduta é atípica. (BITENCOURT, Cezar Roberto. *Tratado de direito penal*: parte especial 5: crimes contra a administração pública e crimes praticados por prefeitos. 12. ed. São Paulo: Saraiva Educação, 2018, p. 113-115). Essa questão será mais bem trabalhada e discutida no tópico 3 do presente trabalho, no qual será apresentado o panorama internacional da discussão sobre a necessidade do ato de ofício para a configuração da corrupção, que é pautada na referida diferenciação.

[23] FRAGOSO, Heleno Cláudio. *Lições de Direito Penal*. vol. II. Rio de Janeiro: Forense, 1980, p. 438.

[24] SUPREMO TRIBUNAL FEDERAL, AP 307/DF, Relator(a): Min. ILMAR GALVÃO, Segunda Turma, julgado em 13/12/1994, DJ 13-10-1995, fl. 2110.

do entendimento de que, apesar de a consumação do crime de corrupção passiva prescindir da efetiva ocorrência do ato funcional, exige-se que a prática ou a omissão deste ato tenha sido a causa da solicitação, do recebimento, ou da aceitação da vantagem indevida ou da promessa de vantagem indevida[25]. Ou seja, o Supremo Tribunal Federal entendeu que, para a configuração da corrupção passiva, faz-se necessária a indicação de ato de ofício que seja a contrapartida do benefício ilegal, mas que este não precisa ter se concretizado.

Restou assinalado no voto condutor que "para verificar-se o crime de corrupção passiva, não basta que a solicitação, recebimento ou aceitação da promessa de vantagem se faça pelo funcionário público em razão do exercício da função, ainda que fora dela ou antes de seu início", sendo necessária "a existência de nexo de causalidade entre a conduta do funcionário e a realização de ato funcional de sua competência"[26].

O Ministro Ilmar Galvão ainda consignou em seu voto, destacando parecer apresentado nos autos pelo doutrinador Júlio Fabbrini Mirabete, que, "ao analisar-se, no conjunto, o crime de corrupção passiva", verifica-se que "o objetivo do legislador (...) foi o de diferenciar condutas diversas mais ou menos graves, com sanções penais proporcionais à relevância penal de cada fato". Assim, "estabeleceu, no parágrafo 1º um tipo que a sanção penal é a mais severa, porque o funcionário retarda ou deixa de praticar qualquer ato de ofício ou o pratica infringindo dever funcional". No parágrafo 2º "previu a lei uma figura menos grave (...) em que o agente retarda ou deixa de praticar ato de ofício com infração do dever funcional, não motivado por vantagem indevida, mas simplesmente por atender a pedido de *extraneus*". "No caput do dispositivo a lei estabelece a figura básica, fundamental, da corrupção passiva, menos relevante que a forma qualificada e mais grave do que a forma privilegiada". Dessa forma, considerou-se que

> afronta a lógica que a lei preveja no fato mais grave e no fato menos grave a necessidade de relação da conduta com um ato de ofício e dispense o mesmo quando trata da espécie intermediária, ou seja, da corrupção passiva simples,

[25] SUPREMO TRIBUNAL FEDERAL, AP 307/DF, Relator(a): Min. ILMAR GALVÃO, Segunda Turma, julgado em 13/12/1994, DJ 13-10-1995, fls. 2106-2107.

[26] SUPREMO TRIBUNAL FEDERAL, AP 307/DF, Relator(a): Min. ILMAR GALVÃO, Segunda Turma, julgado em 13/12/1994, DJ 13-10-1995, fl. 25 do voto preliminar.

ou, em outros termos, que seja ele indispensável no crime qualificado e no ilícito privilegiado e não no tipo básico.

Concluiu-se que

os elementos básicos das infrações, simples, qualificada ou privilegiada são os mesmos e, no caso, o ato de ofício está contido implicitamente na descrição do art. 317, caput, do Código Penal, que tipifica a forma básica, como nas formas qualificada e privilegiada, em que a menção ao ato funcional é expressa[27].

Ainda no julgamento do caso Collor, foi realizada a distinção entre o delito de corrupção e a conduta de recebimento de dádivas por parte do funcionário público, afirmando-se que entre as duas condutas está, justamente, a contraprestação do ato de ofício. Afirmou-se

que, do direito brasileiro, se excluiu a hipótese de punição, a título de corrupção passiva, das dádivas solicitadas ou recebidas, ou oferecidas e prometidas, assentando-se a corrupção, de modo real ou virtual, na existência de duas prestações recíprocas, a comporem um pseudo-sinalágma, que, no dizer do penalista luso Antônio Manuel de Almeida Costa, constitui o apanágio do suborno e consubstancia a lesão efetiva da "autonomia intencional" do Estado como bem jurídico tutelado pela norma que o sanciona.[28]

Assim, concluiu-se que

Sem a necessária referência ou vinculação do comportamento material do servidor público a um ato de oficio – ato este que deve obrigatoriamente incluir-se no complexo de suas atribuições funcionais (RT 390/100 RT 526/356 RT 538/324) –, revela-se inviável qualquer cogitação jurídica em torno da caracterização típica do crime de corrupção passiva definido no caput do art. 317 do Código Penal[29].

[27] SUPREMO TRIBUNAL FEDERAL, AP 307/DF, Relator(a): Min. ILMAR GALVÃO, Segunda Turma, julgado em 13/12/1994, DJ 13-10-1995, fl. 25 do voto preliminar.
[28] SUPREMO TRIBUNAL FEDERAL, AP 307/DF, Relator(a): Min. ILMAR GALVÃO, Segunda Turma, julgado em 13/12/1994, DJ 13-10-1995, fl. 28 do voto preliminar.
[29] SUPREMO TRIBUNAL FEDERAL, AP 307/DF, Relator(a): Min. ILMAR GALVÃO, Segunda Turma, julgado em 13/12/1994, DJ 13-10-1995, fl. 08 do voto do Ministro Celso de Melo.

O tema foi enfrentado novamente pelo Supremo Tribunal Federal no julgamento da Ação Penal 470/MG (Mensalão), que versou, dentre outras, sobre a acusação de que

> Marcos Valério [sócio das agências de comunicação DNA e SMP&B], em nome de Ramon Hollerbach, Cristiano Paz e Rogério Tolentino [sócios da agência de comunicação SMP&B], ofereceu vantagem indevida (50 mil reais) a João Paulo Cunha, tendo em vista sua condição de Presidente da Câmara dos Deputados, com a finalidade de receber tratamento privilegiado no procedimento licitatório em curso naquela Casa Legislativa para contratação de sua agência de publicidade[30].

O voto da Ministra Rosa Weber, conduzindo a maioria decisória para condenar o réu João Paulo Cunha pela prática do crime de corrupção passiva, dispôs que

> a omissão ou o retardamento da prática do ato de ofício é apenas causa de aumento da pena, conforme art. 317, § 1.º, e art. 333, parágrafo único, do Código Penal, de todo desnecessária para a caracterização ou consumação do crime na modalidade do caput. Ou seja, exige-se que a vantagem seja ofertada e aceita por conta do ato de ofício, e não que este seja efetivamente praticado.

Fazendo referência à Ação Penal nº 307/DF (Caso Collor), a Ministra explicou que "Naquele caso, a denúncia não discriminava ato algum de ofício realizado ou mesmo pretendido que tivesse motivado vantagem indevida concedida ao então Presidente da República", mas que "no presente caso, há vários atos de ofício no âmbito da licitação, contratação e execução do contrato da SMP&B com a Câmara dos Deputados sob a Presidência do ora acusado João Paulo Cunha"[31].

No mesmo sentido, o Ministro Celso de Mello consignou que

[30] SUPREMO TRIBUNAL FEDERAL, AP 470/MG, Relator(a): Min. JOAQUIM BARBOSA, Tribunal Pleno, julgado em 17/12/2012, ACÓRDÃO ELETRÔNICO DJe-074 DIVULG 19-04-2013, fl. 52565.

[31] SUPREMO TRIBUNAL FEDERAL, AP 470/MG, Relator(a): Min. JOAQUIM BARBOSA, Tribunal Pleno, julgado em 17/12/2012, ACÓRDÃO ELETRÔNICO DJe-074 DIVULG 19-04-2013, fl. 52740.

> o Supremo Tribunal Federal, neste julgamento, não está rompendo nem contrariando os seus próprios critérios jurisprudenciais estabelecidos, dentre outros precedentes, no julgamento da AP 307/DF. (...) Diversamente do que sucedeu no "Caso Collor" – em que o Ministério Público deixou de descrever que a conduta do ex-Presidente da República (percepção de indevida vantagem) estaria causalmente vinculada a um determinado ato de seu ofício –, o Senhor Procurador-Geral da República, neste processo (AP 470/MG), procedeu à exata e precisa narração dos elementos essenciais inerentes ao tipo previsto no art. 317, "caput" do CP, apontando o nexo de causalidade entre o ato de ofício e o recebimento de indevida vantagem por parte dos réus acusados da prática do crime de corrupção passiva[32].

Portanto, a Suprema Corte concluiu que, para efeito de integral realização do tipo penal de corrupção passiva, ainda que não se exija que o funcionário público pratique ou omita a prática de um ato de ofício, a conduta do agente deve ter sido motivada, ao menos, pela "perspectiva da efetivação ulterior de um determinado ato funcional"[33], que deve ser identificado pela acusação.

Recentemente, outro caso emblemático no cenário jurídico nacional (a Ação Penal nº 5046512-94.2016.4.04.7000, que tramitou na 13ª Vara Federal de Curitiba (PR), no âmbito da Operação Lava-Jato) trouxe à tona, novamente, a discussão acerca do ato oficial.

A acusação empreendida no referido processo foi de que o "ex-Presidente da República Luiz Inácio Lula da Silva teria participado conscientemente de esquema criminoso" financiado por grandes grupos econômicos, como "o Grupo OAS, Presidido pelo acusado José Adelmário Pinheiro Filho, também conhecido por Léo Pinheiro, (...) que teriam pago sistematicamente vantagem indevida em contratos" firmados com a Petrobrás, sendo que "Parte desses valores, cerca de 1%, teriam sido destinados especificamente a agentes políticos do Partido dos Trabalhadores e teriam integrado uma espécie de conta corrente geral de propinas" e "destinados especificamente ao ex-Presidente" através da "disponibilização (...)

[32] SUPREMO TRIBUNAL FEDERAL, AP 470/MG, Relator(a): Min. JOAQUIM BARBOSA, Tribunal Pleno, julgado em 17/12/2012, ACÓRDÃO ELETRÔNICO DJe-074 DIVULG 19-04-2013, fl. 54527.

[33] SUPREMO TRIBUNAL FEDERAL, AP 470/MG, Relator(a): Min. JOAQUIM BARBOSA, Tribunal Pleno, julgado em 17/12/2012, ACÓRDÃO ELETRÔNICO DJe-074 DIVULG 19-04-2013, fl. 56092.

de apartamento (...) sem que houvesse pagamento do preço correspondente"[34]. A contrapartida de responsabilidade do ex-Presidente seria "a indicação por ele dos Diretores da Petrobrás que se envolveram nos crimes de corrupção, como Paulo Roberto Costa e Renato de Souza Duque e a sua manutenção no cargo"[35].

No julgamento, reconhecendo que "a questão é ainda objeto de debates", o Juízo da 13ª Vara Federal decidiu condenar o ex-Presidente da República a partir do entendimento de que "A efetiva prática de ato de ofício ilegal é causa de aumento de pena, mas não é exigido para a tipificação dos crimes dos arts. 317 e 333 do CP", de forma que "Basta para a configuração que os pagamentos sejam realizados em razão do cargo ainda que em troca de atos de ofício indeterminados, a serem praticados assim que as oportunidades apareçam". Portanto, nas palavras do Juízo julgador, "uma empresa não pode realizar pagamentos a agentes públicos, quer ela tenha ou não presente uma contrapartida específica naquele momento"[36].

A condenação do ex-Presidente foi mantida pelo Tribunal Regional Federal da 4ª Região em julgamento de Apelação, cujo voto condutor consignou que "a prática efetiva de ato de ofício não consubstancia elementar" do tipo penal do art. 317 do Código Penal, devendo

> ser representado no sentido comum, como o representam os leigos, e não em sentido técnico-jurídico, bastando, para os fins dos tipos penais dos artigos 317 e 333 do Código Penal, que o ato subornado caiba no âmbito dos poderes de fato inerentes ao exercício do cargo do agente.

Concluiu-se que

> No caso de agente político, esse poder de fato está na capacidade de indicar ou manter servidores públicos em cargos de altos níveis na estrutura direta

[34] TRIBUNAL REGIONAL FEDERAL DA 4ª REGIÃO Ação Penal nº 5046512-94.2016.4.04.7000. 13ª Vara Federal de Curitiba (PR). Julgado em 12 de julho de 2017. Fls. 02 e 03 da sentença.

[35] TRIBUNAL REGIONAL FEDERAL DA 4ª REGIÃO Ação Penal nº 5046512-94.2016.4.04.7000. 13ª Vara Federal de Curitiba (PR). Julgado em 12 de julho de 2017. Fl. 198 da sentença.

[36] TRIBUNAL REGIONAL FEDERAL DA 4ª REGIÃO Ação Penal nº 5046512-94.2016.4.04.7000. 13ª Vara Federal de Curitiba (PR). Julgado em 12 de julho de 2017. Fl. 213 da sentença.

ou indireta do Poder Executivo, influenciando ou direcionando suas decisões, conforme venham a atender interesses escusos, notadamente os financeiros[37].

Portanto, os julgamentos do processo relacionado à Operação Lava-Jato indicam uma nova interpretação a respeito do ato oficial, na qual basta que a solicitação ou recebimento da vantagem indevida seja realizada em razão do cargo do agente do Estado, ainda que em troca de atos de ofício que sejam indeterminados na ocasião da solicitação ou recebimento, mas inseridos no âmbito dos poderes de fato do funcionário público.

Assim, percebe-se que, ainda que a questão da necessidade do ato oficial para configuração da corrupção passiva não esteja consolidada em nossa doutrina e que a jurisprudência apresente certa divergência, fato é que todas as discussões verificadas, independentemente do entendimento adotado, até mesmo pela definição e sentido da corrupção apresentados no tópico anterior, versam sobre a necessidade da mercancia da função pública.

Daí surge a necessidade de diferenciação entre a corrupção de funcionário público e do recebimento de gratificações ou dádivas pelo agente do Estado, que, apesar de não realizada pela legislação penal brasileira, pode fornecer importantes conclusões que delimitam os elementos necessários para a configuração da corrupção passiva, especialmente no que toca à necessidade de verificação de ato de ofício, conforme se passa a expor.

3. Análise da necessidade do ato de ofício a partir dos casos argentino e norte-americano: a necessária diferenciação entre a corrupção do funcionário público e o recebimento de gratificações para o entendimento do caso brasileiro

Como já mencionado, há uma corrente doutrinária e de política criminal que distingue a corrupção do agente público da mera aceitação de dádivas ou de gratificações. No primeiro caso, há a compra de um ato funcional em favor do particular, ao passo que, no segundo, o particular presenteia o servidor do Estado em razão da função ou cargo que exerce.

37 TRIBUNAL REGIONAL FEDERAL DA 4ª REGIÃO. ACR 5036518-76.2015.4.04.7000, OITAVA TURMA, Relator JOÃO PEDRO GEBRAN NETO, juntado aos autos em 24/09/2018, fl. 114 do acórdão.

Com o objetivo de verticalizar a pesquisa, optou-se, neste artigo, por se analisar sistemas normativos que adotaram a referida diferenciação, tanto de tradição europeia-continental, também chamada de *civil law*[38], quanto de tradição anglo-americana, o *common law*[39], respectivamente, analisamos os posicionamentos da Argentina e dos Estados Unidos da América. Isso porque, há significativa diferença no modo de interpretação dos termos legais em ambos sistemas. Enquanto na tradição europeia-continental, o

[38] O sistema jurídico *civil law* agrupa quase a totalidade dos ordenamentos europeus, razão pela qual é também chamado de europeu-continental, os quais tiveram influência considerável do direito romano sobre o seu desenvolvimento. Isso porque, a partir do século XII, foi desenvolvida uma ciência do direito nas universidades europeias quase exclusivamente baseada no estudo do direito romano, que apresentava significativas vantagens em relação às centenas de direitos locais vigentes na sociedade feudal, tais como a segurança do direito escrito elaborado em uma sociedade política e economicamente desenvolvida, útil ao progresso econômico e social das instituições tradicionais da Idade Média. Os principais elementos do direito romano que aparece nos direitos europeus são a ideia de um direito racional, justo e razoável aplicável a todos e da preponderância da lei escrita. A elaboração e adoção de legislação escrita pelos Estados cresceram, a partir dos séculos XV e XVI, com a perda do poder de legislar pelos senhores feudais, que passa a ser atributos dos soberanos: o rei. O direito europeu-continental tornou-se nacional: quantos Estados, quantos sistemas jurídicos. Para um melhor conhecimento das leis, cada vez mais numerosas, passou-se a codificar as regras jurídicas de acordo com os ramos do direito. A tradição europeia-continental foi difundida para fora da Europa com a colonização de vastos territórios em outros continentes no século XVI. Na América Central e Meridional, a tradição europeia foi implementada pela Espanha e por Portugal, de forma que, no começo do século XIX, quando se formaram os Estados independentes da América do Sul, foram conservadas as tradições jurídicas de seus colonizadores. (GILISSEN, John. *Introdução histórica ao direito*. Tradução: António Manuel Hespanha e Manuel Luís Macaísta Malheiros. Lisboa: Fundação Calouste Gulbenkian, 1986, p. 202 a 207)

[39] Dá-se o nome de *common law* ao sistema jurídico que foi elaborado na Inglaterra a partir do século XII, que teve como base as decisões das jurisdições reais. Também chamado de *judge-made-law*, é um direito jurisprudencial, elaborado pelos juízes reais e mantido graças à autoridade reconhecida aos precedentes judiciários. Nesse sistema, a lei ocupa o segundo lugar nas fontes do direito e, diferentemente dos direitos romanistas, que possuem códigos contendo um conjunto de regras jurídicas relativas a um ramo do direito, nos sistemas de *common law* são codificadas normas somente para algumas matérias muito específicas. Nos Estados Unidos, apesar da ação do *common law*, houve uma evolução em relação ao sistema inglês devido a elaboração de constituições escritas e leis, sendo que, em alguns de seus Estados há, inclusive, codificação dos grandes ramos do direito. Ainda assim, os precedentes da Suprema Corte norte-americana são a sua principal fonte. (GILISSEN, John. *Introdução histórica ao direito*. Tradução: António Manuel Hespanha e Manuel Luís Macaísta Malheiros. Lisboa: Fundação Calouste Gulbenkian, 1986, p. 207 a 218)

princípio da legalidade[40] se apresenta como norteador da interpretação da legislação, de modo que a lei escrita é a principal fonte do aplicador do direito; no *common law*, que tem como fonte primordial os precedentes jurisprudenciais, o aplicador sempre interpreta a legislação de maneira restritiva, limitando, ao máximo, sua incidência[41].

O Código Penal argentino tipifica a corrupção como a conduta do funcionário público que, por si só, ou por pessoa interposta, recebe dinheiro ou outra dádiva, ou aceita uma promessa direta ou indireta, para fazer, retardar ou deixar de fazer algo relativo a suas funções, culminando pena máxima de seis anos[42]; enquanto que o crime de aceitação de dádiva, definido como a conduta do funcionário público que admite dádivas que foram dadas em consideração a seu ofício, é considerado de menor gravidade, tendo pena máxima cominada de um ano[43].

Sebastian Soler explica que no segundo crime desaparece a ideia da compra de ato de ofício da corrupção clássica, tratando-se somente de uma liberalidade conferida em razão do cargo público, que não requer

[40] O princípio da legalidade é um divisor de águas no direito penal. Isto porque, antes da estruturação deste princípio, o direito penal era conhecido por suas arbitrariedades. Foi o período do terror. O segundo período, o período liberal, inaugura a fase cientifica do Direito Penal, ele começa, justamente, com a formulação do princípio da legalidade. (BRANDÃO, Cláudio. *Introdução ao direito penal*. Rio de Janeiro: Forense, 2002, p. 11) As origens histórica e política do princípio da legalidade estão nos ideais da Revolução Francesa, em que triunfou o liberalismo político como medida para combater o absolutismo. Os novos ideais pregavam a necessidade da substituição da vontade individual do soberano e dos julgadores por uma vontade geral, a qual deveria estar contida numa disposição normativa emanada do Poder Legislativo, com reconhecida legitimidade popular, vinculada aos poderes legais. (JESCHECK, Hans-Heinrich. *Tratado de derecho penal*. Granada: Comares, 1993, p. 117)

[41] LOSANO, Mario G. *Os grandes sistemas jurídicos*: introdução aos sistemas jurídicos europeus e extra-europeus. Tradução: Marcela Varejão e Silvana Cobucci Leite. São Paulo: Martins Fontes, 2007, p. 334 e 335.

[42] *Artículo 256. – Será reprimido con reclusión o prisión de uno a seis años e inhabilitación especial perpetua, el funcionario público que por sí o por persona interpuesta, recibiere dinero o cualquier otra dádiva o aceptare una promesa directa o indirecta, para hacer, retardar o dejar de hacer algo relativo a sus funciones.* (ARGENTINA. Ley nº 11.179, de 27 de agosto de 1984. *Codigo Penal de la nación argentina*)

[43] *Artículo 259. – Será reprimido con prisión de un mes a dos años e inhabilitación absoluta de uno a seis años, el funcionario público que admitiere dádivas, que fueran entregadas en consideración a su oficio, mientras permanezca en el ejercicio del cargo. El que presentare u ofreciere la dádiva será reprimido con prisión de un mes a un año* (ARGENTINA. Ley nº 11.179, de 27 de agosto de 1984. *Codigo Penal de la nación argentina*).

a direta referência à prática de um ato ou sua omissão. Por isso, o bem jurídico do crime de aceitação de dádivas não é o mesmo da corrupção, pois tutela a "*irreprochabilidad e insospechabilidad de los funcionários*"[44], que seriam atingidas pela simples aceitação de presentes oferecidos em razão de sua condição. Logo, enquanto o crime de corrupção protege o correto funcionamento da Administração Pública, a aceitação de dádivas ou gratificações tutela sua imagem e confiabilidade[45].

A mesma corrente foi adotada pelos Estados Unidos da América, cuja legislação federal prevê duas condutas criminosas referentes à solicitação ou recebimento de benefícios por funcionário público: o suborno (*bribery*) e a gratificação (*gratuites*). O suborno, previsto no 18 U.S.C §201 (b) do *Federal Bribery Statute*, determina que qualquer funcionário público ou pessoa selecionada por um agente do Estado que exigir, receber ou aceitar, de maneira direta ou indireta, qualquer coisa de valor em troca de ser influenciado na execução de qualquer ato oficial, cometer ou ajudar a realizar qualquer fraude ou praticar ou omitir qualquer ato que implique na violação de seu dever funcional, será multado ou preso por até 15 (quinze) anos, ou ambos[46].

44 SOLER, Sebastian. *Derecho penal argentino*. vol. 3. Buenos Aires: Tipográfica Editora Argentina, 1973, p. 167.

45 BITENCOURT, Cezar Roberto. *Tratado de direito penal*: parte especial 5: crimes contra a administração pública e crimes praticados por prefeitos. 12. ed. São Paulo: Saraiva Educação, 2018, p. 113-115.

46 *18 U.S.C. § 201(b): Whoever— (a) directly or indirectly, corruptly gives, offers or promises anything of value to any public official or person who has been selected to be a public official, or offers or promises any public official or any person who has been selected to be a public official to give anything of value to any other person or entity, with intent— (A) to influence any official act; or (B) to influence such public official or person who has been selected to be a public official to commit or aid in committing, or collude in, or allow, any fraud, or make opportunity for the commission of any fraud, on the United States; or (C) to induce such public official or such person who has been selected to be a public official to do or omit to do any act in violation of the lawful duty of such official or person; (2) being a public official or person selected to be a public official, directly or indirectly, corruptly demands, seeks, receives, accepts, or agrees to receive or accept anything of value personally or for any other person or entity, in return for: (A) being influenced in the performance of any official act; (B) being influenced to commit or aid in committing, or to collude in, or allow, any fraud, or make opportunity for the commission of any fraud, on the United States; or (C) being induced to do or omit to do any act in violation of the official duty of such official or person; shall be fined under this title or imprisoned for not more than fifteen years, or both.* (ESTADOS UNIDOS DA AMÉRICA. *Federal Bribery Statute*. 2012. Disponível em: <https://www.govinfo.gov/content/pkg/USCODE-2012-title18/html/USCODE-2012-title18-partI-chap11-sec201.htm>. Acesso em 10 de fevereiro de 2020).

Já a gratificação, prevista no 18 U.S.C. § 201(c) do *Federal Bribery Statute*, criminaliza a conduta do funcionário público que, direta ou indiretamente, exija, busque, receba, aceite ou concorde em receber ou aceitar, pessoalmente, qualquer coisa de valor por causa de qualquer ato oficial realizado ou a ser realizado por esse funcionário ou pessoa; cominando a pena de multa ou de prisão de até 2 (dois) anos, ou ambos[47].

A diferença entre o suborno e a gratificação é, portanto, a compra do ato de ofício[48]. Tal diferenciação foi discutida pela Suprema Corte norte-americana no julgamento do caso *U.S. v. Sun-Diamond*. O Tribunal comparou as expressões "*intent to influence any official act*", presente na tipificação do suborno, e "*for or because of any official act*", constante na definição da gratificação, e apontou que a diferença fundamental entre os crimes é que o suborno requer uma *quid pro quo* específica. Assim, a Corte considerou que a entrega da coisa de valor constituiria suborno somente se comprovada a intenção do particular em influenciar um ato oficial específico no futuro[49].

Apesar de o *Federal Bribery Statute* trazer definição expressa sobre o ato oficial, que é definido como qualquer decisão ou ação sobre qualquer questão, assunto, causa, processo, procedimento ou controvérsia sobre determinação legal, que pode ser suspensa a qualquer momento ou que,

[47] *18 U.S.C. § 201(c): Whoever— (1) otherwise than as provided by law for the proper discharge of official duty— (A) directly or indirectly gives, offers, or promises anything of value to any public official, former public official, or person selected to be a public official, for or because of any official act performed or to be performed by such public official, former public official, or person selected to be a public official; or (B) being a public official, former public official, or person selected to be a public official, otherwise than as provided by law for the proper discharge of official duty, directly or indirectly demands, seeks, receives, accepts, or agrees to receive or accept anything of value personally for or because of any official act performed or to be performed by such official or person; shall be fined under this title or imprisoned for not more than two years, or both.* (ESTADOS UNIDOS DA AMÉRICA. *Federal Bribery Statute*. 2012. Disponível em: <https://www.govinfo.gov/content/pkg/USCODE-2012-title18/html/USCODE-2012-title18-partI-chap11-sec201.htm>. Acesso em 10 de fevereiro de 2020).

[48] CENTER FOR THE ADVANCEMENT OF PUBLIC INTEGRITY. COLUMBIA LAW SCHOOL. *A guide to commonly used federal statutes in public corruption cases*: a practioner toolkit. 2017, p. 05.

[49] No original: "*The distinguishing feature of each crime is its intent element. Bribery requires intent "to influence" an official act or "to be influenced" in an official act, while illegal gratuity requires only that the gratuity be given or accepted "for or because of" an official act. In other words, for bribery there must be a quid pro quo—a specific intent to give or receive something of value in exchange for an oficial act. An illegal gratuity, on the other hand, may constitute merely a reward for some future act that the public official will take (and may already have determined to take), or for a past act that he has already taken.*" (U.S. v. Sun-Diamond Growers of Cal., 526 U.S. 398 (1999)).

por lei, seja apresentada a qualquer funcionário público, que diga respeito às atribuições oficiais do funcionário público ou que possa influenciar[50]; há discussão sobre o alcance desse conceito.

Recentemente, um caso de grande repercussão envolvendo a necessidade de comprovação da compra de ato de ofício para a configuração de suborno, e de seu conceito, foi julgado pela Suprema Corte dos Estados Unidos. O ex-Governador da Virgínia, Robert Bob Mc Donell, e sua esposa, Maureen McDonnell, foram processados pelo Governo Federal por suborno relacionado ao recebimento de US$ 175.000,00 em empréstimos, presentes e outros benefícios do empresário da Jonnie Williams, diretor executivo da Star Scientific. Referida empresa desenvolveu um suplemento nutricional feito a partir de uma base de dados de um composto encontrado no tabaco e, segundo a acusação, desejava que as universidades públicas da Virgínia realizassem estudos de pesquisa sobre o produto. Para tanto, Williams solicitou a assistência do ex-Governador McDonnell, na época em que exercia o cargo, o qual teria cometido, nos termos da acusação, pelo menos cinco atos oficiais para auxiliá-lo, incluindo organizar reuniões com outras autoridades da Virgínia para discutir o produto da Star Scientific, organizar eventos para a empresa em sua mansão e contatar outros funcionários públicos para falar sobre os estudos de pesquisa[51].

[50] *18 U.S.C. §201(a)(3): the term "official act" means any decision or action on any question, matter, cause, suit, proceeding or controversy, which may at any time be pending, or which may by law be brought before any public official, in such official's official capacity, or in such official's place of trust or profit.* (ESTADOS UNIDOS DA AMÉRICA. *Federal Bribery Statute.* 2012. Disponível em: <https://www.govinfo.gov/content/pkg/USCODE-2012-title18/html/USCODE-2012-title18-partI-chap11-sec201.htm>. Acesso em 10 de fevereiro de 2020)

[51] No original: *"Petitioner, former Virginia Governor Robert McDonnell, and his wife, Maureen McDonnell, were indicted by the Federal Government on honest services fraud and Hobbs Act extortion charges related to their acceptance of $175,000 in loans, gifts, and other benefits from Virginia businessman Jonnie Williams, while Governor McDonnell was in office. Williams was the chief executive officer of Star Scientific, a Virginia-based company that had developed Anatabloc, a nutritional supplement made from anatabine, a compound found in tobacco. Star Scientific hoped that Virginia's public universities would perform research studies on anatabine, and Williams wanted Governor McDonnell's assistance in obtaining those studies. To convict the McDonnells, the Government was required to show that Governor McDonnell committed (or agreed to commit) an "official act" in exchange for the loans and gifts. An "official act" is defined as "any decision or action on any question, matter, cause, suit, proceeding or controversy, which may at any time be pending, or which may by law be brought before any public official, in such official's official capacity, or in such official's place of trust or profit." 18U. S. C. §201(a)(3). According to the Government, Governor McDonnell committed at least five "official acts," including*

No julgamento perante o Tribunal Distrital, o júri, que condenou o ex-Governador e sua esposa, foi instruído de acordo com o entendimento de que o Congresso usou intencionalmente linguagem ampla no *Federal Bribery Statute* para definir como ato oficial qualquer decisão ou ação, sobre qualquer questão ou assunto, que possa estar pendente a qualquer momento ou que possa ser trazida por lei perante qualquer funcionário público, dentro das atribuições oficiais de tal funcionário[52].

Contudo, a Suprema Corte decidiu anular o julgamento, para que seja proferido novo veredito pelo júri, por entender que a configuração do ato oficial envolve questões e processos mais específicos e focados e não um objetivo político amplo. Para o Tribunal, apesar de não haver necessidade de que a concordância para realização do ato de ofício seja explícita[53], a conduta funcional deve envolver um exercício formal de poder governamental de natureza semelhante a uma ação judicial perante um tribunal, de uma determinação perante uma agência ou uma audiência diante de um comitê. Assim, deve ser algo específico e focado que está pendente ou pode, por lei, ser alterado por ato de um funcionário público. Portanto, para que uma conduta seja qualificada como um ato oficial, o funcionário público deve tomar uma decisão ou adotar uma ação, ou concordar em fazê-lo, que verse especificamente sobre questão, assunto, causa, processo, procedimento ou controvérsia, ou concordar em fazê-lo, que pode incluir o uso de sua posição oficial para exercer pressão sobre outro servidor ou mero aconselhamento. Desse modo, para a Corte, marcar uma reunião,

"arranging meetings" for Williams with other Virginia officials to discuss Star Scientific's product, "hosting" events for Star Scientific at the Governor's Mansion, and "contacting other government officials" concerning there search studies" (Mcdonnell v. U. S., 579 U. S. (2016))

52 No original: *"According to the Government, "Congress used intentionally broad language" in §201(a) (3) to embrace "any decision or action, on any question or matter, that may at any time be pending, or which may by law be brought before any public official, in such official's official capacity." Brief for United States 20–21 (Government's emphasis; alteration and internal quotation marks omitted). The Government concludes that the term "official act" therefore encompasses nearly any activity by a public official. In the Government's view, "official act" specifically includes arranging a meeting, contacting another public official, or hosting an event—without more—concerning any subject, including a broad policy issue such as Virginia economic development. Id., at 47–49; Tr. of Oral Arg. 28–30"* (Mcdonnell v. U. S., 579 U. S. (2016)).

53 No original: "*The agreement need not be explicit, and the public official need not specify the means that he will use to perform his end of the bargain*" (Mcdonnell v. U. S., 579 U. S. (2016)).

conversar com outro funcionário ou organizar um evento (ou concordar com isso) – sem mais – não se encaixa na definição de ato oficial[54].

Assim, se mesmo em um ordenamento jurídico de tradição *common law* como o norte-americano, que, como mencionado anteriormente, confere ao julgador maior liberdade de interpretação, exige-se, para a configuração da corrupção do funcionário público (*bribery*), observar os termos legais e demonstrar a compra de ato oficial certo e determinado, capaz de influenciar processo ou procedimento em trâmite na Administração Pública e com conclusão pendente; é evidente que, em um sistema normativo como o do Brasil, de tradição *civil law*, deve-se exigir, nos termos da lei, a comprovação de que a vantagem foi recebida ou solicitada "em razão da função", ou seja, que seja demonstrada a mercancia do cargo público.

Neste sentido, Cezar Roberto Bitencourt bem assevera que, para configuração de um delito, além do preenchimento dos elementos típicos previstos na legislação penal, é indispensável uma relação entre a conduta proibida e o bem jurídico protegido, de forma que, levando-se em conta que o crime de corrupção tutela o regular funcionamento da Administração Pública[55], o mero recebimento de dádivas relacionadas ao exercício

[54] No original: *"In sum, an "official act" is a decision or action on a "question, matter, cause, suit, proceeding or controversy." The "question, matter, cause, suit, proceeding or controversy" must involve a formal exercise of governmental power that is similar in nature to a lawsuit before a court, a determination before an agency, or a hearing before a committee. It must also be something specific and focused that is "pending" or "may by law be brought" before a public official. To qualify as an "official act," the public official must make a decision or take an action on that "question, matter, cause, suit, proceeding or controversy," or agree to do so. That decision or action may include using his official position to exert pressure on another official to perform an "official act," or to advise another official, knowing or intending that such advice will form the basis for an "official act" by another official. Setting up a meeting, talking to another official, or organizing an event (or agreeing to do so)—without more—does not fit that definition of "official act."* (Mcdonnell v. U. S., 579 U. S. (2016)).

[55] Bento de Faria explica que o objeto da tutela jurídica do crime de corrupção passiva é o funcionamento normal da administração pública, no que diz respeito à preservação dos princípios da probidade e moralidade no exercício da função (FARIA, Bento de. *Código Penal brasileiro*. Vol. 07. 2. ed. Rio de Janeiro: Record, 1959, p. 101). No mesmo sentido, Luiz Regis Prado leciona que o bem jurídico tutelado é o regular funcionamento da Administração Pública, com o objetivo de servir aos interesses gerais de forma hígida, objetiva e eficaz. (PRADO, Luiz Regis. CARVALHO, Érika Mendes de; CARVALHO, Gisele Mendes de. *Curso de direito penal brasileiro*. São Paulo: Revista dos Tribunais, 2014, p. 1347).

da função pública não pode configurar corrupção passiva[56]. Portanto, não encontrando figura típica correspondente no direito brasileiro, o recebimento de gratificação pelo agente do Estado é conduta atípica.

De tal fato decorre, ainda no entender de Bitencourt, a necessidade, para enquadramento da conduta no crime de corrupção na modalidade passiva, mesmo que não prevista expressamente no tipo penal, de referência ao conteúdo ofensivo do fato concreto, sob pena de se proceder a uma inversão tipológica, desviando a atenção de uma lesão representada pela compra de um ato funcional, ato de ofício, para uma simples dádiva liberal do cidadão, sem qualquer contrapartida futura[57].

Esse foi, como já pontuado, o entendimento adotado pelo Supremo Tribunal Federal no julgamento da Ação Penal nº 307/DF, no qual asseverou-se que

> No direito brasileiro, (...) se excluiu a hipótese de punição, solicitadas a título de corrupção passiva, das dádivas ou recebidas, ou oferecidas e prometidas, assentando-se a corrupção, de modo real ou virtual, na existência de duas prestações reciprocas, a comporem um pseudo-sinalagma, que, no dizer do penalista luso Antônio Manuel de Almeida Costa, constitui o apanágio do suborno e consubstancia a lesão efetiva da "autonomia intencional" do Estado, como bem jurídico tutelado pela norma que o sanciona[58].

Conclui-se, assim, que, para a configuração do delito de corrupção passiva é necessária demonstração de que existe, de fato, o desígnio de mercancia da função pública, ou seja, que o agente do Estado possuía consciência e intenção de retribuir o benefício ilegal mediante a prática de conduta funcional relacionada às suas funções oficiais, e não o mero recebimento de gratificação sem qualquer contrapartida. Mostra-se imprescindível, assim, que a vantagem esteja vinculada à prática de ato(s) de ofício, mesmo que

[56] BITENCOURT, Cezar Roberto. *Tratado de direito penal*: parte especial 5: crimes contra a administração pública e crimes praticados por prefeitos. 12. ed. São Paulo: Saraiva Educação, 2018, p. 116.

[57] BITENCOURT, Cezar Roberto. *Tratado de direito penal*: parte especial 5: crimes contra a administração pública e crimes praticados por prefeitos. 12. ed. São Paulo: Saraiva Educação, 2018, p. 116.

[58] STF, AP 307/DF, Relator(a): Min. ILMAR GALVÃO, Segunda Turma, julgado em 13/12/1994, DJ 13-10-1995, fl. 2195.

em perspectiva de ocorrência futura, certo(s) e determinado(s) quando do acordo entre os agentes.

Conclusões

No Brasil, a corrupção de funcionário público é criminalizada por meio de dois tipos penais: o artigo 317, que define a corrupção passiva, praticada pelo agente do Estado, e o artigo 333, que tipifica a corrupção ativa, que se refere à conduta do particular. Pela redação dos artigos em questão, percebe-se que o tipo da corrupção passiva é mais amplo do que o tipo da corrupção ativa, pois o último exige que o corruptor busque determinar o funcionário público a praticar ou omitir ato de ofício, ao passo que a descrição típica da modalidade passiva exige apenas que o servidor solicite ou receba vantagem indevida em razão do cargo, ainda que fora da função ou antes de assumi-la. Ou seja, não é pressuposto legal expresso da corrupção passiva que a vantagem se combine com um ato de ofício do funcionário público.

Por essa razão, como exposto ao longo do presente artigo, parte da doutrina entende que o tipo da corrupção passiva pode realizar-se mesmo na ausência de comprovação da ocorrência ou de qualquer expectativa de que o funcionário vá praticar ou omitir ato oficial, bastando que a vantagem seja solicitada ou recebida em razão da função pública.

Contudo, esse entendimento não é unânime. Foram trazidos, ainda, os entendimentos de boa parte da doutrina de que é necessária uma análise, além dos termos do tipo penal, baseada no estudo conjunto com o dispositivo legal que define a modalidade ativa do delito, bem como do conceito e da definição da corrupção, para a correta interpretação da lei. Verificou-se que, para essa corrente, tendo em vista que a corrupção é a mercancia da função pública do agente do Estado, se mostra indispensável que a vantagem seja solicitada, recebida ou aceita em razão de um ato funcional.

Os entendimentos jurisprudenciais de nossos Tribunais também apresentam certa divergência. O Supremo Tribunal Federal, no julgamento de dois casos emblemáticos para o país, o Caso Collor (AP 307/DF) e o Mensalão (AP 470/MG), entendeu, de maneira geral, que, para configuração da corrupção passiva, o ato de ofício não precisa ter ocorrido, mas que deve ser comprovado pela acusação que a vantagem indevida foi dada em contrapartida de ato oficial adstrito às atribuições do agente público ou que, pelo menos, como afirmado AP 470/MG, haja uma perspectiva da efetivação futura de um determinado ato de ofício.

Recentemente, outro caso trouxe a discussão do ato de ofício à tona no país, a Ação Penal nº 5046512-94.2016.4.04.7000, que tramitou na 13ª Vara Federal de Curitiba (PR), no âmbito da Operação Lava-Jato. Neste processo, diferentemente do que se viu nos mencionados anteriormente, tanto o Juízo de primeiro grau, quando da prolação da sentença, quanto o Tribunal Regional Federal da 4ª Região, no julgamento da Apelação, entenderam que a prática de ato oficial não é exigida para a configuração do crime de corrupção passiva, bastando que o recebimento da vantagem indevida seja realizado em razão do cargo, ainda que em troca de atos funcionais indeterminados.

Percebeu-se, assim, que, apesar de a questão da necessidade do ato de ofício para configuração da corrupção passiva ainda não estar consolidada em nossa doutrina e da divergência apresentada pela jurisprudência no julgamento de casos de repercussão do país, independentemente do entendimento adotado, todas as discussões verificadas versam sobre a necessidade da mercancia da função pública.

Daí, surgiu a necessidade de diferenciar as condutas de corrupção do mero recebimento de gratificações pelo funcionário público, que não foi realizada pelo legislador brasileiro, mas que, nos países em que são criminalizadas em tipos penais autônomos, como na Argentina e nos Estados Unidos da América, apresentam como divergência, justamente, a compra de um ato oficial.

Em ambas as legislações, enquanto na corrupção o funcionário público vende a prática ou omissão de conduta funcional, na gratificação, ou recebimento de dádiva, a vantagem indevida é aceita ou recebida pelo agente do Estado em razão de seu ofício, sem qualquer contraprestação futura. Por isso, segundo a doutrina argentina, enquanto o delito de recebimento de dádivas tutela a imagem e confiabilidade da Administração Pública, o de corrupção tem como bem jurídico o funcionamento dessa.

Nos Estados Unidos, a discussão que tem pautado os julgamentos da Suprema Corte sobre o crime de corrupção (*bribery*) nos últimos anos é a da necessidade da prática de ato oficial para sua configuração, bem como qual o alcance de seu conceito. Apesar de tratar-se de ordenamento jurídico de tradição *common law*, que confere ao julgador maior liberdade de interpretação, a jurisprudência firmou-se no sentido de que é necessário observar os termos legais e demonstrar a compra de ato oficial certo e determinado, capaz de influenciar processo ou procedimento em trâmite na Administração Pública e com conclusão pendente.

Assim, é forçoso concluir que, em um sistema normativo como o do Brasil, de tradição *civil law*, onde vigora o princípio da legalidade, deve-se exigir, nos termos do art. 317 do Código Penal, a comprovação de que a vantagem foi recebida ou solicitada "em razão da função", ou seja, que seja demonstrada a mercancia do cargo público.

Neste sentido, é importante lembrar que, para configuração de um delito, é indispensável uma relação entre a conduta proibida e o bem jurídico protegido, de forma que, levando-se em conta que o crime de corrupção tutela o regular funcionamento da Administração Pública, o mero recebimento de dádivas em razão apenas ao cargo, que ofende apenas a sua confiabilidade e imagem, não pode configurar corrupção passiva. Portanto, não encontrando figura típica correspondente no direito brasileiro, o recebimento de gratificação pelo agente do Estado é conduta atípica.

Pode-se concluir, assim, que, ainda que a expressão "ato de ofício" não conste na redação do tipo penal da corrupção passiva, é necessária a demonstração de que o agente do Estado possuía consciência e, portanto, intenção de retribuir o benefício ilegal mediante a prática de conduta funcional relacionada às suas funções oficiais, ou seja, que exista, de fato, o desígnio de mercancia da função pública, e não o mero recebimento de gratificação relacionada ao cargo que exerce ou já exerceu. Não basta, portanto, a comprovação de recebimento de vantagem pelo funcionário público sem indicação de qual a contraprestação ofertada ou concedida, sob pena de ausência de ofensa ao bem jurídico tutelado, é preciso relacioná-la à mercancia da função pública, ou seja, vinculá-la a prática de ato(s) de ofício, mesmo que em perspectiva de ocorrência futura, certo(s) e determinado(s) quando do acordo entre os agentes.

Referências

ADEODATO, João Maurício. Bases para uma metodologia da pesquisa em direito. In: *Anuário dos cursos de pós-graduação em direito*, Recife – PE, nº. 8, 1997, p. 201-224.

ARGENTINA. Ley nº 11.179, de 27 de agosto de 1984. *Codigo Penal de la nación argentina.*

BITENCOURT, Cezar Roberto. *Tratado de direito penal*: parte especial 5: crimes contra a administração pública e crimes praticados por prefeitos. 12. ed. São Paulo: Saraiva Educação, 2018.

BRANDÃO, Cláudio. *Curso de direito penal*: parte geral. Rio de Janeiro: Forense, 2008.

______. *Introdução ao direito penal*. Rio de Janeiro: Forense, 2002.

______. *Teoria jurídica do crime*. Rio de Janeiro: Forense, 2002.

BRASIL. Decreto nº 847, de 11 de outubro de 1890. Promulga o *Código Penal*. Publicado na Sala das sessões do Governo Provisório, em 11.10.1890.

BRASIL. Decreto-Lei nº 2.848, de 07 de dezembro de 1940. *Código Penal*. Brasília, DF, DOU 31.12.1940.

BRASIL. Lei 16 de dezembro de 1830. Manda executar o *Código Criminal*. Publicada na Secretaria de Estado dos Negocios da Justiça em 08.03.1831.

CARSON, Lindsey. Deterring Corruption: Beyond Rational Choice Theory. *SSRN Electronic Journal*. 2014.

CENTER FOR THE ADVANCEMENT OF PUBLIC INTEGRITY. COLUMBIA LAW SCHOOL. *A guide to commonly used federal statutes in public corruption cases*: a practitioner toolkit. 2017.

CONDE, Francisco Muñoz, ARÁN, Mercedes Garcia. *Derecho Penal*: parte general. Valencia: Tirant to Blanch, 2004.

COSTA JÚNIOR, Paulo José da. *Direito penal*: curso completo. São Paulo: Saraiva, 2000.

ESTADOS UNIDOS DA AMÉRICA. *Federal Bribery Statute*. 2012. Disponível em: <https://www.govinfo.gov/content/pkg/USCODE-2012-title18/html/USCODE-2012-title18--partI-chap11-sec201.htm>. Acesso em 10 de fevereiro de 2020.

FARIA, Bento de. *Código penal brasileiro*. vol. 07. Rio de Janeiro: Record, 1959.

FILGUEIRAS, Fernando. *Corrupção, democracia e legitimidade*. Belo Horizonte: UFMG, 2008.

FRAGOSO, Heleno Cláudio. *Lições de Direito Penal*. vol. II. Rio de Janeiro: Forense, 1980.

GILISSEN, John. *Introdução histórica ao direito*. Lisboa: Fundação Calouste Gulbenkian, 1986.

GRECO, Rogério. *Curso de Direito Penal*: parte geral. Rio de Janeiro: Impetus, 2012.

HUNGRIA, Nelson. *Comentários ao código penal*. vol. IX. Rio de Janeiro: Forense, 1959.

JESCHECK, Hans-Heinrich. *Tratado de derecho penal*. Granada: Comares, 1993.

LOSANO, Mario G. *Os grandes sistemas jurídicos*: introdução aos sistemas jurídicos europeus e extra-europeus. São Paulo: Martins Fontes, 2007.

MIRABETE, Júlio Fabbrini. *Manual de direito penal*: parte especial. vol. III. São Paulo: Atlas, 1989.

MIRABETE, Julio Fabrini; FABRINI, Renato N. *Manual de direito penal*: parte especial. vol. 3. São Paulo: Atlas, 2009.

NORONHA, Edgard Magalhães. *Direito penal*: parte especial. vol. 4. São Paulo: Saraiva, 1998.

NUCCI, Guilherme de Souza. *Curso de direito penal*: parte especial. vol. 3. Rio de Janeiro: Forense, 2018.

PRADO, Luiz Regis. CARVALHO, Érika Mendes de; CARVALHO, Gisele Mendes de. *Curso de direito penal brasileiro*. São Paulo: Revista dos Tribunais, 2014.

ROSE-ACKERMAN, Susan. The Challenge of Poor Governance and Corruption. *Revista Direito GV*, vol. 1, 2005, p. 207-266.

ROXIN, Claus. *Derecho penal*: parte general. Madrid: Civitas, 2006.

SMANIO, Gianpaolo Poggio. Análise da decisão da AP 470/MG pelo STF referente aos crimes contra a administração pública – corrupção passiva e ativa – elementos do tipo penal. *Revista dos Tribunais*. vol. 933/2013 (jul/2013), p. 195-206.

SOLER, Sebastian. *Derecho penal argentino*. vol. 3. Buenos Aires: Tipográfica Editora Argentina, 1973.

8. Improbidade Administrativa no Microssistema Anticorrupção e Viabilização dos Acordos de Leniência*

Paulo Henrique dos Santos Lucon

Introdução

Diante do recrudescimento do combate às condutas lesivas à administração pública, têm ganhado maior relevância as discussões sobre a extensão e dos impactos do "microssistema normativo anticorrupção" no ordenamento jurídico brasileiro. Referido microssistema consiste em um conjunto de leis e de convenções internacionais ratificadas pelo Brasil que se voltam à tutela da administração pública, de seu patrimônio e dos princípios que a informam.[1]

Ainda que seja possível identificar, no Brasil, longa tradição constitucional e legislativa no combate à corrupção,[2] pode-se dizer que o ponto de

* O presente trabalho foi elaborado antes da promulgação da Lei n. 13.964/2019, que alterou o art. 17, §1º da Lei de Improbidade Administrativa (LIA – Lei n. 8.429/1992). Na redação anterior da LIA, vedava-se de forma expressa a realização de acordos de não persecução com os requeridos. A partir da vigência da nova lei, contudo, a transação no âmbito da LIA passou a ser possível em lei. Isso porque, conforme amplamente debatido no presente artigo, era necessário compatibilizar ambas as leis, de modo a consolidar o microssistema de combate à corrupção. As conclusões a que se chega nesse trabalho foram, portanto, referendadas pela Lei n. 13.964/2019.

[1] LUCON, Paulo Henrique dos Santos. "Procedimento e Sanções na Lei Anticorrupção (Lei 12.846/2013)". In: *Revista dos Tribunais*, v. 947/2014, set. 2014, p. 267.

[2] ALMEIDA, Fernando Menezes de. "Combate à corrupção pelo Direito Brasileiro: Perspectiva Constitucional e Nova Tendência Trazida pela lei das Empresas Estatais". In: CUNHA FILHO, Alexandre Jorge Carneiro Da; ARAÚJO, Glaucio Roberto Brittes de. LIVIANU, Roberto;

partida do atual microssistema normativo foi a promulgação do Código Penal, em 1940, com a inclusão de capítulo específico concernente aos crimes perpetrados contra a administração pública. A repressão aos atos ímprobos no campo civil, por sua vez, iniciou-se com o Decreto-lei federal n.º 3.240, de 8 de maio de 1941, que previa o sequestro e a perda de bens de autores de crimes dos quais advieram prejuízos para a Fazenda Pública.[3] Foi apenas no contexto de redemocratização do país, porém, com a promulgação da Constituição de 1988, que o tema ganhou especial ênfase.

Atualmente, vigem no direito brasileiro inúmeras normas anticorrupção. Apenas a título exemplificativo, figuram como diplomas legais de repressão às condutas ímprobas e corruptas a Lei Anticorrupção (Lei n. 12.846/2013), a Lei de Defesa da Concorrência (Lei n. 12.2589/2011) e a Lei de Improbidade Administrativa (Lei n. 8.429/1992).

Sem embargo, é justamente em virtude dessa pluralidade de instrumentos repressivos que se faz necessário que as iniciativas anticorrupção sejam implementadas de forma coordenada. Isso porque a corrupção, enquanto fenômeno complexo e multifacetado,[4] subverte os padrões punitivos e persecutórios tradicionais.[5] Dessa maneira, para que se produzam resultados efetivos no combate de tal intrincado fato social, demanda-se uma atuação institucional transversal e organizada.

Tal premissa é aplicável especialmente no que se refere à responsabilização das pessoas jurídicas, uma vez que, nos moldes atuais, o microssistema normativo autoriza que estas sejam sancionadas tanto pela prática de atos de improbidade administrativa quanto pela prática de condutas previstas na Lei Anticorrupção. Precisamente por causa da incidência de múltiplos

PASCOLATI JUNIOR, Ulisses Augusto (Coordenadores). *48 Visões sobre a Corrupção.* São Paulo: Quartier Latin, 2016, pp. 708-709.

[3] LUCON, Paulo Henrique dos Santos; SILVA, Bruno Freire e. "Efeitos da Sentença na Ação de Improbidade e o Princípio da Proporcionalidade". In: *Temas de Improbidade Administrativa.* ARRUDA ALVIM, Eduardo; JORGE, Flavio Cheim; RODRIGUES, Marcelo Abelha. 1ª ed. São Paulo: Lumen Juris, 2010, p. 414.

[4] FAZZIO JÚNIOR, Waldo. *Corrupção no poder público: peculato, concussão, corrupção passiva e* prevaricação. São Paulo: Atlas, 2002, p. 26.

[5] ZILLI, Marcos Alexandre. "A Colaboração Premiada nos Trópicos. Autonomia das Partes e o Imperativo do Controle Judicial. Leituras Sobre a Lei 12.850/13 à Luz da Eficiência e do Garantismo". In: CUNHA FILHO, Alexandre Jorge Carneiro Da; ARAÚJO, Glaucio Roberto Brittes de. LIVIANU, Roberto; PASCOLATI JUNIOR, Ulisses Augusto (Coordenadores). *48 Visões sobre a Corrupção.* São Paulo: Quartier Latin, 2016, p. 870.

diplomas sobre as mesmas esferas, visando à repressão de atos praticados pelos mesmos agentes, que se torna obrigatório que os instrumentos previstos em lei sejam compatíveis entre si. Em outras palavras, se uma lei permite a adoção de determinadas práticas, não pode outra, integrante do mesmo sistema, vedá-las.

No entanto, verifica-se que, apesar de as Leis de Improbidade Administrativa e Anticorrupção terem coerência interna, a sua relação dentro do microssistema normativo pode dar causa a contrassensos que viriam a inviabilizar as iniciativas de repressão às condutas lesivas cometidas em face da administração pública. Da intepretação literal dos diplomas legais mencionados, constata-se aparente incompatibilidade normativa, notoriamente com relação à possibilidade de celebração de acordos de leniência. Enquanto a Lei Anticorrupção dedica um capítulo inteiro à disciplina do tema, a Lei de Improbidade Administrativa veda, de forma categórica, que sejam feitos "transação, acordo ou conciliação" nas ações que disciplina.[6]

Não obstante, esse aparente conflito entre normas do microssistema dificultaria a persecução das condutas ímprobas, uma vez que, conforme cediço, a colaboração premiada tem se mostrado poderoso instrumento no combate da corrupção. Além disso, a divergência do tratamento legal conferido aos acordos de leniência poderia violar os direitos a que fazem jus os réus em processos instaurados sob a égide do direito administrativo sancionador.

Sendo assim, resta inviável a compreensão literal e isolada dos diplomas legais mencionados, fazendo-se mister interpretá-los de forma a preservar a integridade e a efetividade do microssistema normativo anticorrupção, bem como as garantias fundamentais dos acusados. E é precisamente por isso que o presente estudo se volta à análise da interação entre a Lei Anticorrupção e a Lei de Improbidade Administrativa, enquanto integrantes de um único sistema, e procura estabelecer parâmetros mínimos para a sua aplicação correta, organizada e transversal.

Para tanto, propõe-se o seguinte plano de desenvolvimento: I) de início, procede-se ao exame mais detalhado das Leis de Improbidade Administrativa e Anticorrupção (itens 1 e 2, *infra*); II) em seguida, em um intento de realizar-se uma interpretação sistemática de ambos os diplomas legais,

[6] *In verbis:* Art. 17. A ação principal, que terá o rito ordinário, será proposta pelo Ministério Público ou pela pessoa jurídica interessada, dentro de trinta dias da efetivação da medida cautelar.
§ 1º É vedada a transação, acordo ou conciliação nas ações de que trata o *caput*.

são examinadas em conjunto as hipóteses de responsabilização da pessoa jurídica, à luz do microssistema normativo anticorrupção e do direito administrativo sancionador (item 3, *infra*); III) finalmente, discute-se a possibilidade da celebração de acordos de leniência nos processos instaurados com fulcro nas disposições de tais diplomas (item 4, *infra*); IV) a título de encerramento, apresentam-se as principais conclusões, bem como as possíveis propostas de encaminhamento.

1. Breves considerações sobre a Lei de Improbidade Administrativa

Em linhas gerais, é possível dizer que a conduta proba, no âmbito administrativo, consiste no

> exercício de qualquer função pública com honestidade, moralidade e eficiência, abstendo-se, portanto, do abuso das prerrogativas inerentes ao mandato, cargo, emprego ou função pública para angariar vantagem ilícita (econômica ou não), para si ou para outrem, bem como o de praticar condutas imprudentes graves que comprometam o bom funcionamento da administração.[7]

A probidade figura como corolário do princípio da moralidade administrativa.[8] Sendo assim, resta viável argumentar que qualquer conduta lesiva à administração pública, ou que, de alguma forma, viole os princípios administrativos – notoriamente o princípio da moralidade –, configura improbidade.

No ordenamento jurídico pátrio, as hipóteses de atos de improbidade administrativa constam dos arts. 9º, 10 e 11 da Lei 8.429/92. Nesse sentido, são condutas ímprobas aquelas que: I) produzem acréscimo patrimonial ilícito ao agente público ou a terceiro; II) causam lesão ao erário em virtude de ação ou omissão; III) atentam contra os princípios da administração pública.

Não obstante, o rol dos dispositivos supramencionados não consegue esgotar todas as situações concretas e por isso, é meramente exemplificativo

[7] MIRANDA, Gustavo Senna. *Princípio do juiz natural e sua aplicação na Lei de Improbidade Administrativa*. São Paulo: Revista dos Tribunais, 2007, p. 112.

[8] FIGUEIREDO, Marcelo. Pr*obidade Administrativa. Comentários à Lei 8.429/92 e legislação complementar.* 6ª ed., atual. e ampl. São Paulo: Malheiros, 2009, p.48.

– o que se evidencia pelo uso da expressão "notadamente" em cada um dos artigos em questão. Dessa maneira, conclui-se que atos não previstos em lei podem ser considerados de improbidade, desde que se encaixem nos parâmetros estabelecidos pelo legislador.[9]

O ato de improbidade pode ser praticado por qualquer um que exerça, em caráter permanente ou transitório, emprego ou função pública, independentemente de remuneração. Além disso, é possível que figure, ao lado do agente principal, o que a doutrina denomina sujeito ativo impróprio,[10] ou seja, aquele que, não sendo funcionário público, participa ou obtém vantagem da conduta lesiva à administração. É o que se depreende do disposto no art. 3º da Lei 8.429/92, *in verbis*: "as disposições desta lei são aplicáveis, no que couber, àquele que, mesmo não sendo agente público, induza ou concorra para a prática do ato de improbidade ou dele se beneficie sob qualquer forma direta ou indireta".

A esse respeito, importante pontuar que o sujeito ativo impróprio, de acordo com o que diz a lei, só poderá ser coautor ou participante da conduta ímproba, circunscrevendo-se às ações de induzir ou de concorrer para o ato ilícito.[11] Além disso, referido sujeito será responsabilizado mesmo que não tenha consentido previamente com o ato de improbidade, se tiver se beneficiado indevidamente do ilícito, desde que estando ciente da condição antijurídica da conduta.[12]

Além disso, de acordo com tese firmada pelo Superior Tribunal de Justiça, a responsabilidade dos agentes pelo ato de improbidade é subjetiva, sendo necessária a verificação de dolo, para os casos de enriquecimento ilícito e de violação aos princípios administrativos, e de ao menos culpa,

[9] LUCON, Paulo Henrique dos Santos; SILVA, Bruno Freire e. "Efeitos da Sentença na Ação de Improbidade e o Princípio da Proporcionalidade". In: *Temas de Improbidade Administrativa*. ARRUDA ALVIM, Eduardo; JORGE, Flavio Cheim; RODRIGUES, Marcelo Abelha. 1ª ed. São Paulo: Lumen Juris, 2010, p. 416.

[10] Sobre o tema, ver: SANTOS, Carlos Frederico Brito. *Improbidade administrativa*. Rio de Janeiro: Forense, 2002, p. 13.

[11] FIGUEIREDO, Marcelo. *Probidade Administrativa. Comentários à Lei 8.429/92 e legislação complementar*. 6ª ed., atual. e ampl. São Paulo: Malheiros, 2009, p. 58.

[12] PAZZAGLINI FILHO, Marino. *Lei de improbidade administrativa comentada: aspectos constitucionais, administrativos, civis, criminais, processuais e de responsabilidade fiscal; legislação e jurisprudência atualizadas*. 3ª ed. São Paulo: Atlas, 2007, p. 28.

nas hipóteses de lesão ao erário.[13] O entendimento jurisprudencial ora explicitado deriva da ideia de que, como bem aponta Hely Lopes Meirelles,

> um agente público eventualmente incompetente, atabalhoado ou negligente não é necessariamente um corrupto ou desonesto. O ato ilegal, para ser caracterizado como ato de improbidade, há de ser doloso ou, pelo menos, de culpa gravíssima.[14]

Uma vez examinados os atos de improbidade, bem como os agentes que podem cometê-los e a extensão da responsabilidade destes, resta perquirir as sanções previstas em lei para coibir a prática das condutas em questão. Estas se encontram disciplinadas de forma expressa no art. 12 da Lei 8.429/92.

Em apertada síntese, nos casos em que se constate o ato de improbidade, o Estado poderá determinar que o agente seja condenado: I) à perda do cargo, apenas com relação ao agente principal; II) à suspensão de direitos políticos por prazo determinado; III) ao pagamento de multa civil e; IV) à proibição de contratar com o Poder Público, por prazo igualmente determinado. É possível, ainda, que o agente seja obrigado a devolver bens ou ativos obtidos em virtude da conduta antijurídica, especificamente com relação às hipóteses do art. 9º da Lei 8.429/92, em que há o enriquecimento ilícito do funcionário ou de terceiros por causa da conduta ímproba.

Importante mencionar que referidas sanções são cominadas considerando a gravidade do ato cometido. Nesse sentido, é possível argumentar

[13] Tese firmada na Ed. 38 do periódico *"Jurisprudência em teses"*, publicado pelo STJ em 2015. *In verbis: "É inadmissível a responsabilidade objetiva na aplicação da Lei n. 8.429/1992, exigindo-se a presença de dolo nos casos dos arts. 9º e 11 (que coíbem o enriquecimento ilícito e o atentado aos princípios administrativos, respectivamente) e ao menos de culpa nos termos do art. 10, que censura os atos de improbidade por dano ao Erário"*. Nesse sentido, ver: AgRg no REsp 1500812/SE, Rel. Ministro Mauro Campbell Marques, Segunda Turma, Julgado em 21/05/2015; AgRg no REsp 968447/PR, Rel. Ministro Napoleão Nunes Maia Filho, Primeira Turma, Julgado em 16/04/2015; REsp 1238301/MG, Rel. Ministro Sérgio Kukina, Primeira Turma, Julgado em 19/03/2015; AgRg no AREsp 597359/MG, Rel. Ministro Humberto Martins, Segunda Turma, Julgado em 16/04/2015; REsp 1478274/MT, Rel. Ministro Herman Benjamin, Segunda Turma, Julgado em 03/03/2015 ; AgRg no REsp 1397590/CE, Rel. Ministra Assusete Magalhães, Segunda Turma, Julgado em 24/02/2015; AgRg no AREsp 560613/ES, Rel. Ministro Og Fernandes, Segunda Turma, Julgado em 20/11/2014; REsp 1237583/SP, Rel. Ministro Benedito Gonçalves, Primeira Turma, Julgado em 08/04/2014.

[14] MEIRELLES, Hely Lopes. *Mandado de Segurança*. 27ª Ed. São Paulo: Ed. Malheiros, 2005, p. 217.

que as condutas ímprobas mais reprovadas pelo direito brasileiro são aquelas que se revertem ao enriquecimento ilícito do agente, e as menos reprovadas, aquelas que constituem mera violação aos princípios da administração.

Já com relação à possibilidade de acordos nas ações de improbidade, Marino Pazzaglini Filho afirma que estes seriam absolutamente vedados. Isso porque "tal transação, caso fosse permitida, abortaria a persecução civil e, em consequência, frustraria a aplicação das demais sanções previstas na LIA".[15]

Não obstante, como bem pontua Marcelo Figueiredo, seria possível cogitar a possibilidade de transação que versasse apenas sobre a diminuição de pena aplicada ao agente público que voluntariamente auxiliasse nas investigações e que oferecesse o ressarcimento integral do dano, como ocorre na hipótese do acordo de leniência. O autor defende, porém, que referida hipótese dependeria de expressa previsão legal.[16]

Apenas para concluir este breve exame do instituto da improbidade administrativa, vale pontuar que, em virtude do caráter evidentemente punitivo das sanções ora mencionadas, à ação de improbidade deve ser aplicado um regime próprio – diferente, por exemplo, daquele dispendido às demandas fundadas na mera reparação pecuniária. Quando da formulação e da aplicação do referido regime, deve-se manter em mente que, ainda que não tenha natureza penal, a ação de improbidade administrativa consiste em inegável manifestação do poder punitivo do Estado. Tal fato impõe a observância de uma série de garantias a que fazem jus os acusados, sobre as quais se tratará adiante.

2. Panorama geral da Lei Anticorrupção

A Lei Anticorrupção (Lei n. 12.846/2013) disciplina hipóteses de responsabilização em caráter objetivo de pessoas jurídicas pela prática de atos lesivos contra a administração pública. Necessário pontuar que, para além das pessoas jurídicas, também podem ser responsabilizados, para os fins

[15] PAZZAGLINI FILHO, Marino. *Lei de improbidade administrativa comentada: aspectos constitucionais, administrativos, civis, criminais, processuais e de responsabilidade fiscal; legislação e jurisprudência atualizadas.* 3ª ed. São Paulo: Atlas, 2007, p. 214.

[16] FIGUEIREDO, Marcelo. *Probidade Administrativa. Comentários à Lei 8.429/92 e legislação complementar.* 6ª ed., atual. e ampl. São Paulo: Malheiros, 2009, p. 191.

do diploma legal em questão, os dirigentes das empresas processadas, bem como qualquer pessoa natural, autora, coautora ou partícipe do ato ilícito.

De acordo com o art. 5º, *caput*, do diploma legal em questão, constituem atos lesivos à administração pública "todos aqueles que atentem contra o patrimônio público nacional ou estrangeiro, contra princípios da administração pública ou contra os compromissos internacionais assumidos pelo Brasil". Mais uma vez, portanto, o ordenamento jurídico pátrio reputa como ilícitas condutas que violam os princípios da administração pública.

Nos incisos do mesmo dispositivo, tipificam-se como atos de corrupção, especificamente: I) a promessa, oferecimento ou concessão, direta ou indireta, de vantagem indevida a agente público ou a terceiro àquele relacionado; II) o financiamento, custeio, patrocínio ou qualquer outra forma de subvenção da prática dos ilícitos previstos na lei sob exame; III) o uso de interposta pessoa física ou jurídica visando à ocultação ou dissimulação dos reais interesses ou a identidade dos beneficiários dos atos praticados; IV) no tocante a licitações e contratos: *a*) a frustração ou a fraude, mediante ajuste, combinação ou qualquer outro expediente, do caráter competitivo de procedimento licitatório público; *b*) o impedimento, a perturbação ou a fraude da realização de qualquer ato de procedimento licitatório público; *c*) o afastamento, bem sucedido ou não, de licitante, por meio de fraude ou oferecimento de vantagem de qualquer tipo; *d*) a fraude de licitação pública ou contrato dela decorrente; *e*) a criação, de modo fraudulento ou irregular, de pessoa jurídica para participar de licitação pública ou celebrar contrato administrativo; (f) a obtenção de vantagem ou de benefício indevido, de modo fraudulento, de modificações ou prorrogações de contratos celebrados com a administração pública, sem autorização em lei, no ato convocatório da licitação pública ou nos respectivos instrumentos contratuais ou; *g*) a manipulação ou a fraude do equilíbrio econômico-financeiro dos contratos celebrados com a administração pública; V) a criação de óbices ou entraves à atividade de investigação ou fiscalização de órgãos, entidades ou agentes públicos, bem como a intervenção em sua atuação, inclusive no âmbito das agências reguladoras e dos órgãos de fiscalização do sistema financeiro nacional. Ressalte-se que tais atos serão juridicamente reprováveis mesmo se praticados em exclusivo benefício de terceiro, de modo que as pessoas jurídicas que sejam rés das demandas fundadas na Lei Anticorrupção não poderão afastar a sua responsabilidade por meio da alegação de eventual ausência de benefício próprio oriundo da conduta ilícita.

Uma vez configurado o ato, a Lei n. 12.846/2013 prevê a responsabilização dos agentes tanto na esfera administrativa quanto na esfera judicial. Para os fins do presente ensaio, porém, cumpre apenas analisar as sanções aplicáveis no âmbito judicial.

Prevê o art. 19 da Lei n. 12.846/2013, que, se constatada a prática de ato de corrupção, será a pessoa jurídica condenada: "(inc. I) ao perdimento dos bens, direitos ou valores que representem vantagem ou proveito direta ou indiretamente obtidos da infração, ressalvado o direito do lesado ou de terceiro de boa-fé; (inc. II) à suspensão ou interdição parcial de suas atividades; (inc. III) à dissolução compulsória da pessoa jurídica; (inc. IV) à proibição de receber incentivos, subsídios, subvenções, doações ou empréstimos de órgãos ou entidades públicas e de instituições financeiras públicas ou controladas pelo poder público, pelo prazo mínimo de 1 (um) e máximo de 5 (cinco) anos".[17] Ademais, no intuito de se assegurar a efetividade das sanções, é possível que seja determinada, para além das penalidades mencionadas, a indisponibilidade de bens, direitos ou valores necessários à garantia do pagamento da multa ou da reparação integral do dano causado (art. 19, § 4.º).

Fato relevante, ainda, é que o art. 30 da Lei n. 12.846/2013 determina que a eventual aplicação de sanções referentes aos atos de corrupção em nada afeta os processos de responsabilização e aplicação de penalidades decorrentes de ato de improbidade administrativa. Disso decorre a já mencionada possibilidade de cominação de múltiplas sanções judiciais às pessoas jurídicas por atos do mesmo tipo (lesivos à administração pública), muitas vezes oriundos do mesmo evento fático – o que demanda a reflexão a respeito da relação que pode existir entre demandas fundadas nessas diversas leis.

Com relação à possibilidade de celebração de acordos de leniência, estabelece a Lei n. 12.846/2013 que a autoridade pública poderá valer-se do referido instrumento desde que as pessoas jurídicas acusadas colaborem efetivamente com as investigações. Para que a sua colaboração seja considerada efetiva, deve decorrer dela: I) a identificação de eventuais coautores da infração e; II) a obtenção célere de informações e documentos que comprovem o ilícito sob apuração.

[17] LUCON, Paulo Henrique dos Santos. "Procedimento e Sanções na Lei Anticorrupção (Lei 12.846/2013)". In: *Revista dos Tribunais*, v. 947/2014, set. 2014, p. 272.

Além disso, para que a lei autorize o acordo de leniência, é necessário que a pessoa jurídica acusada seja a primeira a se manifestar sobre o seu interesse de cooperar para a apuração do ato ilícito, cessando completamente o seu envolvimento na infração apurada a partir da data do acordo, admitindo a sua participação na conduta em questão, colaborando permanentemente com as investigações e reparando integralmente o dano causado. Trata-se inegável adaptação do disposto no art. 86 da Lei n. 12.529/2011, que disciplina a Defesa da Ordem Econômica.[18]

Conquanto se repute como positiva a reprodução e a compatibilização entre os dispositivos que visam tutelar a administração pública, inclusive sob a ótica da construção de um microssistema normativo íntegro e funcional, a doutrina tece severas críticas à maneira como foi disciplinado o acordo de leniência na Lei n. 12.846/2013. Isso porque, de um lado, se o requisito de a pessoa jurídica ser a primeira a se manifestar, faz perfeito sentido no contexto da realização de práticas anticoncorrenciais, que envolvem diversos agentes; de outro, as condutas lesivas à administração geralmente são realizadas por poucos sujeitos. Dessa forma, a existência do referido dispositivo não se justifica no âmbito da Lei Anticorrupção.[19]

[18] *In verbis:* Art. 86. O CADE, por intermédio da Superintendência-Geral, poderá celebrar acordo de leniência, com a extinção da ação punitiva da administração pública ou a redução de 1 (um) a 2/3 (dois terços) da penalidade aplicável, nos termos deste artigo, com pessoas físicas e jurídicas que forem autoras de infração à ordem econômica, desde que colaborem efetivamente com as investigações e o processo administrativo e que dessa colaboração resulte:
I – a identificação dos demais envolvidos na infração; e
II – a obtenção de informações e documentos que comprovem a infração noticiada ou sob investigação.
§ 1º O acordo de que trata o caput deste artigo somente poderá ser celebrado se preenchidos, cumulativamente, os seguintes requisitos:
I – a empresa seja a primeira a se qualificar com respeito à infração noticiada ou sob investigação;
II – a empresa cesse completamente seu envolvimento na infração noticiada ou sob investigação a partir da data de propositura do acordo;
III – a Superintendência-Geral não disponha de provas suficientes para assegurar a condenação da empresa ou pessoa física por ocasião da propositura do acordo; e
IV – a empresa confesse sua participação no ilícito e coopere plena e permanentemente com as investigações e o processo administrativo, comparecendo, sob suas expensas, sempre que solicitada, a todos os atos processuais, até seu encerramento.

[19] Sobre o tema, ver: SANTOS, Kleber Bispo. *Acordo de Leniência na Lei de Improbidade Administrativa e na Lei Anticorrupção.* Rio de Janeiro: Lumen Juris, 2018, p. 119.

Finalmente, é preciso pontuar que, assim como ocorre no caso das ações de improbidade administrativa, as penas impostas para os casos de descumprimento da Lei Anticorrupção, por não se limitarem ao ressarcimento dos cofres públicos, constituem manifestação do *ius puniendi* estatal. A natureza punitiva das sanções impõe, portanto, à ação civil pública fundada na Lei Anticorrupção um regime jurídico processual típico do já aludido direito administrativo sancionador, que será visto mais detalhadamente no item a seguir.

3. Responsabilização das pessoas jurídicas de direito privado, combate à corrupção e direito administrativo sancionador

De acordo com o que se verificou da brevíssima análise ora traçada, as Leis n. 8.429/92 e 12.846/2013 se propõem a tutelar a administração pública, compondo, portanto, um mesmo microssistema normativo. A interação entre referidas leis não se limita, porém, ao objeto tutelado.

Na realidade, conforme visto, ambos os diplomas legais acabam por ensejar a responsabilização dos mesmos agentes, graças à figura do agente impróprio da Lei de Improbidade. As condutas típicas de cada diploma também se confundem, uma vez que, diante dos conceitos jurídicos amplos e do rol exemplificativo dos arts. 9º, 10 e 11 da Lei de Improbidade, as hipóteses previstas na Lei Anticorrupção podem facilmente figurar como improbidade administrativa.

A íntima ligação entre as leis examinadas no presente estudo é reconhecida no corpo do texto da própria Lei Anticorrupção. Conforme mencionado anteriormente, o art. 30 desse diploma determina que a aplicação das sanções previstas nesta não afeta os processos de responsabilização e aplicação de penalidades decorrentes de ato de improbidade administrativa. Há, assim, expresso reconhecimento legal no sentido de que uma conduta "corrupta" pode ser sancionada, também, por ser considerada ímproba.

Finalmente, é preciso repisar que ambas as leis sob análise constituem inegável manifestação do poder punitivo do Estado, inserindo-se no que se chama de direito administrativo sancionador.[20] Daí a necessidade de

[20] Sobre o tema, ver: OSÓRIO, Fábio Medina. *Direito Administrativo Sancionador*. 3ª ed. rev., atual. e ampl. São Paulo: Revista dos Tribunais, 2009.

que, quando da condução do procedimento, sejam observadas garantias que, embora tradicionalmente ligadas ao direito material e processual penais, compõem um núcleo comum (de status constitucional) diante do *ius puniendi* estatal.[21]

Nesse campo, aplicam-se princípios que tradicionalmente seriam relativos ao processo penal. Isso porque o viés sancionatório dessas demandas enseja a elas um "caráter acentuadamente penal",[22] não faltando, aliás, autores a defenderem, mesmo sem respaldo literal no texto constitucional, a natureza tipicamente criminal dessas ações.[23]

Tanto nas ações de Improbidade quanto naquelas oriundas de violações aos dispositivos da Lei Anticorrupção, portanto, é preciso resguardar determinadas normas estruturantes, quais sejam: a presunção de inocência, a culpabilidade, a pessoalidade, a proporcionalidade e a individualização das sanções aplicadas, a legalidade, a tipicidade e, especialmente, o direito de não produzir prova contra si próprio.[24]

Ademais, a inegável intersecção que existe entre os diplomas legais demanda que se reflita sobre a relação entre as demandas fundadas nessas diversas leis. De plano, é possível concluir que a proximidade das disposições constantes em cada uma delas torna necessário que, caso sejam propostas em separado, seja reconhecida a existência de conexão entre essas ações, reunindo-as no juízo prevento.[25] A administração sistemática dos processos singulares garantirá que eventuais condenações sejam realizadas de forma a resguardar o princípio da proporcionalidade.

[21] LUCON, Paulo Henrique dos Santos; COSTA, Guilherme Recena. "A prova e a Responsabilidade de Terceiros Contratantes com o Poder Público na Ação de Improbidade Administrativa". In: *Improbidade Administrativa*. LUCON, Paulo Henrique dos Santos; COSTA, Eduardo José da Fonseca; COSTA, Guilherme Recena (Coordenadores). 2ª ed. São Paulo: Atlas, 2015, p. 362.

[22] KNIJNIK, Danilo. *A prova nos juízos cível, penal e tributário*. Rio de Janeiro; Forense, n. 4.3.2, p. 167.

[23] LUCON, Paulo Henrique dos Santos. "Procedimento e Sanções na Lei Anticorrupção (Lei 12.846/2013)". In: *Revista dos Tribunais*, v. 947/2014, set. 2014, p. 269.

[24] LUCON, Paulo Henrique dos Santos; COSTA, Guilherme Recena. "A prova e a Responsabilidade de Terceiros Contratantes com o Poder Público na Ação de Improbidade Administrativa". In: *Improbidade Administrativa*. LUCON, Paulo Henrique dos Santos; COSTA, Eduardo José da Fonseca; COSTA, Guilherme Recena (Coordenadores). 2ª ed. São Paulo: Atlas, 2015, p. 363.

[25] LUCON, Paulo Henrique dos Santos. "Empresas podem ser punidas por improbidade e corrupção simultaneamente". *Consultor Jurídico*, 17 de abril de 2015.

Para além da reunião de processos, porém, é certo que a atuação repressiva sobre as mesmas pessoas, condutas e esferas, torna imprescindível que se observem outras normas estruturantes acima mencionadas, não apenas sob o viés intraprocessual, mas, também, na perspectiva interprocessual. A possibilidade eventual condenação prévia do mesmo agente, por conduta ligada ao mesmo fato, pode colocar em xeque a efetiva aplicação da presunção de inocência.

Por isso, importante ressaltar que, para que haja a condenação, deve comprovada a culpabilidade da pessoa jurídica em cada um dos processos em andamento, independentemente do que já tenha sido apurado nos demais – até mesmo porque, como visto, o tipo de responsabilização decorrente de cada lei é distinto. Em outras palavras, não se pode olvidar, em virtude da evidente proximidade dos diplomas sob análise, que estes ainda compõem instrumentos distintos. Tais instrumentos, de acordo com um entendimento lógico sistemático, ressalte-se, não podem ser incompatíveis, sendo imperiosa a sua harmonização. Contudo, eles tampouco se confundem ou se imiscuem.

Entre uma demanda e outra deve ser resguardado, também, o direito do acusado de não produzir prova contra si mesmo. Nesse ponto, necessário rememorar o que foi tratado a respeito do acordo de leniência.

Como visto, para que seja permitida a celebração do acordo de leniência, a pessoa jurídica deve confessar o envolvimento no ilícito, sendo esse requisito imprescindível para ensejar a aplicação das causas de diminuição de pena.

Eventual confissão em demanda fundada na Lei Anticorrupção pode ter reflexos sobre a demanda de improbidade administrativa que versasse sobre os mesmos fatos. Não obstante, se interpretado de forma literal o disposto no art. 17, § 1º, da Lei de Improbidade, a leniência obtida nos moldes da Lei n. 12.846/2013 em nada beneficiaria o acusado por improbidade e, ao contrário, poderia ser utilizada em prejuízo deste – como prova de seu envolvimento no ato ímprobo. Nesses termos, sempre considerando a estreita ligação ora constatada que há entre os diplomas sob análise, faz-se necessário compatibilizar o tratamento conferido ao instrumento da leniência em cada uma dessas leis.

4. Acordo de leniência no microssistema normativo anticorrupção

No ordenamento jurídico pátrio, o acordo de leniência consiste em instituto voltado ao encurtamento da fase de investigação, por meio da obtenção da confissão do ilícito pela pessoa jurídica. Como bem pontua Marcos Augusto Perez,

> de forma objetiva, a legislação brasileira chama de acordo de leniência a convenção celebrada entre um particular potencialmente infrator da lei e o Poder Público, com o objetivo de substituir a imposição unilateral da sanção administrativa que, em tese, lhe seria aplicada.[26]

Em nota técnica publicada pelo Ministério Público Federal, concluiu-se, ainda, que: "objetiva-se com a leniência viabilizar e abreviar investigações de difícil ou impossível desenvolvimento, além de desincentivar a prática de outros ilícitos, revelando importante caráter preventivo, em consonância com o princípio da eficiência".[27]

É cediço, portanto, que o acordo de leniência figura com o instrumento positivo na tutela da administração pública. Isso porque a celebração do acordo não apenas abrevia o processo de investigação, diminuindo custos e esforços empregados na verificação do ilícito, como, ainda, torna mais efetivo o combate e a prevenção à corrupção.

Sob a ótica da eficiência, já seria defensável a aplicação do instituto da leniência também com relação aos procedimentos fundados sob a égide da Lei de Improbidade Administrativa. Não obstante, a complexidade do fenômeno da corrupção, o seu caráter multifacetado e multidisciplinar, bem como a pluralidade de instrumentos que visam a combatê-la impõe que se realize uma atuação transversal e organizada nesta seara.

[26] PEREZ, Marcos Augusto. "Acordos de Leniência no Processo Administrativo Anticorrupção Brasileiro". In: CUNHA FILHO, Alexandre Jorge Carneiro Da; ARAÚJO, Glaucio Roberto Brittes de. LIVIANU, Roberto; PASCOLATI JUNIOR, Ulisses Augusto (Coordenadores). *48 Visões sobre a Corrupção*. São Paulo: Quartier Latin, 2016, p. 655.

[27] Ministério Público Federal. Nota Técnica nº 1/2017. Nota Técnica sobre Acordo de Leniência e seus efeitos, elaborada pela Comissão Permanente de Assessoramento para Acordos de Leniência e Colaboração Premiada, vinculada à 5ª Câmara de Coordenação e Revisão do Ministério Público Federal.

Sendo assim, a adoção, por uma lei, de prática aparentemente vedada por outra, dificulta a persecução dos atos antijurídicos como um todo – o que foge ao objetivo comum de ambas as leis sob análise e do microssistema normativo de proteção à administração pública. Trata-se, dessa forma, de um contrassenso entre o disposto na Lei de Improbidade e os propósitos a que essa se destina.

Em outras palavras, por um viés equivocado de interpretação literal, a Lei n. 8.429/92 estaria criando verdadeiros entraves à tutela da administração pública. Considerando, porém, o caráter paradoxal que há nessa constatação, resta evidente que a vedação à transação, na Lei de Improbidade, deve ser interpretada de modo a tornar-se compatível com o combate à corrupção.

E, em que pese a ausência de previsão legal expressa no corpo da Lei de Improbidade Administrativa, esta integra um microssistema que prevê a possibilidade de leniência. Ademais, conforme amplamente evidenciado, a íntima relação que possui a Lei de Improbidade com a Lei Anticorrupção torna viável inclusive argumentar que o que está previsto em uma, por uma questão lógica, se estende à outra.

É precisamente por isso que, em nota técnica, o Ministério Público Federal consignou que:

> circunstância especial se verifica quando firmado o acordo de leniência, sob a égide da LAC, incide também sobre os mesmos fatos a responsabilização prevista na LIA. Em tal hipótese, principalmente, cumpre reconhecer que houve derrogação da vedação prevista no art. 17, § 1º, da LIA, de modo a ser possível que no acordo de leniência se contemple a aplicação da punição, por ato de improbidade administrativa, ajustada com o colaborador-infrator.[28]

Nesse sentido, portanto, é possível defender o alargamento da possibilidade de realização do acordo de leniência – ou, ao menos, de seus efeitos –, para os casos em que haja a persecução do ato lesivo de forma simultânea sob os vieses da corrupção e da improbidade. No cenário em

[28] Ministério Público Federal. Nota Técnica nº 1/2017. Nota Técnica sobre Acordo de Leniência e seus efeitos, elaborada pela Comissão Permanente de Assessoramento para Acordos de Leniência e Colaboração Premiada, vinculada à 5ª Câmara de Coordenação e Revisão do Ministério Público Federal.

questão, a tutela da administração se daria de forma efetiva e os direitos do acusado seriam observados.

De outro lado, necessário mencionar que, como bem pontua Marcos Alexandre Zilli: "a busca pela maior eficiência dos aparatos investigatórios pode e deve harmonizar-se com as premissas informadoras dos direitos e das garantias fundamentais".[29] Mesmo, portanto, se não acolhida a hipótese de extensão do instituto do acordo de leniência para a Lei de Improbidade, este não pode ser gerido de forma a violar os direitos fundamentais dos acusados.

Conclusões

A corrupção, como fenômeno antijurídico organizado, subverte os padrões tradicionais de investigação e de repressão. Por isso, vem sendo aperfeiçoado, no ordenamento jurídico pátrio, um verdadeiro microssistema normativo de combate ao fato social em questão, que se presta à tutela dos princípios da administração e do patrimônio público.

Os diplomas legais que compõem o microssistema consistem em manifestação do *ius puniendi* estatal – o que demanda, de plano, que na sua aplicação sejam resguardadas diversas garantias individuais dos acusados. Ademais, tais dispositivos, como peças de um todo, devem se fundar sobre as mesmas premissas lógicas, sendo compatíveis entre si.

No presente estudo, foram analisadas as hipóteses de responsabilização da pessoa jurídica por atos lesivos cometidos contra a administração pública, considerando especificamente o disposto na Lei Anticorrupção e na Lei de Improbidade Administrativa. O que se averiguou foi que ambos os diplomas legais possuem estreito liame, sendo que, frequentemente, as condutas reprimidas por um são objeto de persecução no outro.

Ocorre, porém, que apenas a Lei Anticorrupção prevê a possibilidade de celebração de acordo de leniência – que, como visto, trata-se de instrumento efetivo para o combate à corrupção. Diante da incidência de ambas as leis

[29] ZILLI, Marcos Alexandre. "A Colaboração Premiada nos Trópicos. Autonomia das Partes e o Imperativo do Controle Judicial. Leituras Sobre a Lei 12.850/13 à Luz da Eficiência e do Garantismo". In: CUNHA FILHO, Alexandre Jorge Carneiro Da; ARAÚJO, Glaucio Roberto Brittes de. LIVIANU, Roberto; PASCOLATI JUNIOR, Ulisses Augusto (Coordenadores). *48 Visões sobre a Corrupção*. São Paulo: Quartier Latin, 2016, p. 861.

sobre os mesmos agentes e fatos, porém, é necessário compatibilizar os tratamentos concedidos por esses diplomas legais ao instituto em questão.

Considerando que a leniência aumenta a efetividade da tutela da administração, defende-se que, se esta for realizada em demanda fundada na Lei Anticorrupção, os seus efeitos sejam alargados para eventual demanda de improbidade em curso. Desta feita, restarão resguardados os princípios da administração pública e as garantias pessoais do acusado – que, ao realizar a leniência, não estará produzindo prova contra si próprio a ser utilizada em demanda diversa. Caso, porém, não se conclua pela possibilidade de extensão dos efeitos da leniência, é certo que, a confissão obtida com o referido instrumento não pode ser usada contra o agente em demanda diversa, uma vez considerados os princípios que regem o direito administrativo sancionador.

O fato é que, sendo inegável a sofisticação que adquirem os atos de corrupção, as iniciativas de repressão hão de ser analisadas de forma sistemática, para que se obtenham resultados efetivos. Nesse sentido, é imperioso que se reflita sobre a interação que há entre os diversos diplomas legislativos atualmente vigentes no ordenamento pátrio, na busca por uma tutela justa e efetiva da administração pública.

Referências

ALMEIDA, Fernando Menezes de. "Combate à corrupção pelo Direito Brasileiro: Perspectiva Constitucional e Nova Tendência Trazida pela lei das Empresas Estatais". In: CUNHA FILHO, Alexandre Jorge Carneiro Da; ARAÚJO, Glaucio Roberto Brittes de. LIVIANU, Roberto; PASCOLATI JUNIOR, Ulisses Augusto (Coordenadores). *48 Visões sobre a Corrupção*. São Paulo: Quartier Latin, 2016, pp. 707-718.

COMPARATO, Fabio Konder. Ações de improbidade administrativa. In: *Revista Trimestral de Direito Público*. V. 26. São Paulo: Malheiros, 1999.

FAZZIO JÚNIOR, Waldo. *Corrupção no poder público*: peculato, concussão, corrupção passiva e prevaricação. São Paulo: Atlas, 2002.

FIGUEIREDO, Marcelo. *Probidade Administrativa*. Comentários à Lei 8.429/92 e legislação complementar. 6ª ed., atual. e ampl. São Paulo: Malheiros, 2009.

KNIJNIK, Danilo. *A prova nos juízos cível, penal e tributário*. Rio de Janeiro: Forense, 2007.

LUCON, Paulo Henrique dos Santos; COSTA, Guilherme Recena. "A prova e a Responsabilidade de Terceiros Contratantes com o Poder Público na Ação de Improbidade Administrativa". In: *Improbidade Administrativa*. LUCON, Paulo Henrique dos Santos;

COSTA, Eduardo José da Fonseca; COSTA, Guilherme Recena (Coordenadores). 2ª ed. São Paulo: Atlas, 2015, pp. 361-373.

_______, Paulo Henrique dos Santos; SILVA, Bruno Freire e. "Efeitos da Sentença na Ação de Improbidade e o Princípio da Proporcionalidade". In: *Temas de Improbidade Administrativa*. ARRUDA ALVIM, Eduardo; JORGE, Flavio Cheim; RODRIGUES, Marcelo Abelha. 1ª ed. São Paulo: Lumen Juris, 2010, pp. 413-437.

_______, Paulo Henrique dos Santos. "Empresas podem ser punidas por improbidade e corrupção simultaneamente". *Consultor Jurídico*, 17 de abril de 2015. Disponível em: <https://www.conjur.com.br/2015-abr-17/paulo-lucon-empresas-podem-punidas--improbidade-corrupcao>. Acesso em: 25 de set. de 2019.

_______, Paulo Henrique dos Santos. "Procedimento e Sanções na Lei Anticorrupção (Lei 12.846/2013)". In: *Revista dos Tribunais*, v. 947/2014, set. 2014, pp. 267-279.

MEIRELLES, Hely Lopes. *Mandado de Segurança*. 27ª Ed. São Paulo: Ed. Malheiros, 2005

MIRANDA, Gustavo Senna. *Princípio do juiz natural e sua aplicação na Lei de Improbidade Administrativa*. São Paulo: Revista dos Tribunais, 2007.

Ministério Público Federal. *Nota Técnica nº 1/2017*. Nota Técnica sobre Acordo de Leniência e seus efeitos, elaborada pela Comissão Permanente de Assessoramento para Acordos de Leniência e Colaboração Premiada, vinculada à 5ª Câmara de Coordenação e Revisão do Ministério Público Federal.

OSÓRIO, Fábio Medina. *Direito Administrativo Sancionador*. 3ª ed. rev., atual. e ampl. São Paulo: Revista dos Tribunais, 2009.

PEREZ, Marcos Augusto. "Acordos de Leniência no Processo Administrativo Anticorrupção Brasileiro". In: CUNHA FILHO, Alexandre Jorge Carneiro Da; ARAÚJO, Glaucio Roberto Brittes de. LIVIANU, Roberto; PASCOLATI JUNIOR, Ulisses Augusto (Coordenadores). *48 Visões sobre a Corrupção*. São Paulo: Quartier Latin, 2016, pp. 655-670.

SANTOS, Carlos Frederico Brito. *Improbidade administrativa*. Rio de Janeiro: Forense, 2002.

SANTOS, Kleber Bispo. *Acordo de Leniência na Lei de Improbidade Administrativa e na Lei Anticorrupção*. Rio de Janeiro: Lumen Juris, 2018.

ZILLI, Marcos Alexandre. "A Colaboração Premiada nos Trópicos. Autonomia das Partes e o Imperativo do Controle Judicial. Leituras Sobre a Lei 12.850/13 à Luz da Eficiência e do Garantismo". In: CUNHA FILHO, Alexandre Jorge Carneiro Da; ARAÚJO, Glaucio Roberto Brittes de. LIVIANU, Roberto; PASCOLATI JUNIOR, Ulisses Augusto (Coordenadores). *48 Visões sobre a Corrupção*. São Paulo: Quartier Latin, 2016, pp. 855-874.

9. Recuperação de Ativos e Combate à Corrupção

André Luiz de Almeida Mendonça

Introdução

A recuperação de ativos, antes de ser uma opção conferida aos órgãos e agentes competentes do Estado brasileiro, é um imperativo ético-jurídico que se alicerça em princípios e valores fundamentais albergados na Constituição de 1988, dentre os quais se destacam os princípios republicano, o da moralidade administrativa e a justiça como valor regente e condicionante de toda a axiologia constitucional.

O Brasil possui compromissos inafastáveis, internos e externos[1], que impõem uma atuação proativa e eficiente na implementação e aprimoramento de mecanismos aptos a conferir efetividade ao desafio, havendo uma plêiade de instituições e órgãos voltados para o enfrentamento dessa missão, dentre os quais podem ser referidos o Ministério Público Federal, o Tribunal de Contas da União, a Controladoria-Geral da União, a Advocacia-Geral da União, o Departamento de Recuperação de Ativos e Cooperação Jurídica Internacional do Ministério da Justiça e Segurança Pública, além do próprio Poder Judiciário naquilo que lhe é reservado.

[1] Citem-se: (i) Convenção da OCDE sobre o Combate à Corrupção de Funcionários Públicos Estrangeiros em Transações Comerciais Internacionais, introduzida no ordenamento jurídico pátrio através do Decreto nº 3.678/2000; (ii) Convenção Interamericana contra a Corrupção aprovada pela Organização dos Estados Americanos (OEA), promulgada no Brasil por meio do Decreto nº 4.410/2002; e (iii) Convenção das Nações Unidas contra a Corrupção aprovada pela Organização das Nações Unidades (ONU), promulgada entre nós via Decreto nº 5.687/2006.

A despeito de haver toda essa estrutura estatal, os índices de recuperação de ativos no país, historicamente, sempre foram muito baixos[2], somente atingindo percentuais mais expressivos após a edição da Lei nº 12.846/13, a chamada Lei Anticorrupção. E a principal razão para essa ineficiência era o fato de não se ter desenvolvido por aqui, ao contrário de países que se encontram em estágio mais avançado de desenvolvimento econômico e social, a construção de mecanismos consensuais de resolução de conflitos também no que toca ao combate à corrupção e à recuperação de ativos.

É sintomático que a maior recuperação de ativos antes da Operação Lava Jato – o caso envolvendo o Grupo OK e a construção de um prédio público em São Paulo – tenha se dado, no âmbito da Advocacia-Geral da União, por meio de uma solução negociada, que resultou no ingresso de mais de R$ 250 milhões aos cofres públicos. Mesmo os valores de recuperação relacionados com a Operação Lava Jato, na casa dos bilhões, somente foram viabilizados através do largo uso de acordos de leniência e colaborações premiadas.

A cultura jurídica nacional, até anos recentes, tinha – e talvez ainda tenha – muita dificuldade de aceitar a possibilidade de negociar com infratores da ordem jurídica, preferindo o caminho, inegavelmente mais longo e menos eficaz, da lógica adversarial, isto é, do litígio judicial, opção que, além de demandar gigantesca estrutura estatal, tem se revelado um verdadeiro fiasco em termos de efetividade. Ilustra essa resistência a previsão contida na Lei nº 8.429/92, tratando do combate aos atos de improbidade administrativa, que até hoje mantém dispositivo vedando a possibilidade de conciliação (art. 17, § 1º).

É por isso que a Lei Anticorrupção, ao prever os acordos de leniência para os ilícitos praticados por pessoas jurídicas contra a administração pública, nacional ou estrangeira, pode ser tida como **ponto de virada**[3]

[2] Ao assumir o Departamento de Patrimônio e Probidade da Procuradoria-Geral da União, órgão da Advocacia-Geral da União, em 2008, o índice de recuperação de valores girava em torno de apenas 1% do montante cobrado. A partir da criação do Grupo Permanente de Atuação Proativa, esses índices subiram para pouco mais de 12%.

[3] Justiça seja feita, o direito brasileiro convive com o Programa de Leniência Antitruste desde a Lei nº 10.149/2000, que alterou a Lei nº 8.884/94 (atualmente: artigos 86 e 87 da Lei nº 12.529/11). Não obstante, dada a abrangência restrita às infrações contra a ordem econômica dessa legislação, o ganho de escala a partir da Lei Anticorrupção vem colocando a solução negociada em outro patamar de protagonismo no tocante à recuperação de ativos.

da noção anterior, contrária a qualquer perspectiva de negociação com agentes ou empresas violadoras da ordem jurídica, ensejando resultados incomparavelmente superiores ao que se tinha até então.

1. Pilares dos acordos de leniência no âmbito da CGU/AGU

A partir desse novo marco legal, a Controladoria-Geral da União e a Advocacia-Geral da União passaram a trabalhar com 4 pilares fundamentais na celebração de acordos de leniência. Tratando-se de instituto inédito, cujo ambiente de atuação das instituições, por evidente, não se submete à tradicional lógica adversarial inerente aos litígios judiciais, esses pilares funcionam não apenas como roteiro para uma atuação funcional eficiente, mas principalmente como substrato prático que confere segurança jurídica a todos os envolvidos no processo.

O primeiro pilar de sustentação dos acordos de leniência é a efetiva colaboração da pessoa jurídica tida por responsável por ilícitos praticados contra a administração pública, prevista no artigo 16 da Lei nº 10.846/13, da qual resultará a chamada **alavancagem investigativa**, vale dizer, a identificação de outros envolvidos na infração, se o caso, e especialmente a obtenção célere de informações e documentos que comprovam as infrações.

Esse pressuposto constitui uma das principais razões que levou o legislador a acenar com a concessão de vantagens a violadores da ordem jurídica, como que reconhecendo as limitações do Estado diante de uma criminalidade cada vez mais organizada e sofisticada.

Há que se reconhecer, nesse diapasão, que muitos atos lesivos à administração pública – e as grandes operações policiais assim o tem demonstrado – acabam por revelar o envolvimento de agentes públicos detentores de alto grau de poder ou influência e de dirigentes dos mais altos níveis das pessoas jurídicas, situação que, por razões óbvias, dificulta a atuação dos mecanismos ordinários de investigação por parte do poder público. Vem justamente daí recorrente crítica social de que **tubarões**, diferentemente de **peixes pequenos**, acabam ficando impunes em ilícitos dessa natureza.

Cabe o registro de que a criminalidade da era digital vem abandonando modelos hierárquicos tradicionais e atuando a partir da ideia de **redes**, com estrutura celular e invertebrada, constituindo-se "organizações extremamente flexíveis, fluidas e muitas vezes intangíveis, impossíveis de serem descobertas, desestruturadas ou desarticuladas a partir de métodos, estruturas ou aparatos estatais ou legais vertebrados"[4].

A par disso, é de saber corrente, senão intuitivo, que quanto mais alto o nível dos agentes envolvidos com práticas lesivas à administração pública, maior a dificuldade de quebrar o código de silêncio entre os partícipes do esquema, naquilo que, inspirado nas conhecidas histórias da máfia italiana, se costuma denominar *omertà*.

Note-se que a colaboração efetiva da pessoa jurídica deverá trazer elementos significativos para a responsabilização de outras pessoas físicas ou jurídicas, os quais, de outro modo, dificilmente chegariam ao conhecimento da Administração. Ainda que tais elementos não venham a ser constituir prova inequívoca do envolvimento alheio – até porque esse juízo definitivo dependerá de um devido processo, com plena observância da ampla defesa e do contraditório –, certamente deverão ostentar idoneidade suficiente para que sejam o ponto de partida de novas investigações, justificando a expressão que nomeia este pilar.

O segundo pilar fundamental do acordo de leniência é o que se convencionou chamar **recuperação de ativos**, expressão que engloba tanto a reparação integral de que fala o art. 6º, § 3º, da Lei nº 12.846/13, as multas previstas nessa mesma lei (art. 6º, inciso I e § 4º) e no art. 12 da Lei nº 8.429/92, e a questão do enriquecimento ilícito. Sobre os critérios de aferição e aplicação dessas rubricas, objeto principal deste artigo, se falará no tópico seguinte.

Um terceiro pilar de sustentação dos acordos de leniência é a exigência de que a empresa crie ou adeque seu **programa de integridade** à luz das diretrizes da Controladoria-Geral da União. Em qualquer dos casos, seja criação ou adequação, a mudança não poderá ser apenas formal, visto que durante toda a execução do eventual acordo a Controladoria-Geral da União deverá promover auditorias periódicas no intuito de atestar a efetividade do programa[5] (por exemplo, verificando se os treinamentos

[4] MENDONÇA, André Luiz de Almeida. Bases para a compreensão sistêmica da corrupção. *In:* MORAES, Alexandre de; MENDONÇA, André Luiz de Almeida (Coord.). *Democracia e sistema de justiça:* obra em homenagem aos 10 anos do Ministro Dias Toffoli no Supremo Tribunal Federal. Belo Horizonte: Fórum, 2020, p. 82.

[5] O art. 41 do Decreto nº 8.420/15 conceitua programa de integridade como sendo o "conjunto de mecanismos e procedimentos internos de integridade, auditoria e incentivo à denúncia de irregularidades e na aplicação efetiva de códigos de ética e de conduta, políticas e diretrizes

estão sendo feitos, se as recomendações atinentes ao remanejamento ou até exclusão de dirigentes dos quadros funcionais foram observadas, se há um canal de ouvidoria efetivo, se a área de integridade possui independência, etc.).

Esse ponto também se reveste de inegável importância na medida em que, para além de sanar um ilícito do passado, a pessoa jurídica que se dispõe a celebrar o acordo de leniência necessita demonstrar sincero interesse em evitar práticas semelhantes no presente e no futuro. E a seriedade da intenção deverá ser provada pelo abandono irrestrito de qualquer comportamento contrário ao direito, adotando-se, por meio de um programa idôneo e auditável, uma nova cultura, revolucionária, de absoluta integridade ético-jurídica no trato com o poder público.

E, por fim, o quarto e último pilar dos acordos de leniência consiste na perda de todas os benefícios em caso de descumprimento. As consequências do descumprimento deliberado, que necessitam ficar claras desde o início das negociações, passam pela incidência da multa no seu valor pleno, no vencimento antecipado das obrigações pecuniárias e, no limite, na declaração de idoneidade da pessoa jurídica, que, se assim for penalizada, não mais poderá contratar com a administração pública.

Frise-se que a regulamentação do descumprimento do acordo, no âmbito da administração pública federal, recebeu especial atenção na recém editada Portaria Conjunta nº 4/2019[6], da Controladoria-Geral da União e da Advocacia-Geral da União, visto que esse pilar funciona como a principal garantia de cumprimento do acordo por parte da empresa colaboradora.

Esses, em síntese, os 4 pilares de sustentação dos acordos de leniência celebrados no âmbito da administração pública federal.

com objetivo de detectar e sanar desvios, fraudes, irregularidades e atos ilícitos praticados contra a administração pública, nacional ou estrangeira".

[6] Portaria Conjunta nº 4, de 9 de agosto de 2019: [...]. Art. 13. No caso de descumprimento do acordo de leniência: I – a pessoa jurídica perderá os benefícios pactuados e ficará impedida de celebrar novo acordo pelo prazo de três anos, contados da data em que se tornar definitiva a decisão administrativa que julgar rescindido o acordo; II – haverá o vencimento antecipado das parcelas não pagas e serão executados: a) o valor integral da multa, descontando-se as frações eventualmente já pagas; e b) os valores pertinentes aos danos e ao enriquecimento ilícito; e III – serão aplicadas as demais penalidades e consequências previstas nos termos dos acordos de leniência e na legislação aplicável. Parágrafo único. O descumprimento do acordo de leniência será registrado no Cadastro Nacional de Empresas Punidas – CNEP, pela CGU. [...].

2. Recuperação de ativos: critérios para a fixação dos valores a título de reparação, multas e enriquecimento ilícito

Conforme anotado anteriormente, a recuperação de ativos engloba não apenas a reparação de eventuais danos econômicos causados à administração, mas também o pagamento das multas previstas nas leis n°s 12.846/13 e 8.429/92 e a expropriação do enriquecimento ilicitamente auferido.

Há basicamente três rubricas a serem consideradas. A primeira diz respeito às multas, que incluem (i) a multa prevista na Lei 12.846/2013, conforme disposto em seus artigos 6º, inciso I e 7º, juntamente com o artigo 17 do Decreto 8.420/2015; e (ii) a multa prevista no artigo 12 da Lei 8.429/1992.

No tocante à primeira, o art. 6º, inciso I, da Lei Anticorrupção estabelece que a multa deve ser fixada dentro do intervalo de 0,1% a 20% "do faturamento bruto do último exercício anterior ao da instauração do processo administrativo, excluídos os tributos, a qual nunca será inferior à vantagem auferida, quando for possível sua estimação". A regulamentação dessa definição deve observar os artigos 17 a 23 do Decreto nº 8.420/15 e a Instrução Normativa CGU/AGU nº 2, de 16 de maio de 2018.

Com relação à multa prevista na Lei de Improbidade Administrativa, o art. 12 da Lei nº 8.429/92, ao fazer remissão à figura do enriquecimento ilícito, prescreve o parâmetro de até 3 vezes o valor do acréscimo patrimonial. Por critério de proporcionalidade e razoabilidade, bem como para incentivar a autodenúncia, tem sido aplicado pela CGU/AGU de 0,1 a 3 vezes, a depender do nível de colaboração da pessoa jurídica.

A segunda rubrica diz respeito aos danos. No tocante a esta rubrica, o artigo 16, § 3º, da Lei 12.846/2013 expressa que "o acordo de leniência não exime a pessoa jurídica da obrigação de reparar integralmente o dano causado", o que pode conduzir a uma interpretação equivocada no sentido de que a reparação integral do dano seria condição de procedibilidade do acordo de leniência, isto é, que seria vedado celebrar o acordo sem a prévia apuração e reparação integral do dano.

No entanto, não é esse o sentido do dispositivo, seja a partir de uma interpretação literal, seja teleológica. Literalmente, sua redação não condiciona a celebração do acordo ao pagamento integral do dano causado. Significa apenas que o acordo de leniência não isenta a responsabilidade de a pessoa jurídica repará-lo. Teleologicamente, o acordo não tem como objetivo central a apuração de danos, e sim a **alavancagem da investigação** mediante a obtenção célere e efetiva de informações que contribuam para a descoberta dos ilícitos e seus responsáveis. Fosse a reparação dos danos requisito essencial para a celebração do acordo, a lei o teria previsto expressamente, bem como os mecanismos para sua apuração no curso da negociação.

Vale lembrar que a apuração de danos por parte dos órgãos competentes, em especial pelo Tribunal de Contas da União, exige tempo e recursos de auditoria absolutamente incompatíveis com a celeridade que o instituto do acordo de leniência busca alcançar para atender minimamente o princípio da eficiência administrativa. Eventual suspensão do processo referente ao acordo de leniência até que sejam apurados os danos poderá levar anos, o que fatalmente tornaria o instituto desinteressante e pouco efetivo.

Apesar desse entendimento, a Controladoria-Geral da União e a Advocacia-Geral da União incluem essa rubrica na celebração do acordo e o fazem por duas razões: primeiro porque vigora durante toda a negociação o princípio da boa-fé, ou seja, caso tenha conhecimento da existência de dano ou sobrepreço no valor do contrato relacionado ao ilícito confessado, deve a empresa necessariamente responsabilizar-se por seu pagamento. Em segundo lugar, por decorrência lógica, sabendo as autoridades da existência de um dano real e existente, não devem eximir a empresa do seu pagamento integral, não havendo que se falar em quitação do dano no âmbito do acordo de leniência.

Dentro dessa perspectiva, uma rubrica referente a dano que tem sido reiteradamente incluída nos acordos de leniência diz respeito à **propina** paga para a obtenção de determinado contrato administrativo. Neste caso, por se tratar de um custo ilícito incluído pela empresa na formulação de sua proposta, se está diante de um sobrepreço presumido, em relação ao qual deve haver pagamento integral ao ente lesado.

De todo modo, reforça-se que acordo de leniência não é ambiente para apuração de danos, o que justifica não haver qualquer quitação no momento da celebração do acordo, até porque o risco da apuração do dano não deve ficar com o Estado, mas transferido para a empresa colaboradora que, de antemão, terá ciência de que eventual apuração de dano futuro – por exemplo pelo Tribunal de Contas da União – ensejará a respectiva cobrança pela instituição competente.

Por fim, por força do disposto no artigo 12 da Lei 8.429/1992, há uma terceira rubrica referente ao enriquecimento ilícito (ou lucro) obtido pela empresa a partir de um contrato obtido ilicitamente. Neste caso, como a Lei 12.846/2013 não fala na obrigação de pagamento integral do lucro, trata-se da rubrica em relação a qual a CGU e a AGU têm adotado a possibilidade de conceder desconto à empresa colaboradora, considerando o nível de sua colaboração no curso da negociação e a gravidade e repercussão dos ilícitos. Não se tem utilizado como parâmetro para eventual desconto no lucro a capacidade financeira da empresa (*ability to pay*), embora este fator seja considerado para fins de definição do prazo e forma de pagamento.

O enriquecimento ilícito não está previsto na Lei Anticorrupção, mas está na Lei de Improbidade Administrativa, conforme já comentado, e em outros diplomas do ordenamento jurídico, como a Lei nº 9.613/98 (Lei de Lavagem), o Código Penal, a Convenção de Mérida, entre outros, que aludem ao produto ou proveito do delito.

No passado havia uma concepção generalizada no sentido de tratar a recuperação de ativos apenas com base no valor de eventual sobrepreço, o que dificulta muito a atuação estatal, mesmo porque a experiência demonstra a dificuldade de se reconhecer sua existência e apurar seu valor. Em nosso entendimento, a preocupação não deve ser quanto ao sobrepreço, mas sim se houve ou não corrupção, como ocorre em países como Itália, Alemanha e EUA. Assim, há que se apurar quanto a empresa recebeu no contrato fruto de corrupção e, após levantamento e desconto dos custos lícitos, razoáveis e diretos, chegar-se ao lucro obtido ilicitamente[7].

Esses são, em suma, os critérios adotados pela Controladoria-Geral da União e Advocacia-Geral da União na definição dos valores que comporão a **recuperação de ativos** no âmbito da administração pública federal.

Conclusões

A observância do princípio da eficiência administrativa é um imperativo dos tempos atuais e, nesse sentido, a adoção de soluções consensuais pela

[7] Sobre o tema, confira-se: MENDONÇA, André Luiz de Almeida. Los critérios para la mensuración del valor del enriquecimento ilícito y perjuicios causados por actos corruptos. *In: Revista da AGU*, Brasília-DF, v. 15, n. 04, p. 65-88, out./dez. 2016.

administração tem se revelado tendência bem mais alinhada com a racionalidade, celeridade e efetividade. Recentemente, por exemplo, foi editada medida provisória, denominada "MP do contribuinte legal", disciplinando o instituto da transação em matéria tributária (MP nº 889/19).[8]

Como bem afirma Sebastião Botto de Barros Tojal:[9]

> O direito sancionador no Brasil vem experimentando, ao longo dos últimos anos, uma forte mudança de paradigmas, consubstanciada na substituição da tradicional visão de imperatividade/indisponibilidade da atuação estatal para uma lógica baseada no consenso e cooperação com os particulares, principalmente como meio de impor maior eficiência às ações estatais e obter melhores resultados com o dispêndio de menos recursos.

Com efeito, não faz sentido insistir em fórmulas comprovadamente custosas, morosas ou ineficientes. Litigar por litigar, como mandaria a tradição brasileira forjada na cultura adversarial, especialmente em relação à recuperação de ativos, somente tem o condão de assoberbar o Judiciário com processos e requerimentos cujos fins se exaurem em si mesmos, já que os índices de recuperação, isto é, o retorno efetivo aos cofres públicos, historicamente foram ínfimos ou, na melhor das hipóteses, insatisfatórios.

Ainda que, em um primeiro momento, pareça que o Estado esteja renunciando valores ao conceder descontos mediante a colaboração efetiva da pessoa jurídica, contrariando o histórico (ineficaz) de não se abrir mão de qualquer quantia, há que se lembrar que o acordo de leniência não é um fim em si mesmo[10]. Se antes os índices de recuperação mal che-

[8] A MP n. 889, de 24.07.2019, foi convertida na Lei n. 13.932, de 11.12.2019.

[9] TOJAL, Sebastião Botto de Barros. Consequências jurídicas do descumprimento do acordo de leniência pelo Estado e os mecanismos de garantia à execução contratual e de proteção à empresa colaboradora. *In:* MORAES, Alexandre de; MENDONÇA, André Luiz de Almeida (Coord.). *Democracia e sistema de justiça:* obra em homenagem aos 10 anos do Ministro Dias Toffoli no Supremo Tribunal Federal. Belo Horizonte: Fórum, 2020, p. 591.

[10] Oportuno citar Rodrigo Paiva Martins ao analisar a natureza jurídica do acordo de leniência: "Se entendido como processo, ora denominado processo administrativo de negociação do acordo de leniência, [o acordo de leniência] terá natureza jurídica de meio de obtenção de prova e, nesse aspecto, em muito se assemelha à colaboração premiada prevista no inc. I, do art. 3º, da Lei nº 12.850/2013" (MARTINS, Rodrigo Paiva. A natureza jurídica do acordo de leniência da Lei Anticorrupção. *In:* MORAES, Alexandre de; MENDONÇA, André Luiz de Almeida (Coord.). *Democracia e sistema de justiça:* obra em homenagem aos 10 anos do Ministro Dias Toffoli no Supremo Tribunal Federal. Belo Horizonte: Fórum, 2020, p. 575.)

gavam a 15%, gerando altíssimos custos para o sistema de Justiça por anos e décadas, o índice de recuperação a partir dos acordos de leniência, que podem ser celebrados em prazo contado em meses, atinge 70% ou mais e, não fosse o bastante, abrindo-se a possibilidade concreta de se buscar o restante a partir das informações e documentos obtidos por meio da colaboração efetiva.

Direcionar a atenção legislativa, os esforços institucionais e os recursos em geral – humanos, financeiros, de capacitação, etc. – para dirimir conflitos por meio de soluções conciliatórias, em especial por meio dos acordos de leniência, foi uma das mais acertadas opções que o Estado Brasileiro fez nos últimos tempos no que toca ao enfrentamento da corrupção e à recuperação de ativos.

É fundamental que esse caminho continue sendo percorrido pelas instituições de Estado, a quem cumpre buscar incessantemente fórmulas jurídicas que, em absoluta conformação com a Constituição e as leis, tragam os melhores resultados possíveis para o país, com transparência, justiça e efetividade.

Referências

MARTINS, Rodrigo Paiva. A natureza jurídica do acordo de leniência da Lei Anticorrupção. *In:* MORAES, Alexandre de; MENDONÇA, André Luiz de Almeida (Coord.). *Democracia e sistema de justiça:* obra em homenagem aos 10 anos do Ministro Dias Toffoli no Supremo Tribunal Federal. Belo Horizonte: Fórum, 2020.

MENDONÇA, André Luiz de Almeida. Bases para a compreensão sistêmica da corrupção. *In*: MORAES, Alexandre de; MENDONÇA, André Luiz de Almeida (Coord.). *Democracia e sistema de justiça:* obra em homenagem aos 10 anos do Ministro Dias Toffoli no STF. Belo Horizonte: Forum, 2020.

MENDONÇA, André Luiz de Almeida. Los critérios para la mensuración del valor del enriquecimento ilícito y perjuicios causados por actos corruptos. *In: Revista da AGU*, Brasília-DF, v. 15, n. 04, p. 65-88, out./dez. 2016.

TOJAL, Sebastião Botto de Barros. Consequências jurídicas do descumprimento do acordo de leniência pelo Estado e os mecanismos de garantia à execução contratual e de proteção à empresa colaboradora. *In:* MORAES, Alexandre de; MENDONÇA, André Luiz de Almeida (Coord.). *Democracia e sistema de justiça:* obra em homenagem aos 10 anos do Ministro Dias Toffoli no Supremo Tribunal Federal. Belo Horizonte: Fórum, 2020.

10. Corrupção, *Lobbies* e Esvaziamento da Democracia

Monica Herman Caggiano

Introdução

Este trabalho foi elaborado para apresentação no âmbito do ciclo de palestras, tendo por foco central CORRUPÇÃO: DESAFIOS E DIÁLOGOS INTERDISCIPLINARES NO CEN*ÁRIO BRASILEIRO,* realizado em meados de 2019, junto à Faculdade de Direito da USP, sob a preciosa coordenação do Prof. Fábio Ramazzini Bechara. Em verdade, é lugar comum retomar o tema corrupção a cada início de período eleitoral, por ocasião desses momentos em que a atividade dos *lobbies* se amplifica e a ação destinada ao *"fund raising"* se acelera, adotando tons mais agressivos. É que nestes períodos a aproximação da competição eleitoral transforma partidos políticos e candidatos em espaços permeáveis à ação corrosiva dos *lobbies,* dos grupos de pressão, das potencias econômicas e, em geral, de interesses individuais e individualísticos.

Em cenário brasileiro o tema suscita maiores preocupações e demanda uma análise mais profunda e detalhada. Para tanto, não basta apenas examinar uma multifária e vasta produção literária – nos últimos anos – sobre corrupção, *compliance* e o bom governo, como ainda a atuação da imprensa que, todos os dias, traz matérias específicas tratando desses assuntos. Um dos recentes artigos publicados retrata "a piora no ranking de corrupção"[1], com base no relatório publicado em janeiro de 2020 pela Transparência Internacional **(TI)**, onde se percebe que o Brasil caiu mais um ponto em

[1] O Estado de S. Paulo, edição de 23.01.2020, pag. A8.

matéria de percepção de corrupção **(IPC)**, passando da posição 105 **(2018)** a 106 **(2019)**. Na realidade, este estudo confeccionado anualmente pela Transparência Internacional, envolvendo 180 países, nunca inseriu o Brasil entre nas melhores colocações. Porém, nunca em lugar tão distante.

No entanto, convém registrar que a **corrupção** não pode ser entendida como um estigma peculiar e particular ao campo do financiamento político-partidário-eleitoral. E, portanto, aí não pode vir a ser isolada como fenômeno exclusivo. Em verdade, como já assinalado em outros trabalhos[2], vem ela acompanhando a própria evolução do mundo. A Bíblia Sagrada não a ignorava, apresentando-se de elevada sensibilidade a passagem que recomenda: "Não receberás dádiva, porque a dádiva cega aos que a vêm e perverte as palavras justas." **(Êxodo, XXIII - 8)**.

E hoje, vê-se o mundo abalado por um **processo de corrupção globalizado**, notadamente, em razão da acelerada linha de integração do comércio e dos mercados financeiros, fatores de elevada ingerência e produtores de corrupção, fato a impor aos analistas posturas inovadoras, na busca de instrumentos mais adequados ao seu combate, agora, em nível internacional.[3]

Pois bem, espelhando essa preocupação, em espectro internacional, o conhecido e já citado **Índice de Percepções da Corrupção (IPC)**, uma iniciativa da Universidade de Göttingen e que foi adotado pela **Transparência Internacional (TI)**, uma ONG com sede em Berlim e que tem por meta a erradicação do fenômeno no mundo. Nesse propósito e com uma atuação de bastante evidência, essa entidade elabora e publica periodicamente o *ranking* dos países em matéria de corrupção, com base exatamente no **IPC,** ou seja, no grau perceptível de corrupção. Em julho/2001, divulgado o índice, a Nigéria encabeçava a lista dos mais corruptos e o Brasil ocupava a 46ª. posição, situação que restou alterada, apontando-se como os cinco piores a Venezuela, Iêmen, Síria, Sudão do Sul e Somália. Mas em todo caso, a África Subsaariana continuou com o pior resultado.

Impende, pois, uma breve incursão na análise intrínseca do próprio fenômeno corrupção, seus tipos, o seu funcionamento.

[2] Ver a respeito o nosso "Legalidade, Legitimidade e Corrupção em Campanhas Eleitorais", *in Cadernos Liberais*, São Paulo, CEPS, Série Alfabética.

[3] SCHÖNBOHM, Horst, *in La Corrupción en el derecho comparado*, Argentina, Konrad Adenauer Stiftung e.V.

1. Corrupção: conceito e tipos.

Nesse escaninho, a primeira dificuldade enfrentada pelo pesquisador é pertinente ao **delineamento de um conceito preciso de corrupção**. Como definir este fenômeno – indaga-se – já que noções com as quais mantém evidente vizinhança e que o complementam, a exemplo de concussão, tráfico de influência, prevaricação, propina, improbidade etc. reivindicam, sistematicamente, sua individualidade e originalidade. Demais disso a conotação difusa do termo e penosidade da tarefa interferem negativamente na busca de se indicar um tratamento terapêutico adequado a obter respostas satisfatórias. Assim, poderíamos anotar que o termo **corrupção indica quaisquer ações praticadas de forma camuflada, a partir de uma zona de penumbra, à margem das linhas comportamentais norteadas pela lei e pela moral**, sempre com vistas à obtenção de vantagens individuais ou em prol de um grupo, intangíveis pelas vias ordinárias.

De fato, verificando o verbete no Dicionário Aurélio: "**corrupção – (do lat. *corruptione*)** – S. f. 1. Ato ou efeito de corromper, decomposição, putrefação. 2. Devassidão, depravação, perversão. 3. Suborno, peita.[4]

Similar a esse conceito, as definições contidas no *Black's Law Dictionary*, *in verbis*:

> ***Corrupt*** *– Spoiled; tainted; vitiated; depraved; debassed; moraly degenerate. As used as a verb, to change ones morals and principles from good to bad.*
>
> ***Corruption*** *– An act done with an intend to give some advantage inconsistent with official duty and the rights of others. The act of an official or fiduciary person who unlawfully and wrongfully uses his station or character to procure some benefit for himself or for another person, contrary to duty and the rights of others. See Bribe; Extortion.*[5]

Nessa trilha, ainda, a observação de PHILIPPE ARDANT, no sentido de alinhar à ideia de corrupção "as situações e os meios de pressão ilícita e oculta utilizados para a obtenção de resultados que os procedimentos legais não garantam"[6].

[4] FERREIRA, Aurélio Buarque de Holanda. *Novo Dicionário da Língua Portuguesa*, 2ª ed., Rio de Janeiro: Editora Nova Fronteira, p. 486

[5] BLACK, Henry Campbell, M. A., *Black's Law Dictionary*. St. Paul Mn, EUA: West Publishing Co. 1990, p. 345.

[6] ARDANT, Philippe. La Corruption, *in Pouvoirs*. n. 31, Paris: PUF, 1984.

A seu turno, MANOEL GONÇALVES FERREIRA FILHO, em palestras proferidas sobre o tema, associa o sentido genérico do elemento corrupção a "tudo o que for condenável", frisando o sentido metafórico do vocábulo – "a podridão interna de um fruto que vez ou outra arrebenta". E mais, identifica uma diferenciada percepção da corrupção, dependendo da época, da civilização de classe para classe em cada sociedade. Esta peculiar perspectiva vem detectada também por GLAUCO COSTA LEITE, que publicou sua alongada pesquisa[7].

Forçoso, portanto, reconhecer a presença da corrupção em todos os escaninhos que a vasta teia de relações sociais desvenda. Sob nuanças e coloridos diferenciados, o fenômeno atua nos mais variados setores da atividade humana, tanto no campo empresarial, como no político; em esfera pública e na privada. Esta evidente flexibilidade do elemento corrupção – com o seu potencial mutante – lhe assegura aclimatação a distintas situações, conduzindo a uma vasta possibilidade classificatória, na conformidade com as suas múltiplas manifestações e atendendo às diferentes perspectivas do analista.

Assim é que, num primeiro plano, é viável apresentar uma classificação partindo do **critério do *lócus* que a acolhe**, onde se identifica:

a) a corrupção praticada no âmbito governamental e
b) a corrupção que se opera na área privada.

No que toca a **primeira das categorias**, pouco há que se alinhavar, refletindo tal modalidade condutas que, em menor ou maior grau, se apresentam contrárias às boas práticas governamentais, as quais devem perseguir metas de interesse público. Alberga esta categoria situações a envolver servidores públicos atuando em proveito próprio, de seus amigos ou familiares, ensejando a incidência de figuras penais **(crimes funcionais, a improbidade administrativa)** ou ilícitos administrativos. Nesse escaninho, posiciona-se, por evidente, a atuação dos administradores públicos **(agentes políticos)**, atuação acobertada pela aparência de legalidade; **adentra-se nos domínios do desvio do poder, do abuso do poder** a conter atos, muitas vezes formalizados por lei, os quais, todavia, estampam a intenção de alcançar interesses estranhos aos fins públicos.

[7] LEITE, Glauco Costa. *Corrupção Política*. Belo Horizonte: Del Rey, 2016, p.10.

De maior interesse, no entanto, afigura-se a **segunda das hipóteses apresentadas: a corrupção praticada a partir da esfera privada, não governamental**. Isto porque essa categoria detém efeito infiltrante, podendo contaminar o setor público, comportando, pois, desdobramentos a demandar maior atenção. Assim, nesses domínios depara-se o analista com a **corrupção bi-setorial**, a abarcar figuras como: o suborno a burocratas, o suborno do Judiciário, o suborno de políticos[8].

Sob a ótica da intensidade do mecanismo utilizado para produzir corrupção, MANOEL GONÇALVES FERREIRA FILHO destaca: **o suborno, o favorecimento** e **o solapamento**.

Nova possibilidade classificatória é vislumbrada se o enfoque da análise fixar **a qualidade dos efeitos produzidos por força de ação corruptora**. É que, as consequências, via de regra nocivas e prejudiciais ao corpo social, por vezes, podem assumir contornos favoráveis e vetoriais do desenvolvimento.

Nessa linha, inovadores e, de certa forma, corajosos os registros de OSTERFELD[9] no sentido de acoplar **o rótulo de benéfica à corrupção** praticada, por exemplo, pelos ambulantes para obter a respectiva licença em países onde o mercado de trabalho se apresenta deficitário e, portanto, conta com elevados índices de desemprego. Nessa condição, o ato marginal conduziria a resultados benéficos, positivos, concorrendo, inclusive, para uma reorientação normativa, no sentido de adequar o quadro normativo à realidade social. Daí a distinção idealizada entre a corrupção de:

a) resultados positivos;
b) resultados nocivos.

Aliás, aplicado referido critério ao campo do **suborno de políticos**, alcançar-se-ia, ainda na visão de OSTERFELD,

a) a corrupção de caráter expansivo e
b) a de caráter restritivo[10].

[8] Ver nesse sentido, OSTERFELD, David. Corrupción y Desarrollo, *in Contribuciones*, 2/99, ano IX, n. 2 (34), publicação trimestral da Konrad Adenauer Stiftung, Buenos Aires, p. 163.
[9] OSTERFELD, David. Corrupción y Desarrollo, *in Contribuciones*, 2/99, ano IX, n. 2 (34), publicação trimestral da Konrad Adenauer Stiftung, Buenos Aires, p. 163.
[10] OSTERFELD, David. Corrupción y Desarrollo, *in Contribuciones*, 2/99, ano IX, n. 2 (34), publicação trimestral da Konrad Adenauer Stiftung, Buenos Aires, p. 174.

A primeira corresponderia a uma atuação que, conquanto afastada do quadro legal, concorreria de forma a estimular o desenvolvimento, como elemento de incentivo a remodelações de cunho legislativo e acomodações às exigências de um novo quadro econômico e social. Sensível à ideia apresenta-se o entendimento de JEANNE BECQUART-LECLERCQ, em estudo que aborda os *"Paradoxes de la Corruption Politique"* e onde anota, a título de justificativa funcional da expansão das práticas de corrupção, o seu efeito de "óleo lubrificante da engrenagem".[11] Isto porque a sua dinâmica autoriza, não raras vezes, uma participação direta na esfera do poder e, de outra parte, agilizando o oferecimento de respostas governamentais mais céleres e consentâneas com as expectativas sociais, contribuirá para o atingimento de índices mais elevados de eficiência administrativa. **A segunda, a corrupção restritiva**, ao invés, contraria as liberdades públicas, obsta o progresso e reduz o crescimento social, atuando, destarte, de forma prejudicial e de inequívocos efeitos negativos.

Na esteira das múltiplas possibilidades classificatórias que o fenômeno corrupção autoriza, oferece BECQUART-LECLERCQ uma interessante visão classificatória do fenômeno corrupção, a partir **do critério funcional**:

a) a corrupção atuando na consolidação de uma rede de relacionamentos a assegurar à sociedade civil o acesso, muitas vezes bloqueado, ao mundo das decisões políticas; uma rede de relações "de atuação discreta e sigilosa a franquear as fronteiras da legitimidade, senão da própria legalidade";

b) a corrupção operando uma ilegal e irregular redistribuição de recursos públicos, por via paralela, contemplando grupos que, por meios legais, estariam excluídos. Nesse escaninho situam-se as contribuições reservadas a partidos políticos de sustentação governamental por entidades que firmam contratos com os governos. Essa específica modalidade, de fato, é amplamente detectada no cenário internacional, onde inúmeros são os casos registrados pela literatura especializada, pela imprensa e pela mídia;[12]

[11] BECQUART-LECLERCQ, Jeanne. Paradoxes de la Corruption Politique. *in Pouvoirs*, n. 31, Paris: PUF, 1984, p. 19. Aliás, é interessante a expressão em francês: *l'huile dans les rouages*, utilizada pela autora.

[12] Nesse nicho situam-se os casos do Chanceler germânico Helmut Kohl, do governo socialista espanhol de Felipe Gonzáles e o francês de François Mitterrand (nota n. 3); em terreno

c) a corrupção atuando como **"cimento"** a fortalecer a solidariedade, tanto entre as elites políticas e econômicas, como, ainda, entre partidos políticos, atuação que, em geral, implica na possibilidade de, por exemplo, utilizar a máquina estatal para campanhas político-eleitorais. Nessa esfera, ainda, a tradicional obrigação dos servidores públicos **(notadamente daqueles que ocupam cargos de confiança, em comissão)** de reverter em favor do partido vencedor do pleito uma porcentagem de seus vencimentos, prática que nos Estados Unidos se tornou famosa com o *"2% Club"* do Estado de Indiana, que impunha a todo trabalhador/empregado a contribuição, em forma de taxa, para o maior partido local e aos funcionários públicos contribuição similar para o partido situacionista.[13]

2. Corrupção e Anomia

Parece-nos relevante, a esse passo, uma reflexão acerca da possibilidade de irrupção de condutas corruptoras em ambientes desestruturados, marcados por processos de erosão da lei e da ordem. Esse, todavia, corresponde ao **estado de anomia**, caracterizado pela ausência de normas, ou melhor, pela perda de eficácia da ordem jurídica, cujos efeitos são discutidos por DAHRENDORF no clássico "A Lei e a Ordem"[14]. Em verdade, a ideia de anomia a designar o estágio de um Estado em deterioração, caracterizado pela inobservância da ordem jurídica, pela impunidade, enfim, por profunda crise a perturbar a sociedade, foi introduzida por DURKHEIM, no célebre *"Suicide"*[15]. Encontrou, contudo, na obra de DAHRENDORF uma das mais aprimoradas análises, sob a ótica liberal.

O diagnóstico de **anomia** a atingir uma determinada sociedade, porém, implica na falta de um quadro normativo que tenha assegurada a implementação de sua eficácia. Deriva, assim, de uma ruptura na estrutura social e produz o afastamento entre a norma posta e o grupo social, aniquilando aquela. **Nesse panorama, destarte, não há que se falar em corrupção.**

brasileiro, doméstico, encontramos os episódios a envolver várias Comissões Processantes de Inquérito (CPI's) em nível municipal, a exemplo do caso do lixo em São Paulo.

[13] cf. BECQUART-LECLERCQ, Jeanne. Paradoxes de la Corruption Politique. *in Pouvoirs*, n. 31, Paris: PUF, 1984, p. 24.

[14] DAHRENDORF, Ralf. A Lei e a Ordem.

[15] DURKHEIM, Emile. *Suicide*. Glencoe, Illinois: Free Press, 1951.

Esta implica no reconhecimento da existência de uma ordem legal, orientada por valores culturais e, à margem dessa ordem, uma outra, paralela, meramente operacional.

Forçoso convir, porém, que **o fenômeno da corrupção, quando elevado a potências máximas, poderá conduzir à anomia, uma plataforma de deterioração total**; atingido esse momento – qualificado pelo vazio de normas coercitivas – a corrupção perde sua função e linha operativa. Não há mais razão para o acionamento deste conceito. E, na qualidade de fenômeno da patologia política e econômica, nesse quadro de deterioração, atos – que em situações de normalidade seriam rotulados de corrupção – acabam igualando-se e nivelando-se ao próprio clima degenerativo, de anomia, ali instalado.

3. *Lobbies* e seu *modus-operandi*

Os *lobbies* consistem em agentes preparados em produzir influência. Na linguagem de hoje, seriam os "*influencers*" do cenário político. O seu objetivo, atuando, por pressão, sobre partidos, candidatos e políticos detentores de mandato eletivo, será sempre alcançar algum benefício pessoal, uma benesse para si ou para o grupo que representa. Por agir a partir dos bastidores e de forma camuflada, correspondem a atores coadjuvantes de elevado risco para a saúde da democracia. Isto porque não há que se falar em *lobbies* em ambientes totalitários; e nos territórios autoritários reduzida se oferece sua capacidade de ingerência.

Com efeito, os *lobbies* comparecem em cena política como uma das principais fontes primárias de corrupção. Conduzidos com elevada e avançada tecnologia, os *lobbies*, por intermédio dos lobistas, penetram na esfera da tomada das decisões políticas distorcendo a realidade e a perspectiva das prioridades. A decisão política, ao invés de buscar o atingimento do interesse da comunidade social, visará tão só e exclusivamente atender às pretensões do grupo que produz a pressão.

A relevância da ação perversa para a democracia foi detectada e examinada pela doutrina, pelo legislador e pelo judiciário. Muitos foram os seminários, congressos, livros científicos e teses abordando o tema e das mais variadas espécies as soluções, bem assim os instrumentos de combate engendrados. No Brasil, no entanto, pouco se avançou. Única medida concreta consiste em iniciativa legislativa datada de 1984[16] – do século passado portanto.

Merece realce o tratamento com que a matéria foi contemplada no panorama norte-americano, onde, já desde 1938, o governo se preocupa com a visualização dos *Lobbies*. Na condição de melhor antídoto, de molde a respeitar as exigências da transparência, foi vislumbrada sua regulamentação. Destarte, nos EUA, foram editados: o *Foreign Agency Regulation Act* (1938) e, posteriormente, o *Federal Regulation of Lobbying Act* (1946). Outros Estados, a exemplo de Columbia, de sua parte, vem editando normas até mais severas.

De outra parte, restou construída uma verdadeira doutrina girando em torno dos *lobbies*. Neste sentido, Gianfranco Pasquino apresenta até uma classificação, tomando por critério o operacional. Na sua visão, a pressão é produzida por quatro diferentes grupos alojados na comunidade social:

a) Grupos de interesse anômicos → atuam por via de articulação anômica para sensibilizar e chamar a atenção dos detentores do poder para interesses particulares; lançam mão dos mais diferentes manobras e ações para o atingimento do seu objetivo;

b) Grupos de interesse de cunho não associativo → de fundo familiar, religioso ou étnico;

c) Grupos de interesse de perfil institucional (dotados de persistência e estabilidade) → os organizados na defesa de interesses e para a tutela de prerrogativas e privilégios de uma instituição;

d) Grupos de interesse de cunho associativo → representam interesses particulares e empregam profissionais, especialistas, para a sua promoção.

De fato, os *lobbies*, qualquer que seja o grupo a que pertencem, atuam – exercendo ingerência – a partir da penumbra. Sempre sob a direção de *managers*, profissionais altamente especializados e eficientes. As políticas

[16] Trata-se do projeto de lei n. 25, de autoria do ex-senador Marco Maciel. Hoje, ainda por influência de Marco Maciel, o Regimento Interno da Câmara dos Deputados insere no seu bojo todo um capítulo destinado a exigir o credenciamento dos grupos e/ou associações que atuem junto àquele órgão legislativo e regulamenta a participação da sociedade civil. Ver nesse sentido HERMAN-CAGGIANO, Monica, Oposição na Política, Angelotti, São Paulo, 1995, p. 92.

públicas desenvolvidas passam a ser direcionadas a interesses particulares, ignorando a sociedade e as suas necessidades mais prementes. Por isto passam a ser considerados como **fator sinistro, corrosivo da democracia representativa.**

Conclusões

A democracia, de certo, revela um regime político sensível e exigente. Impõe a todos observância e respeito às instituições. Requer transparência. Requer credibilidade, elemento que, na verdade, constitui o ponto mais vulnerável das tensões que hoje se verificam entre governo e governados. Exige a presença de confiança a legitimar esta delicada relação. Não admite "que sinais de rompimento da ética aconteçam em boa quadra democrática", ressalta Cláudio Lembo[17].

Todavia há **os problemas advindos do campo da patologia institucional**, a exemplo de **atos de corrupção**[18] – quer no patamar governamental, quer no partidário – os **golpes de estado** cada vez mais frequentes; **revisões constitucionais que apontam retrocessos**, a exemplo do caso da Hungria que, em 1º de janeiro de 2012, apresentou ao mundo uma nova Constituição introduzindo medidas de natureza extremamente autoritárias, e, mais recentemente, a pretensão de Evo Morales de se perpetuar no poder, na Bolívia, ocasionando grave crise política e sua deposição; **redução da alternância**, mediante permissividade de sucessivas reeleições dos chefes do Executivo. Enfim, todo um arsenal de provocações à delicada modelagem democrática[19].

[17] LEMBO, Cláudio. *Eles temem a liberdade*. Barueri/SP: Manole, CEPES, 2006. p. 7.

[18] Interessante neste peculiar campo a vagarosa e tímida posição da Justiça brasileira no combate à corrupção. Os números impressionam. Recente levantamento que a revista Veja (ed. de 24.04.2013) realizou, a partir de dados do Conselho Nacional de Justiça, aponta que 2.918 processos tratando de crimes de corrupção, lavagem de dinheiro e improbidade administrativa prescreveram – sem apreciação – no período de 2010 a 2011. 98,5% deste total de ações prescritas foi detectado nos Estados de Maranhão e Roraima. O restante foi constatado na soma das ocorrências em outros sete Estados, dentre os quais comparece Goiás e São Paulo. Em 2012 foram apenas 205 decisões condenatórias definitivas atingindo acusados deste tipo de crime.

[19] Neste segmento oportuno o registro de **casos de corrupção em atmosferas do denominado 1º mundo**, como a Alemanha, que já vivenciou o episódio do chanceler Helmut Kohl, afastado por autorizar pagamentos por parte de empreiteiras a seu partido com vistas

A democracia, no entanto, sofreu outros abalos ao longo dos séculos e se manteve sem graves retoques. É que, já observava Tocqueville, a democracia se apresenta aos olhos do analista mais frágil do que, realmente, a potência concebida na sua configuração lhe assegura. Pode conviver com um clima de confusão política; pode parecer exaurido o modelo; poderíamos, talvez, visualizar um estágio de ruptura democrática. Contudo, conta a democracia com instrumentos a lhe respaldar o rejuvenescimento e, mais que isto o fortalecimento.

Detêm a democracia fortes elementos para sua acomodação a novos tempos. "Suporta situações agudas", afirma ainda Lembo[20]. Dotada de instituições fortes, estáveis e respeitadas, respaldada pelo paradigma do estado de direito, a democracia se consolida a partir, exatamente, da ideia da possibilidade de mudança da força política detentora do poder. Consagra-se a democracia pela firme e forte estrutura que a fundamenta, flexibilizando-lhe mutações e processos regenerativos.

Referências

ARDANT, Philippe. La Corruption. In: *Pouvoirs*. Paris: PUF, n. 31, 1984.

BECQUART-LECLERCQ, Jeanne. Paradoxes de la Corruption Politique. In: *Pouvoirs*. Paris: PUF, n. 31, 1984, pp. 19-36.

BLACK, Henry Campbell, M. A. *Black's Law Dictionary*. St. Paul Mn, EUA: West Publishing Co., 1990.

DAHRENDORF, Ralf. *A Lei e a Ordem*.

DURKHEIM, Emile. *Suicide*. Glencoe, Illinois: Free Press, 1951.

FERREIRA, Aurélio Buarque de Holanda. *Novo Dicionário da Língua Portuguesa*. 2a ed., Rio de Janeiro: Editora Nova Fronteira.

a financiar eleições e, mais recentemente, o escândalo financeiro que levou à renúncia do Presidente, Christian Wulff, em fevereiro de 2012. O panorama doméstico, brasileiro, a seu turno, ofereceu ao mundo um espetáculo todo especial com o julgamento televisionado do caso conhecido como *Mensalão*, envolvendo o aprovisionamento ilícito de recursos financeiros, por parte do Partido dos Trabalhadores (PT), para enfrentar as eleições municipais de 2004 e as gerais de 2006. O julgamento, culminando com a penalização de relevantes figuras desta agremiação, processou-se por intermédio da Ação Penal nº 470 em curso perante o S.T.F. Ainda nesta linha, a "operação Lava-Jato", ainda em funcionamento. E em todos estes casos, em comum a fonte inicializante: o lobby de empreiteiras.

[20] Id. *Visões do cotidiano*. Barueri/SP: Manole; CEPES, 2012. p. 96.

HERMAN-CAGGIANO, Monica. Legalidade, Legitimidade e Corrupção em Campanhas Eleitorais. In: *Cadernos Liberais*. São Paulo: CEPS, Série Alfabética.

HERMAN-CAGGIANO, Monica. *Oposição na Política*. São Paulo: Angelotti, 1995.

LEITE, Glauco Costa. *Corrupção Política*. Belo Horizonte: Del Rey, 2016.

LEMBO, Cláudio. *Eles temem a liberdade*. Barueri/SP: Manole; CEPES, 2006.

LEMBO, Cláudio. *Visões do cotidiano*. Barueri/SP: Manole; CEPES, 2012.

OSTERFELD, David. Corrupción y Desarrollo. In: *Contribuciones*, 2/99, ano IX, n. 2 (34), publicação trimestral da Konrad Adenauer Stiftung, Buenos Aires.

SCHÖNBOHM, Horst. *La Corrupción en el derecho comparado*. Argentina: Konrad Adenauer Stiftung e.V.

11. Grupos Organizados, Corrupção e Anticorrupção no Brasil

Daniel Marcelino
Fernando Mello

Introdução

No senso comum, a relação entre *lobby* e corrupção é vista muitas vezes como muito próxima. Mais do que isso, quando nos deparamos com descrições na imprensa ou investigações recentes como a Operação Lava Jato ou Zelotes lobistas são constantemente apresentados como operadores de esquemas corruptos.

O histórico tem algum fundamento real – a partir de descrições anedóticas e não padrões estatísticos com clara identificação causal. Pegue-se o exemplo de Artie Samish, que atuou na Califórnia nas décadas de 1930 e 1940. Representante dos setores de bebidas, cigarros, filmes, rodovias, bancos, empresas químicas e até empresários de corridas de cavalo, Samish teve um poder que nenhum outro profissional do ramo alcançou[1].

Samish fez carreira em vários setores no governo da Califórnia, entre eles na receita Estadual, onde aprendeu a coletar impostos e a lidar com políticos. Tornou-se lobista e um dos mais influentes homens do Estado, chamando a atenção por seu chapéu de palha, largos charutos e sua barriga protuberante. Durante décadas, teve a capacidade de eleger políticos ou substituí-los nas eleições, direcionando grandes quantidades de dinheiro

[1] ROSENTHAL, A. *The Third House*: Lobbyists and Lobbying in the States. Washington: CQ Press, 2000.

para campanhas de adversários. Por sinal, há descrições segundo as quais parte desse dinheiro era transportado em malas (uma imagem não muito incomum para os brasileiros).

Com seus 1,88 metros e 140 quilos, dizia ser capaz de entender instantaneamente se um político precisava de "uma batata assada, uma garota ou dinheiro"[2]. Samish ficou famoso em 1949, depois que topou ser perfilado para uma influente revista. Durante a entrevista, afirmou ao repórter: "Eu sou o governador do Legislativo, que se dane o governador da Califórnia". A capa daquela reportagem, o colocou sob os holofotes – e, no fim das contas, acabou com sua carreira, o que incluiu alguns anos na prisão. Na capa, disponível no google imagens, Samish aparece sentado com um boneco em seu colo, chamado pelos editores da publicação de Sr. Legislativo. A metáfora não é muito elaborada. O lobista era quem comandava os políticos, como os ventríloquos controlavam bonecos como o Sr. Legislativo.

Certamente no Brasil do século 21 ainda existem profissionais como o Sr. Legislativo. Mas a realidade das relações entre governos e empresas está longe de ser definida apenas por esses casos. O objetivo deste capítulo é olhar para dados descritivos da movimentação de grupos de interesse no Brasil e conectar esses dados com a literatura sobre o assunto.

1. A regulamentação do lobby no Brasil

O *lobby* pode ser definido como

> o processo por meio do qual representantes de grupos de interesses, agindo como intermediários, levam ao conhecimento dos legisladores ou dos decision-makers os desejos de seus grupos. *Lobbying* é, portanto, e sobretudo uma transmissão de mensagens do grupo de pressão aos decision-makers por meio de representantes especializados[3].

[2] Para saber mais: RASMUSSEN, Cecilia. "Lobbyist's ego led to downfall, prison". *Los Angeles Times*, Los Angeles, 3 fev. 2008. Disponível em: <http://www.articles.latimes.com/2008/feb/03/local/me-then3>. Acesso em 30 ago. 2017.

[3] BOBBIO, N.; MATTEUCCI, N.; PASQUINO, G. *Dicionário de política*. Brasília: UnB, 2004.

Para Galvão[4], grupo de interesse é um conjunto organizado de pessoas que tem seu foco voltado mais para a atuação coletiva, representando tanto objetivos compatíveis com o seu escopo, caso este seja bem específico, quanto os interesses da sociedade como um todo. Os Grupos de Interesse não buscam influenciar políticas públicas ou mesmo participar do processo legislativo. Grupos de Pressão, por sua vez, são compostos por um conjunto organizado de pessoas com interesses específicos e comuns que buscam influenciar políticas públicas.

O primeiro projeto de regulamentação do *lobby*, do então deputado federal Marco Maciel, foi apresentado em 1977-1978, quando ele era o Presidente da Câmara dos Deputados. O deputado liderou um processo de reforma do Regimento Interno da casa para o credenciamento das assessorias parlamentares de ministérios, órgãos da Administração Pública federal indireta, entre outras instituições civis[5].

Após ser eleito senador, Maciel apresentou o Projeto de Lei nº 25 em 1984, que previa a regulamentação do credenciamento de pessoas físicas e jurídicas que buscavam influenciar o processo decisório no âmbito do Poder Legislativo. O texto foi apresentado novamente em 1989, oportunidade na qual foi aprovado pelo Senado em 1990, mas nunca foi apreciado pela Câmara.

O mais recente texto foi proposto pelo Deputado Carlos Zarattini (PT-SP). Ele foi aprovado no final do ano de 2016 na Comissão de Constituição de Justiça da Câmara dos Deputados, mas a versão aprovada é o terceiro substitutivo apresentado pela relatora, ex-deputada Cristiane Brasil (PTB-RJ), após negociações com vários partidos e entidades que representam o setor de lobby. A proposta aprovada na CCJ define a atividade como "representação de interesses nas relações governamentais". Em entrevista recente, disse a então deputada:

> Quando na verdade a defesa do interesse é um direito constitucional, que está lá no artigo dos direitos fundamentais para que todo e qualquer cidadão tenha o direito garantido constitucional de diante do poder público defender seus interesses. E com essa demonização de toda relação nós temos a

[4] GALVÃO, E. R. *Fundamentos de relações governamentais*. Brasília: Clube de Autores, 2016.

[5] SANTOS, L. A. D. *Regulamentação das atividades de lobby e seu impacto sobre as relações entre políticos, burocratas e grupos de interesse no ciclo de políticas públicas*: análise comparativa dos Estados Unidos e Brasil. Tese (Doutorado em Ciências Sociais). Universidade de Brasília, 2007.

> necessidade urgente de dizer como se faz uma relação entre público e privado que não seja operação de propina e sim defesa de interesses.[6]

De acordo com Jobim e Souza[7], o exercício da atividade do *lobby* é regulado indiretamente por dispositivos da Constituição Federal, como o da liberdade de associação, reunião, representação coletiva, direitos de obter informações de órgãos públicos e o de petição, além dos princípios de liberdade de expressão e pluralismo político; além de regulamentos internos e Códigos de Ética da Câmara dos Deputados e do Senado. No entanto, esta regulamentação existente ainda é insuficiente. Isso resulta na existência de margem para que práticas ilegais e desvios de finalidade possam ocorrer sem maiores supervisões.

2. Capitalismo de laços e grupos de interesse

Segundo Seligman, Lazzarini e Melo[8], a tradição do capitalismo de laços é buscar propostas "ganha-ganha", com a sociedade ficando de fora: ganha a empresa, com benefícios fiscais, crédito ou proteção setorial, e ganha o político, com mais apoio para seu grupo e os mais diversos benefícios pessoais. Mas, a verdadeira transformação requer que as empresas, na relação com o Estado, mostrem com clareza o que a sociedade pode efetivamente ganhar com suas propostas.

Os autores propõem que as relações governamentais realmente responsáveis devem se pautar pelo "ganha-ganha-ganha": a empresa estimula adoção de políticas que aumentem sua produtividade e crescimento sustentável; o político aumenta sua reputação ao impulsionar projetos transformadores; e a sociedade se beneficia de ações público-privadas

[6] SOTERO, P. "Às claras: Projeto faz estudo comparado sobre lobby no Brasil, EUA e América Latina". *JOTA*, 17 fev. 2016. Disponível em: <https://jota.info/especiais/as-claras-projeto-faz-estudo-comparado-sobre-lobby-no-brasil-eua-e-america-latina-17022016>. Acesso em 4 de maio de 2020.

[7] JOBIM, Nelson, SOUZA, Luciano Inácio de. "A regulamentação do lobby: análise comparada entre América Latina, Brasil e Estados Unidos". In SELIGMAN, M., MELLO, F. *Lobby desvendado* – Democracia, políticas públicas e corrupção no Brasil contemporâneo. São Paulo: Record, 2018.

[8] SELIGMAN, M., MELLO, F. *Lobby desvendado* – Democracia, políticas públicas e corrupção no Brasil contemporâneo. São Paulo: Record, 2018.

tendo seus impostos gastos com mais critério e maior efetividade, evitando impactos negativos e, preferencialmente, criando efeito socioambiental positivo.

Desde 2017, o Congresso Nacional tem demonstrado interesse em pautar o tema do *lobby*, mas algumas oportunidades parecem ter sido perdidas. Segundo pesquisas de opinião com parlamentares conduzidas pelo JOTA, há um apoio para a regulamentação da atividade, variando mês a mês – apoio, diga-se de passagem, comum entre partidos de oposição e situação, de esquerda e da direita. Em fevereiro de 2017, por exemplo, 65% dos deputados apoiavam a regulamentação do *lobby*. Em julho de 2016, o apoio estava em 57%. Uma constante em todas as pesquisas foi que um número irrelevante de parlamentares disse não saber ou não quiseram responder aos questionários. Ou seja, o assunto sempre esteve no radar dos deputados.

Porém, apesar de pronto para votação, o tema nunca foi colocado em pauta. No começo de 2020, de acordo com o algoritmo preditivo criado pelo JOTA, as chances de aprovação do projeto de lei que regulamenta o *lobby* não passavam de 2%.

3. Grupos de interesse e democracias

Grupos de influência fazem parte das democracias modernas. Mais do que isso, o tema é cada vez mais estudado e ganha relevância. Nos Estados Unidos, por exemplo, um livro recentemente publicado pela cientista política Sarah Anzia[9] recebeu diversos prêmios por mostrar a influência de grupos de pressão na escolha inclusive do período eleitoral de cidades e Estados. A autora mostra que eleições *off-cycle* dos estados (quando não há eleição concomitante para presidente) costumam ter menos participação.

Por isso mesmo, grupos de interesse como sindicatos de professores e trabalhadores municipais se esforçam para que as eleições locais sejam feitas em anos diferentes das presidenciais. Nesses casos, a questão é puramente matemática. Como há menos gente votando, a influência desses

[9] ANZIA, S. F. *Timing and Turnout*: How Off-Cycle Elections Favor Organized Groups. Chicago: University of Chicago Press, 2014.

grupos organizados nas urnas tende a ser maior e eles podem exercer um controle maior sobre políticos eleitos.

Um outro exemplo é a conhecida Escola de Partidos da UCLA (Universidade da Califórnia). Um grupo de acadêmicos aponta como grupos de pressão são fundamentais nos partidos políticos nos EUA. Primeiro, os eleitores comuns não prestam muita atenção nas primárias. Por isso, o argumento desses acadêmicos[10] é de que os principais atores nas nomeações de candidatos são grupos de interesse, lobistas e ativistas.

Olhar para a democracia é também olhar para diferentes grupos de interesse. Estudar o papel de grupos organizados é cada vez mais importante para democracias e políticas públicas. É o que dois dos mais influentes cientistas políticos dos Estados Unidos, Christopher H. Achen e Larry M. Bartels, chamam de democracia para realistas. Estudar de forma rigorosa e sem preconceito é o objetivo deste livro. *Lobby* não é sinônimo de corrupção. *Lobby* não é sinônimo de boas políticas públicas. Só que, como pretendemos demonstrar, grupos de influência podem, sim, ter efeitos importantes (positivos ou negativos) nos governos de turno.

4. Grupos organizados e anticorrupção

O cenário brasileiro é uma boa oportunidade para testar se os políticos votam em leis anticorrupção respondendo a eleitores ou grupos organizados, porque nos últimos anos houve uma combinação de protestos, *lobby* e mudanças profundas na legislação. Por exemplo, o Senado aprovou a Lei nº 12.846, conhecida como Lei Anticorrupção, em julho de 2013, um mês após uma série de grandes protestos eclodirem no Brasil. Os protestos de 2013 foram manifestações públicas em várias cidades brasileiras, iniciadas principalmente pelo Movimento Passe Livre, uma organização de esquerda que defende o transporte público gratuito. Rapidamente, os protestos foram dominados por uma multidão completamente diferente para incluir outras questões, como a corrupção.

[10] BAWN, K.; COHEN, M. Karol, D.; MASKET, S.; NOEL, H.; ZALLER, J. "A Theory of Political Parties: Groups, Policy Demands and Nominations in American Politics". *Perspectives on Politics*, v. 10, n. 3, p. 571–597, 2012.

"Se o povo não pressionasse, talvez a aprovação dessas leis fosse lenta, e isso seria prejudicial para o país. Na época da efervescência, a classe política percebeu que havia muita insatisfação e era sensível", já afirmou um ex-presidente da Associação de Procuradores Federais.

A legislação de 2013 foi o mais recente de uma série de importantes leis anticorrupção promulgadas desde o final dos anos 90, cujo impacto coletivo tem sido o de aumentar a transparência e enfraquecer a proteção dos políticos contra as acusações de corrupção. Antes disso, em 2001, uma mudança constitucional permitiu que políticos federais fossem investigados. Desde 1824, a Constituição concedeu imunidade formal a deputados e senadores. Essa imunidade determinou que deputados e senadores não poderiam ser julgados criminalmente sem a permissão da respectiva Câmara do Congresso. Mas em 2001 a Emenda Constitucional nº 35, aprovada por senadores e deputados, alterou isso de tal maneira[11] que a permissão não era mais necessária. Segundo os juízes da Suprema Corte, com essa reforma constitucional, as investigações avançam regularmente e as atividades criminais são julgadas. Entre 1988 e 2018, 661 processos criminais foram processados no Supremo Tribunal Federal, dos quais 622 foram iniciados após a aprovação da Emenda Constitucional nº 35/2001.

As evidências sugerem que a corrupção no Brasil é uma fonte de riqueza pessoal para os políticos[12]. Mas a corrupção na política brasileira não se limita apenas à riqueza pessoal – é, pelo menos em parte, uma consequência do alto custo de concorrer (e manter) cargo público e de fazer as coisas em uma estrutura governamental altamente fragmentada[13]. O escândalo atual da Petrobras gira em torno de US$ 3 bilhões em subornos que empresas pagaram aos funcionários da Petrobras e políticos para garantir contratos de construção e serviços. Centenas de milhões desses dólares foram desviados para o Partido dos Trabalhadores e praticamente todos os partidos do país, que usaram o dinheiro para financiar suas campanhas

[11] Disponível em: <https://exame.abril.com.br/brasil/toffoli-resgata-historia-e-defende-a--manutencao-do-foro-privilegiado/>. Acesso em 4 de maio de 2020.

[12] GEDDES, B; NETO, A. R. "Institutional Sources of Corruption in Brazil". *Third World Quarterly*, v. 13, p. 641–661, 1992.

[13] JUCÁ, I., MELO, M. A., RENNÓ, L. "The Political Cost of Corruption: Scandals, Campaign Finance, and Reelection in the Brazilian Chamber of Deputies". Journal of Politics in Latin America, 8(2), p. 3–36, 2016. Disponível em: <https://doi.org/10.1177/1866802X1600800201>. Acesso em 4 de maio de 2020.

políticas[14]. Se o dinheiro é a chave para a sobrevivência e a eficácia políticas, por que os políticos escolheram repetidamente amarrar suas próprias mãos, colocando em risco suas carreiras? Eles fazem isso porque têm medo dos eleitores ou de grupos organizados?

Segundo diferentes autores, a lei anticorrupção promulgada em 2013 foi o resultado direto de protestos populares que se espalharam pelo país[15]. A visão comum é que esse tipo de mudança na legislação ocorre apenas quando a indignação pública torna a questão inevitável para o governo[16]. Em 2013, os brasileiros tomaram as ruas para protestar contra a corrupção. Mas a lei de barganha era um tópico muito difícil de ser compreendido.

Durante os protestos e a discussão das leis anticorrupção, grupos de promotores e policiais se organizaram para fazer *lobby* a favor e contra medidas específicas relacionadas ao poder de investigar. Os promotores, principalmente, fizeram *lobby* porque tinham um interesse direto em um projeto de lei específico do pacote anticorrupção em debate. Em 2013, os deputados rejeitam a proposta de mudar a Constituição e diminuir o poder de investigação do Ministério Público. Uma semana depois, a lei anticorrupção também foi aprovada.

A PEC 37 era uma emenda constitucional que proibiria o Ministério Público de conduzir diretamente investigações criminais. A proposta dividia policiais e promotores. Durante os protestos, a associação de promotores fez uma campanha intensa ao público para aumentar a pressão contra o projeto. No final, houve 430 votos contra e apenas 9 a favor, com 2 abstenções. Durante o processo de votação, centenas de promotores estavam dentro do Congresso gritando: rejeita!

[14] FISMAN, R., GOLDEN, M. A. *Corruption*: what everyone needs to know. Oxford University Press, 2017.

[15] ALONSO, A; MISCHE, A. "June demonstrations in Brazil: repertoires of contention and government's response to protest". *From Contention to Social Change*: Rethinking the Consequences of Social Movements and Cycles of ProtestsESA Research Network on Social Movements – Midterm Conference 19-20 February 2015 – Universidad Complutense de Madrid, Spain, 2015.

[16] SPALDING, Andrew Brady; BARR, Patrick; FLORES, Albert; FREIMAN, Shaun; GAVIN, Kat; KLINK, Tyler; NICHOLS, Carter; REID, Ann; VAN ORDEN, Rina. "From the 2014 World Cup to the 2016 Summer Olympics: Brazil's Role in the Global Anti-Corruption Movement". *21 SW. J. INT'L LAW.* 14 jan. 2015. Disponível em: <https://ssrn.com/abstract=2549836> e <http://dx.doi.org/10.2139/ssrn.2549836>. Acesso em 4 de maio de 2020.

Lemos e Barros[17] concluem com sua abordagem qualitativa que a intensa mobilização de membros do Ministério Público permitiu que seu interesse chegasse às ruas, assumindo protestos iniciados com tópicos completamente diferentes, como tarifas de ônibus. Os autores concluem que, no final de 2012, os membros do Ministério Público calculavam ter uma posição minoritária na comissão especial criada para analisar a proposta e concluiu que a única maneira de impedir o PEC era obter o apoio da imprensa e mudar o cargo de deputados no plenário da Câmara. Em 11 de dezembro, alguns dias antes da aprovação da PEC na comissão, a associação de promotores lançou a campanha "Brasil contra a impunidade", na qual a proposta ganhou o apelido de "PEC da Impunidade". As associações de promotores começaram a promover reuniões semanais em Brasília e promoveram dezenas de eventos antes do início dos protestos. Eles caracterizaram o movimento como a maior mobilização do Ministério Público desde a Constituinte de 1988.

Arantes[18] argumenta que a proposta estava sendo discutida no Congresso sem muita atenção e, na opinião de muitos parlamentares, tinha uma boa chance de ser aprovada até que, em virtude das manifestações de junho, fosse apelidada de "PEC da impunidade" e se tornou o alvo das grandes marchas populares.

Ainda segundo evidência qualitativa, toda semana grupos de promotores e procuradores desembarcavam em Brasília para passar pelo Congresso Nacional, visitando deputados e senadores para verificar sua intenção de votar e defender a posição do Ministério Público. Eles produziram um documento de 90 páginas distribuído no Congresso Nacional, que reuniu moções contrárias ao PEC de instituições como a CNBB (igreja católica), a Anistia Internacional, o Conselho Nacional de Justiça, o Secretariado da Reforma Judiciária do Ministério da Justiça, a Associação de Juízes Federais, o Conselho Nacional de Comandantes Gerais da Polícia, Brigadas de Incêndio Militar e Militar, a Maçonaria, o Conselho de Medicina,

[17] LEMOS, Cláudia Regina Fonseca; BARROS, Antonio Teixeira de. "Lutas simbólicas na arena midiática: o poder de agência do Ministério Público e as controvérsias sobre a PEC 37". *Opin. Publica*, Campinas, v. 22, n. 3, p. 702-738, Dec. 2016. Disponível em: <http://www.scielo.br/scielo.php?script=sci_arttext&pid=S0104-62762016000300702&lng=en&nrm=iso> e <https://doi.org/10.1590/1807-01912016223702>. Acesso em 4 de maio de 2020.

[18] ARANTES, Rogério. *PEC 37*: o que as ruas não perceberam. Disponível em: <https://diplomatique.org.br/pec-37-o-que-as-ruas-nao-perceberam/>. Acesso em 4 de maio de 2020.

dezenas de associações de moradores e várias associações internacionais de promotores e juízes. A mobilização na internet e nas mídias sociais incluiu a contratação de empresas especializadas. Uma petição digital contra a PEC 37 dirigida a deputados e senadores federais foi organizada através da plataforma change.org e reuniu 460.877 assinaturas – mais que o dobro da meta original de 200.000.

As evidências qualitativas sugerem que a associação organizada de promotores conseguiu inserir o tópico nos protestos populares. A associação de promotores também acompanhou o tópico em pesquisas *online*. Em 13 de junho de 2013, uma semana após os primeiros protestos e quando uma grande manifestação popular foi realizada em São Paulo, uma pesquisa realizada pelo maior portal da Internet no Brasil sobre a PEC 37 alcançou 188.000 votos, dos quais 95,65 % eram contrários à proposta. Em uma enquete diferente no site da Câmara dos Deputados, com 90.000 entrevistados, 79,8 % disseram que eram contra a medida.

> Ou seja, quando o número de manifestantes cresceu de poucas centenas para dezenas de milhares, no dia 17, e a pauta se alargou, extrapolando a questão urbana para abranger insatisfações múltiplas e difusas, a bandeira contra a PEC 37 estava disponível, em circulação nas mesmas redes sociais que haviam catalisado o início dos protestos e na imprensa que os amplificou. Mais importante, o Ministério Público havia conseguido difundir em círculos bastante amplos a ideia de que a PEC 37 favorecia a impunidade e a corrupção, traduzindo uma questão corporativa e institucional para o campo do interesse público. Nas palavras do presidente da ANPR: Jamais saberemos qual seria a realidade se o povo não tivesse ido para a rua. A turma que foi para a rua é a turma que fica rastreando rede social e que lá pelas tantas viu que tinha uma grande injustiça que estava sendo engendrada no país e que dependia do Congresso Nacional. Uma frase que nós colocamos lá do Joaquim Barbosa teve quantos? 800 mil compartilhamentos[19].

[19] LEMOS, Cláudia Regina Fonseca; BARROS, Antonio Teixeira de. "Lutas simbólicas na arena midiática: o poder de agência do Ministério Público e as controvérsias sobre a PEC 37". Opin. Publica, Campinas, v. 22, n. 3, p. 702-738, Dec. 2016. Disponível em: <http://www.scielo.br/scielo.php?script=sci_arttext&pid=S0104-62762016000300702&lng=en&nrm=iso> e <https://doi.org/10.1590/1807-01912016223702>. Acesso em 4 de maio de 2020.

Segundo a análise do ministro Humberto Eustáquio Soares Martins, "o Ministério Público, como patrono maior da ação penal, deve acompanhar, desde o início, os supostos ilícitos praticados, evidentemente sem qualquer intervenção no sentido de parcialidade, mas no sentido de uma apuração mais rígida, na defesa da coletividade e cidadania".

O ministro Mauro Campbell Marques observou, ainda, que inquérito e investigação são duas atividades diferentes. Nesse aspecto, o ministro rebateu o argumento de que a Constituição Federal já impediria a investigação criminal pelo Ministério Público. "Se, como se propala, a investigação já é obstada pela Carta Constitucional por parte do Parquet, não haveria necessidade de PEC alguma", declarou.

Fonte: com informações do MPF

Conselho Deliberativo

Os membros do Conselho Deliberativo da CONAMP debateram, durante III reunião extraordinária, realizada no dia 11 de junho, a regulamentação da investigação criminal.

CONAMP se reúne com líder do PMDB

A presidente em exercício da CONAMP, Norma Angélica Cavalcanti, esteve reunida no dia 11 de junho com o líder do Partido do Movimento Democrático Brasileiro (PMDB), Eduardo Cunha (PMDB/RJ). Os deputados Leonardo Quintão (PMDB/MG), Lúcio Vieira Lima ((PMDB/BA) e Alexandre dos Santos (PMDB/RJ) também participaram da reunião.

A PEC 37 foi o tema da reunião. Na oportunidade, Norma Cavalcanti entregou ao deputado a proposta de regulamentação da investigação criminal no país elaborada pelo Ministério Público.

O PMDB não confirmou posicionamento partidário em relação à PEC 37. Segundo Eduardo Cunha, havia expectativa que o Grupo de Trabalho (GT) de Aperfeiçoamento da Investigação Criminal apresente como resultado final de suas atividades um texto constitucional alternativo acordado entre Ministério Público e polícias judiciárias.

CONAMP debate PEC 37 com bancada do PRB

No dia 11 de junho, a CONAMP esteve reunida com a bancada partidária do Partido Republicano Brasileiro (PRB) para debater a PEC 37. Participaram da reunião o tesoureiro da CONAMP, José Perdigão, representando a entidade; o presidente da Associação Sul-Mato-Grossense do Ministério Público (ASMMP), Alexandre Magno; o presidente da Associação Mineira do Ministério Público (AMMP), Nedens Ulisses; o procurador-geral de Justiça de Minas Gerais, Carlos André Mariani Bittencourt; e promotores de Justiça estaduais.

Os representantes do MP alertaram aos deputados presentes, inclusive ao líder do partido, deputado George Hilton (PRB-MG), as consequências da PEC 37, caso fosse aprovada.

De acordo com um procurador ativo no Ministério Público, em 2013, muitos de seus colegas começaram a receber ligações de líderes comunitários depois das campanhas serem também *on-line*. A campanha alcançou sucesso, segundo a descrição feita a Lemos e Barros: "Doutor, queremos fazer alguns banners contra o PEC 37. Vou enviar as fotos, você vai nos ver na TV no horário nobre. Algumas de nossas campanhas no Facebook tiveram mais de 800.000 compartilhamentos"[20].

Ele também contou como parlamentares e representantes da polícia na Câmara dos Deputados pediram aos promotores que parassem de se referir à proposta como a "PEC da impunidade".

[20] LEMOS, Cláudia Regina Fonseca; BARROS, Antonio Teixeira de. "Lutas simbólicas na arena midiática: o poder de agência do Ministério Público e as controvérsias sobre a PEC 37". *Opin. Publica*, Campinas, v. 22, n. 3, p. 702-738, Dec. 2016. Disponível em: <http://www.scielo.br/scielo.php?script=sci_arttext&pid=S0104-62762016000300702&lng=en&nrm=iso> e <https://doi.org/10.1590/1807-01912016223702>. Acesso em 4 de maio de 2020.

O caso de 2013 envolvendo os promotores não é isolado. A partir de 2014, novos grupos organizados que se apresentaram como novos grupos de direita organizaram centenas de protestos em todo o país, culminando com o *impeachment* da presidente Dilma Rousseff. Muitos líderes de ONGs acabaram concorrendo e sendo eleitos para cargos públicos – dentro de partidos novos e tradicionais.

Por exemplo, os líderes da organização Vem Pra Rua se apresentaram como candidatos a um Brasil livre de corrupção, política ética e um governo estadual eficiente, lutando contra ameaças de injustiça, incompetência e autoritarismo. Começou a se mobilizar no final de 2014 – aproveitando as marchas de 2013 que protestavam contra a corrupção, a desigualdade e outros problemas políticos e socioeconômicos. Após o impeachment de Dilma Rousseff em 2016, o Vem Pra Rua continuou a protestar contra a corrupção e outras formas de violação de leis por parte dos políticos. Eles argumentam que "uma sociedade justa não pode tolerar a impunidade dos poderosos".

5. Coalizões de *lobby* e interesses específicos

Dados levantados na Câmara dos Deputados para este capítulo mostram que na atual legislatura o número de entidades e associações registradas para circular no Congresso Nacional aumentou dramaticamente. A mudança coincide com a falta de regulamentação da atividade do *lobby* misturada às investigações que ganharam notoriedade nacional.

Para se ter uma ideia, o número de entidades oficialmente cadastradas saltou de 190 na legislatura entre 2015 e 2018 para quase 400 na legislatura que se iniciou em 2019. Antes disso, apenas a legislatura entre 2011 e 2015 teve mais de 100 entidades, com o registro de 108 delas. A média história desde a década de 1990 ficou sempre em torno de 50 entidades. Os dados mostram como o registro de organizações e grupos de interesse ganhou importância nos últimos anos.

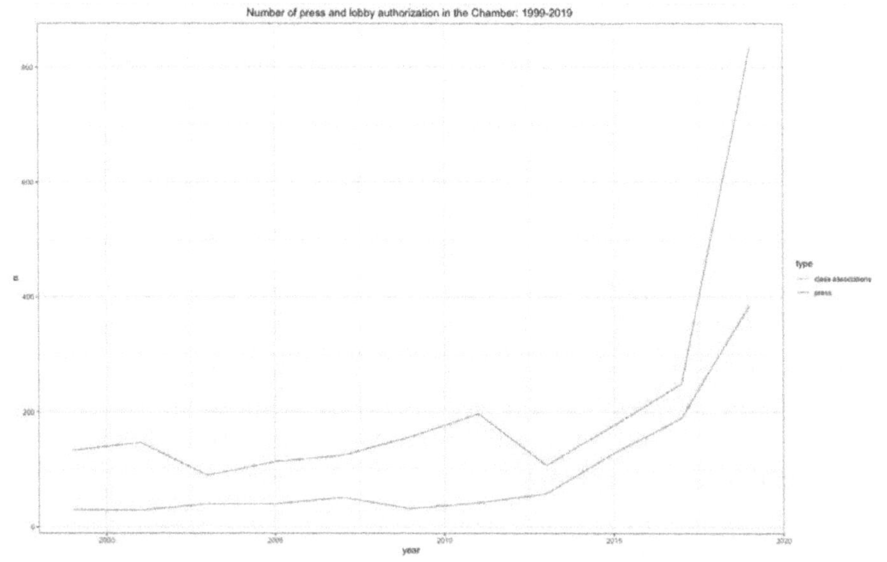

Os dados mostram ainda como lobistas não são lobos solitários[21]. Muitas vezes, empresas, sindicatos e entidades de pressão trabalham em grupos[22] e usam coalizões táticas[23]. Mas quando isso acontece? Qual a conjuntura que favorece a formação dessas coalizões?

[21] JUNK, Wiebke Marie. "When Diversity Works: The Effects of Coalition Composition on the Success of Lobbying Coalitions". *American Journal of Political Science*, 63, 2019, p. 660-674. Disponível em: <10.1111/ajps.12437>. Acesso em 4 de maio de 2020.

[22] MAHONEY, Christine, BAUMGARTNER, Frank R. Partners in Advocacy: Lobbyists and Government Officials in Washington. *Journal of Politics*, vol. 77(1), 2015, p. 214.

[23] BAUMGARTNER, Frank R., BERRY, Jeffrey M., HOJNACKI, Marie, KIMBALL, David C., LEECH, Beth L. *Lobbying and Policy Change: Who Wins, Who Loses, and Why*. Chicago: University of Chicago Press, 2009, p. 180. HOJNACKI, Marie, KIMBALL, David C., BAUMGARTNER, Frank R., BERRY, Jeffrey M., LEECH, Beth L. Studying Organizational Advocacy and Influence: Reexamining Interest Group Research. *Annual Review of Political Science*, vol. 15, p. 379–399, 2012. NELSON, David, YACKEE, Susan Webb. Lobbying Coalitions and Government Policy Change: An Analysis of Federal Agency Rulemaking. *Journal of Politics*, vol. 74(2), p. 339–353, 2012. NOWNES, Anthony J. *Total Lobbying: What Lobbyists Want (and How They Try to Get It)*. Cambridge: Cambridge University Press, 2006.

A situação institucional de um país é um aspecto importante para entender o *lobby*. Primeiro, a clareza de responsabilidade[24] pode influenciar a maneira como os lobistas operam. Na representação proporcional, a clareza de responsabilidade é menor. Nesse sentido, os grupos organizados podem ter maiores incentivos para operar e buscar benefícios privados, uma vez que a prestação de contas será menor.

Por exemplo, no Brasil, os distritos eleitorais são as 27 unidades federais do país (26 estados mais o distrito federal de Brasília) e elegem entre 8 e 70 representantes. Uma pesquisa recente com 5003 entrevistados descobriu que 79% dos eleitores brasileiros não se lembravam em quem votaram para deputado federal nas eleições anteriores[25]. A mesma pesquisa mostrou que apenas 15% dos eleitores disseram que seguem o desempenho de seus suplentes, o que significa que seguem o voto de seus representantes no Congresso. Para 84% dos entrevistados, os membros do Congresso não representavam o povo brasileiro e, para 73%, esses políticos não trabalhavam pelos interesses da nação. Se os eleitores não souberem quem os representa no Congresso, eles podem responsabilizar os representantes?

Além disso, o federalismo pode criar incentivos para pequenos grupos de constituintes específicos do setor, com altos riscos, a fazer *lobby* por favores especiais[26]. Por exemplo, no Brasil, a estrutura tributária do ICMS não fornece incentivos para grandes.

Podemos classificar esse tipo de *lobby*, quando grupos específicos pressionam por favores especiais, como política usual. Lazzarini e Musacchio publicaram alguns dos trabalhos mais influentes nesta área. Por gerações, o Estado brasileiro tem influenciado a economia, ditando políticas regulatórias e fornecendo capital e participando de mecanismos de financiamento corporativo. O envolvimento do Estado como provedor de recursos e capital

[24] POWELL, G. Bingham. *Elections as Instruments of Democracy: Majoritarian and Proportional Visions*. Yale University Press, 2000. Disponível em: <www.jstor.org/stable/j.ctt32bwg8>. Acesso em 4 de maio de 2020.

[25] Disponível em: <https://exame.abril.com.br/brasil/79-dos-brasileiros-nao-lembram-em-quem-votaram-para-o-congresso/>. Acesso em 4 de maio de 2020.

[26] RODDEN, Jonathan A. *Hamilton's Paradox: The Promise and Peril of Fiscal Federalism* (Cambridge Studies in Comparative Politics). Cambridge: Cambridge University Press, 2015.

para empresas foi chamado capitalismo de Estado[27]. Os autores dividem essa relação em três grandes grupos[28].

Leviatã como *empreendedor*	Leviatã como investidor *majoritário*	Leviatã como investidor *minoritário*	Empresas privadas
• Controle total estatal das empresas, com autonomia e transparência limitadas	• Firmas de "capital misto" com controle público e participação minoritária privada (exemplo: empresas estatais listadas em bolsa) • Grupos diversificados de controle estatal	• Firmas parcialmente privatizadas • Participações acionárias minoritárias geridas por grupos estatais • Empresas recebendo empréstimos ou participações acionárias de bancos de desenvolvimento, fundos de pensão e fundos estatais	

Fonte: Musacchio e Lazzarini (2014).

No modelo político como de costume, a comunidade empresarial usou estratégias claras para estabelecer conexões com o sistema político. Segundo alguns autores, o mecanismo principal não era necessariamente o *lobby* organizado por associações ou sindicatos[29], embora esses canais fossem importantes em alguns contextos[30]. que usava contatos de empre-

[27] MUSACCHIO, Aldo; LAZZARINI, Sérgio G. *Reinventing state capitalism: Leviathan in business, Brazil and beyond.* 1. ed. Cambridge: Harvard University Press, 2014. MUSACCHIO, Aldo; LAZZARINI, Sérgio G.; AGUILERA, Ruth V. New Varieties of State Capitalism: Strategic and Governance Implications. *The Academy of Management Perspectives*, v. 29, p. 115-131, 2015.

[28] MUSACCHIO, Aldo; LAZZARINI, Sérgio G. *Reinventing state capitalism: Leviathan in business, Brazil and beyond.* 1. ed. Cambridge: Harvard University Press, 2014.

[29] SCHNEIDER, Ben. R. *Business Politics and the State in Twentieth-Century Latin America.* Cambridge: Cambridge University Press, 2004.

[30] MANCUSO, Wagner Pralon. O lobby da indústria no Congresso Nacional: empresariado e política no Brasil contemporâneo. *Dados — Revista de Ciências Sociais*, v. 47, n. 3, p. 505-547, 2004.

sas específicas para a coalizão política no poder. Não é por acaso que, sob o governo do PT, o governo criou o que foram chamados de "campeões nacionais": grandes empresas criadas por meio de fusões no setor com uma ampla combinação de recursos públicos.

O principal mecanismo usado nesse relacionamento entre empresas e partidos foi a contribuição de campanhas políticas. Cerca de 75% das contribuições declaradas para a campanha vieram de empresas privadas[31], número que é mais alto quando se considera contribuições ilegais em campanha, como as reveladas no escândalo da Lava Jato.

No Brasil, existem evidências empíricas abundantes de que as empresas que fizeram contribuições para a campanha têm várias vantagens, incluindo mais financiamento[32] e acesso preferencial a concessões públicas[33]. Geralmente, esses acordos aproveitam a baixa clareza de responsabilidade. Empresas que atuam em áreas muito específicas trocam benefícios por contribuições de campanha. Mas este não é o único arranjo possível.

As empresas podem preferir fazer *lobby* sozinhas, mas as evidências empíricas sugerem que, cada vez mais, elas formam coalizões para trabalharem juntas. Os lobistas de Washington, por exemplo, se voltaram para estratégias de coalizão – "firmando alianças simbióticas com outras organizações para facilitar seus próprios objetivos no processo político"[34]. O número de associações nacionais cresceu de 5.000 em 1955 para mais de 23.000 na década de 2000[35]

[31] MANCUSO, Wagner Pralon. Investimento eleitoral no Brasil: balanço da literatura (2001–2012) e agenda de pesquisa. *Revista de Sociologia e Política*, v. 23, n. 54, p. 155–183, 2015.

[32] CLAESSENS, S.; FEIJEN, E.; LAEVEN, L. "Political Connections and Preferential Access to Finance: The Role of Campaign Contributions". *Journal of Financial Economics*, v. 88, n. 3, p. 554–580, 2008. LAZZARINI, S. G.; MUSACCHIO, A.; BANDEIRA DE MELLO, R.; MARCON, R. "What Do State- -Owned Development Banks Do? Evidence from BNDES, 2002–2009". *World Development*, v. 66, p. 237–253, 2015. SZTUTMAN, A. M.; ALDRIGHI, D. M. "Financiamento das campanhas eleitorais de 2006 por grupos econômicos e empréstimos do BNDES". In: *XII Encontro Brasileiro de Finanças*. Rio de Janeiro, 2013.

[33] ARVATE, P.; BARBOSA, K. D. S.; FUZITANI, E. *Campaign Donation and Government Contracts in Brazilian States. Texto para discussão 336*. Rio de Janeiro: Fundação Getulio Vargas, 2013. BOAS, T.; HIDALGO, F. D.; RICHARDSON, N. "The Spoils of Victory: Campaign Donations and Government Contracts in Brazil". *The Journal of Politics*, v. 76, n. 2, p. 415–429, 2014.

[34] HULA, Kevin. *Lobbying together*: interest group coalitions in legislative politics. Washington, D.C.: Georgetown University Press, 1999, p. 3.

[35] HULA, Kevin. *Lobbying together*: interest group coalitions in legislative politics. Washington, D.C.: Georgetown University Press, 1999, p. 3.

Quando os grupos de interesse preferem entrar em uma coalizão? Para entender os efeitos das coalizões, precisamos analisar quando os efeitos da cooperação excedem seus custos. A literatura sobre coalizões de *lobby* apresenta essas formações como arranjos dispendiosos, propensos a andar livremente. Os grupos os evitarão se tiverem recursos suficientes. O *lobby* junto enfrenta problemas tradicionais de ação coletiva, como custos de coordenação e reputação.

Neste artigo, argumentamos que as coalizões são mais benéficas quando os tópicos são salientes. Em outras palavras, a política como de costume é o padrão quando a clareza da responsabilidade coincide com a baixa saliência. Por outro lado, quando um tópico se torna saliente, os grupos de interesse precisam se organizar em coalizões. Conforme definido por Truman[36], a multiplicidade e diversidade de grupos de interesse é uma "roda de equilíbrio".

Em questões mais salientes, muitos interesses já foram mobilizados, aumentando o risco e a extensão da reação negativa contra os benefícios privados. Quando isso acontece, um sinal da coalizão de apoio diverso de diferentes interesses sociais é atraente para os formuladores de políticas que procuram isolar de consequências políticas negativas[37]. Em outras palavras, ser retratado como um grupo externo tentando proteger seus próprios benefícios privados pode ser muito caro, pois muitos interesses da sociedade já se mobilizaram. Isso é política, não como sempre. Por outro lado, questões de baixa saliência criam baixos incentivos à formação de coalizões, porque, primeiro, uma resistência maior deve surgir antes de representar qualquer ameaça.

Conforme concluído por Junk, "os benefícios de sinalização de uma coalizão diversificada devem ser maiores em questões mais salientes, porque se espera que a capacidade de resposta política ao sinal seja maior". Sua expectativa é semelhante a este artigo: a diversidade de coalizões transmitirá um sinal de apoio, ao qual os formuladores de políticas responderão especialmente quando houver maior relevância.

[36] TRUMAN, David B. *The Governmental Process: Political Interests and Public Opinion*. New York: Alfred A. Knopf, 1958, p. 514.

[37] JUNK, Wiebke Marie. "When Diversity Works: The Effects of Coalition Composition on the Success of Lobbying Coalitions". *American Journal of Political Science*, 63, 2019, p. 660-674. Disponível em: <10.1111/ajps.12437>. Acesso em 4 de maio de 2020.

6. Uma medida da atuação no Congresso

É possível medir a ação de grupos de interesse na pauta do Congresso? Uma maneira de medir a ação de grupos sobre temas salientes na agenda política pode ser realizada por meio da análise da participação nas enquetes de consultas públicas no site da Câmara dos Deputados. As enquetes permitem que qualquer cidadão possa opinar sobre os projetos em tramitação, desde que registrado. Ainda que os números contabilizados nas enquetes dificilmente podem ser considerados como indicador da fiel da opinião pública sobre um determinado tema, a simples existência desses dados pode nos ajudar a compreender em torno de quais temas as organizações estão se mobilizando no momento.

Em entrevista concedida para este capítulo, a diretora de Coordenação de Interação com a População e Programas Institucionais da Câmara dos Deputados, Ana Marusia Pinheiro Lima, disse que "as enquetes têm um papel importante, muitas vezes servindo de 'isca' para atrair o cidadão para a página do projeto. Ali ele terá oportunidade de conhecer o conteúdo e quem está propondo o projeto". A Câmara não impulsiona a participação nas enquetes, então a maioria de quem participa nessa modalidade de consulta vem da mobilização das organizações da sociedade civil, como associações, partidos e organizações de classe profissional. "Os aglutinadores são quem trazem para as enquetes", conclui a servidora.

Em 2004 a Câmara dos Deputados passou a acoplar enquetes sobre alguns projetos de lei em tramitação naquela legislatura. Inicialmente, o processo de seleção e elaboração das enquetes era feito pela Agência Câmara, a agência de notícias da Câmara dos Deputados. Uma das primeiras enquetes elaboradas foi sobre o projeto do desarmamento (PL 1555/2003, originalmente registrado no Senado como: PLS 292/1999).

Com o crescimento da participação de grupos interesses, cada vez mais capazes de mobilizar um número maior de pessoas, os dirigentes da Casa começaram a se preocupar com o processo discricionário de seleção das proposições que recebiam uma enquete junto a sua ficha de tramitação no site. Em 2012, foi criada a Coordenação de Participação Popular da Câmara que passou a coordenar o Disque Câmara (0800), os perfis institucionais nas redes sociais, e também o serviço de elaboração das enquetes e relatórios quantitativos sobre a participação popular nestes meios. Desde então, as enquetes passaram a ser criadas no momento em que a proposta é registrada no Sisleg (Sistema de Informações Legislativas), sem qualquer outro critério de seleção temática, política ou pessoal. Assim, todas as propostas registradas passaram a ter uma enquete vinculada à sua ficha de tramitação no *site* da Câmara.

Por fim, em 2018 foram introduzidos recursos de *login* e barreira captcha para que se pudesse votar, limitando assim a participação recorrente de um mesmo usuário na mesma enquete e a incidência de social *bots* (robôs ou linhas de código e programas que imitam o comportamento humano na internet). O uso do *login* obriga cada usuário a fornecer um endereço de e-mail válido durante a realização do cadastro para poder votar. A conta criada permite votar em outras enquetes em qualquer período, mas não na mesma. Uma vez que o voto foi computado, também não é possível ser alterado.

Ainda em 2018, um item de Likert com 5 níveis foi adotado, substituindo as perguntas de tipo concordo/discordo nas enquetes. A escala de Likert permite medir as atitudes e conhecer o grau de conformidade do respondente em relação ao projeto de lei. As categorias de resposta servem para capturar a intensidade dos sentimentos dos respondentes. Entre os especialistas não há consenso sobre o tipo ideal da escala de Likert. Provavelmente a versão mais utilizada é a de 5 níveis, mas também existem versões com 4, 7, 8, 9 ou 10 níveis. Em geral quanto mais níveis, mais respostas distintas obtemos. No mesmo ano, adotou-se ainda o recurso de comentários, que são apresentados na tela de forma aleatória, de cinco em cinco comentários, mas apenas depois de aprovados por um revisor humano.

7. Análise dos dados

Para este capítulo, coletamos dados de todas as enquetes publicadas no site da Câmara dos Deputados. Apesar de nos anos recentes todas as proposições receberem a sua enquete quando do registro de tramitação, nem todas as proposições atraem interesse e participação. A figura a seguir mostra que até 2006 a parcela de proposições com enquetes é bem pequena, mas essa relação foi aumentando ao longo do período. Por exemplo, a média de proposições com enquetes no período entre 1999 e 2006 foi estimada em 23%. Já entre 2007 e 2010 essa média subiu para 46%. Entre 2011 e 2014 saltou para 63%, e de 2015 a 2018 foi de 95%. De fato, a figura demonstra que a partir de 2017, praticamente todas as proposições possuem enquetes online.

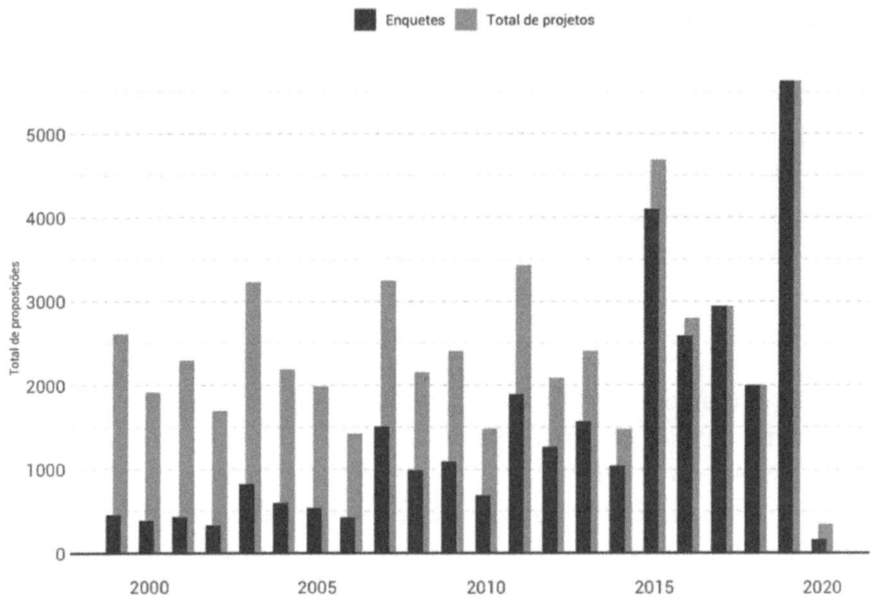

Figura 1: Número de proposições apresentadas versus enquetes existentes

A lista a seguir apresenta os quinze projetos com enquetes com maior número de votos desde o lançamento da ferramenta de participação. O projeto apresentado pelo deputado Erivelton Santana (PSC/BA) que obriga as escolas a respeitar as convicções do aluno, PL 7180/2014, também conhecido como "Escola sem Partido" é o exemplo recente de maior participação nessa modalidade de consulta pública. Foram mais 1,1 milhão de respondentes, considerando a participação nos dois formatos de enquetes, ou seja, antes e depois das mudanças introduzidas em 2018. Chama a atenção que este projeto atraiu quase cinco vezes mais participantes que o segundo colocado e aproximadamente 29 vezes mais que o terceiro da lista. Por que alguns projetos mobilizam mais que outros? Qual o impacto da participação popular nessa modalidade de consulta pública na tramitação do projeto de lei?

Quadro 1: Proposições com maior número de votos nas enquetes

Proposição	Respondentes	Resultado
PL 7180/2014	1.101.487	Tramitando (arquivada e posteriormente desarquivada)
PL 9818/2018	234.053	Tramitando
PL 10981/2018	37.501	Retirada pelo autor
PL 3347/2015	31.862	Arquivada
PL 3423/2012	28.785	Tramitando (arquivada e posteriormente desarquivada)
PL 6299/2002	25.972	Tramitando
PL 10372/2018	13.526	Transformada em norma jurídica
PL 8347/2017	11.468	Tramitando
PL 2778/2015	9.138	Tramitando (arquivada e posteriormente desarquivada)
PL 3068/2015	8.002	Arquivada
PL 1549/2003	7.731	Tramitando
PL 10500/2018	6.472	Retirada pelo autor
PL 4488/2016	5.550	Retirada pelo autor
PL 4067/2015	4.767	Transformada em norma jurídica
PL 10639/2018	4.227	Arquivada

Enquetes sobre projetos de lei polêmicos ou controversos tendem a atrair maior participação, desde que o tema não seja tão específico e ementa tão técnica. A enquete do projeto "Escola sem Partido" (PL 7180/2014) no modelo antigo de respostas, em que o usuário escolhia apenas entre concordar ou discordar do projeto atraiu 1.101.045 cidadãos em cerca de cinco anos, desde a sua apresentação. Já a mesma enquete conduzida no modelo atual de respostas com cinco níveis e necessidade de *login* e barreira de captcha, atraiu pouco mais de 7,6 mil participantes desde 2018. Além disso, em 2019 o projeto de lei foi arquivado e posteriormente desarquivado. Uma nova versão do projeto de lei "Escola sem Partido" foi apresentada pela deputada Bia Kicis (PSL/DF), conhecido como PL 246/2019. Em seguida, um "anti-projeto" chamado de "Escola sem Mordaça" (PL 502/2019) foi apresentado pela deputada Talíria Petrone (PSOL/RJ). Ambos os projetos receberam menos de 40 votos cada até o momento (março/2020).

A alteração no formato de respostas das enquetes, ocorrida em 2018, permite algumas comparações sobre o número agregado dos votos, ainda que incorrendo no risco de produzirmos uma análise simplista e exposta ao problema de falácia ecológica (um viés de agregação que pode levar a inferência causal inadequada sobre fenômenos individuais com base em informações agregadas). Comparando a média de votos dos internautas antes e depois da alteração, podemos observar que a opinião contrária ou de discordância sobre uma proposição é relativamente mais frequente nessas enquetes, mas ainda assim a distribuição entre as duas opções de resposta é bastante equilibrada. Quando comparamos a distribuição das respostas usando a nova versão com escala de cinco níveis de sentimento. Nesse formato de escala, em condições normais, os respondentes tenderiam a evitar as duas opções extremas, produzindo um "viés de tendência central", resultando em um conjunto de respostas com pouca variação. Contudo, como é possível visualizar isso não ocorre, possivelmente porque os participantes dessas enquetes já chegam com opinião formada sobre o projeto de lei.

Os dados que tivemos acesso não permitem analisar a evolução temporal dos votos em cada projeto, mas agregando o volume de votos por ano em que o projeto foi apresentado, é possível identificar um padrão: os projetos atraem maior participação em anos eleitorais do que nos demais anos da legislatura. A média de participação nas enquetes em anos que ocorreram eleições federais, ou seja, 2003, 2006, 2010, 2014 e 2018 foi de 144 participantes, contra apenas 3,5 participantes nos demais anos do período 1999 a 2019.

Finalmente quando olhamos os dados agregados por tipo de autor das proposições um padrão muito mais claro emerge dos dados. Em primeiro lugar, nota-se a abismo do número médio de votos que uma proposição de origem na Defensoria Pública da União e Ministério Público da União tem em comparação com outras instituições, órgãos legislativos e autores individuais. Proposições apresentadas pela Defensoria Pública e Ministério Público não apenas conseguem mobilizar um número maior de participantes, mas também um conjunto mais coeso, uma vez que os participantes tendem a divergir muito menos sobre um projeto do que quando o autor é um deputado ou órgão do Poder Legislativo. Devido a não comparabilidade das respostas coletadas com perguntas do tipo concordo/discordo antes de 2018 com as respostas coletadas com perguntas usando o formato de escala de Likert com cinco itens de resposta, a próxima tabela só considera o conjunto de respostas anteriores à 2018 pelo volume de dados ser maior nesse período.

Quadro 2: Média de participação por tipo de autor das proposições

Tipo de autor	Concordo	Discordo
Defensoria Pública da União	84.2	0.5
Ministério Público da União	41.5	0.4
Deputado	26.0	28.5
Sociedade Civil	19.0	1.0
Órgão do Poder Legislativo	15.4	18.4
Órgão do Poder Judiciário	10.4	0.2
Comissão Parlamentar	4.2	0.5
Órgão do Poder Executivo	3.2	2.0
Senador/Órgão do Senado Federal	0.0	0.0

Conclusões

O maior desafio que surge a partir da participação de cidadão por meio das enquetes no site da Câmara dos Deputados é precisamente como transformar os números agregados em um termômetro das respectivas proposições de legislação em tramitação no Legislativo. Existem muitos pontos cegos que precisam ser compreendidos, como a distância entre a intenção original e os resultados propriamente ditos. Muitos projetos são alterados substancialmente no decorrer do processo de tramitação que ao fim e ao cabo guardam muito pouco da intenção original do autor.

- Muitas enquetes se tornam órfãs, porque o projeto é retirado ou arquivado sem receber destaque.
- Substitutivos recebem pouca atenção. O projeto principal sempre recebe mais atenção.
- As enquetes recebem mais visitas e participação em anos eleitorais que nos demais anos.
- Proposições da DPU e MPU conseguem mobilizar mais pessoas do que outras instituições e legisladores individuais.

Este capítulo discutiu com alguns dados a relação entre grupos organizados e medidas anticorrupção no Congresso Brasileiro. Além disso, debatemos em que momentos grupos organizados formam coalizões para pressionar por medidas de seu interesse.

Referências

ACHEN, C. H.; BARTELS, L. M. *Democracy for Realists*: Why Elections do not Produce Responsive Government. Nova Jersey: Princeton University Press, 2016.

ALONSO, A; MISCHE, A. "June demonstrations in Brazil: repertoires of contention and government's response to protest". *From Contention to Social Change*: Rethinking the Consequences of Social Movements and Cycles of ProtestsESA Research Network on Social Movements - Midterm Conference 19-20 February 2015 - Universidad Complutense de Madrid, Spain, 2015.

ANZIA, S. F. *Timing and Turnout*: How Off-Cycle Elections Favor Organized Groups. Chicago: University of Chicago Press, 2014.

ARANTES, Rogério. *PEC 37: o que as ruas não perceberam*. Disponível em: <https://diplomatique.org.br/pec-37-o-que-as-ruas-nao-perceberam/>. Acesso em 4 de maio de 2020.

ARVATE, P.; BARBOSA, K. D. S.; FUZITANI, E. *Campaign Donation and Government Contracts in Brazilian States. Texto para discussão 336*. Rio de Janeiro: Fundação Getulio Vargas, 2013.

BAUMGARTNER, Frank R., BERRY, Jeffrey M., HOJNACKI, Marie, KIMBALL, David C., LEECH, Beth L. *Lobbying and Policy Change: Who Wins, Who Loses, and Why*. Chicago: University of Chicago Press, 2009.

BAWN, K.; COHEN, M. Karol, D.; MASKET, S.; NOEL, H.; ZALLER, J. "A Theory of Political Parties: Groups, Policy Demands and Nominations in American Politics". *Perspectives on Politics*, v. 10, n. 3, p. 571–597, 2012.

BOAS, T.; HIDALGO, F. D.; RICHARDSON, N. "The Spoils of Victory: Campaign Donations and Government Contracts in Brazil". *The Journal of Politics*, v. 76, n. 2, p. 415–429, 2014.

BOBBIO, N.; MATTEUCCI, N.; PASQUINO, G. *Dicionário de política*. Brasília: UnB, 2004.

CLAESSENS, S.; FEIJEN, E.; LAEVEN, L. "Political Connections and Preferential Access to Finance: The Role of Campaign Contributions". *Journal of Financial Economics*, v. 88, n. 3, p. 554–580, 2008.

FISMAN, R., GOLDEN, M. A. *Corruption*: what everyone needs to know. Oxford University Press, 2017.

GALVÃO, E. R. *Fundamentos de relações governamentais*. Brasília: Clube de Autores, 2016.

GEDDES, B; NETO, A. R. "Institutional Sources of Corruption in Brazil". *Third World Quarterly*, v. 13, p. 641–661, 1992.

HOJNACKI, Marie, KIMBALL, David C., BAUMGARTNER, Frank R., BERRY, Jeffrey M., LEECH, Beth L. Studying Organizational Advocacy and Influence: Reexamining Interest Group Research. *Annual Review of Political Science*, vol. 15, p. 379–399, 2012.

JOBIM, Nelson, SOUZA, Luciano Inácio de. A regulamentação do lobby: análise comparada entre América Latina, Brasil e Estados Unidos. In SELIGMAN, M., MELLO, F.

Lobby desvendado – Democracia, políticas públicas e corrupção no Brasil contemporâneo. São Paulo: Record, 2018.

JUCÁ, I., MELO, M. A., RENNÓ, L. "The Political Cost of Corruption: Scandals, Campaign Finance, and Reelection in the Brazilian Chamber of Deputies". *Journal of Politics in Latin America,* 8(2), p. 3–36, 2016. Disponível em: <https://doi.org/10.1177/1866802X1600800201>. Acesso em 4 de maio de 2020.

JUNK, Wiebke Marie. "When Diversity Works: The Effects of Coalition Composition on the Success of Lobbying Coalitions". *American Journal of Political Science,* 63, 2019, p. 660-674. Disponível em: <10.1111/ajps.12437>. Acesso em 4 de maio de 2020.

LAZZARINI, S. G.; MUSACCHIO, A.; BANDEIRA DE MELLO, R.; MARCON, R. "What Do State- -Owned Development Banks Do? Evidence from BNDES, 2002–2009". *World Development,* v. 66, p. 237–253, 2015.

LEMOS, Cláudia Regina Fonseca; BARROS, Antonio Teixeira de. "Lutas simbólicas na arena midiática: o poder de agência do Ministério Público e as controvérsias sobre a PEC 37". *Opin. Publica,* Campinas, v. 22, n. 3, p. 702-738, Dec. 2016. Disponível em: <http://www.scielo.br/scielo.php?script=sci_arttext&pid=S0104-62762016000300702&lng=en&nrm=iso> e <https://doi.org/10.1590/1807-01912016223702>. Acesso em 4 de maio de 2020.

MAHONEY, Christine, BAUMGARTNER, Frank R. Partners in Advocacy: Lobbyists and Government Officials in Washington. *Journal of Politics,* vol. 77(1), p. 202–215, 2015.

MANCUSO, Wagner Pralon. "O lobby da indústria no Congresso Nacional: empresariado e política no Brasil contemporâneo". *Dados — Revista de Ciências Sociais,* v. 47, n. 3, p. 505–547, 2004.

MANCUSO, Wagner Pralon. Investimento eleitoral no Brasil: balanço da literatura (2001–2012) e agenda de pesquisa. *Revista de Sociologia e Política,* v. 23, n. 54, p. 155–183, 2015.

MUSACCHIO, Aldo; LAZZARINI, Sérgio G. *Reinventing state capitalism: Leviathan in business, Brazil and beyond.* 1. ed. Cambridge: Harvard University Press, 2014.

MUSACCHIO, Aldo; LAZZARINI, Sérgio G.; AGUILERA, Ruth V. New Varieties of State Capitalism: Strategic and Governance Implications. *The Academy of Management Perspectives,* v. 29, p. 115-131, 2015.

NELSON, David, YACKEE, Susan Webb. Lobbying Coalitions and Government Policy Change: An Analysis of Federal Agency Rulemaking. *Journal of Politics,* vol. 74(2), p. 339–353, 2012.

NOWNES, Anthony J. *Total Lobbying*: What Lobbyists Want (and How They Try to Get It). Cambridge: Cambridge University Press, 2006.

POWELL, G. Bingham. *Elections as Instruments of Democracy: Majoritarian and Proportional Visions.* Yale University Press, 2000. Disponível em: <www.jstor.org/stable/j.ctt32bwg8>. Acesso em 4 de maio de 2020.

RASMUSSEN, Cecilia. "Lobbyist's ego led to downfall, prison". *Los Angeles Times,* Los Angeles, 3 fev. 2008. Disponível em: <http://www.articles.latimes.com/2008/feb/03/local/me-then3>. Acesso em 30 ago. 2017.

RODDEN, Jonathan A. *Hamilton's Paradox*: The Promise and Peril of Fiscal Federalism (Cambridge Studies in Comparative Politics). Cambridge: Cambridge University Press, 2015.

ROSENTHAL, A. *The Third House*: Lobbyists and Lobbying in the States. Washington: CQ Press, 2000.

SANTOS, L. A. D. *Regulamentação das atividades de lobby e seu impacto sobre as relações entre políticos, burocratas e grupos de interesse no ciclo de políticas públicas*: análise comparativa dos Estados Unidos e Brasil. Tese (Doutorado em Ciências Sociais). Universidade de Brasília, 2007.

SCHNEIDER, Ben. R. *Business Politics and the State in Twentieth-Century Latin America*. Cambridge: Cambridge University Press, 2004.

SELIGMAN, M., MELLO, F. *Lobby desvendado* – Democracia, políticas públicas e corrupção no Brasil contemporâneo. São Paulo: Record, 2018.

SOTERO, P. "Às claras: Projeto faz estudo comparado sobre lobby no Brasil, EUA e América Latina". *JOTA*, 17 fev. 2016. Disponível em: <https://jota.info/especiais/as-claras-projeto-faz-estudo-comparado-sobre-lobby-no-brasil-eua-e-america-latina-17022016>. Acesso em 4 de maio de 2020.

SPALDING, Andrew Brady; BARR, Patrick; FLORES, Albert; FREIMAN, Shaun; GAVIN, Kat; KLINK, Tyler; NICHOLS, Carter; REID, Ann; VAN ORDEN, Rina. "From the 2014 World Cup to the 2016 Summer Olympics: Brazil's Role in the Global Anti-Corruption Movement". *21 SW. J. INT'L LAW*. 14 jan. 2015. Disponível em: <https://ssrn.com/abstract=2549836> e <http://dx.doi.org/10.2139/ssrn.2549836>. Acesso em 4 de maio de 2020.

SZTUTMAN, A. M.; ALDRIGHI, D. M. "Financiamento das campanhas eleitorais de 2006 por grupos econômicos e empréstimos do BNDES". In: *XII Encontro Brasileiro de Finanças*. Rio de Janeiro, 2013.

TRUMAN, David B. *The Governmental Process: Political Interests and Public Opinion*. New York: Alfred A. Knopf, 1958.

12. A Corrupção em Angola: o Controverso Labirinto de uma Prática "Agridoce"

Benja Satula
Bangula Quemba

Introdução

Estes escritos são o resultado do ainda preliminar projeto de investigação do fenómeno da corrupção em Angola, em desenvolvimento no Centro de Investigação do Direito da faculdade de Direito da Universidade Católica de Angola. Decidimos colaborar, na já avançada maturidade investigativa e processual com o Brasil, para demonstrarmos que as vezes quando pensamos que o estagio da nossa realidade é desencorajador, necessitamos de olhar ao redor para perceber e compreender como andam as demais realidades que nos são próximas, como é o caso da Lusofonia que nos liga e os demais laços culturais entre as nossas duas nações.

O projeto que se desdobra em distintas direções e modalidades de pesquisa (qualitativa e quantitativa) e inclui estudos de casos que não podem adicionados ainda dada as suas situações processuais. No essencial, o conteúdo destas nótulas representam a compleição da recolha e analise preliminar e intervenções que o Centro tem vindo a fazer desde 2017. Assim, procuramos numa linguagem cuidada, simples e acessível a qualquer cidadão que queira compreender as origens, causas, dificuldades suscitadas em torno do fenómeno da corrupção em Angola.

Este texto é assumidamente um chamariz para trabalhos em curso e publicações futuras em torno do entendimento e complexidade da corrupção em Angola, bem como do silêncio e ausência de investigação e processos desde 1975.

Porque vivemos momentos delicados no País, a vários níveis e, em particular, no sistema de justiça, pilar de qualquer Estado de Direito que se quer Democrático, pensamos que é importante que se comece a fazer estudos interdisciplinares e diálogos geracionais para que os estudos e analises em torno deste fenómeno contribua para a sua melhor compreensão e se encontrem soluções legislativas adequadas para a sua solução.

É urgente que se assuma este problema de frente e se encontrem soluções para evitar maiores danos ao nosso já frágil ordenamento jurídico. É bem sabido que o nosso Estado é um "Estado Fraco" e a nossa democracia é "débil", por isso a academia tem a responsabilidade de contribuir de forma assertiva e forte para inverter este quadro, aproveitando o nível de abertura e diálogo institucional que as autoridades tem estado a demonstrar. A abordagem não incluirá nenhuma referência bibliográfica sobre corrupção, porque inexistente em Angola e a investigação quer demonstrar e desenhar um caminho primeiro sobre este fenómeno e assumir-se como publicação primeira e ponto de partida para as demais. Por isso compreende o regime jurídico na sua globalidade, i.e., o regime preventivo e repressivo, desde logo, a legislação substantiva complementar que em vigor e a nossa leitura sobre a corrupção: o controverso labirinto desta prática "agridoce".

1. Enquadramento histórico – cultural

A análise e compreensão do fenômeno da corrupção em Angola pode ser feita em dois momentos. Antes da independência e depois desta. É depois da independência que vamos situar a nossa reflexão sobre a corrupção. Angola foi proclamada como país independente a 11 de Novembro de 1975, pelo Movimento Popular de Libertação de Angola – MPLA e é este movimento que mais tarde se tornou Partido – Estado, que tinha assumido a responsabilidade de erguer, construir Angola, como Estado recém independente. O problema da corrupção e má administração nasce com País e no "seio do MPLA" que naturalmente, como movimento que governava o País, acabou por alastrar noutros sectores da sociedade.

Como bem sublinha Mabeko-Tali, o M.P.L.A. depois da independência era formado por duas tendências ou grupos. Pelos "quadros da guerrilha" que vinham das matas e aqueles "quadros da cidade". Deste modo, estes quadros da cidade

> tomaram de assalto um aparelho de estado e um aparelho produtivo e administrativo que se haviam tornado muito permeáveis, pois estavam agora privados da maior parte competências coloniais. (...) Foi dessa nova camada de quadros do partido-estado que nasceu a pequena burguesia burocrática da jovem república. Esta burguesia engrossou depois rapidamente com a aquisição de novos elementos oriundos das modestas camadas da sociedade africana, que passaram por fulgurantes ascensões sociais. Estes últimos, frequentemente com um nível de instrução médio ou muito baixo, subiram rapidamente os degraus hierárquicos por via do militantismo e do clientelismo que depressa se instalou no sistema administrativo.[1]

O mesmo autor refere ainda que

> alimentado pelo discurso populista de certos dirigentes do MPLA, o fenômeno da ascensão administrativa por via do militantismo contribuiu, por um lado, para a rápida degradação dos valores da competência no trabalho administrativo e na gestão do aparelho produtivo, por outro lado, engendrou uma luta hegemónica que rapidamente tomou por base um discurso populista de carácter racista, resultante das lutas pela ocupação dos lugares e a delapidação do património global legado pela organização. O. fenômeno da corrupção alastrou, portanto, com grande rapidez, a todos os sectores produtivos.[2]

2. O Quadro jurídico-legal

2.1 O Código Penal, as Leis n.º 9/89 de 11 de Dezembro e 6/99 de 3 de Setembro

A República de Angola, como já fizemos referência, tornou-se independente a 11 de Novembro de 1975 e, por força da Lei Constitucional de 1975, no seu artigo 58º dispunha que "As leis e regulamentos atualmente em

[1] TALI-MABEKO, Jean- Michel. *MPLA – Perante Si Prórpio*: 1960 – 1977. Mercado de Letras: Lisboa, 2018.

[2] TALI-MABEKO, Jean- Michel. *MPLA – Perante Si Prórpio*: 1960 – 1977. Mercado de Letras: Lisboa, 2018.

vigor serão aplicáveis enquanto não forem revogados ou alterados e desde que não contrariem o espírito da presente lei e o processo revolucionário". É deste modo e por esta via que continuou a vigorar em Angola o Código Penal de 1886, herdado de Portugal.

O Código Penal (de 1886) criminalizava nos artigos 318.º e 321.º os crimes de peita, suborno e corrupção de empregado público e corrupção ativa. Estas disposições que vigoraram até 1989 altura em que foram revogados pela Lei n.º 9/89, de 11 de Dezembro, Lei dos Crimes Contra a Economia, lei esta que foi revogada pela Lei n.º 6/99 de 3 de Setembro, Lei das Infrações contra a Economia e passou a regular-lhes nos artigos 48.º, 49.º e 50.º. Em 2003, entrou em vigor a Lei n.º 13/03 de 10 de Junho, derrogatória da Lei n.º 6/99 de 3 de Setembro e revogou os artigos 17.º a 50.º da Lei n.º 06/99, de 3 de Setembro, remetendo a consagração destes crimes (corrupção, suborno, infidelidade e administração danosa, entre outros) num futuro diploma que nunca chegou a ser aprovado.

2.2 A Lei n.º 3/14 de 10 de Fevereiro

O vazio legislativo aberto em 2003, pela Lei n.º 13/03, ficou superado com a aprovação no ordenamento jurídico angolano da Lei n.º 3/14, de 10 de Fevereiro (Lei sobre a Criminalização das Infracções Subjacentes ao Branqueamento de Capitais). Em verdade, esta lei (3/14) é um capítulo específico da Proposta de Código Penal, já aprovada pela Assembleia Nacional de Angola em Janeiro de 2019, que foi autonomizado por exigência das avaliações a que Angola foi sujeita no âmbito da luta contra o branqueamento de capitais e combate do financiamento ao terrorismo que entendeu que não existia em Angola a criminalização de um conjunto de crimes de catálogo como exigiam os instrumentos e directivas internacionais de que Angola era parte.

A lei n.º 3/14 tem por objecto condutas criminosas inexistentes e/ou deficientes na ordem jurídica angolana, visando responder de forma eficaz ao dever de legislar resultante de obrigações internacionais assumidas por Angola. A lei é aplicável a todos os factos ocorridos em território nacional – princípio da territorialidade – e a todos os factos praticados por angolanos ou contra angolanos ou interesses de Angola, independentemente do território – princípio da nacionalidade passiva e activa. Define e consagra os seguintes grupos de comportamentos:

São infracções subjacentes ao branqueamento de capitais (artigo 55.º) todos os factos ilícitos típicos puníveis com pena de prisão que tenham duração mínima igual ou superior a 6 meses.

Para além, dos princípios especiais que consagra, prevê os crimes em especial e estão distribuídos por trinta e três artigos, agrupados em seis capítulos. **Capítulo II**: Associação criminosa, fraude na obtenção de subsídio, desvio de subvenção, subsidio ou crédito bonificado, fraude na obtenção de crédito, fraude fiscal; fraude fiscal qualificada e fraude contra a segurança social. **Capitulo III**: Sequestro, Rapto, tomada de reféns, escravidão e servidão, tráfico de pessoas, tráfico sexual de pessoas, lenocínio; lenocínio de menores, tráfico sexual de menores. **Capitulo IV**: Tráfico de armas e tráfico de bens roubados e outros **Capitulo V**: Falsificação informática, contrafação de moeda, falsificação ou alteração de moeda legítima, passagem e colocação em circulação de moeda falsa ou falsificada, fabrico e falsificação de títulos de créditos, utilização de títulos de créditos falsos ou falsificados. **Capitulo VI**: Agressão ao ambiente, poluição e poluição de perigo comum.

É neste sentido que surgiu a Lei n.º 3/14, publicada em Diário da República a 10 de Fevereiro, no seu artigo 63.º (entrada em vigor) dispõe que a lei entra em vigor 90 dias após a sua publicação (10.05.2014). A razão deste período dilatado pretendeu-se com a sensibilidade das condutas criminalizadas e da necessidade da comunidade adaptar-se a ela.

Deste modo, a Lei n.º 3/14, de 10 de Dezembro, de entre outras condutas, no **Capítulo VII (Crimes de corrupção)**, consagra os seguintes crimes de corrupção:

- Artigo 36.º (Recebimento indevido de vantagem);
- **Artigo 37.º (Corrupção passiva);**
- **Artigo 38.º (Corrupção activa);**
- Artigo 40.º (Participação económica em negócio);
- Artigo 41.º (Tráfico de influência).
- Artigo 42.º (Corrupção no domínio do comércio internacional).

Importa realçar que, à excepção do crime de corrupção (passiva e activa), que já tinham vigorado na ordem jurídica angolana e depois revogados, as demais condutas, designadamente: tráfico de influência, recebimento indevido de vantagens, participação económica em negócio e corrupção no domínio do comércio internacional foram consagrados pela primeira vez, em Angola, pela Lei n.º 3/14, de 10 de Fevereiro.

Assim, nos termos da legislação em vigor no ordenamento jurídico angolano a corrupção pode ser activa ou passiva e têm a seguinte definição:

Ao abrigo do artigo 37.º da Lei n.º 3/14, de 10 de Fevereiro, a corrupção traduz-se na solicitação ou aceitação, para si ou para terceiro, por parte do funcionário ou por interposta pessoa com o seu consentimento ou ratificação, de vantagem patrimonial ou não patrimonial, ou a sua promessa, para a prática de um qualquer acto ou omissão contrários aos deveres do cargo, ainda que anteriores àquela solicitação ou aceitação (Corrupção passiva).

A (Corrupção activa), nos termos do artigo 38.º – consiste em dar ou prometer por si ou interposta pessoa, com o seu consentimento ou ratificação, a funcionário, ou terceiro por indicação ou com conhecimentos daquele, vantagem patrimonial ou não patrimonial com a finalidade indicada no n.º 1 do artigo 37.º (para a prática de um qualquer acto ou omissão contrários aos deveres do cargo, ainda que anteriores àquela solicitação ou aceitação).

Destes dois conceitos legais de corrupção (activa e passiva) têm o mesmo elemento subjectivo que é o dolo geral/genérico em todas as suas modalidades, isto é, directo/intencional, necessário e eventual.

No Crime de corrupção passiva, a penalidade é de **1 a 5 anos de prisão.** Mas se o acto ou omissão não forem contrários aos deveres do cargo e a vantagem não lhe for devida, o agente é punido com a pena de prisão de **6 meses a 3 anos de prisão.** No Crime de corrupção activa, a penalidade é de **1 a 5 anos de prisão.**

Importa observar que, nos termos do artigo 39.º, estas penalidades podem ser agravadas em função do valor da vantagem: assim se a vantagem no crime de corrupção passiva ou activa for superior a kwanzas 100.000.000.00 a penalidade é agravada em quarto nos seus limites mínimo e máximo; se for superior a kwanzas 10.000.000.00, a penalidade é agravada em um terço nos seus limites mínimos e máximos.

O critério geral para determinar a penalidade é o da culpabilidade do agente previsto no artigo 84.º do Código Penal.

É importante de igual modo sublinhar que a corrupção enquanto crime subjacente ao branqueamento de capitais já existia no Código Penal (de 1886) adotado por Angola a quando da independência a 11 de Novembro de 1975. Em 1999, a Lei n.º 6/99 de 3 de Setembro, Lei das Infrações contra a Economia revogou os crimes de corrupção e suborno do Código Penal e passou a regular-lhes nos artigos 48.º, 49.º e 50.º. Em 2003, entrou em vigor a Lei n.º 13/03 de 10 de Junho, Derrogatória da Lei n.º 6/99 de 3 de setembro e revogou os artigos 17.º a 50.º da Lei n.º 06/99, de 3 de Setembro, remetendo a consagração destes crimes (corrupção, suborno, infidelidade e administração danosa, entre outros) num futuro diploma que nunca chegou a ser aprovado. Assim, apenas com a Lei n.º 3/14, de 10 de Dezembro se voltou a consagrar de forma clara o crime de corrupção em Angola. Por isso, os "crimes de corrupção" praticados entre 2003 até 9 de Maio de 2014 não eram consideradas infracções subjacentes ao branqueamento de capitais, nos termos da Lei n.º 34/11. De igual modo, os mesmos comportamentos e no mesmo período (2003 até 9 de Maio de 2014) não encontram amparo na lei 3/14 de 10 de fevereiro, justamente por ser proibida a retroactividade da lei *in malam partem*, considerando que a mesma entrou em vigor 90 dias após a sua publicação em Diário da República. Significa que os actos praticados entre 2009 a 9 de Maio de 2014, isto é, antes do dia 10 de Maio, não podiam ser abrangidos pela Lei n.º 34/11, de 12 de Dezembro, por não existir uma consagração legal como crime subjacente, e a lei n.º 3/14, de 10 de Fevereiro não pode antecipar a sua aplicação a factos praticados antes de começar a vigorar, pois entrou em vigor a 10 de Maio de 2014.

Outro marco importante para a compreensão e punição da corrupção em Angola foi a aprovação da Lei de Amnistia (Lei n.º 11/16 de 12 de Agosto). Esta Lei foi aprovada pela Assembleia Nacional no dia 20 de Julho de 2016 e entrou em vigor à data sua publicação em Diário da República no dia 12 de Agosto de 2016.

A Lei de Amnistia foi aprovada no quadro das comemorações do Quadragésimo Primeiro Aniversário da Independência Nacional de Angola com a finalidade geral de conceder a todos os cidadãos privados de liberdade novas oportunidades políticas e sociais de reintegração pessoal e familiar, bem como para significar uma viragem no estado de actuação quer dos funcionários públicos, quer dos cidadãos em geral, sinalizando uma nova era na forma de ser e estar em Angola, não só, por causa da independência, como também a preparação de uma nova abordagem governativa e social como a transição de uma gestão de 38 anos, para uma nova era.

Relativamente ao âmbito e objecto da lei da amnistia, é o n.º 1 do artigo 1.º da Lei n.º 11/16 de 12 de Agosto (Lei da Amnistia) que delimita o seu âmbito e objecto ao dispor que a lei da amnistia abrange todos os crimes comuns puníveis com pena de prisão até 12 anos, cometidos por cidadãos nacionais ou estrangeiros até 11 de Novembro de 2015. E para completar e clarificar o seu âmbito, o artigo 3.º, da Lei n.º 11/16, de 12 de Agosto, trouxe uma cláusula de exceção, dispondo claramente sobre que crimes é que não estavam cobertos por ela.

A cláusula de exceção (artigo 3.º, da Lei n.º 11/16, de 12 de Agosto) dispõe que não estão abrangidos pela presente lei:

a) Os crimes dolosos cometidos com violência ou ameaça a pessoas de que resultou a morte ou quando esta, não tendo ocorrido, tenha havido o emprego de arma de fogo;
b) Os crimes de tráfico de estupefacientes e substâncias psicotrópicas, punidos com pena superior à prevista na alínea a) do artigo 8.º da Lei 3/99 de 6 de Agosto – Lei sobre o Tráfico e Consumo de Estupefacientes, Substâncias Psicotrópicas e Precursores;
c) Os crimes de tráfico de pessoas e órgãos de seres humanos;
d) Os crimes previstos nos artigos 392.º a 395.º do Código Penal, designadamente o estupro, a violação, a violação de menor de 12 anos e o rapto violento ou fraudulento;
e) Os crimes de promoção e auxílio à imigração ilegal.

Nos termos do artigo 1.º, da Lei da Amnistia, todos os crimes, não incluídos no seu artigo 3.º, e que tenham uma penalidade cujo limite máximo da moldura seja igual ou inferior a 12 anos de prisão (artigo 1.º, da Lei n.º 11/16, de 12 de Agosto) estão amnistiados, desde que praticados até ao dia 11 de Novembro de 2015.

Ora, a amnistia, nos termos do artigo 125.º do Código Penal, é uma causa de extinção do procedimento criminal e da pena. A amnistia incide sobre o crime e/ou sobre o comportamento do agente afetando a punibilidade. O Código Penal vai mais longe e defende a retroatividade da amnistia, prevalecendo, inclusive, sobre o caso julgado. A Constituição da República de Angola consagra a irreversibilidade da amnistia.

O que fica dito quer significar que a **amnistia** extingue o procedimento criminal (anulando o próprio crime) e, no caso de já ter havido condenação, faz cessar a execução tanto da pena principal como das penas acessórias.

Assim, nos termos consagrados no Capítulo VII da Lei n.º 3/14, de 10 de Fevereiro, o crime de corrupção e todas as figuras afins constantes no mesmo capítulo têm a penalidade entre 1 a 5 anos, por um lado, por outro lado, o n.º 1 do artigo 1.º, da Lei n.º 11/16 de 12 de Agosto, Lei da Amnistia consagra como estando abrangidos pela amnistia todos os crimes cujo limite máximo da moldura penal seja 12 anos, deste modo o crime de corrupção (activa ou passiva) mesmo quando agravado em ¼ ou 1/3 foram abrangidos pela Lei da Amnistia, desde que cometidos até 11 de Novembro de 2015.

3. A Alta Autoridade contra a Corrupção

A Alta Autoridade contra a Corrupção é a primeira instituição criada pelo Estado, junto da Assembleia Nacional, através da Lei n.º 3/96 de 5 de Abril, para o combate a corrupção.

No seu preâmbulo justifica-se a criação da referida instituição nos seguintes termos: "a necessidade de modernização e transparência dos atos da Administração Pública e os respetivos agentes, bem como dos titulares dos órgãos de soberania e de garantir que os sinais exteriores de riqueza possam ser efetivamente controlados, nomeadamente, através da obrigatoriedade de declarações de bens e rendimentos, de molde a inspirar a confiança dos cidadãos nas instituições públicas e considerando a necessidade de Assembleia Nacional no exercício da sua função fiscalizadora, assumir a coordenação e direção do combate contra as práticas e omissões que possam ser consideradas atos de **corrupção ou fraude de delitos contra o Património Público**[3], no exercício abusivo de funções públicas ou quaisquer outras lesivas dos interesses públicos ou da moralidade da administração."

O artigo 1.º define a Alta Autoridade contra a Corrupção como sendo "um órgão independente que funciona junto da Assembleia e tem por objetivo desenvolver ações de prevenção, de averiguação e de participação à entidade competente para a ação penal ou disciplinar dos atos de corrupção e de fraude cometidos no exercício de funções administrativas.".

Quanto ao âmbito (artigo 4.º) **estabelece** que a lei "aplica-se às ações e omissões praticadas contra o Património Público, e as resultantes do exercício abusivo de funções públicas ou quaisquer outras lesivas dos interesses

[3] Sublinhado nosso.

públicos ou da moralidade da administração, cometidas pelos agentes da Administração Pública, das Forças Armadas, da Ordem Interna, das Instituições Públicas, das Empresas Públicas, das Concessionárias de Serviços Públicos e ou de exploração de bens do domínio público, incluindo as praticadas pelos titulares dos órgãos de soberania (...)."

Dentre as várias competências da Alta Autoridade contra a Corrupção, destacam-se:

1.
a) (...)
b) Promover a realização de inquéritos sindicâncias, diligências de investigação ou outras para averiguar da legalidade de determinados atos ou procedimentos administrativos, no âmbito das relações entre a Administração Pública e as entidades privadas.
c) Fiscalizar, a licitude e a correção dos atos administrativos que envolvam interesses patrimoniais, nomeadamente, a adjudicação de empreitadas de obras públicas e de contratos de fornecimentos de bens ou serviços, de aquisição e de alienação de bens patrimoniais ou de pagamento de indeminização, de importação ou exportação de bens ou serviços, de outorga ou recusa de créditos e de perdão de dívidas.
d) Remeter à Procuradoria Geral da República os processos de natureza criminal.

4. O contexto prático do combate à corrupção

O contexto prático e atual do combate à corrupção deve ser analisado em dois momentos: de 11 Novembro de 1975 a 26 de Setembro de 2017 e 26 de Setembro de 2017 a presente data.

No primeiro período (11 de Novembro de 1975 a 26 de Setembro de 2017) foi o período mais negro da história de Angola no que ao combate a corrupção diz respeito. Foi um período marcado pela corrupção generalizada e pela impunidade, por um lado. Por outro lado, quase que não existiam processos crimes quer em instrução preparatória quer em juízo (tribunal) para julgamento. A razão fundamental era mais política do que jurídica:

(i) Política porque a teia de influência em torno do Presidente da República era tão estreita que ninguém chegava ou assumia posição de liderança sem o seu consentimento. Esta dependencia servia por um lado para estar as ordens e puder executar ou viabilizar pagamentos para pessoas, organizações ou para o partido politico – MPLA. Lembrar que tendo sido instaurada uma República Popular (1975 – 1991), em 1992 foi inaugurada uma fase de multipartidarismo de partido hegemónico – MPLA, logo tudo era preciso para fortalecer o Partido, desde financiamentos diretos de Ministérios e sector empresarial público até a ocultação de atos de gestão ruinosa e corrupção praticada por Ministros, Secretários de Estados ou Gestores de empresas públicas, com o único objetivo de "não fragilizar" o partido;

(ii) Só residualmente seria um problema jurídico que atados às estruturas do poder, o Procurador Geral da República – conforme reza o seu estatuto orgânico desde 1979 até a data presente – recebe orientações diretas do Presidente da República, que é e sempre foi o centro nelvragico de toda ação governativa, por um lado e por outro a Magistratura judicial, era e é materialmente dependente do Poder do Presidente da República e atua segundo o interesse daquele, desde logo pelo fato de ser o Presidente da República quem indica o Presidente do Tribunal Supremo, escolhendo-os numa lista triplice recebida do Conselho Superior da Magistatura Judicial que é Presidida pelo Presidente do Supremo e tem poderes disciplinares sobre os juízes. Qualquer ousadia de um magistrado era severamente contra-atacada com processos disciplinares, entretanto o Judicial, também nada faz se o Ministério Público, no que a corrupção diz respeito, nada enviar para eles.

O período designado (26 de Setembro 2017 ao presente momento) sinaliza, primeiro, o fim do mandato presidencial de mais de 35 anos de José Eduardo dos Santos, e, segundo, dá início ao mandato de João Lourenço como Presidente de Angola, cuja bandeira principal para a sua eleição foi o combate a corrupção.

Assim, segundo dados apresentados no recente Discurso ao Estado da Nação (15 de Outubro de 2019), de 2012 a 2017 foram instaurados 18 processos inquéritos ligados a corrupção crimes conexos e de 2017 a 2019, 192 processos.[4]

[4] Fonte: Jornal de Angola, de 16 de Outubro de 2019, Ano 44.

Actualmente o combate a corrupção e crimes conexos levanta muitos pontos de interrogação. Desde já, não **há** em Angola uma política global de Estado de combate a criminalidade, em particular a corrupção. A corrupção foi sempre vista numa perspectiva político-partidária e não de Estado. A Alta Entidade contra a Corrupção criada em 1996, nunca exerceu as suas funções, pois nunca tomou posse.

Em Dezembro de 2018 foi lançado o "**Plano Estratégico de Prevenção e Combate à Corrupção da Procuradoria Geral da República - 2018 - 2022**", que integra outros sectores (Ministérios da Justiça, Finanças, Interior e outros), cuja missão é "implementar os mecanismos de prevenção e combate à corrupção, promovendo uma cultura de transparência, integridade e boa governação, que vise o desenvolvimento económico e social harmonioso do País." Ainda consta do referido plano os seguintes objetivos:

a) Promover a integridade, transparência, cultura de prestação de contas, bem como melhorar os serviços na Administração Pública;
b) Promover o envolvimento da sociedade na prevenção e no combate à corrupção;
c) Intensificar a prevenção da corrupção e promover a integridade nos sectores empresariais público e privado.

Os problemas que se levantam em relação à Procuradoria Geral da República (PGR) como órgão director do referido Plano estão relacionados com a sua credibilidade e falta de confiança junto dos cidadãos e sociedade em geral. No período de maior corrupção e impunidade em Angola é a mesma PGR que arquivava quase todos os processos de corrupção alegadamente "por falta de provas". Também se questiona a sua seriedade devido a corrupção que há na própria PGR. Em suma, hoje, no que diz respeito a PGR enquanto entidade responsável do combate à corrupção estamos diante de um dilema que se resume na pergunta milenar "se os guardiões guardam o templo, quem guarda os guardiões."

Para além destas inquietações constata-se, no geral, a falta de preparação técnico-científica dos principais actores do combate a corrupção (polícia judiciária e Magistrados do Ministério Público) bem como dos Magistrados Judiciais. Dito de outro modo, o combate a corrupção tem sido visto como um fenômeno novo até então quase inexistente. A corrupção e crimes conexos, não fazendo parte dos chamados crimes tradicionais levanta problemas relativos à sua compreensão e operacionalidade. Verifica-se, igualmente, a falta de condições de trabalho, falta de recursos humanos em quantidade e qualidade, salários baixos e desatualizados face ao elevado custo de vida e desvalorização do Kwanza (nome da moeda nacional e oficial de Angola). Estas situações e outras constituem a nosso ver verdadeiros empecilhos para o combate a corrupção.

Conclusões

O combate a corrupção e crimes conexos em Angola é um processo novo, pois nunca houve tal prática como acontece nos dias de hoje. Aliás, sem exagero, a jovem nação angolana nasce em 1975 já com um problema grave, o da corrupção colonial e pós-colonial (que ainda perdura).

Necessidade de uma visão de Estado abrangente sobre o fenômeno corrupção, despartidarizando, deste modo, as soluções para seu combate.

Necessidade de dotar o País de uma Magistratura (Judicial e do Ministério Público) forte, indepedente (uma) e autonoma (outra) a fim de se combater de se encarar o fenómeno sem entraves e de forma objetiva e profunda.

Em muitos casos o País foi sacrificada em nome de uma postura "forte" e inabalavel do "partido hegemonico" que beneficiava com financiamentos indevidos de seus atos políticos e de suas campanhas, o que exigia mais dinheiro e solidifica a endemica corrupção.

Falta em Angola de estudos científicos multi-sectoriais sobre as causas da criminalidade e em particular da corrupção.

Falta de transparência sobre os dinheiros e activos recuperados no âmbito do processo de recuperação de activos, sobretudo da corrupção.

Referências

ANGOLA. Lei n.º 3/14 de 10 de Fevereiro de 2014.
ANGOLA. Lei n.º 3/96 de 5 de Abril de 1996.
ANGOLA. Lei n.º 6/99 de 3 de Setembro de 1999.
ANGOLA. Lei n.º 9/89 de 11 de Dezembro de 1989.

ANGOLA. Lei n.º 12/10 de 9 de Julho de 2010.

ANGOLA. Lei n.º 34/11 de 12 de Dezembro de 2011.

BANDEIRA, Gonçalo S. de Melo. *Responsabilidade Financeira e Criminal.* Editora Juruá, 2015.

NACIONAL, Imprensa. *Constituição da República de Angola*, 2010.

NACIONAL, Imprensa. *Lei Constitucional de Angola*, 1975.

NACIONAL, Imprensa. *Plano Estratégico de Prevenção e Combate à Corrupção.* 2018-2022.

NASCIMENTO, Adão do. *Corrupção, Improbidade Administrativa e Autarquias Locais.* Editora, BC, LIVTEC, 2018.

SATULA, Benja. *Branqueamento de Capitais.* Lisboa: Universidade Católica Editora, 2010.

TALI-MABEKO, Jean- Michel. *MPLA – Perante Si Prórpio*: 1960 – 1977. Mercado de Letras: Lisboa, 2018.

13. Corrupção Sistêmica Desestruturada: Inovação, Inteligência Artificial, Classificação de Delitos

Maria Tereza Uille Gomes

Introdução

A corrupção sistêmica desestruturada é aquela que se vale da falta de dados padronizados, organizados e integrados, e que, em um ambiente difuso, abre espaço para que os elementos nocivos, fraude e corrupção sobrevivam e formem redes de relacionamentos.

A antítese está no desafio de fortalecer os Poderes e as Instituições a partir da padronização segura de dados e uso de tecnologias e ferramentas de inteligência artificial, *business intelligence* e outras para subsidiar a tomada de decisões seguras visando prevenir e reprimir a corrupção.

Nos últimos dois anos, o armazenamento de dados cresceu exponencialmente. O problema a ser enfrentado não se refere à legitimidade dos dados, mineração de dados, uso da inteligência artificial, *blockchain* ou outras tecnologias, mas sim na identificação de quais são os dados mais importantes para se iniciar um processo de padronização e centralização. Se os dados não forem seguros e "limpos" a máquina faz a leitura de conteúdos incorretos ou desnecessários e o resultado não será eficaz.

Aí reside a inovação, amparada na capacidade humana de criar uma classificação de dados relevantes que se pretende analisar para tomar decisões e promover mudanças culturais e estruturais na organização, visando o aperfeiçoamento dos processos. Na iniciativa privada é crescente a demanda por diretores executivos de dados, os CDOs (*Chief Data Officer*), bem como na gestão pública, pois é essencial contar com gestores capacitados no gerenciamento de dados, indicadores e métricas para aferir resultados com maior qualidade e eficácia.

A Agenda 2030 coordenada pelas Nações Unidas, que sucedeu e incorporou sua antecessora, a Agenda 2015, constitui-se em uma Agenda de Direitos Humanos que traz consigo um Plano de Ação assumido por 193 Países, inclusive o Brasil, que compara o desempenho entre os Países por meio de indicadores globais mensuráveis.

No que diz respeito ao combate à corrupção, o Objetivo de Desenvolvimento Sustentável (ODS) 16, em especial, trata da Paz, Justiça e Instituições Eficazes e fixa os indicadores a serem medidos.

O referido ODS 16 abrange, por sua vez, 10 metas e seus respectivos indicadores, dentre as quais destacam-se duas metas, as de número 16.4 e 16.5, que se relacionam diretamente com o combate à corrupção e crimes afins. A meta 16.4 tem como desafio reduzir significativamente os **fluxos financeiros** e de armas ilegais, reforçar a **recuperação** e **devolução** de recursos roubados e combater todas as formas de **crime organizado.** O indicador 16.4.1 visa medir o **valor total dos fluxos financeiros internos e externos ilícitos (em dólares americanos correntes).** A meta 16.5 visa reduzir substancialmente a **corrupção** e o **suborno** em todas as suas formas, contendo dois indicadores que visam, especificamente, medir o **percentual de pessoas ou empresas que tiveram pelo menos contato com um oficial do serviço público e pagou suborno ao oficial ou foi demandado a pagar suborno para o oficial durante os 12 meses anteriores.**

A *United Nations Office on Drugs and Crime* (UNODC) – no Brasil, Escritório das Nações Unidas sobre Drogas e Crime - é uma das agências da ONU responsável pela implementação do Objetivo de Desenvolvimento Sustentável 16 e seus indicadores, com a participação do PNU, Unesco, UNV, Unaides, Unicef e OIT.

A UNODC está desenvolvendo estudos, em parceria com o Conselho Nacional de Justiça, por meio do Programa Laboratório de Inovação, Inteligência e Objetivos (LIODS), para definição de indicadores e dados estatísticos do Poder Judiciário capazes de contribuir com a Agenda 2030 no Poder Judiciário Brasileiro e para a comparabilidade de dados sobre a criminalidade entre diferentes Países.

O Programa das Nações Unidas para o Desenvolvimento (PNUD) desenvolve em parceria com o Conselho Nacional de Justiça por meio do Departamento de Monitoramento e Fiscalização (DMF) o Programa

Justiça Presente, notadamente na área da execução penal e da efetividade das alternativas penais.

Destaque-se que a preocupação com a prevenção e o combate à corrupção e à lavagem de capitais está presente em todos os Poderes e Instituições, inclusive na área acadêmica.

Na perspectiva, portanto, de contribuir para um melhor aprofundamento sobre o tema este artigo está dividido em 3 partes.

A primeira parte visa colher dados desestruturados, de diversas fontes, inclusive notícias esparsas publicadas nos meios de comunicação, para demonstrar que uma vez que se possa reunir as peças do mosaico de dados informativos com dados processuais, elas podem revelar a cultura e o modo de agir de Poderes e das Instituições em relação à temática.

A segunda parte tem por objeto analisar superficialmente a metodologia de pesquisas pontuais realizadas na USP e na Universidade Positivo, que têm por objeto identificar metodologias capazes de contribuir com a prevenção da corrupção

E, por fim, a terceira parte cujo objetivo é o de criar, a partir de dados não estruturados, soluções para **padronizar** e **centralizar** os dados com as informações mais importantes e seguras para tomada de decisões.

Parte I

1. Dados do Poder Legislativo e Poder Executivo que revelam a evolução legislativa no combate à corrupção (*lato sensu*)

No Brasil a legislação que trata dos crimes de "colarinho branco", combate à corrupção, tráfico, lavagem de dinheiro, organizações criminosas e outros crimes previstos em Tratados ou Convenção Internacional tem avançado.

Desde o atentado de 11 de setembro de 2001, na cidade de Nova York, contra as Torres Gêmeas e o Pentágono, aumentou a preocupação dos Países em relação aos temas segurança pública e lavagem de dinheiro e as redes que os financiam.

O que se busca, aqui, é apresentar dados legislativos estruturados em ordem cronológica. Assim sendo, as principais leis relacionadas são, respectivamente:

- Decreto-Lei nº. 2.848/1940 – Código Penal – crimes contra a administração pública; moeda falsa; **tráfico internacional de pessoas**, e outros;
- Lei nº. 7.492/86 – crimes contra o **sistema financeiro nacional;**
- Lei nº. 7.805/89 – crimes de extração de **substâncias minerais**;
- Lei 8.137/90 – crimes contra a **ordem tributária;**
- Lei nº. 8.069/90 – transferência ilegal de **criança ao exterior;**
- Lei nº. 8.072/90 – crimes hediondos – **desmantelamento de quadrilha;**
- Lei nº. 8.176/91 – crimes contra o **ordem econômica**;
- Lei nº. 9.613/98 – crimes de "**lavagem de dinheiro**";
- Lei nº. 9.807/99 – trata da proteção aos **réus colaboradores;**
- Lei nº. 10.826/03 – importação ou exportação de **arma de fogo e munição;**
- Lei nº. 11.343/06 – **tráfico de drogas;**
- Lei nº. 12.850/13 – **organização criminosa** – colaboração premiada; e,
- Lei nº. 13.260/16 – **terrorismo.**

Fora da esfera do Direito Penal sancionador, também é importante analisar a Lei nº. 7.347/85, que trata da ação civil pública; os Códigos de Organização e Divisão Judiciárias, que dispõem sobre o funcionamento dos serviços no Poder Judiciário; a Lei nº. 8.429/92, que trata da improbidade administrativa, em relação as pessoas físicas; a Lei nº. 8.935/94, conhecida como a Lei dos Cartórios, que dispõe sobre atos notariais e de registro delegados; a Lei nº. 12.846/13, anticorrupção, que trata dos acordos de leniência envolvendo pessoas jurídicas pela prática de atos contra a administração pública; o Decreto nº. 3.678/2000, que promulga a Convenção sobre o Combate da Corrupção de Funcionários Públicos Estrangeiros em transações comerciais internacionais de Paris; a Lei nº. 13.810/19, que dispõe sobre indisponibilidade de ativos; e os Decretos que tratam de diversas formas de Cooperação Jurídica Internacional, Decretos nºs. 7.595/11, 9.724/19 e 9.825/19.

A competência é atribuição de órgãos reguladores e fiscalizadores que centralizam dados, tais como o Conselho Nacional de Segurança Pública, a ABIN, o COAF, a Advocacia Geral da União, a Controladoria Geral da

União e dos Estados, os Tribunais de Contas, o Conselho Nacional do Ministério Público e o Conselho Nacional de Justiça.

1.1. Dados do Poder Executivo – Grandes Operações da Polícia Federal no Brasil e no Paraná

A segurança pública, dever do Estado, direito e responsabilidade de todos, é exercida para a preservação da ordem pública e da incolumidade das pessoas e do patrimônio, através das polícias.

A Polícia Federal, instituída por lei como órgão permanente, organizada e mantida pela União, destina-se, nos termos do § 1º do artigo 144 da Constituição Federal, a:

I. apurar infrações penais contra a ordem política e social ou em detrimento de bens, serviços e interesses da União ou de suas entidades autárquicas e empresas públicas, assim como outras infrações cuja prática tenha repercussão interestadual ou internacional e exija repressão uniforme, segundo se dispuser em lei;
II. prevenir e reprimir o tráfico ilícito de entorpecentes e drogas afins, o contrabando e o descaminho, sem prejuízo da ação fazendária e de outros órgãos públicos nas respectivas áreas de competência;
III. exercer as funções de polícia marítima, aeroportuária e de fronteiras;
IV. exercer, com exclusividade, as funções de polícia judiciária da União.

O número de Grandes Operações deflagradas pela Polícia Federal, desde 2003 cresce visivelmente, notadamente a partir de 2013, quando entrou em vigor a Lei que define organizações criminosas e tratou da colaboração premiada como meio de obtenção de prova, pois os mecanismos de inteligência ocuparam maior espaço. É o que evidencia o gráfico a seguir.

Figura 1 – Estatística de Operações – 2003/2016

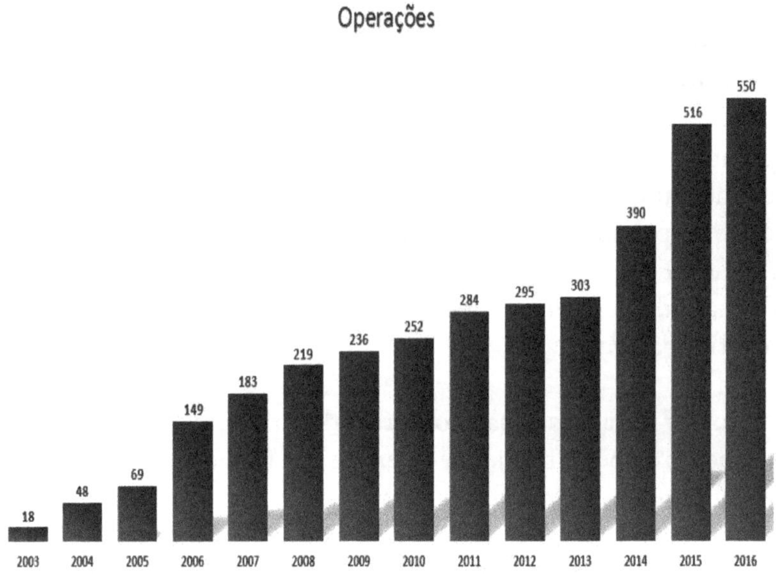

Fonte: BRASIL. Min. da Justiça e Segurança Pública/PF, 2019.

Pelo site da Polícia Federal, em ordem cronológica, estão disponibilizadas informações com o nome das **40 Principais Operações Polícia Federal**, desde o ano de 1994[1]. Em relação às Grandes Operações da Polícia Federal, o próprio site da Polícia Federal apresenta um espaço dedicado especificamente à Operação Lava Jato[2].

A Operação Lava Jato é, até o momento, uma das maiores Operações desencadeadas pela Polícia Federal do Estado do Paraná, deflagrada no dia 17 de março de 2.014, sendo que outras Operações, ao longo dos anos, também merecem destaque, pois apresentam linhas de interligação. São elas:

- 1998 – Operação Macuco – origem do Caso Banestado (1998 – contas CC-5);
- 2004 – Operação Farol da Colina (contas CC-5);

[1] Dados disponíveis em: <http://www.pf.gov.br/imprensa/grandes-operacoes>. Acesso em: 16 nov. 2019.

[2] Conteúdo pode ser acessado em: <http://www.pf.gov.br/imprensa/lava-jato>.

- 2004 – Operação Fênix;
- 2014 – Operação Lava Jato;
- 2014 – Operação Gafanhoto;
- 2016 – Operação Xepa.

1.2. Poder Legislativo – Comissões Parlamentares Mistas de Inquérito – Poder de Investigação – as grandes CPMIs no Brasil e as do Estado do Paraná

A Constituição Federal conferiu ao Congresso Nacional a competência para constituir Comissões, dentre as quais, as Comissões Parlamentares de Inquérito, que terão poderes de investigação próprios das autoridades judiciais, além de outros, previstos nos regimentos das respectivas Casas.

As Comissões são criadas em conjunto ou separadamente pela Câmara dos Deputados e pelo Senado Federal, mediante requerimento de 1/3 dos seus membros, para a apuração de fato determinado e por prazo certo, sendo suas conclusões, se for o caso, encaminhadas ao Ministério Público para que promova a responsabilidade civil ou criminal dos infratores, nos termos do artigo 58, parágrafo 3º, da Constituição Federal. O site do Senado Federal disponibiliza a lista das Comissões Mistas de Inquérito (CPMIs) referentes ao período de 1967 a 2016[3].

No Estado do Paraná, duas Comissões Parlamentares Mistas de Inquéritos merecem destaque:

- 2003 – **Banestado** – autor: Deputado Nelson Pellegrino PT/BA. Última reunião 27/12/2004 DSF e 30/04/2005 (suplemento);
- 2014 – **Petrobrás** – autor: Senador Álvaro Dias – Comissão concluída em 19/12/2014 – no mesmo ano em que foi deflagrada a Operação Lava Jato.

A CPI dos Precatórios, no ano de 1997, apontou que determinada conta bancária do Banestado, da cidade de Foz do Iguaçu, havia recebido R$ 27,5 milhões da IBC *Factoring*. Em 2018 teve início a Operação Macuco, da Polícia Federal. Em razão das denúncias desta operação, iniciada em Foz do

[3] Ver mais em: <https://www12.senado.leg.br/institucional/arquivo/imagens/tabela-de-cpmis-de-1967-2016>.

Iguaçu e veiculadas pela imprensa, foi instituída a Comissão Parlamentar Mista de Inquérito (CPMI) do Banestado, em 2003, no Congresso Nacional, com a participação do Senado Federal e da Câmara dos Deputados.

O presidente da Comissão Parlamentar Mista de Inquérito (CPMI) do Banestado (Banco do Estado do Paraná), senador Antero Paes de Barros (PSDB-MT), revelou que os trabalhos da comissão possibilitaram à Receita Federal a cobrança de **R$ 213,5 bilhões em impostos**, sendo que R$ **133,4 bilhões de instituições financeiras e pessoas jurídicas não financeiras.** Essa investigação teve por base dados enviados à comissão pelo Banco Central sobre operações CC-5, de remessa de depósitos para contas no exterior, entre os anos de **1998 e 2002**, repassados à Receita, que nunca havia tido acesso a esses dados, protegidos pelo sigilo bancário. "Só esses créditos tributários que estão sendo recuperados justificariam a existência da CPMI", avaliou Antero Paes de Barros.

Como resultado da viagem de um grupo de parlamentares da CPMI do Banestado a Nova York e Washington, nos Estados Unidos, em meados de dezembro, foi também repassada à Receita Federal a listagem de **300 mil operações de clientes brasileiros**, feitas por meio da conta Beacon Hill, na agência do **Banestado em Nova York**. A Receita Federal, segundo o senador, já estaria examinando o material para distinguir as remessas legais daquelas reconhecidas como irregulares, e nessas últimas identificar as empresas e pessoas físicas envolvidas[4].

Em dezembro de 2004, após um ano e meio de investigações, foi apresentado o relatório parcial da Comissão Parlamentar Mista de Inquérito para os deputados e senadores com sugestão do indiciamento de 91 pessoas por suspeitas de envolvimento em um esquema de evasão de divisas aos paraísos fiscais. A comissão analisou 1,6 milhão de operações financeiras e investigou de 500 a 600 pessoas suspeitas de envolvimento no caso.

[4] FETEC/PR – Federação dos Trabalhadores em Empresas de Crédito do Paraná. *CPI do Banestado recupera 213,5 bilhões em impostos*. Disponível em: <http://www.fetecpr.org.br/cpi-do-banestado-recupera-r-2135-bilhoes-em-impostos/>. Acesso em 22 nov. 2019.

1.3. O Caso Banestado – a Gênese de Grandes Operações – Polícia Federal e CPMI

No ano de 2015 o então Senador da República Roberto Requião, em discurso[5] dirigido aos Senadores da República, relembrou o Caso Banestado.

Destacou o Senador que o Caso Banestado, conhecido no âmbito policial como "Operação Macuco", a maior investigação criminal do País, teve início na Delegacia Federal de Foz do Iguaçu, para apurar o uso irregular das contas CC5 do Banco, conforme menção do Relatório Final da CPI dos Precatórios. Segundo ele, o inquérito-mãe (Inquérito nº.207/98 – DPF/ Foz do Iguaçu) foi presidido pelo Delegado de Polícia José Castilho Neto e contou, inicialmente, com a colaboração do Procurador da República Celso Três.

Afirmou que o desvio era da ordem de 30 bilhões de dólares e que sua identificação permitiu traçar o mapa da corrupção brasileira, mas com o prosseguimento das investigações, inclusive a quebra de sigilo bancário de 137 contas-corrente da extinta agência Banestado de Nova York, os desvios de dinheiro e a evasão de divisas revelaram-se **ciclópicos**, chegando a "**fantástica cifra de 124 bilhões de dólares**", mais que as reservas cambiais do País. **Setenta doleiros,** segundo ele, foram presos, inclusive Alberto Youssef, que teria sido indiciado ao menos cinco vezes e condenado em uma delas. A maior parte dos processos foram presididos pelo então Juiz Sérgio Moro.

Por fim, o Senador Roberto Requião concluiu: "O banco de dados com indícios criminais elaborado à época serviu de base, durante os dez anos subsequentes, para o fomento de todas as investigações de crime financeiro no País, inclusive a Operação Lava Jato".

Ao comparar valores envolvidos na Operação Banestado e na Operação Lava Jato é possível extrair dados do site do Ministério Público Federal, atualizados até 5 de julho de 2019, informando que os crimes já denunciados envolvem pagamentos de propina de cerca de **6,4 bilhões de reais, sendo que 13 bilhões são alvo de recuperação, e na esfera cível de**

[5] Disponível para acesso público no endereço eletrônico <http://www.robertorequiao.com.br/ discurso-do-senador-requiao-sobre-o-caso-banestado/>.

improbidade administrativa foi pedido o pagamento de 18,3 bilhões, cujo valor total, incluindo multas chegaria a 40,3 bilhões de reais[6].

Estima-se, portanto, que em termos de valores envolvidos a Operação Banestado foi maior que a Operação Lava Jato, apesar de ambas revelarem o desvio de quantias vultuosas.

1.4. O Ministério Público Federal – Força Tarefa do Caso Banestado – a 1ª grande força tarefa do MPF

No caso Banestado, em maio de 2003, o Procurador-Geral da República, criou a força tarefa do Banestado, sendo, então, constituída a primeira grande força-tarefa do Ministério Público Federal com atuação exclusiva para investigar a evasão de divisas e lavagem de dinheiro através das contas CC-5, sendo que a segunda força-tarefa, decorridos dez anos, foi a da Operação Lava-Jato.

Atuaram na força-tarefa Banestado e, posteriormente, na Lava Jato, Deltan Dallagnol, Orlando Martello, Carlos Fernando dos Santos Lima, Januário Paludo, dentre outros, e delegados da Polícia Federal.

Na Operação Banestado, de acordo com Dallagnol, "[...] foram feitos os primeiros acordos escritos de colaboração premiada da história brasileira, num total de 18"[7].

De forma geral, neste caso os colaboradores foram os únicos parcialmente punidos. Foram 95 denúncias, 684 acusados por crimes de evasão de divisas para o exterior que somaram 28 bilhões de dólares, **30 milhões de reais recuperados** por meio de acordos de colaboração, mais de 206 pedidos de cooperação internacional, 18 acordos de colaboração por escrito com 23 colaboradores, 10 colaborações sem acordo e mais de 5 bilhões de reais em autuações da Receita Federal. Tal foi a estimativa apresentada por Dallagnol[8].

[6] BRASIL. Ministério Público Federal. *A Lava-Jato em números no Paraná*. Disponível em <http://www.mpf.mp.br/grandes-casos/caso-lava-jato/atuacao-na-1a-instancia/parana/resultado>. Acesso em 19 nov 2019.

[7] DALLAGNOL, Deltan. *A luta contra a corrupção* – a Lava-Jato e o futuro de um país marcado pela impunidade. Curitiba: Primeira Pessoa, 2017, p. 24.

[8] DALLAGNOL, Deltan. *A luta contra a corrupção* – a Lava-Jato e o futuro de um país marcado pela impunidade. Curitiba: Primeira Pessoa, 2017, p. 26.

Dos 684 acusados e 97 condenações, apenas sete foram presos após o fim do processo e outros seis detidos recentemente. Passados mais de 10 anos, apenas 1,9% dos acusados foram presos. "Os demais já saíram ou sairão livres de qualquer repreensão. Se dependesse do exemplo do Banestado, ninguém mais faria acordo de colaboração nem haveria o que temer. Esse caso revelou o sistema de Justiça em toda a sua exuberante disfuncionalidade"[9].

Em 2003, o doleiro Alberto Youssef assinou com o Ministério Público **o primeiro acordo de colaboração clausulada da história brasileira**, em que se comprometia a colaborar com a investigação e a não mais cometer crimes. A colaboração do doleiro permitiu, na visão do MPF, a investigação de **centenas de crimes**, documentos e dezenas de depoimentos, o que pode ser considerado "**uma das mais frutíferas colaborações da história**". As investigações foram conduzidas por uma equipe conhecida como "força-tarefa do caso Banestado" ou "força-tarefa CC5", formada por procuradores da República e delegados da Polícia Federal no Paraná, vários dos quais integram, hoje, a equipe do caso Lava Jato[10].

1.5. Ministério Público do Estado do Paraná e Banestado – 2003

A Assembleia Legislativa do Estado do Paraná também instalou CPI e elaborou relatório dos trabalhos composto por quase 80 mil páginas que foram entregues ao Ministério Público Estadual do Paraná.

Na Procuradoria-Geral de Justiça do Estado do Paraná, ao final de dezembro de 2003, a Procuradora-Geral de Justiça que subscreveu este artigo e o Promotor de Justiça designado para atuar no caso Banestado, Carlos Alberto Hohmann Choinski, fizeram uma análise do relatório da CPI do Banestado. Foram mais de 30 procedimentos instaurados e distribuída ação de improbidade administrativa por gastos irregulares com publicidade e propaganda no ano eleitoral de 1998. O banco havia sido comprado pelo Itaú em outubro de 2000, após vários escândalos, como o

[9] DALLAGNOL, Deltan. *A luta contra a corrupção* – a Lava-Jato e o futuro de um país marcado pela impunidade. Curitiba: Primeira Pessoa, 2017, p. 26.

[10] BRASIL. Conselho Nacional de Justiça. Justiça em Números. Disponível em <https://www.cnj.jus.br/pesquisas-judiciarias/justica-em-numeros/>. Acesso em: 20 nov. 2019.

de uso de sua agência em Nova York para lavagem de dinheiro das contas CC-5.

O Banestado precisou, então, da ajuda financeira de 5,1 bilhões do Banco Central para atenuar a crise, e para o saneamento do banco o governo do Estado teve que assumir a responsabilidade de repassar mensalmente à União, até o ano de 2023, cerca de 60 milhões para saldar o empréstimo.

Destaque-se que com a evolução das investigações há notícias de que o valor movimentado pode ter atingido **146 bilhões de dólares.**[11]

O doleiro Youssef foi denunciado pelo Ministério Público Estadual em outra ação conhecida como o "Escândalo Copel/Olvepar", ocorrida no final do ano de 2002, envolvendo créditos de ICMS. Em 2017, quinze anos depois, saiu a sentença que condenou Youssef e outros envolvidos, porém a pena já estava prescrita.

Em 2017, reportagem de Catarina Scortecci publicada no Jornal Gazeta do Povo, informava que "De acordo com as investigações, o valor total do prejuízo foi de R$ 84,6 milhões: R$ 39,6 milhões desembolsados pela Copel e R$ 45 milhões referentes ao ICMS que a Olvepar deixou de pagar ao estado, é o que mostra a notícia veiculada.[12]

1.6. Grandes Operações no Estado do Paraná – Linhas de Conexão – Banestado (2.003), Mensalão (2005), Lava Jato (2.014)

O Paraná está localizado na Região Sul do Brasil e é cortado, ao norte, por um círculo imaginário, o Trópico de Capricórnio, que passa, justamente, ao sul da cidade de **Londrina**, 2ª cidade mais populosa do Estado e a 4ª da Região Sul, depois de Curitiba, Porto Alegre e Joinville. A rota terrestre que liga a tríplice fronteira de Foz do Iguaçu (PR) à capital de São Paulo passa por Maringá e Londrina. O Paraná faz divisa com o Paraguai, Argentina, São Paulo, Santa Catarina e Mato Grosso do Sul.

[11] JORNAL FOLHA DE SÃO PAULO. Banestado de NY lavou precatórios, diz PF. 2003. Disponível em <https://www1.folha.uol.com.br/fsp/brasil/fc16022 00316 .htm>. Acesso em: 21 nov. 2019.

[12] JORNAL GAZETA DO POVO. Com "ajuda" de Youssef, primeira sentença da Copel/Olvepar saí após 15 anos. Disponível em <https://www.gazetadopovo.com.br/politica/parana/com-ajuda-de-youssef-primeira-sentenca-da-copelolvepar-sai-apos-15-anos-528m2zmt9cjjkz0t-zj63a b6b/>. Acesso em: 21 nov. 2019.

O ex-deputado federal, José Mohamed Janene, falecido em 2010 era de Londrina-PR, mesma cidade de Alberto Youssef. Em 2003, Youssef foi preso em Londrina com um cheque nominal ao deputado federal Janene, presidente do Partido Progressista – PP, no Estado do Paraná. A notícia, veiculada pelo Jornal Folha de São Paulo[13], revela que Youssef era considerado um dos principais articuladores do esquema de remessas ilegais de dinheiro para o exterior por meio das contas CC5, entre os anos de 1996 e 1999.

Em 2012 o MPF denunciou 11 pessoas ligadas a Janene por lavagem de dinheiro no caso do **Mensalão**, que veio a público em 2005-2006. O nome de Janene, que foi líder do PP na Câmara dos Deputados, foi relacionado entre os réus da Ação Penal nª. 470, mas em razão de sua **morte, em 2.010**, teve a punibilidade extinta.

O Mensalão foi objeto da Ação Penal nº. 470, movida pelo Procurador Geral da República no Supremo Tribunal Federal. O processo reuniu 44.265 páginas repletas de documentos entregues pelo Procurador Geral Roberto Gurgel ao STF. A denúncia foi oferecida em 2006 e recebida em agosto de 2007, em face dos 40 denunciados.

Em agosto de 2012 teve início o julgamento no STF, o mais longo, da história daquele Tribunal, com 53 sessões plenárias, envolvendo compra de votos de parlamentares no Congresso Nacional.

Durante todo o ano de 2012 o então Juiz Federal Sérgio Moro atuou como Juiz auxiliar do gabinete da Ministra Rosa Weber, quando do julgamento do Mensalão pelo STF. O escritor Vladimir Neto, na obra "Lava Jato, o Juiz Sergio Moro e os bastidores da Operação que abalou o Brasil", descreve[14] que

> Desde a morte de José Janene, em 2010, Alberto Youssef vinha controlando quase sozinho o esquema de cobrar propinas nas obras da Petrobras e repassar o dinheiro para o Partido Progressista, o PP, que sustentava Paulo Roberto Costa na diretoria da estatal.

[13] Matéria disponível em <https://www1.folha.uol.com.br/fsp/brasil/fc07 11200318.htm>.

[14] NETTO, Vladimir. *Lava Jato* – o juiz Sergio Moro e os bastidores da operação que abalou o Brasil. Curitiba: Primeira Pessoa, 2016, p. 32.

Descreve, ainda, Vladimir Neto, que Paulo Roberto Costa teria afirmado, em depoimento, que no início do governo Lula (1º mandato de 2003 a 2006 e 2º mandato de 2007 a 2010), conheceu o deputado federal pelo Paraná, José Janene, líder do PP, e que Janene o chamou para conversar dizendo que o faria Diretor da Petrobrás, mas em troca teria que atender aos pedidos do partido. Paulo Costa deixou a diretoria da Petrobrás em 2012.

No início de 2013, já de volta à Curitiba, Moro foi à posse do novo superintendente da Polícia Federal, Rosalvo Franco, e teria comentado em conversa com o delegado: "Faz tempo que a gente não tem uma operação financeira aqui no estado". O Superintendente Rosalvo teria, então, respondido: "Vou dizer uma coisa para o senhor. Não vou inventar a roda. Vou trazer para a delegacia as pessoas que já trabalharam no setor".

Em suas decisões acerca da competência jurisdicional para atuar na Lava Jato, Moro destacava que o primeiro crime descoberto pela Operação Lava Jato teria sido praticado em **escritórios de Londrina**, no norte do Paraná, onde o doleiro Alberto Youssef operava a lavagem de dinheiro, mencionando, ainda, que houve desvios e corrupção em obras na Refinaria Presidente Getúlio Vargas, na região metropolitana de Curitiba. De fato, em 2006, quando o Mensalão ainda estava sendo investigado, procuradores do MPF de Curitiba receberam a notícia de que assessores do deputado tinham feito movimentações suspeitas e o caso passou a ser investigado em Londrina.

Em 2008, o ex-sócio de Janene procurou a Polícia Federal e prestou um depoimento que acabou se tornando peça-chave para o início da Lava Jato. Janene teria combinado de investir um milhão como investidor na empresa do sócio, sendo que parte desses recursos foram provenientes de transferência da empresa CSA, de Janene, uma outra parte em dinheiro vivo, a partir de São Paulo, e ainda uma terceira parte oriunda de depósito feito em Brasília, a partir de contas controladas por um doleiro, que se descobriu, tinha relacionamento com Youssef, o primeiro a ser preso na Operação Lava Jato.

Em 20 de março de 2014 o então Juiz Sérgio Moro decretou a primeira prisão de Paulo Costa, que havia sido diretor da Petrobrás em 2012, na 2ª fase da Operação Lava Jato.

O primeiro caso de corrupção apurado pela Operação Lava Jato teria ocorrido em uma obra da Refinaria Abreu e Lima, ou Refinaria do Nordeste (Rnest), de Pernambuco, e que envolvia, na cadeia do fluxo financeiro, duas empresas de Youssef. A empresa vencedora para realizar a obra UCR da Refinaria, o Consórcio Nacional Camargo Correa, teria contratado a Sanko Sider para fornecer produtos e equipamentos e teria pago a ela e uma outra empresa, no período entre 2009 e 2013, mais de cem milhões de reais. Uma parcela desses valores era repassada para contas de empresas de Youssef, a GFD Investimentos e a MO Consultoria e Laudos Estatísticos. Parte era sacado em dinheiro vivo, parte transferido para outras contas controladas por Youssef e parte enviada para o exterior por meio de contratos de câmbio falsos, montado para justificar importações que, na prática, não aconteciam.

A quebra do sigilo bancário dessas contas permitiu que se chegasse ao "coração" da Operação Lava Jato, pois as maiores empreiteiras do País tinham feito depósitos milionários para Youssef. Mais de 90 milhões de reais na conta da MO Consultoria no período de 5 anos[15].

1.7. Resultados relacionados a Alberto Youssef

Youssef, no caso Banestado, fez acordo de colaboração premiada com o Ministério Público Federal, o qual foi homologado pelo então Juiz Sérgio Moro, e foi solto em 2003. Em 2014, já durante a Operação Lava Jato, poucos dias antes da homologação do 2º acordo de colaboração premiada de Alberto Youssef pelo STF, Moro revogou o acordo anterior (caso Banestado), por descumprimento de cláusulas.

O acordo de colaboração premiada de Alberto Youssef foi homologado em dezembro de 2014 pelo então Ministro do Supremo Tribunal Federal e Relator da Operação Lava Jato, Ministro Teori Zavascki. O Plenário do STF julgou o HC nª. 127.483/PR, impetrado em face do ato do Ministro que homologou o referido acordo, que foi conhecido e denegado nos termos do voto do Relator Ministro Dias Toffoli, de 27 de agosto de 2015.

Youssef foi condenado na ação penal dos desvios da Petrobrás, no caso da Lava Jato, à pena de 122 anos, mas teve sua pena reduzida pelo então Juiz Sérgio Moro em razão do acordo de colaboração premiada homologado pelo STF. Foi pactuada a devolução de 50 milhões de reais[16].

[15] NETTO, Vladimir. *Lava Jato* – o juiz Sergio Moro e os bastidores da operação que abalou o Brasil. Curitiba: Primeira Pessoa, 2016, p. 36.

[16] CASTRO, José Roberto. *Alberto Youssef, o doleiro que Moro perdoou duas vezes.* Jornal Nexo. 2016. Disponível em <https://www.nexojornal.com.br/ expresso/2016/11/16/Alberto-Youssef--o-doleiro-que-Moro-perdoou-duas-vezes>. Acesso em: 22 nov. 2019.

Em maio de 2017, Youssef foi beneficiado pela progressão de regime, passando a cumprir a pena em regime aberto até março de 2019. Em junho do mesmo ano foi condenado em outro processo na Justiça Estadual do Paraná, pelo Juiz da 2ª Vara Criminal de Curitiba, Fernando Fischer, no caso conhecido como Copel/Olvepar, tendo ocorrido prescrição. Um mês depois foi condenado na Justiça Estadual do Paraná, pelo Juiz da 3ª Vara Criminal, Joaquim Pereira Alves, por envolvimento em supostos desvios da Prefeitura de Maringá, a uma pena de 5 anos, 1 mês e 20 dias, por apropriar-se de bens ou rendas públicas (fatos ocorridos entre os anos de 1993 e 1996 – anteriores ao Caso Banestado).

"Quem é Alberto Youssef? De vendedor de salgados para doleiro de sucesso". Esse é o título de matéria publicada pelo Laboratório de Produção de Conteúdos Jornalísticos do curso de Jornalismo da FAAP, em 24 de novembro de 2017, que fez uma retrospectiva da história de Youssef[17]. Em 10 de novembro de 2019, a revista eletrônica Consultor Jurídico noticiou que amparado por acordo de delação, Youssef recomeçou a operar com câmbio. Mais recentemente, em notícia divulgada em 06 de novembro de 2019, o jornal Valor Econômico, informa que Youssef atualmente opera no mercado futuro de câmbio na bolsa brasileira B3, com planos de certificar e vender a licença de um robô de investimentos, pois as operações lícitas, segundo a notícia, estão liberadas.

1.8. Paraná – Operação Farol da Colina – 2004

Em 2004 a Polícia Federal desencadeou uma megaoperação em sete Estados brasileiros contra doleiros e pessoas a eles relacionadas, acusados de evasão de divisas, sonegação, formação de quadrilha e lavagem de dinheiro. Tratava-se de uma operação da força tarefa CC5 do Banestado, com mais de 50 mandados de prisão expedidos pelo então Juiz Sérgio Moro.

Desembargadores do TRF da 4ª Região, em 2004, revogaram a prisão de vários doleiros sob o argumento de que o juiz federal que as determinou não teria competência para mandar prender acusados de crimes praticados fora do Paraná.

[17] Matéria disponível em <https://medium.com/labjorfaap/quem-%C3%A9-alberto-youssef--e3f8d5a95141>.

1.9. Operação Fênix – Paraná – 2007

No ano de 2007, a Operação Fênix, deflagrada pela Polícia Federal, prendeu suspeitos de integrar quadrilha controlada por Luiz Fernando Costa, o Fernandinho Beira Mar, líder de organização criminosa ligado ao tráfico de entorpecentes. Conforme Ferreira, repórter da Agência Brasil, em matéria publicada em novembro de 2017[18],

> De acordo com a Polícia Federal, a polícia afirmou que as drogas eram importadas pela quadrilha, principalmente do Paraguai, Bolívia, Venezuela e Colômbia, e entravam no Brasil, na maioria das vezes, pelo estado do Paraná, na região de Foz do Iguaçu, por meio de aviões, carros e caminhões. Os produtos eram comercializados principalmente nas cidades de São Paulo e do Rio de Janeiro.

Em 2008, o então Juiz Sérgio Moro condenou Luiz Fernando da Costa, conhecido como Fernandinho Beira Mar, por comandar a organização criminosa de dentro da cela. Nove anos depois, na Operação Epístolas da Polícia Federal, Fernandinho Beira Mar foi novamente flagrado liderando um esquema idêntico em outra penitenciária federal. Segundo a PF, o grupo movimentou em torno de 9 milhões de reais.

Em 2017, informações veiculadas pelo portal de notícias G1, destacava:

> Após um ano e meio de investigações, a PF descobriu que Beira-Mar, preso na Penitenciária Federal de Porto Velho, em Rondônia, diversificou os negócios: os lucros agora vão além do tráfico de drogas. O criminoso controla máquinas de caça-níquel, venda de botijões de gás, cesta básica, mototáxi, venda de cigarros e até o abastecimento de água[19].

[18] AGÊNCIA BRASIL. Operação Fênix prende 19 suspeitos de integrar quadrilha controlada por Fernandinho Beira-Mar. Disponível em <http://memoria.ebc.com.br/agenciabrasil/noticia/ 2007-11-22/operacao-fenix-prende-19-suspeitos-de-integrar-quadrilha-controlada-por-fernandinho-beira-mar>. Acesso em: 21 nov. 2019.

[19] Ver matéria completa em <https://g1.globo.com/rio-de-janeiro/noticia/pf-faz-operacao-em-5-estados-contra-quadrilha-de-fernandinho-beira-mar.ghtml>.

Parte II

2. A metodologia de pesquisa acadêmica – inteligência humana e artificial

2.1. A Pesquisa realizada pela USP

As questões que envolvem práticas de corrupção, lavagem de dinheiro e setor financeiro são tão complexas que as instituições de ensino precisarão interligar a inteligência humana com apoio da inteligência artificial e outras tecnologia para definir metodologias capazes de fortalecer medidas preventivas.

Sob esta perspectiva, a coleta de dados, a classificação, a sistematização, o uso de tecnologias de mineração de dados e o uso de algoritmos de inteligência artificial para predição são instrumentos essenciais e como suporte para organização, estruturação e sistematização destes dados as plataformas de *business inteligence* para os gestores são fundamentais.

A Universidade de São Paulo criou um centro de pesquisa na área de inteligência artificial a partir de uma proposta elaborada pela Pró-Reitoria que será financiado pela Fapesp e IBM. O Centro é voltado para o desenvolvimento de pesquisas sobre algoritmos e sistemas de inteligência artificial, com foco em recursos naturais, saúde, agronegócio, ambiente e setor financeiro.

Uma das O Jornal El País divulgou, em 29 de março de 2018, a imagem cartográfica das redes de corrupção estabelecidas no Brasil entre os anos de 1987 a 2014, a partir dos escândalos divulgados na imprensa, em mapa elaborado por Luiz Alves, pós doutorando da USP[20]. De acordo com a notícia veiculada, pesquisadores mapeiam as redes de relacionamento entre os escândalos de desvio de dinheiro que assolaram o Brasil após a redemocratização, como "Anões do Orçamento", "Dossiê Cayman", "Máfia dos Fiscais" e outros[21]. À parte a **CPI do Banestado**, que voltou a ganhar

[20] Conteúdo disponível em <https://brasil.elpais.com/brasil/2018/03/28/politica/1522247105 599766.html>. Acesso em: 22 nov. 2019.

[21] OLIVEIRA, Regiane. Por trás do verdadeiro mecanismo de corrupção do Brasil. Jornal El País. mar/2018. Disponível em <https://brasil.elpais.com/ brasil/2018/03/28/politica/1522247105_599766.html>. Acesso em: 22 nov 2019.

destaque ao ser mencionada de forma caricata na série "**O Mecanismo**", apresentada pela Netflix[22], os muitos escândalos que assolaram o Brasil parecem, segundo a notícia, estar fadados ao esquecimento.

O resultado da pesquisa foi publicado em janeiro de 2018, no artigo intitulado "*The Dynamical Structure of Political Corruption Networks*" (A Estrutura Dinâmica das Redes de Corrupção Política), no *Journal of Complex Networks*[23], chamando a atenção do *MIT Technology Review*[24] que colocou o artigo na lista das publicações mais provocantes do período.

A mesma pesquisa identificou que fazer parte desse grupo seleto de redes modulares não é tarefa fácil. A cada quatro anos as redes de corrupção se transformam, com um aumento significativo do número de envolvidos. Apesar de não ser possível definir uma hierarquia, a pesquisa sugere que apenas sete *hubs* são responsáveis por estabelecer pontes com os demais 397 participantes da rede. Os mais influentes, segundo as informações publicadas no referido jornal, seriam, respectivamente, um prefeito, um doleiro, dois banqueiros, um diretor de empresa, um senador e mais um integrante que o pesquisador preferiu não revelar. Os pesquisadores optaram por retirar os nomes reais destes indivíduos na divulgação dos resultados da pesquisa.

O impacto da Lava Jato não foi tão grande nos dados porque o recorte da investigação termina em 2014, justamente no ano que foi deflagrada a operação e, até então, somente 21 pessoas haviam sido expostas ao esquema.

A seguir, na figura 2, é apresentado o Mapa Cartográfico que demonstra o relacionamento entre as Operações.

[22] Provedora global de filmes e séries de televisão via *streaming*.

[23] Matéria completa disponível em <http://complex.pfi.uem.br/the-dynamical-structure-of-political-corruption-networks/>.

[24] Publicação eletrônica de mídia global com orientação digital do Instituto Tecnológico de Massachusetts (MIT) voltada a divulgação de tecnologia. Fonte: MIT Technology Review, 2019.

Figura 2 – Mapa Cartográfico das Redes de Corrupção – 1987-2014

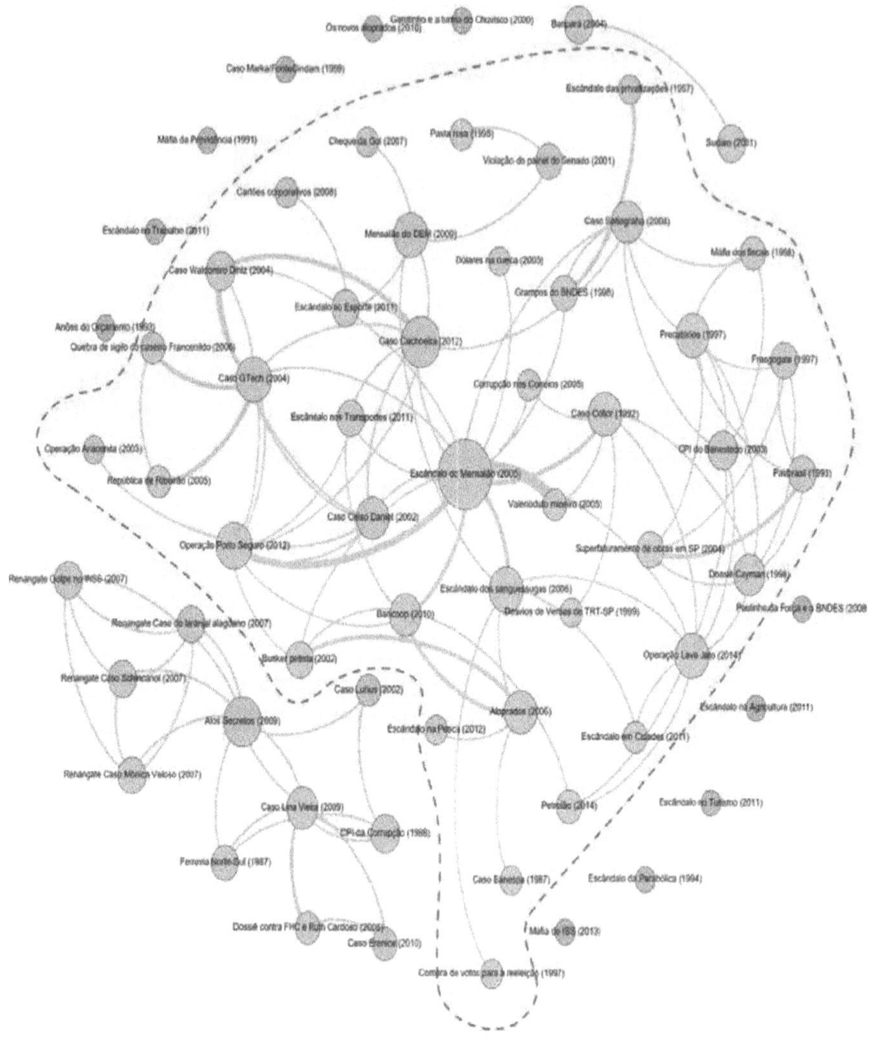

Fonte: ALVES, Luiz. Jornal El País. 2018.

2.2. A Pesquisa da UP – Universidade Positivo, no Estado do Paraná

A Universidade Positivo, em março de 2019, iniciou pesquisa jurídica no âmbito do CEPEJUS e do Programa de Pós-Graduação, Mestrado em Direito, com apoio da Associação de Indicadores em Direitos Humanos (AiDH), a partir da consulta de dados públicos com uso de inteligência artificial, tendo como objeto desenvolver metodologia de pesquisa para criar indicadores e algoritmos de inteligência artificial relacionados ao Objetivo de Desenvolvimento Sustentável 16 da Agenda 2030 e a Operação Lava Jato.

O projeto tem como objetivos específicos unir conhecimentos jurídicos, tecnológicos, contábeis, econômicos, estatísticos, de comunicação e gestão. Os trabalhos estão divididos em vários grupos.

Um grupo de pesquisadores analisou 89 Termos de Declaração de delator, com 334 laudas, colhidos no período de mais de um mês, em 2014, bem como a classificação das pessoas referidas. Foram relacionadas 384 pessoas em uma única colaboração, sendo 63% pessoas físicas e 37% jurídicas, das quais 156 delas supostamente envolvidas, 82 não envolvidas e 2 já falecidas. Foi, então, elaborado o "Mapa Visual da Colaboração", com uso de ferramentas de tecnologia e inteligência artificial, apresentando as linhas de cruzamento entre os relacionamentos existentes e as descobertas, com 5.842 ocorrências, cuja repetição indica a espessura das linhas e o maior nível de relacionamento entre as pessoas. Um trabalho que requereu mais de 150 horas de pesquisa.

Outro grupo de pesquisa estruturou, de acordo com as fases da Operação Lava Jato, as denúncias e sentenças, os tipos penais constantes das denúncias e das sentenças e o nível de eficácia em relação às condenações obtidas, o que exigiu mais de 300 horas de pesquisa.

Como a pesquisa ainda está em andamento, um outro grupo investiga os requisitos de regularidade, legalidade e voluntariedade da colaboração para fins estatísticos, e ainda um outro grupo analisa as relações existentes entre a Operação Lava Jato, no Brasil, e suas ramificações em relação aos Países Ibero-Americanos.

Um dos aspectos já identificados são os **tipos penais** incidentes nas denúncias e sentenças da Operação Lava Jato. São eles: "Lavagem" (Lei nº. 9.613/1998), corrupção passiva, corrupção ativa, organização criminosa

(Lei nº. 12.850/13), fraude à licitação (Lei nº. 8.666), crimes contra o sistema financeiro nacional (Lei nº. 7.492/86) e falsidade ideológica.

As maiores dificuldades registradas para realização da pesquisa se relacionam, justamente, à coleta de dados, identificação do número único dos processos, estruturação dos dados de acordo com a fase da Operação, número total das ações penais, dificuldades de acesso aos processos e à qualidade dos dados da delação, que se apresentam com nomes incompletos e/ou com erros de grafia, e qualificações imprecisas.

Parte III

3. Soluções para padronização e centralização dos dados de logística financeira para prevenir ou reprimir crimes

Esta terceira e última parte tem por objetivo criar, a partir de dados não estruturados, soluções para **padronizar** e **centralizar** os dados com as informações mais relevantes e seguras para subsidiar a tomada de decisões na prevenção e repressão de técnicas de corrupção, lavagem de ativos e outros delitos.

Como se viu, a rede de corrupção e lavagem de ativos está interligada. A conversão de valores remetidos do Brasil para o exterior, e vice-versa, deve ser feita por instituição financeira autorizada a operar no mercado de câmbio pelo BACEN (artigo 10, X, Lei nº. 4.595/64), com a devida identificação dos clientes e comunicação das operações (Lei nº. 9.613/98).

Contudo, a técnica da lavagem de dinheiro é fomentada pelos operadores do mercado clandestino, conhecidos como doleiros, que fazem transferências nacional ou internacional de dinheiro em outra moeda, de forma ilícita e, também, por outras formas de corrupção e lavagem com envolvimento de organizações criminosas no País.

De onde se pode concluir que, se por um lado atualmente já existem recursos tecnológicos suficientes para prevenir a corrupção, de outro falta uma Metodologia de Ciência de Dados, que permita a exploração e análise de todos os dados disponíveis a partir de métodos científicos e tecnologias avançadas de análise de dados, *machine learning* e inteligência artificial.

A Metodologia é, assim, a estratégia geral que irá orientar os processos de pesquisa a serem seguidos. A metodologia não depende de tecnologias e nem de ferramentas, mas da inteligência humana que irá conduzir a pesquisa com o uso de tecnologias, em diferentes estágios, de forma a obter respostas e resultados.

A análise de texto em dados não estruturados ou semiestruturados é bem mais complexa que a análise de dados estruturados. Contudo, cada vez mais é importante como forma de incorporar percepções e informações do texto nos modelos preditivos, melhorar a qualidade e a precisão de algoritmos, predizer o futuro e definir estratégias de ações preventivas.

Vários modelos podem ser automatizados na construção da pesquisa aplicada, tornando a tecnologia de *machine learning* mais acessível para pesquisas quantitativas e potencializando o uso de inteligência artificial e plataformas de *business inteligence* para tomada de decisões e monitoramento de resultados.

Os cientistas de dados podem, ao invés de definir o problema e, em seguida, analisar os dados para encontrar uma solução, no modelo "*top down*" inverter completamente essa lógica. A estratégia "*bottom-up*" é a que permite ao cientista de dados analisar grandes volumes de dados para identificar qual meta pode ser proposta a partir dos dados para resolver determinado problema, e então, solucioná-lo.

Destaque-se que mais importante do que conhecer os sistemas é conhecer os dados, a base de dados, o fluxo dos processos, a interação interinstitucional e o nível de segurança da fonte de informações para, então, criar novos modelos, processos, produtos ou serviços.

Os modelos que são criados após o *feedback* passarão por melhorias e adaptações continuamente, não se podendo, portanto, considerar o trabalho pronto e acabado, mas sim em constante evolução.

À guisa de exemplo, destacam-se os indicadores do ODS 16, da Agenda 2030, que versam sobre a apuração do valor total dos fluxos financeiros internos e externos ilícitos (indicador 16.4.1), e o percentual de pessoas ou empresas, que tiveram contato com um oficial do serviço público e pagaram suborno ou foram demandados a pagar suborno para o oficial nos últimos doze meses (indicadores 16.5.1. e 16.5.2).

Os dados seguros para responder aos indicadores acima mencionados devem ser obtidos por meio de fontes primárias, policiais ou judiciárias. É necessário que o pesquisador analise o fluxo do processo e se coloque na posição de observador. Se o observador analisa os dados a partir da perspectiva do Poder Judiciário a análise de indicadores, como se verá a seguir, ficará muito ampliada.

A partir do fato ilícito, o Executivo, por meio da polícia, investiga através de inquérito policial; o Legislativo, por meio do órgão de controle; o Tribunal de Contas instaura e julga procedimentos, elabora relatórios anuais e comunica ao Congresso Nacional que, por sua vez, pode instaurar CPIs e encaminhar ao Ministério Público para providências. O Ministério Público maneja investigações administrativas e ações civis públicas, ações de improbidade administrativa e ações penais e as distribui no Poder Judiciário. Os Procuradores e Advogados, públicos e privados, que exercem as funções ou a profissão no País demandam ações e petições no Poder Judiciário. Todo esse fluxo processual, em última análise, a começar pela distribuição de todos os inquéritos policiais de pequenas ou grandes operações, até o ajuizamento das ações criminais, cíveis, administrativas e constitucionais e respectivas defesas, são distribuídas no Poder Judiciário, competindo-lhe conhecer e julgar os ilícitos em todas as Instâncias e Tribunais. Para além dos dados cartoriais de gestão judiciária, o Poder Judiciário é quem delega a prática de atos de gestão extrajudicial. Por meio de processo seletivo público delega funções aos notários e registradores, profissionais do direito e dotados de fé pública, para o exercício de serviços de organização técnica e administrativa destinados a garantir publicidade e autenticidade, segurança e eficácia dos atos jurídicos na vida cotidiana dos cidadãos.

Compete aos notários e tabeliães, de forma geral, registrar nascimentos, casamentos e óbitos, formalizar juridicamente a vontade das partes, autenticar fatos, lavrar escrituras e procurações, testamentos, atas notariais, reconhecer firmas e autenticar cópias, registrar imóveis, lavrar o protesto, registrar fatos relacionados à criação e extinção de pessoas jurídicas.

Os Tribunais do País divulgam, em seus Portais, dados de consulta processual, administrativa e extrajudicial, os quais são disponibilizados em conformidade com os requisitos estabelecidos pelo CNJ (porém, ainda sem campos padronizados para facilitar o acesso do usuário externo).

A base de dados do Poder Judiciário Brasileiro, de gestão judiciária, extrajudicial ou administrativa, consolidada pelo CNJ e publicizada pelos Tribunais, enquanto fonte primária, é a que propicia ao pesquisador um espaço mais privilegiado para analisar dados, fatos e produzir informações para a tomada de decisões no campo da repressão e até mesmo da prevenção. Esta base de dados, integrada à base das Instituições já referidas, e com a inclusão de dados da Controladoria Geral da União, da Advocacia Geral da União, dos Ministérios da Justiça e de Relações Internacionais e da Enccla[25], seja no tocante aos acordos de leniência, recuperação de ativos e cooperação internacional, é que permitirá criar soluções conjuntas para prevenir e reprimir de forma mais célere e eficaz a corrupção sistêmica desestruturada.

O Conselho Federal de Contabilidade também é um integrante fundamental dessa rede, pois se há lavagem de dinheiro e evasão de divisas muitas vezes é a contabilidade a responsável por detectar essas práticas. De igual forma, é indispensável a participação das instituições, públicas e privadas, em especial, das Instituições de Ensino e Pesquisa, entidades sem fins lucrativos, empresas e os meios de comunicação.

O Conselho Nacional de Justiça tem atuado de forma firme e determinada em buscar soluções para reunir os dados de forma estruturada por meio do cadastro de replicação nacional, que reúne dados processuais dos 90 Tribunais do País, compondo mais de 78 milhões de processos ativos cadastrados. O CNJ aprovou o número único para os processos judiciais e para os registros civis de pessoas naturais; implementou o sistema de gestão das tabelas processuais unificadas; aprovou a Meta Nacional número 4[26] para priorizar o julgamento dos casos envolvendo corrupção, improbidade e ilícitos eleitorais; tornou obrigatório o cadastro do número do CPF e CNPJ e dos dados necessários à completa qualificação das partes nos feitos distribuídos ao Poder Judiciário e aos serviços extrajudiciais (Provimento nº. 61/17); estabeleceu normas gerais relativas à prevenção de atividades

[25] Estratégia Nacional de Combate à Corrupção e à Lavagem de Dinheiro (ENCCLA), criada em 2003, é a principal rede de articulação para o arranjo e discussões em conjunto com uma diversidade de órgãos dos Poderes Executivo, Legislativo e Judiciário das esferas federal e estadual e, em alguns casos, municipal, bem como do Ministério Público de diferentes esferas, e para a formulação de políticas públicas voltadas ao combate àqueles crimes. ENCCLA – Estratégia Nacional de Combate à Corrupção e à Lavagem de Dinheiro. *Quem somos.* Disponível em <http://enccla.camara.leg.br/quem-somos>. Acesso em 23 nov. 2019.

[26] Meta 4 – Priorizar o julgamento dos processos relativos a crimes contra a administração pública, à improbidade administrativa e aos ilícitos eleitorais (STJ, Justiça Estadual, Justiça Federal, Justiça Eleitoral e Justiça Militar da União e dos Estados). BRASIL. Conselho Nacional de Justiça. *Justiça em Números.* Disponível em: <https://www.cnj.jus.br/pesquisas-judiciarias/justica-em-numeros/>. Acesso em 20 nov. 2019.

de lavagem de dinheiro ou a ela relacionadas e financiamento do terrorismo aplicadas aos tabeliães e notários (Provimento nº. 88/19); e criou o Laboratório de Inovação, Inteligência e Objetivos de Desenvolvimento Sustentável (LIODS) no CNJ (Portaria nº. 119/19), com competência para monitorar e promover a gestão judicial processual e administrativa de dados da Agenda 2030 e apoiar os órgãos do CNJ na busca de soluções para problemas complexos.

O Poder Judiciário Brasileiro conta como força de trabalho na gestão judiciária 450.175 pessoas, entre Magistrados (18.141), servidores e auxiliares. Na gestão delegada extrajudicial são mais de 13.681 cartórios que contam com titulares ou delegatários e equipe de colaboradores. Os dados de gestão judicial e extrajudicial são disponibilizados pelo CNJ por meio do relatório "Justiça em Números"[27] e da Associação dos Notários e Registradores (ANOREG), no relatório "Cartório em Números".

O maior desafio interno do Poder Judiciário ainda reside na necessidade de integração de dados entre todas as serventias judiciais e extrajudiciais, por meio do CPF e do CNPJ, com a criação da Central Única de Dados.

Diante de tudo o que foi exposto, as medidas inovadoras que proponho neste artigo a serem analisadas e implementadas oportunamente, a fim de conferir maior segurança a qualidade dos dados, aos resultados efetivamente obtidos e aos indicadores relacionados à corrupção e crimes afins, previstos no ODS 16 da Agenda 2030, são as que se seguem:

a. Padronização dos campos de consulta nos Portais dos Tribunais para facilitar o acesso aos dados públicos de gestão judiciária, administrativa e extrajudicial, com foco no usuário/cidadão, ampliando, assim, o controle social e interinstitucional;
b. Criação de Portal Nacional para Consulta Integrada de Certidão Nacional de Antecedentes nos Cartórios Judiciais e Extrajudiciais, Editais de Compras e Editais de Leilões de bens apreendidos;

[27] "Justiça em Números" constitui-se em um relatório analítico utilizado como a principal fonte das estatísticas oficiais do Poder Judiciário, anualmente, divulgando a realidade dos tribunais brasileiros com detalhamentos da estrutura e litigiosidade, além dos indicadores e das análises essenciais para subsidiar a Gestão Judiciária brasileira. BRASIL. Conselho Nacional de Justiça. *Justiça em Números*. Disponível em: <https://www.cnj.jus.br/pesquisas-judiciarias/justica-em-numeros/>. Acesso em 20 nov. 2019.

c. Criação de Formulário Eletrônico Padrão de Coleta de Dados e Monitoramento de Resultados sobre Legalidade e Eficácia da Colaboração Premiada, com base na Lei nº. 12.850/13 e no Manual da Estratégia Nacional de Combate à Corrupção e à Lavagem de Dinheiro, e aperfeiçoamento dos Relatórios Estatísticos (Enccla);
d. Criação de Laboratório Internacional e Interinstitucional de Dados da Logística Financeira Ilícita – *"Follow the Money"*, coordenada pelo Conselho Nacional de Justiça em conjunto com a Enccla, com apoio técnico do Conselho Federal de Contabilidade (Decreto-Lei nº. 9.295/46) – cuja competência é a de regular princípios contábeis e editar Normas Brasileiras de natureza técnica e profissional – e mediante apoio de cooperação internacional com a ONU, UNODC, PNUD, OCDE e Banco Mundial (Decreto nº 3678/2000), bem como participação de Instituições de Pesquisa de Dados, Inteligência e Tecnologia;
e. Criação de vínculos para unificar e padronizar as classificações adotadas pelo Poder Judiciário por meio das Tabelas Processuais Unificadas (TPUs), com a Classificação Internacional de Crimes para Fins Estatísticos (ICSS) do Escritório das Nações Unidas sobre Drogas e Crimes (UNODC), e o instrumento de unificação e padronização de classificações adotado pelo Ministério da Justiça e Segurança Pública (Lei nº. 13.675/18 e Portaria nº. 229/180, com plataforma que permita a indexação automática a legislação vigente (site oficial da Casa Civil). Destaque-se que o ICSS é adotado em 77 Países, menos o Brasil.

São essas, portanto, algumas das soluções criativas capazes de conferir maior consistência e segurança aos dados para monitorar a logística financeira e coibir a corrupção, lavagem e outros crimes, previstos no ODS 16 da Agenda 2030. Pretende-se, com isso, contribuir de forma consistente para que os meios de combate à corrupção e às demais práticas criminosas a ela relacionadas, as quais afetam negativamente o desenvolvimento sustentável e a governança sejam reforçados, instrumentalizando as instituições de modo a torná-las mais eficazes, responsáveis e inclusivas em todos os níveis.

Referências

AGÊNCIA BRASIL. *Operação Fênix prende 19 suspeitos de integrar quadrilha controlada por Fernandinho Beira-Mar.* Disponível em: <http://memoria.ebc.com.br/agenciabrasil/noticia/2007-11-22/operacao-fenix-prende-19-suspeitos-de-integrar-quadrilha-controlada-por-fernandinho-beira-mar>. Acesso em 21 nov. 2019.

BRASIL. Conselho Nacional de Justiça. *Justiça em Números.* Disponível em: <https://www.cnj.jus.br/pesquisas-judiciarias/justica-em-numeros/>. Acesso em 20 nov. 2019.

BRASIL. Conselho Nacional de Justiça. *Metas 2019.* Disponível em: <https://www.cnj.jus.br/gestao-e-planejamento/metas-3/>. Acesso em 18 nov. 2019.

BRASIL. Ministério da Justiça e Segurança Pública/Polícia Federal. *Estatística de operações.* Disponível em: <http://www.pf.gov.br/imprensa/estatistica/ operacoes>. Acesso em 16 nov. 2019.

BRASIL. Ministério Público Federal. *A Lava-Jato em números no Paraná.* Disponível em: <http://www.mpf.mp.br/grandes-casos/caso-lava-jato/atuacao-na-1a-instancia/parana/resultado>. Acesso em 19 nov. 2019.

BRASIL. Ministério Público Federal. *Grandes casos.* Disponível em: <http://www.mpf.mp.br/grandes-casos/caso-lava-jato/atuacao-na-1a-instancia/in vestigacao/relacacom-o-caso-banestado>. Acesso em 19 nov. 2019.

CASTRO, José Roberto. Alberto Youssef, o doleiro que Moro perdoou duas vezes. *Jornal Nexo.* 2016. Disponível em: <https://www.nexojornal.com.br/ expresso/2016/11/16/Alberto-Youssef-o-doleiro-que-Moro-perdoou-duas-vezes>. Acesso em 22 nov. 2019.

DALLAGNOL, Deltan. *A luta contra a corrupção* – a Lava-Jato e o futuro de um país marcado pela impunidade. Curitiba: Primeira Pessoa, 2017. 320p.

ENCCLA – Estratégia Nacional de Combate à Corrupção e à Lavagem de Dinheiro. *Quem somos.* Disponível em: <http://enccla.camara.leg.br/quem-somos>. Acesso em 23 nov. 2019.

FETEC/PR – Federação dos Trabalhadores em Empresas de Crédito do Paraná. *CPI do Banestado recupera 213,5 bilhões em impostos.* Disponível em: <http://www.fetecpr.org.br/cpi-do-banestado-recupera-r-2135-bilhoes-em-impostos/>. Acesso em 22 nov. 2019.

JORNAL FOLHA DE SÃO PAULO. *Banestado de NY lavou precatórios, diz PF.* 2003. Disponível em: <https://www1.folha.uol.com.br/fsp/brasil/fc16022 00316 .htm>. Acesso em 21 nov. 2019.

JORNAL GAZETA DO POVO. *Com "ajuda" de Youssef, primeira sentença da Copel/Olvepar saí após 15 anos.* Disponível em: <https://www.gazetadopovo.com.br/politica/parana/com-ajuda-de-youssef-primeira-sentenca-da-copelolvepar-sai-apos-15-anos-528m2zmt9cjjkjz0tzj63a b6b/>. Acesso em 21 nov. 2019.

MIT TECHNOLOGY REVIEW. *What we do.* Disponível em: <https://www.technologyreview.com/about/>. Acesso em 23 nov. 2019.

NETTO, Vladimir. *Lava Jato* – o juiz Sergio Moro e os bastidores da operação que abalou o Brasil. Curitiba: Primeira Pessoa, 2016. 416p.

OLIVEIRA, Regiane. Por trás do verdadeiro mecanismo de corrupção do Brasil. *Jornal El País.* mar/2018. Disponível em: <https://brasil.elpais.com/ brasil/2018/03/28/politica/1522247105_599766.html>. Acesso em 22 nov. 2019.

14. A Interdisciplinaridade no Direito Brasileiro e a Multiplicidade de Instrumentos Jurídicos no Combate à Corrupção

Luiz Flávio Gomes (in memorian)
Artur Cardoso Carvalho Santana

1. Combate à corrupção e interdisciplinaridade: as esferas de responsabilização no direito brasileiro e os mecanismos de prevenção

Historicamente, o tema da corrupção sempre ocupou lugar de destaque no cenário político-social brasileiro. Ao longo da história nacional, a luta contra a corrupção foi utilizada como argumento para questionar a legitimidade de inúmeros governos, tendo exercido importante papel em relevantes momentos da trajetória pátria, como, por exemplo, na queda do Império, no fim do Estado-Novo, na eleição de Jânio Quadros, no golpe civil-militar de 1964 e nos impeachments de Fernando Collor de Mello e Dilma Rousseff.[1]

No caso do Brasil, a questão da corrupção é ainda mais importante em razão da sua condição de país em desenvolvimento. Em termos econômicos, a corrupção afeta os níveis de investimentos no país, mormente no que diz respeito à redução da confiança e ao aumento dos custos de transação, bem como reduz a eficiência na aplicação dos recursos públicos.[2] Conforme

[1] SCHWARCZ, Lilia Moritz. *Sobre o autoritarismo brasileiro.* São Paulo: Companhia das Letras, 2019, p. 88-125.

[2] FEDERAÇÃO DAS INDÚSTRIAS DO ESTADO DE SÃO PAULO (FIESP). *Corrupção:* custos econômicos e propostas de combate. Março de 2010, p. 15-16.

apontado em pesquisa realizada pela Federação das Indústrias do Estado de São Paulo (FIESP), em valores de 2008, o custo da corrupção no Brasil chegou ao montante de 2,3% do Produto Interno Bruto (PIB) do país.[3] De maneira mais impactante, outros estudos apontam que os custos em questão seriam de aproximadamente 11% do PIB brasileiro.[4]

Além dos reflexos de natureza econômica, a corrupção atinge os pilares da democracia, especialmente ao deslegitimar as instituições democráticas, promover a crescente desconfiança da população em relação às elites políticas, ampliar as desigualdades sociais e permitir a centralização excessiva de poder e a perpetuação de elites políticas.[5] Para além disso, o fenômeno em questão atinge a própria ideia de justiça social e a higidez do ordenamento jurídico, na medida em que viola os deveres de moralidade administrativa, de impessoalidade e de igualdade entre os cidadãos.

De maneira ampla, pode-se definir corrupção como a utilização indevida de função pública para fins privados.[6] Nesse sentido, nota-se que a corrupção possui dois traços essenciais. Em primeiro lugar, tal prática é fundada no abuso de posição de confiança. Portanto, há a exploração indevida de posição vantajosa, em desrespeito às diretrizes que deveriam guiar a atuação do seu ocupante. Em segundo lugar, a corrupção é marcada pela busca de benefícios de ordem particular, ou seja, um benefício "extraposicional", uma vantagem estranha às funções desempenhadas pelo ocupante da posição em questão.[7] Assim, pode-se afirmar que o cerne de tal problema consiste na confusão entre as esferas pública e privada, em outras palavras:

> A corrupção, portanto, inegavelmente atua como um óbice ao adequado funcionamento do Estado, na exata medida em que confunde os interesses privados com os públicos e, em consequência, mercantiliza a função pública.

[3] FEDERAÇÃO DAS INDÚSTRIAS DO ESTADO DE SÃO PAULO (FIESP). *Corrupção*: custos econômicos e propostas de combate. Março de 2010, p. 27.

[4] CARRARO, André; FOCHEZATTO, Adelar; HILLBRECHT, Ronald Otto. O Impacto da corrupção sobre o crescimento econômico do Brasil: aplicação de um modelo de equilíbrio geral para o período 1994-1998. *Anais do XXXIV Encontro Nacional de Economia – ANPEC*, 2006.

[5] FILGUEIRAS, Fernando. *Corrupção, democracia e legitimidade*. Belo Horizonte: Editora UFMG, 2008, p. 159-161.

[6] KLITGAARD, Robert. *Addressing corruption together*. Organisation for Economic Co-operation and Development (OECD), 2015, p. 18.

[7] FURTADO, Lucas Rocha. *As raízes da corrupção no Brasil*: estudos de casos e lições para o futuro. Belo Horizonte: Fórum, 2015, p. 41.

Corrói a engrenagem estatal, instrumentalizando-a, em direção a finalidades diametralmente opostas àquelas que deveria buscar.[8]

Tendo em vista tal definição, no caso brasileiro, nota-se que o fenômeno aqui tratado não se restringe aos tipos penais dos artigos 317 e 333 do Código Penal. Nas palavras de Alamiro Velludo Salvador Netto, a "utilização da atividade pública para a satisfação de interesses privados também aparecem em delitos como peculato, concussão, advocacia administrativa, dispensa ou fraude de licitações, corrupção eleitoral etc.".[9]

Por se tratar de problema extremamente complexo, o seu enfrentamento exige a atuação em diversas frentes, por meio do emprego simultâneo de múltiplos instrumentos e, em determinados casos, do envolvimento de uma pluralidade de órgãos e instituições estatais. Nesse sentido, pode-se citar, por exemplo, a criminalização de condutas corruptas, a possibilidade de confisco civil e penal de bens de origem ilícita, a responsabilização administrativa de pessoas jurídicas por atos lesivos à Administração, bem como o incentivo à implementação de programas de integridade em sociedades empresárias.

Muito embora a corrupção diga respeito essencialmente ao modo de exercício de poderes e funções públicas, a sua dinâmica conta com a participação de atores privados, os quais acabam por fornecer incentivos econômicos aos agentes públicos para que estes se desviem dos seus deveres funcionais. Logo, é incorreto encarar a corrupção como um problema restrito ao setor público e seus agentes, sendo importante considerar a sua existência dentro de uma economia de mercado, no bojo da qual passa a servir como meio de obtenção de vantagens concorrenciais, como ocorre nas fraudes em licitações, e de aumento das margens de lucro, a exemplo dos inúmeros casos de superfaturamento em obras públicas.

No Brasil, por exemplo, a associação espúria entre atores privados e agentes públicos e políticos, ao mesmo tempo em que permite a obtenção de lucros ilegais pelos primeiros, possibilita a perpetuação de elites

[8] SALVADOR NETTO, Alamiro Velludo. Reflexões pontuais sobre a interpretação do crime de corrupção no Brasil à luz da APn 470/MG. *Revista dos Tribunais*, ano 102, vol. 933, julho/2013, p. 51.

[9] SALVADOR NETTO, Alamiro Velludo. Reflexões pontuais sobre a interpretação do crime de corrupção no Brasil à luz da APn 470/MG. *Revista dos Tribunais*, ano 102, vol. 933, julho/2013, p. 51.

políticas no poder. Nesse contexto, a corrupção não pode ser encarada como uma simples relação casuística e pontual, mas sim como um fator estruturante do próprio exercício dos poderes político e econômico na sociedade brasileira.

Diante disso, abre-se margem para a estruturação dos mais variados modelos nacionais de enfrentamento do problema. Enquanto alguns países adotam modelos nos quais grande parte das competências para tratar da corrupção é concentrada em uma única autoridade, ou seja, modelos de agência única, outros países possuem sistemas marcados pela convivência entre múltiplas instituições.[10] Recentemente, determinados autores passaram a conferir maior destaque a sistemas baseados na multiplicidade institucional, caracterizado pela coexistência entre mais de um tipo de responsabilização e pela imposição de sanções que se reforçam mutuamente, o que resultaria no incremento da eficiência do combate à corrupção.[11]

É interessante notar que a importância desse enfoque multifacetário foi devidamente considerada quando da formulação das diretrizes internacionais sobre o tema. No caso da Convenção das Nações Unidas contra a Corrupção, ou Convenção de Mérida, é possível notar em seu texto a menção a instrumentos de natureza penal, administrativa e cível. Apenas a título exemplificativo, o art. 26 da Convenção estabelece que cabe a cada Estado Parte adotar medidas necessárias a fim de estabelecer a responsabilidade das pessoas jurídicas, que poderá ser de índole penal, civil ou administrativa.

[10] OLIVEIRA, Gustavo Justino de; SOUSA, Otavio Augusto Venturini de. Controladoria-Geral da União: uma agência anticorrupção? *In:* PEREZ, Marcos Augusto; SOUZA, Rodrigo Pagani. (coord.) *Controle da Administração Pública*. Belo Horizonte: Fórum, 2017.

[11] Nas palavras de Lindsey Carson e Mariana Mota Prado, "In this context, institutional multiplicity describes any diversification of institutions performing one particular function, such as the simultaneous existence of multiple forms of punishment and different sanctions that reinforce each other. For example, in cases involving political corruption, offenders may face a series of overlapping penalties, including electoral sanctions from the public at the ballot box, political sanctions such as censure or administrative removal from office, and reputational damage from negative media coverage, in addition to formal legal sanctions, such as criminal or civil judgments. The assumption is that the overlap of institutional functions can enhance the overall effectiveness of the "web" of accountability institutions by avoiding self-reinforcing mechanisms or corrupt institutional cultures.". CARSON, Lindsey D.; PRADO, Mariana Mota. Using institutional multiplicity to adress corruption as a collective action problem: lessons from the brazilian case. *The Quarterly Review of Economics and Finance*, 62, 2016, 56-65.

No Brasil, a multiplicidade institucional no combate à corrupção é evidente. Apenas no âmbito federal, pode-se mencionar a Polícia Federal, o Ministério Público Federal, a Controladoria-Geral da União, a Advocacia-Geral da União e o Tribunal de Contas da União. Em determinados casos, não há sequer nítida divisão entre as competências de tais órgãos, sendo possível identificar áreas de superposição entre as suas atribuições. Ademais, no moderno contexto social, além das instituições estatais, o combate à corrupção também pode ser exercido por entidades da sociedade civil e sociedades empresárias.

Nesse cenário, como consequência da multiplicidade de atores competentes para atuar em matéria de corrupção, cada qual dotado de função específica dentro do contexto anticorrupção brasileiro, pode-se constatar uma miríade de instrumentos jurídicos criados para a consecução de tais finalidades, a maior parte dos quais pode ser enquadrada dentro de três grandes disciplinas jurídicas: (a) o Direito Penal, (b) o Direito Administrativo e, por fim, (c) aquelas de caráter cível-empresarial. Logo, não há dúvidas de que o enfrentamento da corrupção consiste em uma atividade marcada pela exigência de uma abordagem interdisciplinar.

2. A tutela jurídica de natureza penal: a subsidiariedade e a fragmentariedade da proteção

Tradicionalmente, tanto no âmbito doutrinário quanto no da prática jurídica, tem predominado a concepção do Direito enquanto ordenamento baseado em sanções negativas. Tal visão é herança de concepções positivistas que enxergavam no Direito uma ordem essencialmente coativa. Nas palavras da Hans Kelsen, a natureza coativa do Direito se deve ao fato de que este reage a condutas consideradas indesejáveis por meio de um "ato de coação, isto é, com um mal – com a privação da vida, da saúde, da liberdade, de bens econômicos e outros –, um mal que é aplicado ao destinatário mesmo contra sua vontade".[12]

Nesse contexto, tendo em vista que suas sanções são aquelas capazes de interferir com maior gravidade na esfera de liberdade dos indivíduos, o Direito Penal pode ser visto como o principal representante da concepção

[12] KELSEN, Hans. *Teoria Pura do Direito.* 6ª ed. São Paulo: Martins Fontes, 1998, p. 23.

do Direito enquanto ordenamento coativo, inclusive no que diz respeito ao combate à corrupção. Não é difícil notar, por exemplo, que diversas das demandas populares relacionadas ao tema dizem respeito à criminalização de condutas e ao agravamento de penas. No entanto, em razão das influências de ordem liberal no desenvolvimento da referida disciplina jurídica, ao mesmo tempo em que se apresenta como o mais gravoso instrumento coativo do Estado, o Direito Penal se sujeita a uma série de limitações.[13]

A proteção conferida pelo Direito Penal a bens jurídicos possui natureza subsidiária e fragmentária, configurando-se a tutela penal como a *ultima ratio* nesta proteção. Nas palavras de Juarez Cirino dos Santos, a proteção penal é subsidiária, pois "supõe a atuação principal de meios de proteção mais efetivos do instrumental sociopolítico e jurídico do Estado", ao passo em que a sua natureza fragmentária é reflexo da não proteção de todos os bens jurídicos definidos pela Constituição Federal, bem como da proteção parcial dos bens jurídicos merecedores da tutela penal.[14]

Tais características decorrem do assim denominado "princípio da intervenção mínima". Apesar de não estar previsto de forma expressa no texto constitucional ou na legislação penal em vigor, tal princípio é decorrência implícita da leitura conjunta de diversos princípios jurídico-penais.[15] Além disso, nota-se a sua presença em instrumentos normativos de natureza internacional, a exemplo do art. 8º da Declaração dos Direitos do Homem e do Cidadão, cuja redação estabelece que a lei apenas deve estabelecer "penas estrita e evidentemente necessárias". Em síntese, é dever do Estado recorrer ao Direito Penal apenas nos casos em que não for possível conferir proteção suficiente por meio da utilização de instrumentos jurídicos extrapenais.

Tendo em vista a multiplicidade de mecanismos voltados à proteção de bens jurídicos tutelados pelo Direito, a utilização ou não do Direito Penal

[13] Para Nilo Batista, "O princípio da intervenção mínima foi também produzido per ocasião do grande movimento social de ascensão da burguesia, reagindo contra o sistema penal do absolutismo, que mantivera o espirito minuciosamente abrangente das legislações medievais." BATISTA, Nilo. *Introdução Crítica ao Direito Penal Brasileiro.* 11ª ed. Rio de Janeiro: Revan, 2007, p. 84.

[14] SANTOS, Juarez Cirino dos. *Direito Penal*: Parte Geral. 3ª ed. Curitiba: ICPC; Lumen Juris, 2008, p. 5-6.

[15] BATISTA, Nilo, *Introdução Crítica ao Direito Penal Brasileiro.* 11ª ed. Rio de Janeiro: Revan, 2007, p. 85.

como instrumento de tutela não é algo metafísico ou pré-jurídico. Em verdade, a opção pela tutela penal está no âmbito de livre conformação do Legislador, desde que respeitados os parâmetros constitucionais, a exemplo da impossibilidade de responsabilização penal das pessoas jurídicas fora da seara ambiental. Nessa linha, cabe ao legislador se valer do critério da gravidade da sanção e da ofensa para definir o modo de proteção conferido pelo Estado. Assim, deve cuidar o Direito Penal apenas daquelas sanções com maior capacidade de afetar os cidadãos, as quais necessitam da intervenção de um órgão julgador imparcial e independente.[16]

Outro ponto de destaque no debate que abrange a relação entre corrupção e Direito Penal consiste nas alterações estruturais de tal disciplina jurídica. Atualmente, tendo em vista o surgimento e a complexificação de determinadas práticas ilícitas, as limitações acima apontadas são ainda mais relevantes, na medida em que "o Direito penal não se orienta mais pela retribuição e pela punição por fatos passados; pelo contrário, a ele confiam-se as funções de prevenção e de proteção de bens jurídicos".[17] Trata-se, portanto, do desenvolvimento de um "Direito Penal de Segurança", fundado no crescente uso de instrumentos baseados em prognósticos de perigo, cujo vetor de atuação é o combate a novas formas de criminalidade, dentre as quais se destacam o crime organizado e a corrupção, o que acaba por alargar o campo de incidência da intervenção penal na sociedade.[18]

Nota-se, portanto, que, ao menos em um primeiro momento, a opção legislativa pela tutela penal possui determinados parâmetros de legitimidade, não sendo o Legislador totalmente livre para a delimitação da esfera de proteção jurídico-penal garantida pelo Estado. Para além disso, a atividade legislativa também deve levar em conta aspectos de ordem pragmática, especificamente no que diz respeito às limitações práticas do

[16] MIR PUIG, Santiago. *Direito Penal*: Fundamentos e Teoria do Delito. São Paulo: Editora Revista dos Tribunais, 2007, p. 34.

[17] ALBRECHT, Hans-Jörg. Direito penal e periculosidade: a política criminal entre prevenção, combate a perigos e retribuição de culpa. In: MACHADO, Marta R. de Assis; PÜSCHEL, Flavia Portella (orgs.). *Responsabilidade e pena no Estado Democrático de Direito*. São Paulo: FGV Direito SP, 2016, p. 41.

[18] ALBRECHT, Hans-Jörg. Direito penal e periculosidade: a política criminal entre prevenção, combate a perigos e retribuição de culpa. In: MACHADO, Marta R. de Assis; PÜSCHEL, Flavia Portella (orgs.). *Responsabilidade e pena no Estado Democrático de Direito*. São Paulo: FGV Direito SP, 2016, p. 66.

Direito Penal, algumas das quais são intrínsecas ao modelo sancionador penal, enquanto outras dizem respeito à forma de estruturação do sistema criminal brasileiro.

Várias são as críticas a respeito da efetividade do Direito Penal para coibir a prática de condutas socialmente indesejadas. Dentre as principais, destacam-se aquelas de ordem empírica, no sentido de que as funções preventivas geral e específica da pena não têm a sua eficácia comprovada. Em outras palavras, não há comprovação científica de que o recrudescimento da intervenção penal realmente possua efeito dissuasório e diminua os índices de criminalidade.[19]

Além disso, muitos dos críticos do atual sistema penal destacam a sua lentidão para responder a ilícitos, o que se daria em razão da grande quantidade de recursos cabíveis e do abarrotamento dos órgãos julgadores com intermináveis processos, bem como em virtude das exigências mais rígidas quanto ao ônus probatório a ser superado pela acusação. Apenas a título exemplificativo, pesquisas empíricas chegaram a constatar que, no período de 1993 a 2005, dos 441 servidores públicos federais demitidos administrativamente por práticas relacionadas à corrupção, apenas 3,17% foram definitivamente condenados na esfera penal.[20]

Tendo em vista o acima exposto, confiar ao Direito Penal o papel central no combate à corrupção é medida que não se adequa ao atual contexto social, marcado pelo crescimento da complexidade das relações sociais e pela ineficácia do Poder Judiciário em lidar com essa nova realidade. O discurso favorável à hipercriminalização e à expansão da justiça criminal possui caráter eminentemente simbólico, ou seja, voltado a aplacar o ânimo da sociedade, que clama por maiores punições, sem, no entanto, resultar em efetiva redução da prática de condutas ilícitas. Em outras palavras:

> A lei penal nova mais dura deixa a população e a mídia sedadas (do ponto de vista psicológico, há atendimento do sentimento de vingança). Mas como todo sedativo, não cura a doença, suaviza a dor (e o medo). Mas o problema

[19] HODGES, Christopher; STEINHOLTZ, Ruth. *Ethical business practice and regulation:* a behavioural and values-based approach to compliance and enforcement. Oxford and Portland, Oregon: Hart Publishing, 2017, p. 155.

[20] ALENCAR, Carlos Higino Ribeiro de; GICO JÚNIOR, Ivo. Corrupção e Judiciário: A (In) Eficácia do Sistema Judicial no Combate à Corrupção. *Revista Direito GV*, São Paulo, 7(1), p. 75-98, Jan-Jun 2011, p. 88.

> continua. Chega a anestesiar, mas não entra na problemática das causas. Um dos papéis que esse direito penal sedativo cumpre é o de evitar a justiça com as próprias mãos (por parte da população). Na medida em que a população fica sedada (por pouco tempo, claro, porque nenhum sedativo é eterno), deixa de realizar a justiça por ela mesma. Da moderna governamentalidade (Foucault) levada a cabo pelo Estado policialesco faz parte a edição de leis placebentas (calmantes). Quando o nível de insatisfação atinge níveis socialmente preocupantes, é preciso ministrar um suavizante placebento.[21]

Como dito anteriormente, a centralidade do discurso criminal no enfrentamento da corrupção possui natureza eminentemente simbólica, uma vez que a "penalização das chamadas situações problemáticas não significa solução social do problema, mas simples solução penal produzida para efeito de satisfação retórica da opinião pública".[22] Os instrumentos jurídicos de combate à corrupção de natureza penal não devem ser vistos como os mecanismos únicos ou centrais nessa tarefa. Em verdade, estes devem ser acompanhados de medidas extrapenais, cuja importância na efetiva tutela de bens juridicamente protegidos é igual ou maior àquelas de caráter penal.

3. O tratamento da corrupção pelo direito administrativo: entre prevenção e repressão

Conforme destacado anteriormente, no que diz respeito à probidade administrativa, a sua tutela não se dá exclusivamente por meio da legislação penal. Dentre os diversos instrumentos jurídicos possíveis, o Direito Administrativo assume papel de extrema importância na sistemática de enfrentamento da corrupção. Nesse contexto, a sua atuação pode ser dividida em duas vertentes. A primeira, de natureza repressiva, é marcada pela imposição dc sanções administrativas pelo Estado, cujos fundamentos e funções se assemelham àquelas do Direito Penal, possuindo notas tanto retributivas quanto dissuasórias. Já a segunda, de maneira distinta, consiste

[21] GOMES, Luiz Flávio; GAZOTO, Luís Wanderley. *Populismo penal legislativo:* a tragédia que não assusta as sociedades de massas. Salvador: JusPodivm, 2016, 52-53.

[22] SANTOS, Juarez Cirino dos. *Direito Penal:* Parte Geral. 3ª ed. Curitiba: ICPC; Lumen Juris, 2008, p. 492.

na função preventiva da atuação estatal, ou seja, na utilização de mecanismos que visam evitar a ocorrência de violações ao ordenamento jurídico.

No âmbito da disciplina jurídico-administrativa, a sanção é o instrumento utilizado pelo Estado para tutelar determinados bens jurídicos. Em linhas gerais, esta pode ser definida como o mal ou castigo, com alcance geral, "imposto pela Administração Pública, materialmente considerada, pelo Judiciário ou por corporações de direito público (...), como consequência de uma conduta ilegal, tipificada em norma proibitiva, com uma finalidade repressora".[23] Dentro de tal finalidade repressora, a doutrina costuma apontar a existência de dois pilares justificadores da atividade sancionadora estatal, quais sejam, a retribuição e a dissuasão.

A ideia de retribuição confere à sanção um viés retroativo, na medida em que os fundamentos da punição dizem respeito não à coibição de comportamentos futuros indesejados, mas sim para punir o infrator pelo desvio cometido.[24] Muito embora o caráter retributivo da sanção estatal negativa seja cada vez mais enfraquecido, tanto no âmbito penal quanto no administrativo, ainda não é possível excluir totalmente a sua presença no discurso justificador do direito sancionador.

Por sua vez, no âmbito da sanção administrativa, a dissuasão opera com base em um olhar prospectivo. Aqui, a finalidade da sanção consiste em condicionar o comportamento de potenciais infratores de maneira que estes deixem de praticar atos ilícitos em razão de os custos da ilicitude serem maiores que os seus benefícios. Em outras palavras, a sanção administrativa é vista como um dos fatores na análise custo-benefício do infrator, ao menos quando se parte do pressuposto de que este sempre atue de maneira racional.[25] Sobre a questão, é importante destacar a seguinte definição dada por Alice Voronoff:

[23] OSÓRIO, Fábio Medina. *Direito Administrativo Sancionador.* 5ª ed. São Paulo: Revista dos Tribunais, 2015, p. 106-107.

[24] VORONOFF, Alice. *Direito Administrativo Sancionador no Brasil:* justificação, interpretação e aplicação. Belo Horizonte: Fórum, 2018, p. 90.

[25] É importante salientar que tal perspectiva não é isenta de críticas. Conforme destacado por Alice Voronoff, ao tratar da *Behavioral Law and Economics*, não é possível sustentar a existência de condutas baseadas em uma racionalidade perfeita, vez que, via de regra, as escolhas humanas são feitas com base em um raciocínio rápido e semi-intuitivo, e não lento, elaborado e fundamentado. VORONOFF, Alice. *Direito Administrativo Sancionador no Brasil:* justificação, interpretação e aplicação. Belo Horizonte: Fórum, 2018, p. 93.

> ... o exercício do poder punitivo pelo Estado opera de forma eminentemente prospectiva (ou "*forward-looking*"). Sobretudo, busca-se conter riscos e frear ações não desejadas, o que acarreta um olhar marcadamente consequencialista a respeito das sanções administrativas, aproximando-as do modelo de justificação dissuasória analisado no início do capítulo. O objetivo é punir para adequar a conduta dos particulares em prol da realização de objetivos de interesse público, independentemente, no mais das vezes, de um juízo de condenação ético-social quanto aos bens jurídicos afetados.

No que diz respeito ao Direito Administrativo Sancionador, é importante ressaltar que as sanções administrativas não são ontologicamente distintas das sanções penais, o que apenas atesta a complementariedade e a possibilidade de coexistência entre tais instrumentos.[26] Muito embora não haja distinção ontológica entre as duas espécies de sanção, não é possível sustentar uma unidade absoluta entre estas, sendo possível falar em unidade apenas no que diz respeito ao núcleo básico de fundamentação das regras e princípios comuns a ambas.[27] Por consequência, "O Estado legislador pode optar por uma ou outra política pública repressiva, com maior ou menor utilização do Direito Penal ou do Direito Administrativo Sancionador".[28]

De maneira concreta, o enfrentamento da corrupção por meio de instrumentos de Direito Administrativo Sancionador se dá primordialmente com base em três diplomas legais, quais sejam: (a) a Lei de Improbidade Administrativa, (b) a Lei Anticorrupção e, em terceiro lugar, a Lei n. 8.112/1990.

Primeiramente, a Lei n. 8.429/1992, também conhecida como Lei de Improbidade Administrativa, dispõe sobre as sanções aplicáveis aos agentes públicos nos casos de enriquecimento ilícito no exercício do mandato, cargo emprego ou função, bem como penaliza atos de improbidade que causam prejuízo ao erário ou que violem princípios da Administração Pública.

[26] HUNGRIA, Nélson. Ilícito administrativo e ilícito penal. *Revista de Direito Administrativo*, v. 1, n. 1, 1945.

[27] OSÓRIO, Fábio Medina. *Direito Administrativo Sancionador*. 5ª ed. São Paulo: Revista dos Tribunais, 2015, p. 140.

[28] OSÓRIO, Fábio Medina. *Direito Administrativo Sancionador*. 5ª ed. São Paulo: Revista dos Tribunais, 2015, p. 140.

Em segundo lugar, a Lei n. 12.846/2013, ou Lei Anticorrupção, dispõe sobre a responsabilização administrativa e civil de pessoas jurídicas pela prática de atos contra a Administração Pública, nacional ou estrangeira. Dentre as sanções passíveis de imposição pelo Estado, encontram-se, (a) multa, no valor de 0,1 % a 20% do faturamento bruto do último exercício anterior ao da instauração do processo administrativo; (b) publicação extraordinária da decisão condenatória; (c) perdimento de bens, direitos ou valores; (d) suspensão ou interdição parcial de suas atividades; (e) dissolução compulsória da pessoa jurídica; e, por fim, (f) proibição de receber incentivos, subsídios, subvenções, doações ou empréstimos de órgãos ou entidades públicas e de instituições financeiras públicas ou controladas pelo poder público.

Em terceiro lugar, a questão da corrupção também é alvo de incidência das disposições do estatuto legal que dispõe sobre o regime jurídico dos servidores públicos civis da Administração Pública a nível federal, a Lei n. 8.112/1990. De maneira específica, nos termos do seu art. 123, o referido diploma legislativo autoriza a imposição de sanções aos servidores envolvidos na prática de crime contra a administração pública, improbidade administrativa, aplicação irregular de dinheiros públicos, lesão aos cofres públicos e dilapidação do patrimônio nacional e corrupção.

Noutro giro, a segunda vertente do papel do Direito Administrativo no enfrentamento da corrupção consiste naquela de natureza preventiva. A função preventiva do Direito Administrativo não se confunde com a função dissuasória do direito punitivo, seja este penal ou administrativo sancionador. Aqui, deve-se entender por prevenção a utilização de medidas aptas a evitarem a ocorrência do ilícito, medidas estas que são externas ao sujeito infrator. Logo, não se trata da dissuasão incidente sobre o aspecto volitivo do indivíduo, mas sim de mecanismos que impeçam a própria concretização do ilícito.

Em grande parte, os instrumentos em questão cuidam do controle da Administração Pública, ou seja, do controle da atuação administrativa com base em determinados parâmetros, a exemplo da legalidade, da eficiência e da motivação. Na definição dada por Odete Medauar, o controle consiste na "verificação da conformidade de uma atuação a determinados cânones".[29]

[29] MEDAUAR, Odete. *Controle da Administração Pública*. 3ª ed. São Paulo: Revista dos Tribunais, 2014, p. 26.

No que diz respeito ao agente controlador, tal atividade pode ser exercida por órgãos da própria Administração, pelo Judiciário, pelo Ministério Público, pelo Legislativo, pelos cidadãos, dentre outros atores. Apesar de também abranger mecanismos de natureza sancionadora, o controle da atividade administrativa possui forte presença de ferramentas de prevenção, a exemplo dos processos de natureza fiscalizatória de competência do Tribunal de Contas da União, cuja função precípua é permitir a pronta atuação da Corte de Contas nos casos em que se evidenciar risco iminente de dano ao Erário.[30]

A história recente do Estado brasileiro é marcada pelo fortalecimento dos órgãos de controle da Administração Pública. Com a promulgação da Constituição Federal de 1988, houve o reforço dos poderes das instituições responsáveis pelo controle externo e interno da Administração, sendo notáveis os casos do Ministério Público, do Tribunal de Contas da União e da Controladoria-Geral da União.[31] Conforme bem destacado por Ana Luiza Aranha e Fernando Filgueiras, as recentes mudanças políticas no Brasil implicaram em um desenvolvimento incremental das instituições de *accountability*, ou seja, "foram sendo gradativamente acrescentadas novas regras e rotinas para o funcionamento das instituições, além dos acréscimos de novos recursos".[32]

Em termos práticos, a importância econômica da prevenção por meio do controle pode ser constatada nos processos de auditoria do Tribunal de Contas da União. Apenas a título exemplificativo, em auditoria realizada no ano de 2005 em licitação de obras rodoviárias orçadas em R$ 1,6 bilhão, a atuação do TCU identificou "sobrepreço nos valores orçados e importou na redução do preço da obra em R$ 300 milhões".[33] Outro exemplo de eficiência da atividade preventiva da Administração Pública pode ser visto em processo de auditoria realizado na Infraero, cujo objeto era o

[30] ZYMLER, Benjamin. *Direito Administrativo e controle*. 3ª ed. Belo Horizonte: Fórum, 2012, p. 250.

[31] LOUREIRO, Maria Rita *et al.* Do controle interno ao controle social: a múltipla atuação da CGU na democracia brasileira. *Cadernos Gestão Pública e Cidadania*, São Paulo, v. 17, n. 60, Jan./Jun. 2012.

[32] ARANHA, Ana Luiza; FILGUEIRAS, Fernando. *Instituições de accountability no Brasil:* mudança institucional, incrementalismo e ecologia processual. Brasília: Enap, 2016.

[33] FURTADO, Lucas Rocha. *As raízes da corrupção no Brasil:* estudos de casos e lições para o futuro. Belo Horizonte: Fórum, 2015, p. 418.

acompanhamento das obras de ampliação e modernização do Aeroporto de Congonhas. No caso, foram identificadas impropriedades no orçamento, que, após seu saneamento, resultaram na redução dos custos das obras em R$ 100 milhões (cem milhões de reais).[34]

Percebe-se, pois, que a prevenção permite a proteção imediata do patrimônio público, dispensado a necessidade de longo processo sancionatório ou indenizatório, cujos efeitos dissuasivos e reparatórios são incertos. Desde a promulgação da Constituição Federal de 1988, é dever do Estado agir da forma mais eficiente para a consecução dos objetivos definidos no texto constitucional, o que apenas confere maior importância à faceta preventiva em matéria de corrupção.

4. O combate à corrupção fora do eixo administrativo-penal: a emergência de mecanismos de natureza cível e de organização empresarial

Tradicionalmente, as esferas penal e administrativa são aquelas que recebem o maior destaque na formulação de políticas públicas voltadas ao combate à corrupção. Em grande medida, tal posição de destaque se deve à hegemonia da função repressiva do direito no cenário político-jurídico nacional, a qual transparece tanto na atividade legislativa quanto no que diz respeito ao momento de aplicação da legislação em vigor. No entanto, a evolução da moderna agenda anticorrupção global vem caminhando no sentido de incorporar mecanismos de Direito Privado aos tradicionais instrumentos de ordem publicística utilizados no combate à corrupção. No lugar de buscar a simples punição pela prática de atos ilícitos, os instrumentos civis possuem foco na questão patrimonial, ou seja, visam atacar os benefícios econômicos auferidos por aqueles que se portam de maneira corrupta, principalmente por meio da reparação dos danos causados.[35] Como a corrupção é uma prática assentada na lógica do desvio de funções públicas para ganhos privados, a criação de instrumentos voltados

[34] FURTADO, Lucas Rocha. *As raízes da corrupção no Brasil:* estudos de casos e lições para o futuro. Belo Horizonte: Fórum, 2015, p. 419.

[35] ABDELSALAM, Mohamed R. Applying Civil Law to Curb Corruption: A Tool for Civil Society and Individuals. *OECD. 2017 OECD Global Anti-Corruption & Integrity Forum.* 2017 OECD Global Anti-Corruption & Integrity Forum, 2017.

à questão patrimonial é um dos meios mais eficazes para a promoção da integridade pública.

Para além disso, a jurisdição civil possui uma vantagem em relação àquela de natureza penal. Tendo em vista a gravidade das sanções passíveis de imposição pela via penal, o exercício do *ius puniendi* estatal é delimitado por uma série de garantias individuais. Por consequência, a condenação na esfera penal requer a superação de um ônus probatório muito superior ao exigido no âmbito cível, razão pela qual, tendo em vista a dificuldade de se demonstrar com precisão a ocorrência de casos de corrupção, a abordagem cível pode se revestir de maior grau de efetividade.

Do ponto de vista econômico, a utilização de métodos que não se reduzem à simples sanção possibilita a otimização do uso dos recursos públicos. Nessa toada, o reforço de iniciativa voltadas à prevenção da corrupção parece ser a principal manifestação de superação do modelo tipicamente sancionador. Tal lógica preventiva pode operar tanto no setor público quanto no privado. Sob outro ângulo de análise, verifica-se a superação da predominância da sanção estatal com a proliferação dos mecanismos privados de enfrentamento da corrupção, Assim como ocorre nas hipóteses de *enforcement* privado da legislação estatal, nota-se a complementariedade entre os setores público e privado, na medida em que a atuação não-estatal pode suprir a falta de recursos das autoridades estatais, bem como prevenir que a persecução do interesse público seja obstada por interferências de natureza política.[36]

Dentre as recentes inovações no plano jurídico anticorrupção, merecem destaque três importantes instrumentos de natureza cível, quais sejam: (a) a persecução patrimonial na esfera cível de bens de origem ilícita; (b) o ressarcimento de investidores por prejuízos ocorridos após o envolvimento de sociedades empresárias em casos de corrupção; e, por fim, (c) a criação de programas de integridade empresarial.

[36] Nas palavras de Julia Shamir: *"Private enforcement is usually intended to supplement the enforcement efforts of governamental agencies. This type of enforcement can be particularly useful when detecting violations or enforcing the law by the agencies that would be prevented or obstructed by a lack of resources or political considerations"*. SHAMIR, Julia. Privatizing enforcement: an economic analysis of one environmental provision, a study in private law enforcement and corruption. *Southern University Law Review*, vol. 42, 2014, p. 2.

4.1. Persecução patrimonial na esfera cível de bens de origem ilícita

O perdimento civil de bens consiste na privação do direito de propriedade, posse e outros direitos patrimoniais sem qualquer compensação ao seu titular em razão da origem e/ou utilização de tais bens de maneira contrária ao ordenamento jurídico, especialmente em relação à função social da propriedade.

Diversas são as razões que fundamentam a criação do perdimento civil de bens. Em primeiro lugar, tal medida visa retirar parte dos benefícios obtidos por meio de atividade criminosa, qual seja, o incremento patrimonial. Em segundo lugar, ao facilitar tal persecução, que não precisará mais ser realizada no rigoroso âmbito do processo penal, a medida visa sufocar financeiramente organizações criminosas que se valem do produto de atividades ilícitas para a sua manutenção. Nesse sentido, vale transcrever o seguinte trecho de nota técnica elaborada pelo Ministério Público Federal (Nota Técnica 2ª CCR nº 02/2019):

> ... nos moldes em que concebida, constituirá instrumento capaz de atingir as organizações criminosas de forma mais rápida e eficaz, pois, por um lado, ao desconstituir seus direitos sobre produto ou proveito de atividade ilícita, as impede de usufruir das vantagens econômicas provenientes de seus atos; por outro, age de maneira dissociada do rigoroso e inevitavelmente mais lento processo penal.[37]

No contexto brasileiro, diversas são as iniciativas de natureza legislativa que tratam das consequências jurídicas cíveis aplicáveis aos bens de origem ilícita, a exemplo do Projeto de Lei n. 11.172/2018 e do Projeto de Lei n. 69/2019, ambos da Câmara dos Deputados. A tentativa de inserir o perdimento civil de bens no ordenamento jurídico brasileiro se dá em razão dos compromissos internacionais assumidos pelo Brasil, quais sejam: (a) Convenção das Nações Unidas contra o Crime Organizado, promulgada no Brasil pelo Decreto nº 5.015/2004, e (b) a Convenção das Nações

[37] BRASIL. Ministério Público Federal (MPF). *Nota Técnica 2ª CCR nº 02/2019.* Disponível em: <http://www.mpf.mp.br/atuacao-tematica/ccr2/coordenacao/notas-tecnicas>. Acesso em: 23/09/2019.

Unidas Contra a Corrupção, promulgada no país por meio do Decreto nº 5.687/2006.

Em linhas gerais, nos termos das propostas em questão, a perda civil de bens será declarada nas hipóteses em que o bem, direito, valor, patrimônio ou seu incremento (a) proceda, direta ou indiretamente, de atividade ilícita; (b) seja utilizado como meio ou instrumento para a realização de atividade ilícita; (c) esteja relacionado ou destinado à prática de atividade ilícita; (d) seja utilizado para ocultar, encobrir ou dificultar a identificação ou a localização de bens de procedência ilícita e (e) proceda de alienação, permuta ou outra espécie de negócio jurídico com bens abrangidos por quaisquer das hipóteses previstas anteriormente.

Em sentido diverso do confisco de bens na esfera penal, fundado na culpabilidade do proprietário dos bens, o perdimento civil considera o bem em si mesmo, trata-se, portanto, de confisco *in rem*. Nesse passo, ao menos nos termos propostos, a condenação à perda cível de bens independeria da culpa do proprietário, partindo da "ficção jurídica de que o bem em si seria o autor de determinada infração, sendo considerado maligno ou contaminado".[38]

4.2. A reparação de danos na esfera cível: entre responsabilidade social e responsabilidade empresarial

Em seu art. 35, a Convenção de Mérida estabelece expressamente que cada Estado Parte deverá adotar as medidas necessárias, em conformidade com o seu ordenamento jurídico interno, "para garantir que as entidades ou pessoas prejudicadas como consequência de um ato de corrupção tenham direito a iniciar uma ação legal contra os responsáveis desses danos e prejuízos a fim de obter indenização".

No Brasil, o art. 927 do Código Civil determina que aquele que, por ato ilícito, causar dano a outrem, fica obrigado a repará-lo. Ora, considerando que o ato de corrupção é essencialmente ilícito, em razão da violação de normas de natureza penal ou administrativa, não há dúvidas quanto a sua

[38] LUCCHESI, Guilherme Brenner. Confisco alargado: análise das medidas para a recuperação de bens de origem ilícita na experiência comparada americana. *In:* LEITE, Alaor; TEIXEIRA, Adriano. (Orgs.) *Crime e política:* corrupção, financiamento irregular de partidos políticos, caixa dois eleitoral e enriquecimento ilícito. Rio de Janeiro: FGV Editora, 2017, p. 421.

capacidade para ensejar a responsabilização na esfera cível. Nessa esteira, por exemplo, é possível a responsabilização civil decorrente de licitações fraudulentas. Em tais casos, a pretensão reparatória surge no momento em que terceiros são prejudicados pela prática ilícita do vencedor, ou seja, pelo oferecimento de vantagens indevidas às autoridades competentes para selecionarem a proposta supostamente mais vantajosa à Administração.

Além da reparação de danos no âmbito da responsabilidade civil em geral, também é de extrema importância a possibilidade de responsabilização por atos de corrupção na esfera societária, especificamente naquilo que diz respeito aos danos causados à sociedade empresária e aos acionistas minoritários em razão de condutas indevidas praticadas por controladores ou administradores.

Em linhas gerais, em tais casos, a responsabilidade dos controladores e dos administradores decorre expressamente das disposições contidas na Lei n. 6.404/1976 (Lei das Sociedades por Ações). Nos termos do art. 117, § 1º, "a", da referida lei, o acionista controlador responde pelos danos causados por atos praticados com abuso de poder, dentre os quais, orientar a companhia para fim estranho ao objeto social ou lesivo ao interesse nacional.[39] Já em relação aos administradores, a legislação societária estabelece a sua responsabilidade pelos prejuízos que causar com violação da lei ou do estatuto.[40]

Um interessante exemplo nesse sentido pode ser encontrado na iniciativa da Associação dos Investidores Minoritários (AIDMIN) em obter o ressarcimento das perdas sofridas pelos investidores e acionistas nacionais que adquiriram ações da Petróleo Brasileiro S/A (PETROBRAS), ressarcimento

[39] "Art. 117. O acionista controlador responde pelos danos causados por atos praticados com abuso de poder.
§ 1º São modalidades de exercício abusivo de poder:
a) orientar a companhia para fim estranho ao objeto social ou lesivo ao interesse nacional, ou levá-la a favorecer outra sociedade, brasileira ou estrangeira, em prejuízo da participação dos acionistas minoritários nos lucros ou no acervo da companhia, ou da economia nacional; (...)"

[40] "Art. 158. O administrador não é pessoalmente responsável pelas obrigações que contrair em nome da sociedade e em virtude de ato regular de gestão; responde, porém, civilmente, pelos prejuízos que causar, quando proceder:
I – dentro de suas atribuições ou poderes, com culpa ou dolo;
II – com violação da lei ou do estatuto."

este devido em face da desvalorização de tais ações em virtude do esquema de corrupção investigado no âmbito da Operação Lava-Jato.[41]

4.3. Os programas de integridade empresarial

Atualmente, uma das principais tendências de prevenção e repressão à corrupção na América Latina e no mundo encontra-se na instituição de mecanismos privados de controle, como, por exemplo, pactos de integridade e códigos de ética.[42] Tal assertiva é facilmente corroborada pela recente proliferação de legislações anticorrupção, fenômeno que pode ser inserido na tendência global de alinhamento às normativas internacionais voltadas ao controle penal-administrativo da atividade empresarial.[43]

Em 2017, por meio da Lei n. 27.401, a Argentina instituiu a responsabilização penal das pessoas jurídicas envolvidas em casos de corrupção. Dentre as diversas disposições da lei anticorrupção argentina, especificamente em seu artigo 16, o legislador determinou que a pessoa jurídica que celebrar acordo de colaboração com as autoridades nacionais deverá implementar um programa de integridade ou aperfeiçoá-lo, caso já existente.[44]

No caso brasileiro, a Lei n. 12.846/2013, em seu art. 7º, inciso VIII, determina que será levada em consideração na aplicação das sanções associadas à prática de atos de corrupção a existência de mecanismos e procedimentos internos de integridade, auditoria e incentivo à denúncia de

[41] ORDOÑEZ, Ramona; ROSA, Bruno. Petrobras: minoritários fazem nova tentativa de obter indenização por perdas com corrupção. Disponível em: <https://oglobo.globo.com/economia/petrobras-minoritarios-fazem-nova-tentativa-de-obter-indenizacao-por-perdas-com-corrupcao-23433439>. Acesso em: 24/09/2019.

[42] PEÑAILILLO, Miguel. *Programas anticorrupción en América Latina y el Caribe:* estúdios sobre tendências anticorrupción y proyectos del PNUD. Programa de Naciones Unidas para el Desarrollo – PNUD, 2012.

[43] SAAD-DINIZ, Eduardo. "Fronteras del normativismo: a ejemplo de las funciones de la información em los programas de *criminal compliance.*" *Revista da Faculdade de Direito da Universidade de São Paulo,* v. 108, pp. 415-441, jan/dez. 2013.

[44] "Artículo 16.- Acuerdo de Colaboración Eficaz. La persona jurídica y el Ministerio Público Fiscal podrán celebrar un acuerdo de colaboración eficaz, por medio del cual aquella se obligue a cooperar a través de la revelación de información o datos precisos, útiles y comprobables para el esclarecimiento de los hechos, la identificación de sus autores o partícipes o el recupero del producto o las ganancias del delito, así como al cumplimiento de las condiciones que se establezcan en virtud de lo previsto en el artículo 18 de la presente ley. El acuerdo de colaboración eficaz podrá celebrarse hasta la citación a juicio. (...)"

irregularidades, assim como a aplicação efetiva de códigos de ética e de conduta no âmbito da pessoa jurídica. Nos termos do art. 41 do Decreto n. 8.420/2015, que regulamentou a supracitada lei, programa de integridade consiste no "conjunto de mecanismos e procedimentos internos de integridade, auditoria e incentivo à denúncia de irregularidades e na aplicação efetiva de códigos de ética e de conduta, políticas e diretrizes" com objetivo de detectar e sanar eventuais irregularidades.

Os instrumentos privados de enfrentamento da corrupção, dentre eles os programas de *compliance*, são ferramentas que permitem a mediação entre os interesses corporativos e a ética no ambiente negocial. Tal conflito apresenta-se como um dos principais dilemas nos atuais debates sobre a regulação da atividade empresarial. Tradicionalmente, a conduta empresarial é vista como sendo fundada em vetores individualistas, os quais variam desde a promoção dos interesses dos acionistas até o pagamento de bônus aos dirigentes do empreendimento.[45] Incontáveis são os efeitos negativos que podem ser causados pela atividade empresarial, os quais abarcam desde danos ambientais até o trabalho análogo à escravidão, assim como, é claro, a corrupção de agentes públicos.

De maneira reativa, a preocupação com tais consequências foi acompanhada pela criação de mecanismos estatais capazes de incentivar condutas positivas, assim como de ferramentas aptas ao desestímulo de atitudes indesejáveis. Se, por um lado, ao longo da moderna história do direito ocidental, a coerção estatal tem se apresentado como o pilar central desse sistema de incentivos e desincentivos, por outro lado, a conformação jurídica dos mercados e da atividade empresarial exerce relevante papel neste sistema. Para determinados autores, a configuração dos sistemas de direito empresarial de diversos países parece conferir incentivos para que interesses imediatistas se sobreponham ao planejamento de longo prazo.[46] Um excelente exemplo nesse sentido pode ser encontrado no processo de difusão da propriedade societária e no deslocamento entre administração e propriedade, fatores estes que diluíram o senso de responsabilidade

[45] HODGES, Cristopher. *Law and corporate behaviour.* Oxford and Portland: Oregon, 2015, p. 674.

[46] NICHOLS, Philip M.; ROBERTSON, Diana. (ed.). *Thinking about bribery.* Cambridge: Cambridge University Press, 2017, p. 14. HODGES, Cristopher. *Law and corporate behaviour.* Oxford and Portland: Oregon, 2015, p. 675.

tanto dos proprietários quanto dos administradores, e, por consequência, incrementaram os riscos de desvios de conduta.

Conforme já exposto, tradicionalmente, a aversão à conduta indevida de grandes corporações tem estimulado a persecução estatal contra práticas empresariais ilegais. Contudo, a regulação baseada na sanção tem enfrentado diversos questionamentos em tempos recentes. Uma das principais críticas a tal método de atuação diz respeito ao fato de que a punição não previne o fato ilícito.[47] Nesse sentido, diversos estudos empíricos apresentaram resultados insatisfatórios no sentido de comprovar a efetividade da sanção como método de condicionamento de condutas futuras, inefetividade esta que não justificaria as restrições decorrentes do sancionamento.[48] Em outras palavras, a restrição de direitos somente se justifica nos casos em que reste empiricamente comprovada a proteção a bens jurídicos tutelados pelo ordenamento jurídico. Por consequência, nota-se o enfraquecimento do modelo sancionatório clássico, que não se restringe apenas ao âmbito do direito penal. Em verdade, tal fenômeno atinge o *ius puniendi* estatal como um todo, abarcando tanto a seara criminal quanto o direito administrativo sancionador.

No campo administrativo, tal enfraquecimento decorre da mudança de paradigma vivenciada pelo moderno Direito Administrativo. Atualmente, percebe-se nitidamente a propensão teórica à fundamentação da disciplina a partir das bases fixadas pela Constituição Federal e, consequentemente, a maior atenção dada aos direitos fundamentais. Tal ambiente tornou propícia a substituição da atuação unilateral do Estado-administração por métodos consensuais e a preocupação teórica com os resultados da atividade administrativa[49], fatores essenciais para a relativização do modelo sancionador anteriormente dominante. Em outras palavras, há a superação do paradigma tradicional do Direito Administrativo, caracterizado pela

[47] HODGES, Christopher; STEINHOLTZ, Ruth. *Ethical business practice and regulation:* a behavioural and values-based approach to compliance and enforcement. Oxford and Portland, Oregon: Hart Publishing, 2017, p. 133.

[48] HODGES, Christopher; STEINHOLTZ, Ruth. *Ethical business practice and regulation:* a behavioural and values-based approach to compliance and enforcement. Oxford and Portland, Oregon: Hart Publishing, 2017, p. 155.

[49] SCHMIDT-ASSMAN, Eberhard. *La teoria general del derecho administrativo como sistema:* objeto y fundamentos de la construcción sistemática. Madrid: Marcial Pons, 2003.

assimetria, desigualdade e unilateralidade da atividade administrativa[50], também dominado pela visão conflituosa entre Estado e cidadão, os quais eram tidos como dois polos irredutíveis e contrastantes entre si.[51]

No âmbito do Direito Penal, a tendência acima destacada resulta das transformações ocorridas no Direito Penal Econômico. Conforme bem assevera Eduardo Saad-Diniz, nota-se o "protagonismo das políticas de autoconstitucionalização, apostando no desenvolvimento de padrões sofisticados de autorregulação da atividade empresarial"[52] Contudo, no caso do citado ramo jurídico, as alterações vivenciadas pelo tradicional modelo sancionador estatal não resultam, necessariamente, em uma redução do controle social por meio de punições. Aqui, as transformações operam no sentido de retirar o monopólio do Estado no sancionamento e na investigação de condutas indevidas. Nesse cenário, a proliferação de programas de *compliance* anticorrupção, ao mesmo tempo em que atribuí ao particular a função de cooperação com o Poder Público, ainda que esta seja guiada por interesses particularistas, também permite a expansão da intervenção penal nas organizações empresariais.[53]

Conclusões

A natureza complexa e multifacetada da corrupção exige que o Estado e a sociedade se utilizem de instrumentos capazes de lidar com essa realidade. Nesse contexto, tendo em vista limitações de ordem teórica e pragmática, não é viável que o Direito Penal seja visto como a grande solução para os problemas da sociedade. É preciso ter em mente que o simples discurso pela criminalização de condutas, pelo aumento de penas e por uma maior

[50] CHEVALLIER, Jacques. "A Governança e o Direito". *Revista de Direito Público da Economia – RDPE*, nº 12, p. 129-146, out./dez. 2005.

[51] CASESSE, Sabino. *A crise do Estado*. Campinas: Saberes Editora, 2010, p. 84.

[52] SAAD-DINIZ, Eduardo. "Brasil vs. Golias: os 30 anos da responsabilidade penal da pessoa jurídica e as novas tendências em *compliance*". *Revista dos Tribunais*, vol. 988, ano 107, p. 25-53. São Paulo, 2018.

[53] SAAD-DINIZ, Eduardo. "Fronteras del normativismo: a ejemplo de las funciones de la información em los programas de *criminal compliance*." *Revista da Faculdade de Direito da Universidade de São Paulo*, v. 108, pp. 415-441, jan/dez. 2013.

celeridade da justiça penal não oferece resposta adequada aos desafios proporcionados pelo aumento da criminalidade organizada.

Ainda que em determinados casos reformas de natureza criminal sejam justificáveis, estas devem ser acompanhadas de medidas de natureza extrapenal. Assim, a sociedade deve dedicar maior atenção aos instrumentos jurídicos e à implementação de políticas públicas que permitam uma efetiva redução da prática de condutas corruptas, a exemplo dos mecanismos de integridade em sociedades empresárias e do fortalecimento dos órgãos de controle da Administração.

A centralidade do aspecto criminal em torno do problema da corrupção, além de não fornecer respostas adequadas ao seu enfrentamento, atua como um fator simbólico que atrapalha a busca da sociedade por soluções mais adequadas. No atual contexto brasileiro, não é difícil notar que, enquanto a temática criminal é amplamente discutida na mídia e pela população em geral, outros mecanismos são deixados de lado no debate público. Assim, pode-se afirmar que o discurso repressor funciona como um verdadeiro sedativo, que, como todo sedativo, não cura a doença, apenas suaviza o medo e os anseios da coletividade.[54]

Referências

ABDELSALAM, Mohamed R. Applying Civil Law to Curb Corruption: A Tool for Civil Society and Individuals. *OECD. 2017 OECD Global Anti-Corruption & Integrity Forum.* 2017.

ALBRECHT, Hans-Jörg. Direito penal e periculosidade: a política criminal entre prevenção, combate a perigos e retribuição de culpa. In: MACHADO, Marta R. de Assis; PÜSCHEL, Flavia Portella (orgs.). *Responsabilidade e pena no Estado Democrático de Direito.* São Paulo: FGV Direito SP, 2016.

ALENCAR, Carlos Higino Ribeiro de; GICO JÚNIOR, Ivo. Corrupção e Judiciário: A (In) Eficácia do Sistema Judicial no Combate à Corrupção. *Revista Direito GV*, São Paulo, 7(1), p. 75-98, Jan-Jun 2011.

ARANHA, Ana Luiza; FILGUEIRAS, Fernando. *Instituições de accountability no Brasil: mudança institucional, incrementalismo e ecologia processual.* Brasília: Enap, 2016.

BATISTA, Nilo. *Introdução Crítica ao Direito Penal Brasileiro.* 11ª ed. Rio de Janeiro: Revan, 2007.

[54] GOMES, Luiz Flávio; GAZOTO, Luís Wanderley, *Populismo penal legislativo: a tragédia que não assusta as sociedades de massas.* Salvador: JusPodivm, 2016, p. 53.

CASESSE, Sabino. *A crise do Estado.* Campinas: Saberes Editora, 2010.

CARRARO, André; FOCHEZATTO, Adelar; HILLBRECHT, Ronald Otto. O Impacto da corrupção sobre o crescimento econômico do Brasil: aplicação de um modelo de equilíbrio geral para o período 1994-1998. *Anais do XXXIV Encontro Nacional de Economia – ANPEC*, 2006.

CARSON, Lindsey D.; PRADO, Mariana Mota. Using institutional multiplicity to adress corruption as a collective action problem: lessons from the brazilian case. *The Quarterly Review of Economics and Finance*, 62, 2016.

CHEVALLIER, Jacques. A Governança e o Direito. *Revista de Direito Público da Economia – RDPE*, nº 12, p. 129-146, out./dez., 2005.

FEDERAÇÃO DAS INDÚSTRIAS DO ESTADO DE SÃO PAULO (FIESP). *Corrupção: custos econômicos e propostas de combate.* Março de 2010.

FILGUEIRAS, Fernando. *Corrupção, democracia e legitimidade.* Belo Horizonte: Editora UFMG, 2008.

FURTADO, Lucas Rocha. *As raízes da corrupção no Brasil:* estudos de casos e lições para o futuro. Belo Horizonte: Fórum, 2015.

GOMES, Luiz Flávio; GAZOTO, Luís Wanderley. *Populismo penal legislativo:* a tragédia que não assusta as sociedades de massas. Salvador: JusPodivm, 2016.

HODGES, Cristopher. *Law and corporate behaviour.* Oxford and Portland: Oregon, 2015.

______; STEINHOLTZ, Ruth. *Ethical business practice and regulation:* a behavioural and values-based approach to compliance and enforcement. Oxford and Portland, Oregon: Hart Publishing, 2017.

HUNGRIA, Nélson. Ilícito administrativo e ilícito penal. *Revista de Direito Administrativo*, v. 1, n. 1, pp. 24-31, 1945.

KELSEN, Hans. *Teoria Pura do Direito.* 6ª ed. São Paulo: Martins Fontes, 1998.

KLITGAARD, Robert. *Addressing corruption together.* Organisation for Economic Co-operation and Development (OECD), 2015.

LOUREIRO, Maria Rita; ABRUCIO, Fernando Luiz; OLIVIERI, Cecília; TEIXEIRA, Marco Antonio Carvalho. Do controle interno ao controle social: a múltipla atuação da CGU na democracia brasileira. *Cadernos Gestão Pública e Cidadania*, São Paulo, v. 17, n. 60, Jan./Jun. 2012.

LUCCHESI, Guilherme Brenner. Confisco alargado: análise das medidas para a recuperação de bens de origem ilícita na experiência comparada americana. *In:* LEITE, Alaor; TEIXEIRA, Adriano. (Orgs.) *Crime e política*: corrupção, financiamento irregular de partidos políticos, caixa dois eleitoral e enriquecimento ilícito. Rio de Janeiro: FGV Editora, pp. 415-434, 2017.

MEDAUAR, Odete. *Controle da Administração Pública.* 3ª ed. São Paulo: Revista dos Tribunais, 2014.

MIR PUIG, Santiago. *Direito Penal*: Fundamentos e Teoria do Delito. São Paulo: Editora Revista dos Tribunais, 2007.

NICHOLS, Philip M.; ROBERTSON, Diana. (ed.). *Thinking about bribery.* Cambridge: Cambridge University Press, 2017.

OLIVEIRA, Gustavo Justino de; SOUSA, Otavio Augusto Venturini de. Controladoria--Geral da União: uma agência anticorrupção? *In:* PEREZ, Marcos Augusto; SOUZA,

Rodrigo Pagani. (coord.) *Controle da Administração Pública*. Belo Horizonte: Fórum, pp. 323-331, 2017.

ORDOÑEZ, Ramona; ROSA, Bruno. *Petrobras*: minoritários fazem nova tentativa de obter indenização por perdas com corrupção. Disponível em: <https://oglobo.globo.com/economia/petrobras-minoritarios-fazem-nova-tentativa-de-obter-indenizacao-por-perdas-com-corrupcao-23433439>. Acesso em: 24/09/2019.

OSÓRIO, Fábio Medina. *Direito Administrativo* Sancionador. 5ª ed. São Paulo: Revista dos Tribunais, 2015.

PEÑAILILLO, Miguel. Programas anticorrupción en América Latina y el Caribe: estúdios sobre tendências anticorrupción y proyectos del PNUD. *Programa de Naciones Unidas para el Desarrollo – PNUD*, 2012.

SAAD-DINIZ, Eduardo. Brasil vs. Golias: os 30 anos da responsabilidade penal da pessoa jurídica e as novas tendências em *compliance*. *Revista dos Tribunais*, vol. 988, ano 107, p. 25-53. São Paulo, 2018.

______. Fronteras del normativismo: a ejemplo de las funciones de la información em los programas de *criminal compliance*. *Revista da Faculdade de Direito da Universidade de São Paulo*, v. 108, pp. 415-441, jan/dez. 2013.

SALVADOR NETTO, Alamiro Velludo. Reflexões pontuais sobre a interpretação do crime de corrupção no Brasil à luz da APn 470/MG. *Revista dos Tribunais*, ano 102, vol. 933, julho/2013.

SANTOS, Juarez Cirino dos. *Direito Penal*: Parte Geral. 3ª ed. Curitiba: ICPC; Lumen Juris, 2008.

SCHMIDT-ASSMAN, Eberhard. *La teoria general del derecho administrativo como sistema*: objeto y fundamentos de la construcción sistemática. Madrid: Marcial Pons, 2003.

SCHWARCZ, Lilia Moritz. *Sobre o autoritarismo brasileiro*. São Paulo: Companhia das Letras, 2019.

SHAMIR, Julia. Privatizing enforcement: an economic analysis of one environmental provision, a study in private law enforcement and corruption. *Southern University Law Review*, vol. 42, pp. 1-30, 2014.

SILVEIRA, Renato de Melo Jorge; DINIZ, Eduardo Saad. *Compliance, Direito Penal e Lei Anticorrupção*. São Paulo: Saraiva, 2015.

VORONOFF, Alice. *Direito Administrativo Sancionador no Brasil:* justificação, interpretação e aplicação. Belo Horizonte: Fórum, 2018.

ZYMLER, Benjamin. *Direito Administrativo e controle*. 3ª ed. Belo Horizonte: Fórum, 2012.